METAVERSOS

LA GRAN REVOLUCIÓN INMERSIVA

METAVERSOS

LA GRAN REVOLUCIÓN INMERSIVA

espaciodediseño

ÓSCAR PEÑA

ESPACIO DE DISEÑO

RESPONSABLE EDITORIAL: Eugenio Tuya

MONTAJE DE CUBIERTA: Cecilia Poza

REVISIÓN: Gelsys M. García Lorenzo

MAQUETACIÓN: OkDesignforLife.com

Edición española:
© EDICIONES ANAYA MULTIMEDIA (GRUPO ANAYA, S.A.), 2022
Juan Ignacio Luca de Tena, 15. 28027 Madrid
Depósito legal: M-3228-2022
ISBN: 978-84-415-4533-5
Impreso en España

PAPEL DE FIBRA CERTIFICADA

A todos los constructores de mundos.
Los pioneros y los que están por llegar.
Es vuestro momento. Nuestro momento.
Es la hora de imaginar y volar, de idear y experimentar.

A todas las marcas del mundo.
Este es un camino de no retorno, una nueva etapa apasionante de internet.
Queremos que forméis parte de ella, que experimentéis, que
os equivoquéis, que aportéis nuevas experiencias para la gente
corriente y para las empresas. Que os divirtáis haciéndolo y que
seáis pacientes. Hay mucho camino aún por recorrer.

A todos los usuarios de la Tierra y del metaverso, sin distinción ninguna.
Es el momento de divertirse y ser responsables. Esto
va de personas usando nuevas tecnologías.
Y de tecnologías que amplifican nuestra realidad. Ayudadnos a
encontrar usos útiles que hagan que nuestro futuro sea un mundo mejor.

AGRADECIMIENTOS

Quiero agradecer la ayuda y colaboración de una larga lista de amigos y profesionales a los que he bombardeado por múltiples fuentes. A todos ellos gracias infinitas por dejarse arrastrar a este primer ejercicio de dar sentido y un poco de conocimiento al futuro estadio de una internet inmersiva.

Gracias a Raúl Cruz, Ximo Villalba, Enric Nel·lo, Edgar Martín-Blas, Marta de Pablos, Lorena González, Vicky Vasán, Patricia M. Val, Adrián Rw, Pedro Lozano, Héctor Paz, Gil Blancafort, Javier Pizarro «Jurro», Emma Chiu, Pepa Rojo, Daniel Rocafort, German Tejerina, Gregory Roekens, Bonnie Paresa, Lexi Hatziharalambous y Richard Kerris.

Gracias también a Oscar Orellana, José María Piera, David Caballero, Pipo Virgós, Paco Badia, Rafa Delgado y Martín Pietragalla, por sobrevivir a mis charlas sobre metaversos, por apoyarme a seguir adelante y por colaborar en iniciativas agitadoras. También a Deborah Fernández, por su valiosísimo análisis de social media y grafos sobre el metaverso. A Albert Buisán, que me ha cubierto en las clases de la Barcelona School of Creativity durante mi reclusión. Y a todos mis compañeros de Wunderman Thompson España, por dejarse llevar y escucharme pacientemente.

Gracias a mi mujer Virginia, y a mis hijas, por sufrir un encierro frente al portátil más prolongado de lo que me hubiera gustado. Creo que ha merecido la pena el esfuerzo.

Y, cómo no, a mi editor, Eugenio Tuya, por arriesgarse por el proyecto cuando solo era una idea antes de que estallará el interés por los metaversos. Y por acompañarme desde hace 21 años en la larga lista de libros escritos para ANAYA.

SOBRE EL AUTOR

Óscar Peña es Chief Innovation & Technology Officer en Wunderman Thompson España, una de las grandes agencias creativas y consultoras tecnológicas del mundo. También es socio fundador de la startup Suscrify.

Con una trayectoria de más de 25 años vinculada al mundo de la comunicación, la tecnología, la innovación y la creatividad, ha trabajado junto a marcas nacionales e internacionales de la talla de Banco Sabadell, e-laCaixa, PortAventura, Vodafone, Revlon Pro, Volvo, Seat, Renault, Allianz, Domino's Pizza, Grupo Festina, Universidad Europea de Madrid, Danone y Johnson & Johnson, entre otras. Sus trabajos, en los que busca hackear los espacios de comunicación buscando vías novedosas de diálogo con el consumidor, han sido premiados en Cannes Lions, El Sol y el CdC.

El autor siente una profunda pasión por la ciencia ficción, la tecnología y los procesos de innovación abierta, y comparte sus experiencias y su conocimiento en varias universidades y escuelas de negocio.

ÍNDICE DE CONTENIDOS

Agradecimientos 6
Sobre el autor 7

PRÓLOGO 12

INTRODUCCIÓN 14

Crear 14

CAPÍTULO 01 16

ORÍGENES. LOS CONSTRUCTORES DE MUNDOS 16

Imaginando el futuro desde la ciencia ficción 20
- Referentes en la literatura 26
- Referentes en el cine 28
- Referentes en los videojuegos 31

Las dinámicas del cambio 34
- Velocidad tecnológica 34
- Progeria 36
- Desorientación 36

La pandemia mundial como acelerador 36
Meta. Mark Zuckerberg enciende la chispa y anticipa el futuro camino 39
Entrevista a Emma Chiu, Directora global de Wunderman Thompson Intelligence 44

CAPÍTULO 02 46

METAVERSO 46

¿Qué es un metaverso? 48
Enriqueciendo la definición de un metaverso 50
Las 8 características de un metaverso 54
- Persistente 56
- Sin límites 56
- Reactivo 57
- Interoperable 57
- Social 58
- Creativo 58
- Amplificado 60
- Descentralizado 60

¿Qué no es un metaverso? 61

CAPÍTULO 03 **62**

EL *SHOCK* DEL FUTURO 62

Construyendo metasociedades y metaempresas 63
El ser humano amplificado 65
Las tendencias que aceleran el cambio 68
La era de los creadores 68
Comunidades sociales 69
Clonación del mundo físico 70
NFT 70
Big data 72
Inteligencia artificial y machine learning 72
Hiperpersonalización 74
Criptomonedas 74
Comunicación 5G/6G 74
Entrevista a Marta de Pablos, Directora de 5G y nuevos negocios en Vodafone 76

CAPÍTULO 04 **80**

LA CARRERA POR EL «METAVERSO» 80

Los 7 niveles en la construcción de metaversos 82
Nivel 1: Infraestructura 82
Nivel 2: Interfaz hombre-máquina 83
Nivel 3: Descentralización 84
Nivel 4: Computación gráfica 85
Nivel 5: Economía del creador 87
Nivel 6: Descubrimiento 89
Nivel 7: Experiencia 90
Los principales actores de la industria 91
NVIDIA 91
Meta Platforms 93
HTC Vive 95
Unreal Engine/Epic Games 97
Unity 98
Niantic / Lightship 100
Microsoft 101
Adobe 102
Maxon 102
Apple 102
Google 104
Pico Interactive 105
El futuro del marketing: Un cambio en las reglas del juego 106
El reto de la sostenibilidad 108
Entrevista a Edgar Martín-Blas, CEO & director creativo en Virtual Voyagers 109

CAPÍTULO 05 **116**

EL IMPACTO DE LOS METAVERSOS EN LA VIDA REAL 116

Cruzando el espejo. Hacia un mundo de realidades mixtas 118
Metavidas 120
Gemelos digitales 121
Posesiones y coleccionables digitales 122
Metaidentidad 123
Metasociedades 124
Teletransportación 124
Metanegocios 125
Comercio electrónico inmersivo 125
Metaindustrias 126
Metaempleo 127
Entretenimiento 129
Entrevista a Richard Kerris, Vicepresidente de desarrollo de la plataforma Omniverse en NVIDIA 130

CAPÍTULO 06 **134**

ACCEDIENDO AL METAVERSO 134

Es la era de la realidad extendida. 134
Realidad virtual (VR) 135
Realidad aumentada (AR) 138
Realidad mixta (MR) 140
Web3D / WebGPU 144
Entrevista a Lorena González y Vicky Vasán, Cofundadoras de INMERSIVA XR 146
Entrevista a Pedro Lozano y Héctor Paz, Cofundadores de Imascono 150

CAPÍTULO 07 **154**

DISPOSITIVOS Y APLICACIONES PARA INICIARSE EN EL METAVERSO 154

Dispositivos 154
Quest 2 154
HTC Vive 155
Pico Neo 3 157
NReal Light 158
Microsoft Hololens 2 159
XRSpace Manova 159
Varjo 160
PlayStation VR2 162
Oppo Air Glass 162
Xiaomi AR Smart Glasses 163
Magic Leap 2 164
Rokoko Smartsuit Pro II 164
Woojer Vest Edge 164
HaritoraX 165

Aplicaciones 166
Wolf3D / Real Player Me 166
Jahshaka 167
Metavrse 168
Altspace VR 168
Glue Work 168
The Wild 169
Mozilla Hubs 170
Sinespace 171
Odyssey 171
MootUp 172
Virbela 172
VRChat 173
Bigscreen VR 173
Scaniverse 174
Character Creator 4 / iClone 8 175
Masterpiece Studio Pro 176
Pixcap 177

CAPÍTULO 08 178

UN VIAJE POR LOS METAVERSOS ACTUALES 178

Roblox 178
The Sandbox 180
Fases de creación de un título para The Sandbox. El caso de *Trials of Ra* 182
Decentraland 186
Horizon Worlds 186
IMVU 187
Sensorium Galaxy 188
Somnium Space 190
Sansar 191
Zepeto 192
Stageverse 194
Entrevista a Patricia M. Val y Adrián Rw, Cofundadores de Futura Space 196

CAPÍTULO 09 202

PANTONE TIENE SU PROPIO COLOR PARA EL METAVERSO 202

ÍNDICE ALFABÉTICO 206

PRÓLOGO

A pesar de que la relación que mantengo con mi amigo y colega Óscar Peña es relativamente reciente, ya que empieza hace poco menos de dos años, hace muchos más que venimos compartiendo bastantes cosas. Compartimos profesión trabajando, además, en el mismo grupo —aunque en agencias distintas—; durante un tiempo compartimos incluso oficinas, aunque en plantas distintas; e incluso compartimos nombre, aunque con apellidos también distintos.

A pesar de todas estas coincidencias no nos conocíamos personalmente, y nuestra relación se limitaba a aquellos educados saludos que se dirigen dos personas que, aunque no se conozcan, saben perfectamente quién es cada cual.

Pero más allá de estas coincidencias, os tengo que confesar que yo ya hacía un buen tiempo que era un admirador del trabajo de Óscar y, aunque posiblemente él no lo sospechaba, seguía muy de cerca su carrera profesional. De él me interesaban, por encima de todo, dos cosas: por un lado, su profundo conocimiento del ecosistema digital y de todas las tecnologías y tendencias que se generan a su alrededor; y por otro, su demostrada capacidad de integrar y aplicar todo este conocimiento a la estrategia de comunicación de las marcas y a la creatividad. Y estas dos características unidas hacen que Óscar sea un profesional único en el sector, alguien que cualquier compañía de la industria de la comunicación publicitaria, sea agencia o anunciante, querría tener en su equipo.

Por eso, cuando hace apenas dos años en Wunderman Thompson apareció la necesidad de sumar al equipo un profesional que tuviera la capacidad de liderar el área de Tecnología y de Innovación Digital de la agencia, no tuvimos ninguna duda de que esta persona solo podía ser Óscar Peña. Ahora, con la experiencia y el conocimiento que me dan estos casi dos años de intenso trabajo en equipo con él, os puedo asegurar sin ningún tipo de duda que pocos o ningún profesional hay hoy en día en este sector con la capacidad de unir dos conceptos tan aparentemente antagónicos, pero en realidad tan complementarios y necesarios de integrar como son la innovación tecnológica y el pensamiento creativo. Por eso pienso que Óscar es un avanzado a su tiempo y, probablemente, uno de los primeros «habitantes» del universo virtual.

Por eso no es casualidad que Óscar se haya convertido en todo un referente y en una de las voces con mayor autoridad para hablar de la que posiblemente sea la mayor tendencia en términos de innovación que estamos viviendo hoy en día: el «metaverso». Porque, seguro que estaremos todos de acuerdo, si os digo que «metaverso» es una de las palabras de moda, ¿no? Y es que solo hace falta abrir cualquier publicación profesional, leer cualquier informe de tendencias, asistir a un evento del sector o tener una charla informal con cualquier colega de profesión o cliente para darte cuenta de que la palabra «metaverso» nos ha colonizado.

Pero ¿es el metaverso una tendencia pasajera o ha venido para quedarse? Esta es la primera pregunta que todos nos hemos hecho alguna vez y tal vez nos continuamos haciendo hoy en día. Y esta misma pregunta es la que le hice a Óscar hace ya bastante tiempo. Su respuesta fue inmediata, y como si se alegrara de que le hiciera esa pregunta y con absoluta rotundidad, Óscar (más que contestar) sentenció: «El metaverso no es una tendencia efímera o pasajera. Ya ha llegado y lo ha hecho para quedarse para siempre. Y no lo hará de manera tangencial, sino que va a cambiar de manera profunda nuestras vidas». Amén.

Así que una vez asumida esta rotunda afirmación como una certeza irrefutable, aún cobra mayor importancia si cabe seguir haciéndonos las preguntas necesarias para entender cuán profundos serán estos cambios y cómo impactarán en nuestras vidas: ¿acabaremos asistiendo a la construcción de un gemelo digital del mundo real?, ¿estarán conectados estos dos mundos?, ¿cómo se relacionaran estos dos universos entre sí?, ¿cuáles serán las reglas del juego en este mundo virtual?, ¿cambiará nuestra forma de relacionarnos como seres humanos?, ¿y también nuestra manera de consumir ocio, de informarnos y consumir contenido, de relacionarnos con las marcas o de comprar?, ¿qué rol deberán jugar las marcas en el metaverso y cuál es el mejor *time to market*?, ¿cuántos metaversos coexistirán a largo plazo y qué rol jugará cada uno?... Y así podríamos añadir una infinidad de preguntas más que seguro que a todos nos vienen a la cabeza.

Aun así, si os dijera que este libro os dará las claves para resolver todas vuestras preguntas me quedaría muy corto. Porque este libro es mucho más. Abrir este libro es emprender un apasionante viaje a través de este universo inmersivo que nos ayudará a conocer el metaverso desde sus orígenes, a entender cuál es su situación hoy en día, y la oportunidad que representa y representará en términos de marketing y relación tanto para los usuarios como para las marcas y, sobre todo, a proyectar el impacto futuro que este nuevo estadio de internet inmersiva tendrá en todos los aspectos de lo que hasta ahora conocemos como nuestra vida real.

Y llegados aquí, solo me queda darle las gracias a Óscar por brindarme la oportunidad de escribir este prólogo. Para mí ha sido todo un honor a la vez que una enorme responsabilidad. Y a vosotros, queridos lectores, solo quiero desearos que disfrutéis como yo de la experiencia inmersiva que significa abrir y recorrer una a una las páginas de este fantástico libro. Un libro que, además de evidenciar que el metaverso es mucho más que una tendencia pasajera o una de las palabras de moda, se convertirá en una guía imprescindible para conocer, entender y sobrevivir en este apasionante universo virtual que está llamando cada día con más fuerza a nuestras puertas y al que no podemos seguir ignorando.

Abróchense los cinturones que despegamos. ¡Buen viaje!

Oscar Orellana
Director General de Wunderman Thompson

INTRODUCCIÓN

CREAR

Cada cierto tiempo aparecen entre nosotros tecnologías que cambian radicalmente nuestra aportación creativa en el mundo. Hoy, exactamente 30 años después de que un libro de ciencia ficción la mencionara por primera vez, podemos decir que la palabra «metaverso» ha venido para quedarse. Y lo ha hecho con un potencial creativo sin precedentes.

Lo interesante de esta palabra poliédrica es que no es fácil de definir. No es sencillo dotarla de significado. Compruébalo tu mismo. Escríbela en Google y repasa las innumerables definiciones que allí conviven. O sal a la calle y pregunta por ella. Como podrás observar, hay definiciones de todos los colores y para todos los gustos. Algunas te sorprenderán, y con otras tendrás que respirar profundamente o echarte las manos a la cabeza. Sin embargo, lo que nadie discute es que «metaverso» es hoy la palabra de moda.

Desafortunadamente, no hay mucha literatura al respecto —todavía—, con la que llenar el vacío de conocimiento sobre la materia. De ahí que este libro aspire a ser un ejercicio con el que arrojar las primeras luces sobre los orígenes, la situación actual y su potencial futuro. Hablar de metaversos es hablar de revolución.

Cada vez que me preguntan si creo que el metaverso es una moda pasajera, efímera, respondo lo mismo: «No, no lo es. En absoluto». Es tan inmenso el rastro de huellas dejado por las diferentes fuerzas tecnológicas que hoy confluyen en su origen, que es imposible negar que estamos en el amanecer de un nuevo estadio de internet, una evolución radical que cambiará la manera en la que hacemos todo en nuestra vida. Y no exagero. Metaverso es hablar de cambio. De un cambio profundo.

Muchas son las empresas que han comenzado a alinear sus esfuerzos con el metaverso. Entre sus nombres figuran Meta, Nike, Microsoft, Gucci, Epic, Unity, Tencent, Disney, Dropbox o Charlotte Tilbury, entre otras. Su *roadmap* de desarrollo de productos y servicios para la próxima década ya incluye hitos destacados en él: bien en forma de productos físicos conectados, bien como bienes virtuales para nuestros avatares, bien como piezas de coleccionismo digitales, bien como experiencias únicas.

Y no son exclusivamente empresas tecnológicas. Las empresas de gran consumo creen que los metaversos representan una oportunidad para expandir su negocio. Muchas ya han comenzado a atraer talento, incluso creando estudios o laboratorios especializados en el metaverso dentro de sus oficinas. Los próximos cinco años son claves para configurar los pilares del metaverso correctamente. Si esos pilares se construyen de manera sólida, esta nueva revolución lo cambiará todo. Modificará físicamente nuestro entorno, pero también nuestros comportamientos. Alterará la forma en que conducimos, compramos, consultamos las noticias, disfrutamos del ocio y el entretenimiento, interactuamos con la información, nos relacionamos socialmente, o trabajamos.

En su forma más básica, hablar de metaversos es hablar de una nueva versión inmersiva de la internet que conocemos. Una capa amplificada que nos permitirá evolucionar, entre otras cosas, hacia un nuevo estadio del ser humano. Es cierto que al hablar en estos términos las palabras parecen ciencia ficción, respiran cierto aire de distopía. Pero, una vez más, no será ciencia ficción. Es el genuino presente.

Hace tan solo 30 años, otra alineación de fuerzas tecnológicas cambió nuestro comportamiento. Hoy no lo vemos como una revolución porque vivimos en ella, formamos parte de ella. Internet lo cambió todo también.

Por aquel entonces lo bautizamos con otra palabra que precede a los metaversos y de la que es coetánea: «ciberespacio». Este vocablo nació de la imaginación de otro autor de ciencia ficción, William Gibson, en *Neuromante* (su fantástica novela ciberpunk). Por aquel entonces, el ciberespacio aspiraba a ser la próxima frontera. Era «algo» etéreo, suerte de espacio al que ir para consumir información. Pero el tiempo demostró que tenía el potencial de transformarlo todo a nuestro alrededor. Cambió la manera en que las empresas ofrecían y vendían sus productos, cambió la forma de trabajar y compartir información, cambió la manera de comunicarnos con la familia y los amigos, se ampliaron las posibilidades de disfrutar del tiempo libre y del ocio, también de ver las películas y las series de televisión, de escuchar la música y entender a los artistas y creadores. Se transformaron las administraciones públicas, los servicios de atención médica e, incluso, la manera de viajar. La lista es tremendamente larga.

Metaverso es hablar de creatividad y de creadores. De nuevas disciplinas combinadas y de nuevas habilidades necesarias. Es algo más grande que el salto que experimentamos con la aparición de internet.

Un salto que será capaz de conectar, de una manera nunca vista, el mundo virtual con el mundo real.

Esta nueva revolución es inmersiva y, por el mero hecho de que lo cambia todo, nos exige que aprendamos a crear espacios y activos únicos para ese nuevo mundo con nuevas herramientas.

La adquisición en 2021 de Weta FX, la división de efectos especiales del aclamado director de cine Peter Jackson, por parte de Unity, por cerca de 1300 millones de dólares, confirmó que en el futuro metaverso serán imprescindibles al mismo tiempo las habilidades para la creación de mundos y las habilidades para la creación de nuevas narrativas.

Muchos de los que hoy sentimos una renovada pasión hablando de metaversos tuvimos la suerte de moldear nuestras mentes entre piezas de Tente y de Lego. Nuestras ideas fueron construidas, desde el origen, en 3D. Es precisamente por ese motivo que las posibilidades creativas que se abren frente a nosotros con las nuevas herramientas y lenguajes de programación nos recuerdan tanto aquellos años rodeados de miles de piezas de colores.

La primera vez que tuve la suerte de experimentar un mundo inmersivo fue en 1998, durante el evento de ArtFutura celebrado en la ciudad de Sevilla, la cita más importante de la cultura digital de los noventa. Fue un vuelo en ala delta virtual. Allí colgado de pies y manos, suspendido con cables, con un casco de realidad aumentada y unos mandos construidos para seguir el movimiento del cuerpo, noté lo más parecido a volar. Pero la experiencia fue limitada. Un viaje de vóxeles y píxeles llenos de color que replicaban montañas, árboles y cielo. Era difícil creer entonces que esa experiencia tuviera un grado de realismo tal que pudiera incorporarse al mercado de consumo de forma masiva. Pero la tecnología avanza de manera vertiginosa.

Los próximos años van a ser apasionantes para todos. Cualquier persona podrá convertirse en creador. Tendrá las herramientas y un espacio tridimensional virgen para dar rienda suelta a su creatividad. Seremos creadores de mundos, como lo fuimos mientras construíamos nuestros pequeños universos, pieza a pieza.

Pero para poder construir, primero hay que conocer de qué mimbres está hecho este nuevo metaverso, qué herramientas tenemos y están por llegar, y qué marcas desempeñarán un rol destacado en su desarrollo.

Está claro que habrá muchos retos por delante. Retos creativos y retos tecnológicos, retos legales y retos con la privacidad de la data, retos filosóficos y retos sobre sostenibilidad. Los abordaremos todos con el tiempo.

Ahora, ha llegado el momento de dar rienda suelta a nuestra creatividad y divertirse.

¡Bienvenido al metaverso!

01

ORÍGENES. LOS CONSTRUCTORES DE MUNDOS

Pertenezco a una generación que creció fantaseando con mundos imaginarios, futuristas, distópicos. Soy, para bien o para mal, de esa generación Lego y Tente que aprendió a moldear universos imposibles con piezas de cientos de colores, y a la que Douglas Coupland, novelista, diseñador y artista visual canadiense, dedicó su maravilloso libro *Microsiervos* en 1995. Una generación que entendió que unas simples piezas de plástico eran sinónimo de libertad; suficientes para dar forma en 3D a los sueños de un niño y prender una mecha dentro de él.

Soy de ese grupo de personas que, entre los ochenta y los noventa, tuvo tiempo de leer —entre cómics de Moebius (Jean Giraud)— a Julio Verne, Isaac Asimov, H.G. Wells, Philip K. Dick, Frank Herbert, William Gibson, Orson Scott Card, H.P. Lovecraft, Kim Stanley Robinson, Neal Stephenson, Michael Crichton, G.R. Effinger. Esa privilegiada comunidad de amantes de la ciencia ficción y la fantasía a la que *Star Wars*, *Regreso al Futuro*, *Blade Runner*, *Terminator*, *Aliens*, *Robocop*, *Tron*, *Star Trek*, *Escape from New York*, *Flash Gordon*, *Matrix*, *El quinto elemento*, *Gattaca*, *Desafío total*, *Contact* o *Dark City*, por poner unos pocos ejemplos, le aportaron la mejor profilaxis para entender el futuro.

Pertenezco a esa generación de constructores de mundos que, al recibir el primer ordenador, comprendió con una mirada de reojo a la caja de piezas de Lego, que las líneas y bloques de código eran una nueva herramienta para continuar liberando potencial creativo. Una generación marcada por los videojuegos, que transformó una pantalla

FIGURA 1.1.

PORTADA ORIGINAL Y PANTALLAZO DEL VIDEOJUEGO WOLFENSTEIN 3D, DE ID SOFTWARE (1992).

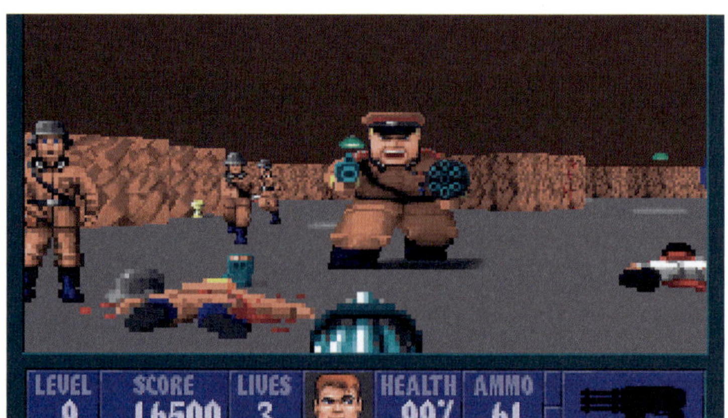

de 640 x 200 píxeles de un Amstrad CPC464 en un lienzo en blanco sobre el que idear historias ubicadas en mundos paralelos para que la gente (aunque fueran unos pocos compañeros de clase) pudiera disfrutar de ellos.

Soy de esa generación de *geeks* que casi se queda sin palabras cuando en 1992, un día cualquiera de mayo, quedó muda tras experimentar la primera partida de *Wolfenstein 3D* en un PC 486 a 66 Mhz (ver figura 1.1). Se trataba del primer juego en primera persona que popularizó los videojuegos *shoot'em-up* con un *engine* en 3D. Una obra maestra creada por John Romero y John Carmack (este último uno de los mejores ingenieros en computación gráfica tridimensional, creador de los potentes motores gráficos de algunos de los videojuegos más impactantes de la historia —*Quake*, *Doom*, *Rage*— y, casualidades de la vida, actual Chief Technology Officer de MetaQuest —antigua Oculus—). Ver figuras 1.2 y 1.3.

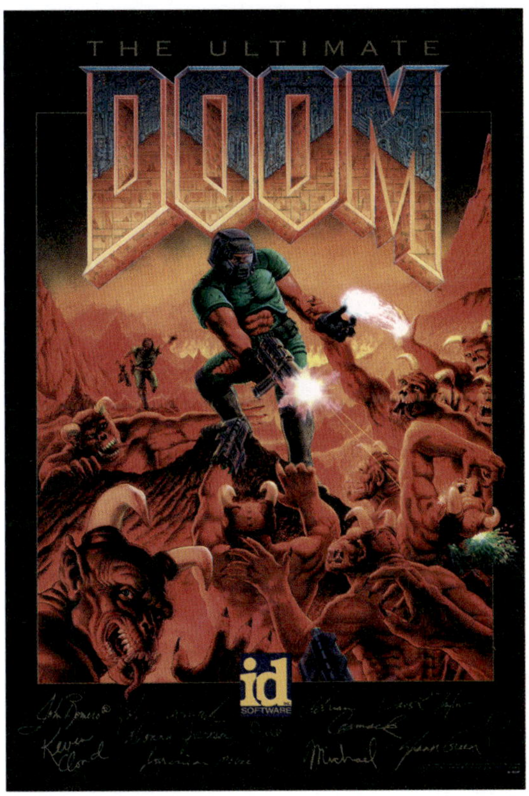

FIGURA 1.2.
PORTADA ORIGINAL DEL VIDEOJUEGO DOOM, DE ID SOFTWARE (1993).

Wolfenstein 3D cambió las reglas del juego de toda la industria tecnológica y creativa. Eran los inicios de los noventa, años prolijos para la innovación y el desarrollo tecnológico, donde entró en nuestras vidas el protocolo HTTP, el primer navegador de internet, el MiniDisc, los primeros teléfonos móviles y también el 3D. La versión sobre MS-DOS

FIGURA 1.3.
JOHN CARMACK, CREADOR DEL ENGINE 3D DE WOLFENSTEIN 3D, DOOM Y QUAKE EN ID SOFTWARE, Y ACTUAL INGENIERO EN META QUEST.

de 3D Studio, el popular software de modelado y animación 3D propiedad de Autodesk, también vio la luz el mismo año que el juego de ID Software. Se estrenó en cine con los efectos especiales de *Johnny Mnemonic* —una película protagonizada por un joven Keanu Reeves, muy apropiada para este libro, dado que habla de conexiones amplificadas y mundos virtuales— (ver figura 1.4).

Fue sorprendente cómo un juego distribuido mediante *shareware* (una modalidad popular en la época mediante la cual se distribuía software para ser evaluado de forma gratuita, aunque con alguna limitación de uso) llegó a convertirse en la chispa movilizadora de un cambio cultural, sociológico, tecnológico y económico sin pretenderlo. Tras *Wolfenstein 3D* llegaron *Doom*, *Quake*, *Hexen*, *Heretic*, *Unreal* y una lista interminable de clones que llevaron a toda la industria, de manera acelerada, a estresar las capacidades de nuestros ordenadores domésticos. La onda de choque de ese cambio continúa hoy en día.

FIGURA 1.4.

FOTOGRAMA DE LA PELÍCULA «JOHNNY MNEMONIC» (1995). JOHNNY ES UN TRAFICANTE DE DATOS QUE TRANSPORTA LA INFORMACIÓN EN SU CABEZA MEDIANTE UN IMPLANTE CEREBRAL. © 1995, TRISTAR PICTURES, ALLIANCE ATLANTIS, MEDIA 8 ENTERTAINMENT.

Estaba claro que la creación de mundos en 3D dentro del ordenador había venido para quedarse. Y estaba claro que, conforme la tecnología lo permitiese, junto con internet, esos mundos irían a ser cada vez más realistas, inmersivos y auténticos. También hiperconectados. No se equivocaron.

1992 no fue un año cualquiera. Además de irrumpir la tecnología 3D en el mercado de consumo e iniciar la chispa de la revolución, la televisión, la prensa, la literatura, el cine e internet comenzaron a reflexionar sobre el futuro, unas veces distópico, otras veces apocalíptico. Es ahí, de esa reflexión, amalgama de ideas, de donde surgen algunos de los mejores referentes que dan título a este libro: los metaversos.

Nuestro referente es *Snow Crash* (ver figura 1.5). Nadie que pretenda sumergirse en los metaversos puede no haber leído (o, cuanto menos, oído) algo sobre la novela de Neal Stephenson (ver figura 1.6). Se publicó en junio de 1992 —justo un mes después de que *Wolfenstein 3D* saliera al mercado— y está considerada un referente de la ciencia ficción ciberpunk.

FIGURA 1.5.

PORTADA ORIGINAL DEL LIBRO «SNOW CRASH», DE NEAL STEPHENSON (1992).

FIGURA 1.6.

IMAGEN DEL AUTOR, NEAL STEPHENSON, AUTOR CUYA OBRA HA INSPIRADO A EMPRENDEDORES E INGENIEROS DE SILICON VALLEY, ENTRE ELLOS JEFF BEZOS, EX CEO DE AMAZON. © FOTO: CHRISTOPHER MICHEL (CREATIVE COMMONS ATTRIBUTION-SHARE ALIKE).

Metaverse es una ciudad simulada, matemática, ficticia, que actúa de alternativa y evasión de un mundo decadente y sucio, un prodigio de mundo tridimensional al estilo de los actuales videojuegos masivos persistentes (MMORPG —*Massively Multiplayer Online Role-Playing Game*—). En este sitio, las personas junto a su protagonista, Hiroaki, un pobre pizzero de día y aclamado samurái dentro de la simulación de noche, se conectan mediante avatares de baja resolución. Una ciudad simulada que, frente a la decadencia del mundo real en el que se ambienta, se convierte en una suerte de espacio abierto donde sus ciudadanos pueden experimentar con infinitas identidades dentro de un mundo abierto y global.

Junto a la publicación de esta obra, el cine también nos trajo ese mismo año su propia reflexión sobre el uso de entornos virtuales. En *El cortador de césped*, película basada en la novela homónima de Stephen King y protagonizada por un jovencísimo Pierce Brosnan (antes de ser 007), hacían su aparición algunos de los primeros prototipos de gafas de realidad virtual (VR) de ámbito comercial (ver figura 1.7). Curiosamente, fueron los modelos de VPL Research los que se mostraron en la película, los laboratorios que fundó Jaron Lanier (ex empleado de Atari y Silicon Graphics), y la que está considerada la primera compañía en vender gafas, guantes y exoesqueletos para inmersión virtual (ver figura 1.8).

Después de 1992 el resto es historia. Videojuegos, cine y literatura van de la mano junto a los avances tecnológicos, como si ambos bebieran mutuamente unos de otros. Algo mágico, como seguramente afirmaría Arthur C. Clarke.

FIGURA 1.7.

FOTOGRAMA DE LA PELÍCULA «EL CORTADOR DE CÉSPED», 1992. EN ÉL SE OBSERVA AL PROTAGONISTA EN UNA PLATAFORMA DE VR COMPLETA, CON EXOESQUELETO, GUANTES Y GAFAS. © 1992, ALLIED VISION, FUJI EIGHT COMPANY LTD., LANE PRINGLE PRODUCTIONS.

FIGURA 1.8.

IMAGEN DEL PROTOTIPO DE DISPOSITIVOS VR DESARROLLADO POR VPL RESEARCH EN COLABORACIÓN CON LA NASA TRAS GANAR EL CONTRATO EN 1986. © 1990, NASA.

Lo cierto es que 30 años después el concepto de metaverso goza de plena vitalidad. Es probable que sea ahora el momento en que la confluencia de fuerzas haga posible una convivencia entre el mundo real y el virtual —a ser posible alejada de las distopías literarias—. No cabe duda de que los próximos diez años van a ser la década más interesante de mi generación. Lo será porque somos capaces de poner en contexto cómo se ha llegado hasta aquí. Solo espero que también lo sea para todas esas generaciones para quienes la realidad virtual, aumentada o mixta, así como la internet inmersiva, sean su forma de relacionarse socialmente, trabajar, hacer negocios, entretenerse y viajar. Nunca hasta ahora ambos mundos, el real y el amplificado, se habían complementado de manera tan armoniosa. Es hora de sacarle provecho y liberar esa misma creatividad que se encendió en nosotros al ver las primeras líneas de código en un viejo —hoy— ordenador, y la misma ilusión y entusiasmo del primer videojuego 3D.

IMAGINANDO EL FUTURO DESDE LA CIENCIA FICCIÓN

Hay una frase de Arthur C. Clarke que resume a la perfección nuestro punto de partida a la hora de hablar de metaversos: «Lo que hoy ha empezado como novela de ficción mañana será terminado como reportaje». La palabra «metaverso» no es nueva. Lleva más de 30 años entre nosotros. Sin embargo, es ahora cuando parece cobrar forma y alejarse de la ficción.

La ciencia ficción tiene esa capacidad de permitirnos imaginar tecnologías de futuro que, con el paso de los años, entran dentro de lo posible.

No conozco ingeniero, experto en experiencia de usuario, diseñador de interfaces, arquitecto de *software* o *hardware*, responsable de *big data* o fundador de una *start-up* tecnológica, que no haya soñado en alguna ocasión con alguna de las tecnologías o aplicaciones de las mismas que han aparecido en novelas de cabecera y en películas de cine. La frontera que separa dónde comienza la idea y dónde se hace realidad es terriblemente difusa. El IBM *Newspad* que aparece en la ópera espacial de Stanley Kubrick, *2001: Una odisea del espacio*, con un *streaming* de noticias desde la tierra, es un buen ejemplo (véase figura 1.9).

Sebastian Buckup, miembro del Comité Ejecutivo del World Economic Forum escribió un interesante artículo en junio de 2016 titulado «El sorprendente vínculo entre la ciencia ficción y la historia económica». En él narra la poderosa relación que existe entre los hitos y avances en la economía mundial de los últimos doscientos años y la ciencia ficción, pero también su capacidad de anticipar algunos de los temores y miedos que mueven a la sociedad cuando se producen cambios tecnológicos acelerados que implican reajustes sociales.

FIGURA 1.9.

FOTOGRAMA DE LA PELÍCULA DE STANLEY KUBRICK, «2001: UNA ODISEA DEL ESPACIO», EN LA QUE APARECE UNA TABLETA DIGITAL CON UNA VIDEOCONFERENCIA EN CURSO. © 1968, METRO-GOLDWYN-MAYER (MGM), STANLEY KUBRICK PRODUCTIONS.

FIGURA 1.10.
EN LAS NOVELAS DE LA FUNDACIÓN, DE ISAAC ASIMOV, LLEVADAS A LA PANTALLA POR APPLE TV, LA GRAN ENCICLOPEDIA GALÁCTICA ES ALMACENADA EN LO QUE PARECEN SER CARRETES O DISCOS. © 2021, APPLE.

Existe una íntima y provocativa relación entre ciencia ficción y desarrollo económico. Por eso, la ciencia ficción puede ser vista como fuente de inspiración, como crisol de ideas y motor del cambio. Un vínculo donde los escritores más destacados del género han sido capaces de predecir dispositivos, aplicaciones o usos que han iluminado la mente de millones de lectores durante generaciones y han transformado la economía llevándola hacia escenarios impensables hace tan solo unos años.

En el mundo del marketing, la comunicación o el diseño de productos (esta simbiosis entre ciencia ficción, innovación y transformación digital) se hace cada día más evidente. Este vínculo ha sido en los últimos años ampliamente reconocido, en especial cuando hablamos de la exploración espacial, los coches eléctricos y voladores, los robots, el teletransporte, las comunicaciones móviles, la localización vía satélite, la modificación genética de productos alimentarios, la ropa inteligente, el almacenamiento de datos en ADN, la computación cuántica, la inteligencia artificial, la holografía o la telemedicina, la realidad aumentada y la realidad virtual, por solo hablar de unos pocos ejemplos. La similitud entre la realidad de los hitos alcanzados en los últimos años en diferentes campos y el sueño de los grandes autores de ciencia ficción dejan claro que su inspiración ha despertado la creatividad y la inquietud en personas de múltiples disciplinas, y que la visión particular sobre estos futuros planteados a golpe de estilográfica, máquina de escribir u ordenador no estaban del todo desencaminados.

En 1951, Isaac Asimov, por ejemplo, en su obra *Fundación* (trasladada a serie de televisión ahora por Apple TV), introdujo la enciclopedia galáctica almacenada en soportes digitales tipo carretes o discos (véase figura 1.10). Stanislaw Lem, en 1961, en *El retorno de las estrellas* también se refirió al almacenamiento de 300 libros en un pequeño cristal. El mismo libro mencionaba a Opton, un papel digital capaz de reproducir varios textos. No podemos olvidarnos de la novela de Arthur C. Clarke, publicada en 1968 y titulada *2001: Una odisea espacial*, que expuso las primeras versiones del iPad moderno a través del concepto Newspad, un dispositivo tipo tableta capaz de mostrar noticias a través de una conexión. Un dispositivo que también se recoge en 1987 en *Star Trek Next Generation* con el PADD, el *Personal Access Display Device*.

Hoy, que vivimos sumergidos en un mundo de desinformación constante y continuada, de *fake news*, nos asombramos de cómo este concepto ha puesto en entredicho la información del cuarto poder y modula y reorienta la opinión pública. Pero el concepto no es nuevo. En 1953, Poul Anderson en su libro *Sam Hall* relataba la historia de un programador que era capaz de insertar información falsa dentro de una sociedad hiperinformada e informatizada. O más cerca en el tiempo. En los últimos diez años, la computación en la nube se ha convertido en una aliada de cualquier empresa capaz de ofrecer servicios y productos a través de internet. Lo curioso es que, en 1964, Fred Hoyle, ya hablaba de comunicación entre la Tierra y una nube inteligente repleta de información llamada *The Black Cloud*, el título de la novela.

Sobre el mismo campo, el de los datos, y especialmente el almacenamiento, en 1975, John Brunner anticipó un dispositivo capaz de recuperar información almacenada físicamente dentro de un cuerpo, mediante conectores, en *The Shockwave Rider*, una historia que nos trae a la memoria también la película *Johnny Mnemonic*, interpretada por Keanu Reeves, en la que mediante implantes es capaz de utilizar su cerebro como sistema de almacenamiento (véanse figuras 1.11 y 1.12).

La realidad virtual, que ocupa un lugar destacado en el futuro de los metaversos, y que lleva algunos años luchando por encontrar su hueco en la sociedad, no es un ingenio nuevo. En la literatura de ciencia ficción tiene una larga trayectoria.

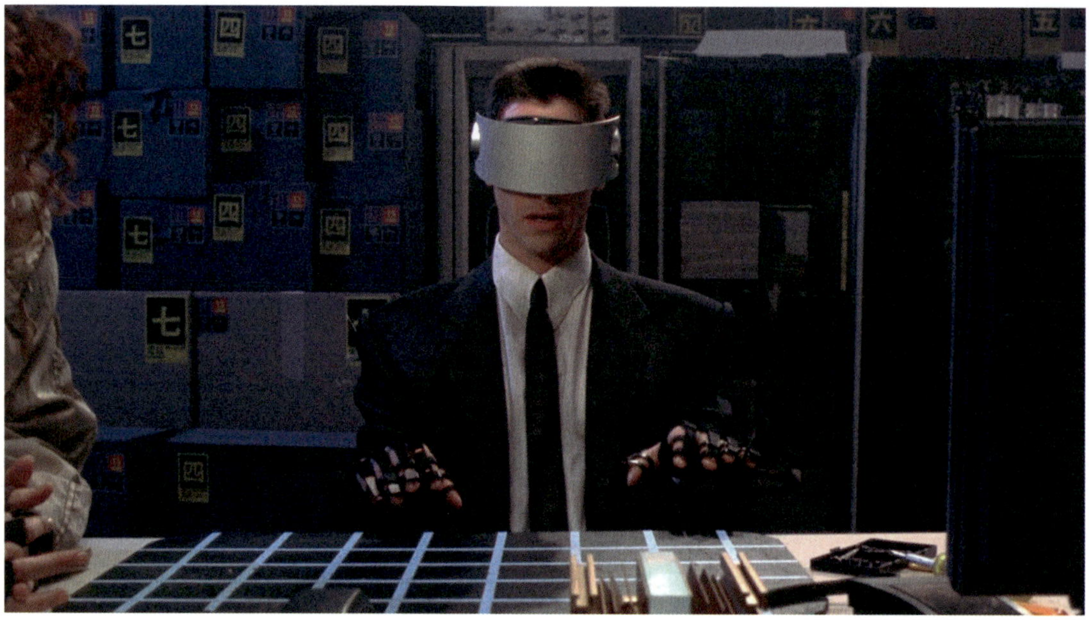

FIGURA 1.11.

EN LA PELÍCULA «JOHNNY MNEMONIC», SU PROTAGONISTA, SE CONECTA MEDIANTE UNAS GAFAS DE REALIDAD VIRTUAL Y UNOS GUANTES DE DATOS A UN METAVERSO CORPORATIVO. © 1995, TRISTAR PICTURES, ALLIANCE ATLANTIS, MEDIA 8 ENTERTAINMENT.

FIGURA 1.12.

LA PELÍCULA FUE UNA DE LAS PRIMERAS EN USAR EFECTOS ESPECIALES CON 3D STUDIO V4 SOBRE MS-DOS PARA RECREAR EL METAVERSO, UNA ALEGORÍA DE LA INTERNET DEL FUTURO. © 1995, TRISTAR PICTURES, ALLIANCE ATLANTIS, MEDIA 8 ENTERTAINMENT.

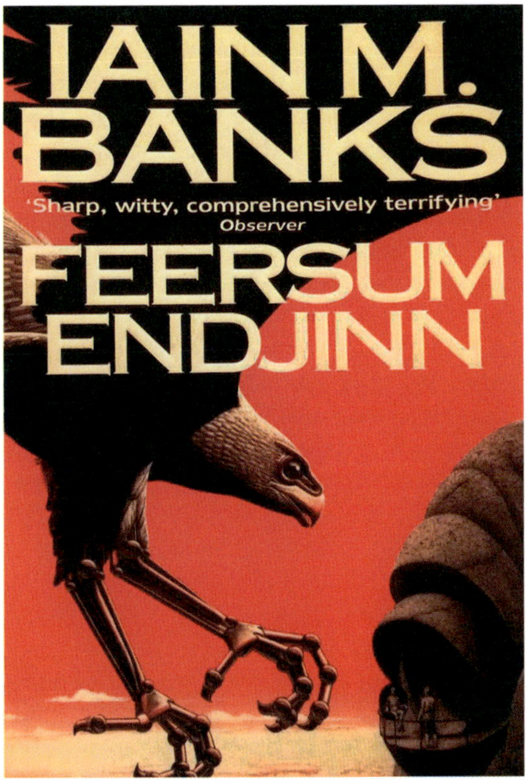

FIGURA 1.13.

PORTADA DEL LIBRO DE IAIN M. BANKS, «FEERSUM ENJINN» (1994), EN EL QUE LA SOCIEDAD VIVE EN ESPACIOS VIRTUALES USANDO AVATARES. © 1994, ORBIT BOOKS.

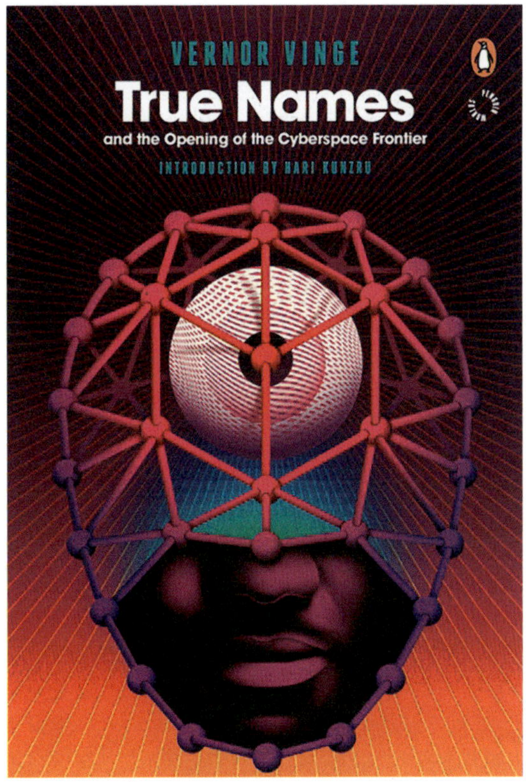

FIGURA 1.14.

PORTADA DE LIBRO DE VERNOR VINGE, «TRUE NAMES» (1981), EN EL QUE HACKERS EXPERIMENTAN CON LA REALIDAD VIRTUAL Y LOS PRIMEROS TRAZOS DEL CONCEPTO DE CIBERESPACIO. © 2016, PENGUIN WORLDS.

Por ejemplo, en *Feersum Enjinn*, título homónimo de Iain M. Banks, publicado en 1975, se menciona una sociedad que vive, mediante avatares, en espacios virtuales (véase figura 1.13). Algo parecido a la novela de Vernor Vinge de 1981, *True Names*, una obra del género ciberpunk, en la que un grupo de piratas informáticos experimentan con una realidad virtual inmersiva bautizada *Other Plane* (véase figura 1.14). Una historia parecida, aunque menos enrevesada que la de *eXistenZ*, la película de finales de los noventa de David Cronenberg, en la que, a través de unas vainas de inmersión, unos jóvenes eran capaces de entrar en un videojuego. O con la película con la que las hermanas Wachowski cerraban la década de los noventa: *The Matrix*, obra de culto para el género. Por no mencionar a Ernest Cline y sus tres fantásticas novelas hasta la fecha: *Ready Player One* (2011), *Ready Player Two* (2020) y *Armada* (2015) que, aunando toda la parafernalia *fandom* de los ochenta, ha sido capaz de mezclar la realidad virtual, los videojuegos y todas aquellas innovaciones que comienzan o terminan como avances en el campo militar, Arpanet incluida.

El mundo de las *start-ups* tampoco se libra. Una extraordinaria empresa biotecnológica española, Neoalgae, con un catálogo de productos basado en microalgas y con la misión de elaborar productos saludables tanto para alimentación como cosmética o farmacia puede parecer nueva e innovadora. Y lo es. Pero dos novelas de 1955 y 1961, respectivamente, *Solar Lottery* (Philip K. Dick) y *Cities in Flight* (James Blish) anticipan a modo de ciencia ficción lo que hoy es un avance increíble en materia de biotecnología. La primera novela vaticina un universo en el que existen algas cuyo sabor puede ser modificado mediante ingeniería para parecer comida convencional (debido a que este tiene un precio desorbitado), y la segunda habla de producción en gran escala con tanques de algas para elaboración de comida procesada. La novela de Andy Weird, *Artemisa*, publicada en 2017 —el mismo autor de la excelente *El Marciano* o *Proyecto Hail Mary*—, sirve ya en los platos de los habitantes de la Luna un «mejunje asqueroso» de algas como plato común. Por fortuna, el resultado de Neoalgae es rico y delicioso. Una prueba más de que la realidad supera a la ficción.

Los teléfonos móviles o, mejor dicho, los sistemas de comunicación instantáneos han estado siempre presentes. En ciencia ficción estos dispositivos fueron bautizados como «ansibles» (un término inventado desde la palabra inglesa *answereables*, 'respondibles'), en honor a Ursula K. Leguin y su novela *El mundo de Rocannon* (1966), en el que aparece este concepto. A partir de esta novela, otras asumen este sueño de la comunicación instantánea: *The Blabber* de Vernor Vinge (1988), *Llium* (1993) de Dans Simmons, *Time's Enemy* (1996) de LA Graf, *Altered Carbon* (2002) de Richard K. Morgan, *Vattas War* (2003) de Elizabeth Moon, la saga *Dune* de Frank Herbert, *The Whipping Star* (1970), también de F. Herbert o la saga *Vorkosigan* (1986-2002) de Lois McMaster Bujold, en la que se entremezclan *wearables* y *smartphones*, joyas con implantes con los que es posible comunicarse.

FIGURA 1.15.

VISION AVTR, EL VEHÍCULO CONCEPTO DE MERCEDES-BENZ INSPIRADO EN LA PELÍCULA «AVATAR», EN EL QUE HA PARTICIPADO JAMES CAMERON. © 2020, MERCEDES-BENZ VISION AVTR – CONSUMER ELECTRONIC SHOW (CES) 2020 KEYNOTE.

FIGURA 1.16.

JAMES CAMERON JUNTO A OLA KÄLLENIUS, PRESIDENTE DE DAIMLER AG Y RESPONSABLE DE MERCEDES-BENZ, DURANTE LA PRESENTACIÓN DEL PROTOTIPO VISION AVTR EN EL CES DE LAS VEGAS EN ENERO DE 2020. © 2020, MERCEDES-BENZ VISION AVTR – CONSUMER ELECTRONIC SHOW (CES) 2020 KEYNOTE.

La lista de dispositivos, usos, inventos o tecnologías que fueron precursoras de su tiempo y que, aún continuamos anticipando, es larga y extensa. Nos permiten confirmar la premisa con la que arrancamos este libro: existe una vinculación innegable entre la ciencia ficción y la innovación. Y existe un vínculo emocional entre la transformación digital de muchas empresas (sus esfuerzos en ser disruptivas en comunicación y en desarrollo de productos y servicios) y entre aquellos universos, mundos, entornos y espacios con los que han crecido las personas que las han liderado, en especial los que pertenecieron a las últimas generaciones: generación Baby Boomer (sobre todo en la franja de los años setenta), generación X (1985-1980) y generación Millenial (1981-1998).

Por eso, las marcas son conscientes de que la ciencia ficción es una válvula de escape. Nike, Pepsi, Samsung, Boeing, Citibank, Visa, Mercedes-Benz, Seat, Ford, Cisco, Arup, Armée de Terre (Ministère des Armées), la OTAN o el World Economic Forum, entre otras, han comenzado a contratar a futuristas y escritores de ciencia ficción. Su objetivo: anticiparse al futuro y ver cómo pueden seguir siendo relevantes. Un ejemplo de cooperación entre futuristas y marcas lo encontramos en James Cameron, director de películas como *Avatar*, *Abyss* o *Terminator*, que asesora a Mercedes-Benz (véase figuras 1.15 y 1.16); o el difunto Syd Mead, conocido diseñador vinculado a la industria de automoción, que terminó trabajando para películas como *Aliens*, *Star Trek*, *Blade Runner*, *Tron* o *Misión imposible*, entre otras, así como de consultor para marcas como Sony, Minolta, Dentsu, Seibu, Bandai, NHK, Honda o Toyota (véanse figuras 1.17, 1.18 y 1.19).

Vivimos tiempos de cambios. Muchos. Acelerados. Cambios que van a transformar todo cuanto conocemos a nuestro alrededor. Cambios de naturaleza tecnológica. De ahí que las empresas necesiten estresar las ideas sobre el futuro para entender la manera en que han de replantear sus productos y sus servicios. Cómo cambiarán las ciudades, el transporte, la distribución, el ocio, el trabajo o la sanidad. En definitiva, todo cuanto nos rodea.

Los metaversos son una respuesta a esas dinámicas de cambio. Y sí, aunque suenan a ciencia ficción, ya han cruzado el espejo para estar entre nosotros. Así que es probable que ahora sí que sean tratadas no tanto como ficción, sino más como reportaje.

FIGURA 1.17.

LA MAYOR PARTE DE LOS TRABAJOS DEL DISEÑADOR SYD MEAD, FALLECIDO DOS MESES ANTES DE LA PANDEMIA DEL COVID EN 2020, CONTENÍA UNA VISIÓN EXTRAORDINARIAMENTE ACERTADA DEL FUTURO DEL TRANSPORTE Y LAS COMUNICACIONES. © 1997-2021, SYD MEAD, INC.

FIGURA 1.19.

EN 2016, SYD MEAD COLABORÓ CON TOYOTA EN EL DESARROLLO DE LOS BOCETOS PARA LA CREACIÓN DE UNA EXPERIENCIA VR INMERSIVA PARA EL LANZAMIENTO DEL MODELO HÍBRIDO TOYOTA PRIUS PRIME. © 2016 TOYOTA, MEDIAMONKS.

FIGURA 1.18.

EL TRANSPORTE FUE LA PASIÓN DE SYD MEAD. ALGUNOS DE SUS BOCETOS, COMO EL DE LA IMAGEN, SON CAPACES DE TRANSPORTARTE AL FUTURO. © 1997-2021, SYD MEAD, INC.

Referentes en la literatura

Existen dos referencias literarias de ciencia ficción de obligada lectura. Sin ellas es imposible entender cómo el concepto de metaverso se construye y moldea en el imaginario colectivo. Entre ambas distan casi 20 años, pero se complementan y beben la una de la otra, como si la mente de sus autores fuese una. Hablamos de *Snow Crash*, publicada en 1992 por Neal Stephenson, y *Ready Player One*, publicada en 2011 por Ernest Cline. Esta última cuenta con una segunda parte publicada en 2020, en plena pandemia mundial (véase figura 1.20).

Snow Crash es una novela con claras influencias cinematográficas de las películas de los ochenta, que retrata un país, Estados Unidos, debilitado. Una profunda crisis económica en la que los precios de los productos y los servicios se ha disparado, ha provocado que el país viva sumido en la barbarie de una sociedad fragmentada entre los barrios adinerados controlados por las empresas (franchulates) y los decadentes y sucios suburbios (burbclaves), conectados ambos por una red de autopistas gestionadas por empresas privadas. Un escenario salvaje que narra los efectos de la globalización y el neoliberalismo, y que años más tarde inspirará a Richard K. Morgan, autor de la trilogía *Altered Carbon* (2002), a escribir su impactante novela *Leyes del mercado* (2004).

Para compensar la desazón de vivir en una sociedad en crisis, insalubre y superpoblada, los ciudadanos poseen Metaverse, una ciudad virtual concebida como un videojuego de rol masivo y persistente que actúa de refugio. A él acceden las personas mediante avatares, que actúan de *alter ego* de sí mismos, pero sin las limitaciones físicas. Copias en baja resolución que simulan su personalidad. Metaverse se convierte así en una suerte de espacio abierto, sin límites ni fronteras que permite a sus visitantes escapar de la realidad —o al menos evadirse— e, incluso, vivir una nueva vida con mejores condiciones. Algunos de sus protagonistas, por ejemplo, poseen casas virtuales asombrosas con un alto nivel de detalle, así como bienes y habilidades reconocidos por la comunidad, que no se parecen a lo que tienen en la vida real.

Sus personajes principales son dos adolescentes. Un repartidor de pizza, Hiroaki, cuyo *alter ego* representa un hacker de extraordinarias habilidades, entre ellas la de samurái, y una patinadora que trabaja como mensajera. Ambos se verán envueltos en una trama de dominación y espionaje en la que una gran corporación mediática liderada por L. Bob Rife (que recuerda al Rupert Murdoch de los noventa) ha creado un virus informático, *Snow Crash*, capaz de afectar a quienes están conectados a Metaverse.

FIGURA 1.20.
PORTADA DE LOS LIBROS «SNOW CRASH» (NEAL STEPHENSON), «REAL PLAYER ONE» Y «REAL PLAYER TWO» (ERNEST CLINE). © 2011, PENGUIN, © 2011, 2021 RANDOM HOUSE.

«Snow Crash» debe su título a un conocido error de software de los primeros ordenadores Macintosh en el que, cuando ocurría, la pantalla mostraba «un galimatías que se parecía vagamente a la estática de un televisor estropeado», llegó a escribir el propio Stephenson a finales de los noventa en un conocido ensayo literario titulado «En los comienzos... Fue la línea de comandos».

Real Player One es una novela publicada en 2011 e inspirada en todo el *fandom* de los ochenta y noventa, esa época en que la ciencia ficción moldeó la mente de los primeros creadores de mundos. Su autor Ernest Cline era uno de ellos, adicto (como él mismo ha reconocido) a los videojuegos, los juegos de rol y a las películas como *Star Wars*.

La novela comparte con *Snow Crash* la distopía de una ciudad dividida entre quienes viven en la periferia y alivian su día a día conectándose al metaverso con pocos recursos, y quienes gozan de recursos y posición económica. Oasis es, aquí, un paraíso que facilita la educación de los jóvenes, el trabajo de los adultos, y el ocio y entretenimiento de la población en general. Un universo de mundos conectados en los que la compra y venta de bienes intangibles únicos (*Non-Fungible Tokens*) aporta capacidades a sus miembros. Un espacio con un acceso unificado —tipo *single sign-on*— en el que cualquiera, oculto tras su *alter ego*, puede escalar posiciones y niveles a partir de sus habilidades en el combate en partidas de juego y sus capacidades para encontrar huevos de pascua (los famosos *easter eggs* de los videojuegos, escondidos a lo largo y ancho del metaverso por sus creadores). Es de esa caza y captura de huevos de pascua de la que se nutre la trama de *Real Player One* y *Real Player Two*, su segunda novela publicada en 2020. Uno de los fundadores y creador de Oasis, Halliday, ha escondido tres huevos de pascua en Oasis, retando a sus ciudadanos a encontrarlos. Quien lo haga tendrá control absoluto del metaverso. Ahí la trama.

La novela, ambientada en 2045, repasa la historia de la informática, los grupos musicales y el cine de los ochenta y noventa, en una montaña rusa de emociones para quienes tuvieron la suerte de estar ahí en los orígenes de todo.

FIGURA 1.21.

WADE WATTS, EL PERSONAJE PRINCIPAL DE LA NOVELA Y LA PELÍCULA DISTRIBUIDA POR WARNER BROS. PICTURES, ACCEDE AL METAVERSO DE OASIS MEDIANTE GAFAS DE REALIDAD VIRTUAL Y, TAMBIÉN, SENSORES HÁPTICOS. © 2018, WARNER BROS, AMBLIN ENTERTAINMENT, VILLAGE ROADSHOW PICTURES.

FIGURA 1.22.

LA PELÍCULA DE «READY PLAYER ONE», BASADA EN LA NOVELA DE ERNEST CLINE Y DIRIGIDA POR STEVEN SPIELBERG, RECREA EL METAVERSO CON UN ALTO NIVEL DE REALISMO. © 2018, WARNER BROS, AMBLIN ENTERTAINMENT, VILLAGE ROADSHOW PICTURES.

Ambas novelas, la de Neal Stephenson y la de Ernest Cline comparten línea argumental. Suponen la representación más vívida de lo que un metaverso representa: potencial creativo ilimitado en un espacio tridimensional, acceso permanente a través de redes de comunicaciones, identidad virtual mediante avatares, capacidades de sociabilización y colaboración, finanzas del mundo real conectadas, economía del intercambio mediante *tokens*, activos digitales intangibles, e inmersión mediante tecnología de realidad virtual parcial o total (incluidas plataformas de movimiento, exoesqueletos con sensores hápticos, guantes de datos y gafas con sonido espacial).

Referentes en el cine

El cine ha sido, y continúa siendo, un campo fértil para las historias vinculadas al concepto de «inmersión» en universos generados digitalmente, bien con la ayuda de realidad virtual bien con realidad aumentada. El desarrollo de las capacidades de generación de imágenes por ordenador (CGI) ha hecho posible proyectar en la gran pantalla y, también, en algunas plataformas de *streaming*, las narrativas más interesantes sobre el tema. La lista es amplia y extensa. Solo mencionaré algunas de estas películas: *Tron* (1982), *Tron: Legacy* (2010), *The Thirteenth Floor* (1999), *Ender's Game* (2013), *Gamer* (2009), *Virtuosity* (1995), *Demolition Man* (1993), *The Cell* (2000), *The Lawnmover Man* (1992), *The Lawnmover Man: Beyond Cyberspace* (1996), *Hackers* (1995), *Spy Kids 3D: Game Over* (2003), *Disclosure* (1994), *Videodrome* (1983), *eXistenZ* (1999), *Minority Report* (2002), *Altered Carbon* (2018), *Blade Runner* (1982), *Blade Runner 2049* (2019), *Predator* (1987), *Back to the Future 2* (1989), *Avatar* (2009).

De todas las historias llevadas al cine, las tres que mejor se han aproximado al concepto de metaverso son *Total Recall* (1990 y 2012), *The Matrix* (1999) y *Free Guy* (2021). En todas (véase figura 1.23) está presente algo que subyace al concepto de metaverso: un proceso de inmersión, la dificultad de separar lo real de lo virtual, la sensación de *déjà vu*, la calidad de la representación del universo al que se accede, la posibilidad de personalizar nuestra apariencia y el entorno, la gamificación para alcanzar niveles y, también, la monetización de bienes.

De hecho, su calado e impacto cultural ha sido tan fuerte que, cuando aún hoy preguntamos a la gente qué es lo primero que le viene a la mente si hablamos de metaversos, aparece el nombre de alguna de estas películas, sobre todo la creada por las hermanas Lana y Lilly Wachowski.

Total Recall (1990), dirigida por un joven Paul Verhoeven e interpretada por Arnold Schwarzenegger, está basada en un relato corto de uno de los maestros de la ciencia ficción, Philip K. Dick, titulado *We Can Remember It for You Wholesale* (1966).

FIGURA 1.23.

PORTADA DE LAS PELÍCULAS «TOTAL RECALL» (1990 Y 2012), «THE MATRIX» (1999) Y «FREE GUY» (2021). © 1990, CAROLCO PICTURES. © 1999, WARNER BROS., VILLAGE ROADSHOW PICTURES, GROUCHO FILM PARTNERSHIP. © 2021, WALT DISNEY.

La película pone sobre la mesa la idea de la implantación de sueños personalizados a través de una máquina ideada por la empresa privada Memory Call (Rekall en la versión original). Su protagonista (véase figura 1.24), un obrero de la construcción que sueña con ir a Marte, decide implantarse la aventura de ir al planeta rojo en calidad de agente secreto. A partir de ese momento se plantea el dilema de qué es real y qué no, la vida como obrero de la construcción o la vida como agente.

FIGURA 1.24.

MEMORY CALL ES UNA MÁQUINA CAPAZ DE IMPLANTARTE SUEÑOS PERSONALIZADOS EN LOS QUE ES DIFÍCIL DISTINGUIR QUÉ ES REAL Y QUÉ VIRTUAL. FOTOGRAMA DE LA PELÍCULA «TOTAL RECALL» (1990). © 1990, CAROLCO PICTURES.

FIGURA 1.25.

EL EFECTO DE NIEVE DE LETRAS DE LA PELÍCULA «THE MATRIX» PERMITÍA IDENTIFICAR EL PROCESO DE INMERSIÓN EN EL MUNDO VIRTUAL GENERADO POR LAS MÁQUINAS. ESTA IMAGEN FUE LUEGO MUY POPULAR COMO SALVAPANTALLAS EN MILES DE ORDENADORES. © 1999, WARNER BROS., VILLAGE ROADSHOW PICTURES, GROUCHO FILM PARTNERSHIP.

FIGURA 1.26.

NEO, INTERPRETADO POR KEANU REEVES, SE CONVIERTE EN EL ELEGIDO. SUS CONOCIMIENTOS PREVIOS DE INFORMÁTICA Y CODIFICACIÓN LO HACEN VALEDOR DE PODER ALTERAR LA REALIDAD Y LUCHAR CONTRA LAS MÁQUINAS. © 1999, WARNER BROS., VILLAGE ROADSHOW PICTURES, GROUCHO FILM PARTNERSHIP.

Esta idea de dualidad, heredada de la teoría de los dos mundos de Platón, y de no saber qué es real y qué creado artificialmente, también es recogida diez años después por la película, y a su vez trilogía, *The Matrix* (1999).

La película, ganadora de cuatro óscares de la Academia por mejor montaje, sonido, edición de sonido y efectos visuales, plantea la hipótesis de un mundo distópico en el que los seres humanos vivimos conectados a una simulación virtual generada por máquinas de inteligencia artificial. La simulación actúa aquí de complejo metaverso, y donde solo unos pocos están capacitados (por sus habilidades previas de programación y codificación) para

FIGURA 1.27.

EN LA PELÍCULA SE REFLEJA EL MITO DE LA CAVERNA DE PLATÓN. DOS MUNDOS EN LOS QUE ES DIFÍCIL DISTINGUIR CUÁL ES EL REAL Y EL IMAGINARIO. AQUÍ NEO OBSERVA EL MUNDO SIMULADO, EN EL QUE ÉL MISMO SE REFLEJA. © 1999, WARNER BROS., VILLAGE ROADSHOW PICTURES, GROUCHO FILM PARTNERSHIP.

entender y alterar su código para adaptarlo. Aún hoy cuando hablamos de metaversos, a todos aquellos que hemos visto en más de una ocasión la película, la matriz nos viene a la cabeza con fuerza poderosa.

Curiosamente es una película de ciencia ficción de 2021 distribuida por Walt Disney la que hace la aproximación más fiel al metaverso que nos ocupa en este libro, al menos al que en la actualidad existe.

Con cierta rigurosidad en los conceptos —aunque con un tono de humor característico de su actor principal, Ryan Reynolds—, *Free Guy* podría ser la mejor explicación visual del concepto, del mismo modo a lo que fue *Tron* en los ochenta para explicar el funcionamiento de las «tripas» de un ordenador. La película está ambientada en Free City, un videojuego de mundo abierto y persistente (MMORPG) que es, a la vez, un universo de mundos conectados en el que conviven a la par jugadores reales que se conectan con sus avatares y NPC virtuales (*Non-Player Characters*, o personas no jugadoras que deambulan por el universo creado). En una clara alusión a Fortnite (2017), Free City es abierto. Los jugadores pueden construir viviendas, obtener créditos, comprar bienes, compartirlos con otros usuarios, sociabilizar, subir de nivel o, incluso, mover el cuerpo con los bailes más populares de Fortnite, como *The Worm*, *Floss*, *Dab* o *Best Mates*.

La novedad introducida en la película reside en la incorporación de inteligencia artificial a un personaje NPC, el protagonista de la historia, que comienza a plantearse su rol en Free City tras enamorarse de una jugadora real.

La película también refleja las exigencias en capacidad de almacenamiento, recurrencia e infraestructura IT que exigen este tipo de mundos persistentes, algo que mal gestionado puede provocar la desconexión literal de millones de usuarios, tal y como le ocurrió en octubre de 2021 a Roblox cuando permaneció varios días caído dejando a más de 40 millones de jugadores descolgados. Roblox es un popular videojuego multijugador online y social en el que los usuarios pueden diseñar su mundo. Hoy está considerado casi un metaverso.

FIGURA 1.28.

DURANTE TODA LA TRILOGÍA, SE JUEGA CON EL CONCEPTO DE MUNDOS EN LOS QUE ES POSIBLE CREAR, DE MANERA CREATIVA, INSTANCIAS PARA FINES ESPECIALES, COMO LA DE ENTRENARSE EN ARTES MARCIALES. © 1999, WARNER BROS., VILLAGE ROADSHOW PICTURES, GROUCHO FILM PARTNERSHIP.

FIGURA 1.29.

RYAN REYNOLDS ES UN NPC EN LA PELÍCULA «FREE GUY» (2021). PASEA LIBREMENTE POR FREE CITY, EL UNIVERSO VIRTUAL AL QUE PERTENECE. ALLÍ, COMO JUGADOR, DESCUBRE QUE GRACIAS A UNAS GAFAS DE REALIDAD AUMENTADA TIENE ACCESO A UN MUNDO AMPLIFICADO DONDE ES POSIBLE, INCLUSO, ADQUIRIR BIENES VIRTUALES. © 2021, WALT DISNEY.

Referentes en los videojuegos

El terreno natural para el concepto de metaverso suele estar muy próximo a los videojuegos. La evolución de la tecnología ligada a los videojuegos ha permitido llegar a donde estamos, construir los mimbres necesarios con los que poder experimentar de manera inmersiva entornos virtuales, tal y como ocurre en el Oasis de la novela de Cline. Dichos avances tienen que ver con motores 3D, GPU de gran potencia gráfica y de procesamiento, conexión de alta capacidad de datos sin retardo, almacenamiento de alta velocidad, computación en la nube e inteligencia artificial.

Los videojuegos de hoy en día no se parecen en nada a los de los ochenta o los noventa, están a años luz de distancia. Y, sin embargo —y a pesar de los logros—, como ya veremos más adelante, no podemos considerar a un videojuego un metaverso *per se*, del mismo modo que no lo es una simple experiencia virtual usando VR o AR, una criptomoneda o un parque temático virtual a los que Disneyland nos tiene tan acostumbrados.

Existen referencias importantes en el mundo de los videojuegos que han permitido que los metaversos —como concepto— se sitúen en la parrilla de salida. La lista no es sencilla, porque existen muchos mundos persistentes que en las últimas dos décadas han acogido a millones de jugadores y nos han aportado todas las mecánicas, procesos de gamificación y monetización que actúan como pilares de estos peculiares universos. Entre estos nombres destacan *World of Warcraft* (Blizzard), que posee más de 26 millones de jugadores; *Guild Wars 2* (NCSoft), que goza de cerca de 15 millones de jugadores; y *The Elders Scrolls* (Bethesda), que acumula 19,5 millones —según datos publicados entre 2020 y 2021 por sus propias compañías distribuidoras—. Existen muchos juegos MMORPG en el mercado, algunos ya vetustos, que continúan acumulando adeptos en sus filas. Vistos como simples datos, esas volumetrías dan vértigo. Demuestran que los videojuegos son una entrada natural para la construcción de metaversos de éxito.

Sin embargo, y aunque se insista en que un videojuego es solo eso, un juego, existen dos hitos en la industria que nos obligan a hacer excepciones a la regla: Second Life (2003) y Fortnite (2017).

Second Life nació en 2003 como una aplicación instalable multiplataforma que daba la posibilidad a las personas de tener una «segunda vida» dentro de un mundo virtual. Desarrollado como un espacio a caballo entre videojuego tipo Sims y un metamundo por ex ejecutivos de Adobe,

FIGURA 1.30.

«WORLD OF WARCRAFT» ES UN MMORPG QUE ESTÁ A PUNTO DE CUMPLIR DOS DÉCADAS EN ACTIVO. MUCHAS DE SUS MECÁNICAS HAN SIDO TRASLADADAS A OTROS JUEGOS PERSISTENTES. © 2004, BLIZZARD ENTERTAINMENT.

FIGURA 1.31.

«THE ELDERS SCROLLS» TIENE CERCA DE 30 AÑOS A SUS ESPALDAS. SU ÚLTIMA ACTUALIZACIÓN FUE DE 2020. ES POSIBLE DISFRUTAR DE ÉL A 4K. © 2020, BETHESDA SOFTWORKS, UBISOFT.

FIGURA 1.32.

DISNEY LLEGÓ A RECREAR ALGUNOS DE SUS PARQUES TEMÁTICOS DENTRO DE SECOND LIFE PARA DISFRUTE DE SUS RESIDENTES. © 2011, DISNEY WORLD.

RealNetworks, Electronic Arts, eBay, Apple y Disney en San Francisco, la aplicación llegó en sus mejores tiempos a acoger a más de 10 millones de personas.

En aquel año, Second Life fue una revolución. En este mundo virtual, que aún sigue vivo, los usuarios son considerados «residentes», y son responsables de su devenir, tal y como ocurre en la vida real. Pueden moverse con libertad, hacer amigos, relacionarse, asistir a eventos y conciertos, transportarse, comprar objetos e, incluso —y aquí está lo revolucionario a su tiempo— trabajar vendiendo sus servicios mediante una moneda virtual llamada *Linden dollars*. De hecho, según cifras de la compañía, en este universo sus residentes generaron un volumen de negocio por la venta de servicios en 2006 valorado en 60 millones de dólares, cantidad que podía ser convertida a moneda de curso legal a través de PayPal.

FIGURA 1.33.

SEAT LLEGÓ A TENER PRESENCIA EN 2008 DENTRO DE SECOND LIFE COMO PARTE DE SU ESTRATEGIA DE MARCA. © 2008, SEAT, GREY ESPAÑA.

El éxito de este metaverso fue tal que compañías como Amazon, Toyota, Adidas, Sony, BMG, IBM, Dell, General Motors, Nike, Warner Brothers, Reebok, Disney, Vodafone, Starbucks, eBay, Pontiac, Nissan, Reuters o Starwood Hotels, entre otros, hicieron su aparición dentro de él.

SEAT, el fabricante de automóviles, desde su factoría de Martorell y a través de la agencia creativa Grey y Mosi Mosi Metaverse, aterrizó en 2008 en Second Life. La marca creó una isla de 65 000 m^2, bautizada *SEAT Auto Emoción*, con cuatro áreas complementarias, donde los residentes podían probar el nuevo modelo de SEAT Ibiza, mantener una relación real con la marca, un club de ocio y un foro para conferencias, encuentros y eventos sociales.

En la actualidad, la compañía detrás de Second Life, Linden Lab, ha sido adquirida por parte de Wookey Technologies, empresa propietaria de la tecnología Sansar, una solución VR para la organización de eventos en directo, con capacidad de monetización para creadores y artistas.

Fortnite (2017), de Epic Games —los mismos propietarios del conocido motor *Unreal Engine*, con el que actualmente se hacen los efectos especiales de *The Mandalorian*—, representa por sus volumetrías alcanzadas el ideal de metaverso. Desde su origen, sus creadores querían construir algo que fuera capaz de facilitar el entretenimiento a escala, masivo. Y parece ser que lo han conseguido. Hoy son más de 300 millones de usuarios. Ahí es nada.

El videojuego cuenta con tres modos de juego que comparten el motor y las mecánicas: Modo Battle Royale, Modo Salvar el Mundo y Modo Creativo. El último de esos modos, el creativo, permite a cualquier jugador construir su propia isla

FIGURA 1.34.

TRAVIS SCOTT SACUDIÓ EL PANORAMA DE LOS EVENTOS EN DIRECTO CON SU CONCIERTO EN FORTNITE EN 2020. EL ESPECTACULAR USO DEL MOTOR CAMBIÓ LAS REGLAS DEL JUEGO. © 2020, EPIC GAMES.

FIGURA 1.35.
UN AÑO DESPUÉS, ARIANA GRANDE LLEVÓ SU RIFT TOUR A UN ENTORNO INTERACTIVO. LA PARTICIPACIÓN DE LOS USUARIOS ERA NECESARIA. © 2021, EPIC GAMES.

con amigos. De hecho, es este modo el que mejor representa la aspiración original de la propuesta. Fortnite nació en 2011 fruto de una *game jam* entre amigos organizada por Epic Games (un concurso en el que se reta a los participantes a crear un videojuego desde cero). Allí surgió la idea de fusionar el género de los juegos de construcción tipo *Minecraft* y *Terraria*, con los de lucha en primera persona tipo *Unreal* o *Gears of War*.

A la capacidad creativa hay que añadir la posibilidad de importar *skins* personalizados (incluso de crearlos) y la de comprar objetos y mejoras mediante la moneda virtual PaVos. Sin embargo, lo más conocido de Fortnite no es su entorno de juego, sino su capacidad de atraer a las marcas para organizar eventos masivos con los que conquistar audiencias o desarrollar bienes únicos que poner a la venta. Algunos nombres como Nike, Balenciaga, Gucci, O2, Carrefour, NFL, DC Comics, Warner Bros o Marvel, entre otros, ya se han acercado a Epic Games para desarrollar nuevas estrategias de posicionamiento de marca dentro del juego.

Su capacidad de congregación de audiencias verticales especializadas le ha permitido que nombres populares de la industria musical desarrollen espectáculos exclusivos utilizando el motor del juego. Marshmello congregó a 10,7 millones de usuarios, Travis Scott a 12,3 millones y Ariana Grande a cerca de un millón de personas. Nunca hasta la fecha un videojuego había provocado tanta atención y generado tanta recurrencia. Su éxito abrió la caja de Pandora para avanzar hacia los metaversos.

FIGURA 1.36.
EL PRIMERO DE TODOS FUE DJ MARSHMELLO, EN FEBRERO DE 2019. UN CONCIERTO QUE ROMPIÓ LOS ESQUEMAS Y AGITÓ LA INDUSTRIA. © 2019, EPIC GAMES.

LAS DINÁMICAS DEL CAMBIO

Existen suficientes indicadores en el mercado para afirmar, con propiedad, que nos encontramos ante la próxima gran iteración en la que, de nuevo, tecnología, sociedad y cultura vuelven a agitarse como consecuencia de tres potentes fuerzas y dinámicas que la sacuden con fuerza: velocidad, progeria y desorientación. La mayor parte de estas fuerzas no son casuales. Llevan tiempo entre nosotros, moviéndose sigilosas, produciendo cambios. Son las mismas dinámicas que hace años, en plena revolución robótica en las plantas de producción y en los albores de la computación, llevaron al sociólogo Alvin Toffler a hablar de «shock del futuro». Sí, no cabe duda de que estamos ante un nuevo shock. Y, sí, suena a futuro. Por eso la ciencia ficción es el mejor anticipo para ir acostumbrándonos.

Existen numerosos ejemplos de este shock. Solo es necesario echar un vistazo a nuestro alrededor para entender esa confluencia de fuerzas. Viajamos en transporte público mirando constantemente la pantalla de nuestro móvil, socializando y conversando mediante aplicaciones de mensajería o escuchando música o series en *streaming*. Nuestros hijos se sientan en el parque para conectarse a Fortnite —móvil en mano—, pero no para jugar, sino para hacer una quedada con su colla de amigos en una isla que ellos mismos han creado y conversar.

Compramos bienes de primera necesidad por subscripción para que nos lleguen periódicamente a la puerta de nuestra casa. Imprimimos piezas de recambio en 3D en nuestro propio hogar para arreglar una vieja batidora e, incluso, diseñamos e imprimimos los moldes de corte para las galletas con forma de DeLorian o de Frozen que irán al cumpleaños de nuestra hija.

Le hablamos a Alexa o a Siri para que, en remoto, no se olvide de darle de comer al gato en casa, o para abrir la puerta, cambiar de programa en la televisión o conocer la temperatura que hace en la calle. Probamos desde el iPad los nuevos sillones «Pello» de Ikea directamente en el salón de nuestra casa, o esa lámpara «Lauters» que combina bien con las estanterías «Bestå», mientras nuestra pareja termina de explicar a través de una pizarra virtual los nuevos conceptos de una campaña de lanzamiento a todo su equipo de marketing en remoto.

El mundo ha cambiado, se rige por nuevas dinámicas, y lo ha hecho en un período corto de tiempo gracias a la introducción de hitos tecnológicos que han modificado muchos ámbitos de nuestra vida cotidiana. Pero estos hitos no acaban aquí. Existen nuevos y más disruptivos. Y lo que es más importante: ya no son hitos aislados, sino que actúan de manera combinada.

Velocidad tecnológica

La tecnología tiene un enorme potencial de transformación. Desde hace más de 30 años, el mercado pone en mano de los consumidores cientos de miles de hitos tecnológicos en una suerte de combinación de *hardware* y *software*. No todos prosperan y se convierten en tecnologías de uso imprescindible en nuestras vidas, pero cuando lo hacen, poseen la magia de transformar comportamientos.

El número de esas tecnologías que irrumpen en el mercado ha crecido exponencialmente. Y lo hace con tanta frecuencia que su velocidad de aceleración genera una extraña sensación de que somos incapaces de ir al mismo ritmo. A esto hay que añadir que su naturaleza ya no es funcionar aisladas, sino conectadas unas con otras. Algunas de estas tecnologías han irrumpido con tanta fuerza que somos incapaces de reconocernos a nosotros

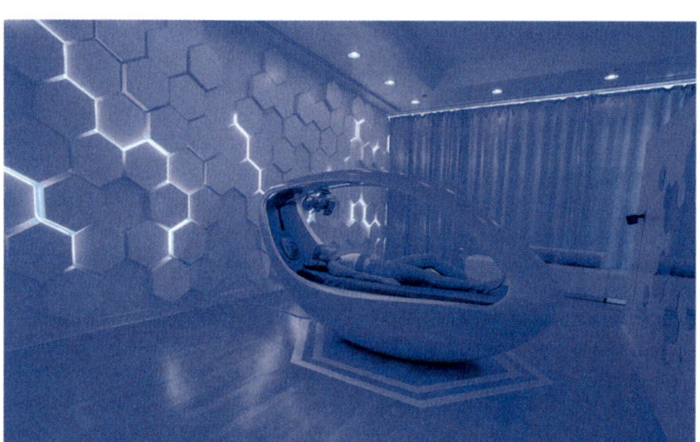

FIGURA 1.37.

THE VESSEL ES UNA EXPERIENCIA CREADA POR EL RESORT DE LUJO FOUR SEASONS DE O'AHU (HAWÁI). © 2020, FOUR SEASONS.

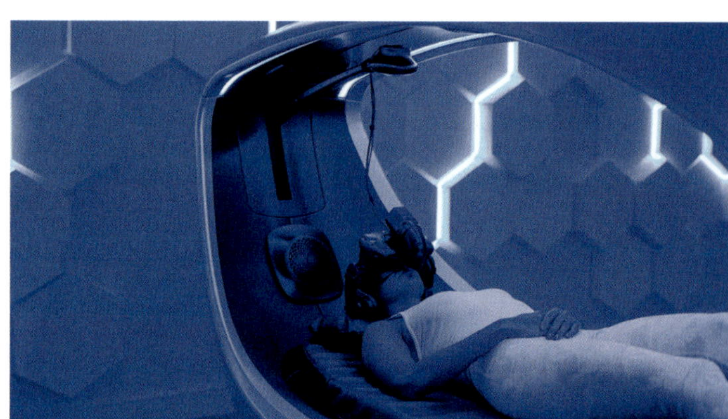

FIGURA 1.38.

EL OBJETIVO DEL PROYECTO ES AYUDAR A LOS CLIENTES CON ESTRÉS, FATIGA O ANSIEDAD A MEJORAR SU ESTADO CON UNA EXPERIENCIA INMERSIVA. © 2020, FOUR SEASONS.

mismos cuando las usamos, porque, de nuevo, nos genera la extraña sensación de que somos los protagonistas de una película de ciencia ficción.

En esta categoría se encuentra *The Vessel*, una revolucionaria terapia contra el estrés, la fatiga, la ansiedad, la depresión y el insomnio, desarrollada por el resort de lujo Four Seasons de O'ahu (Hawái), junto a la compañía Sensync. Un proyecto ambicioso que ha contado con el apoyo y colaboración del futurista Alex Theory, experto en experiencias inmersivas y contenido interactivo, y que ha trabajado para compañías como Google, Facebook, Cirque du Soleil, Black Eyed Peas o MGM, entre otras marcas.

The Vessel es una combinación de tecnología de vanguardia y experiencia inmersiva que combina realidad virtual, audio espacial, aromas, vibroacústica, cinestesia, viento y temperatura. Un dispositivo con forma de cápsula, capaz de recoger a través de sensores la respiración, el ritmo cardíaco, la actividad cerebral y de la dermis, con el objetivo de crear una experiencia personalizada (véanse figuras 1.37 y 1.38).

Los avances en el campo de la realidad aumentada (AR) también entran dentro de esta categoría de tecnologías con potencial de transformación. A la espera de los próximos hitos tecnológicos del proyecto Nazare de Meta en el campo de la realidad aumentada y de Apple en el campo de la realidad mixta, una compañía comienza a despuntar con su forma de aplicarla: Wayray. Esta compañía, con sede en Zúrich (Suiza), y liderada por un joven tecnólogo instruido en Harvard, Vitaly Ponomarev, está comenzando a instalar en el sector de la automoción y, a modo de piloto, en el sector de la hostelería, los primeros cristales con realidad aumentada incorporada (*Deep Reality Display System*).

El objetivo de la compañía, en el caso concreto de la automoción, consiste en añadir una capa de información capaz de amplificar la manera en que viajamos, transformando el concepto de automoción del futuro, así como la perspectiva del conductor y los pasajeros. La tecnología de Wayray es disruptiva por el simple hecho de que no requiere del uso de gafas por parte de las personas. Está integrada en los cristales del vehículo amplificando la experiencia de visión (véanse figuras 1.39 y 1.40).

Esa misma tecnología podría ser integrada en muchos medios de transporte por tierra, mar y aire (véase figura 1.41), así como en innumerables espacios en nuestro entorno, como los ventanales de los edificios o las marquesinas. ¿Te imaginas asomarte a la ventana de tu propia casa y poder ver cuál es el vuelo que parece surcar el cielo hacia el aeropuerto, la temperatura exterior y la previsión para el resto del día, así como el tiempo que queda para que llegue el próximo tren de cercanías?

FIGURA 1.39.

PORSCHE HA SIDO UNA DE LAS PRIMERAS COMPAÑÍAS EN UNIR SUS ESFUERZOS CON WAYRAY PARA IMPLEMENTAR SU TECNOLOGÍA EN ALGUNO DE SUS MODELOS, PERMITIENDO MOSTRAR EN EL CRISTAL FRONTAL INFORMACIÓN VALIOSA PARA EL CONDUCTOR. © 2020, WAYRAY.

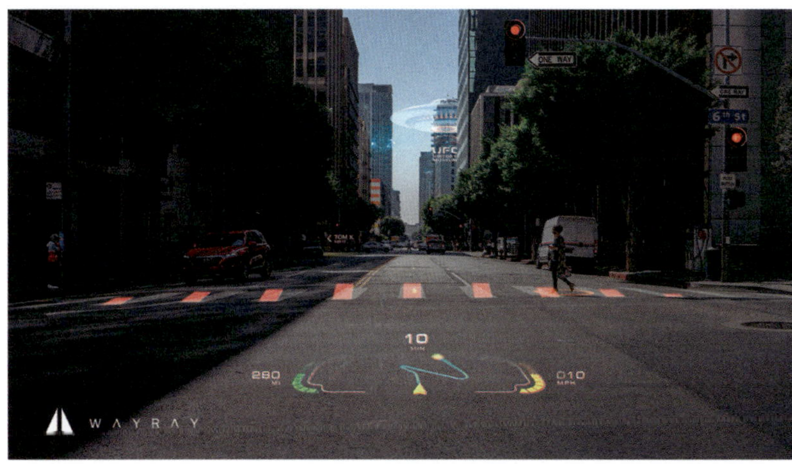

FIGURA 1.40.

DEEP REALITY DISPLAY SYSTEM FUNCIONA COLOCANDO 4 CAPAS DE INFORMACIÓN AR FRENTE AL USUARIO. ALGUNA DE ESTAS CAPAS ESTÁ PENSADA PARA MOSTRAR CONTENIDO DE ENTRETENIMIENTO, COMO LA NAVE ESPACIAL QUE SE MUESTRA AL FONDO ANUNCIANDO UN MUSEO DE HISTORIA. © 2021, WAYRAY.

FIGURA 1.41.

LA TECNOLOGÍA DE WAYRAY PODRÍA MEJORAR LA EXPERIENCIA DE NAVEGACIÓN DE LA INDUSTRIA DE TRANSPORTE MARÍTIMO DE MERCANCÍAS, ENTRE OTROS. © 2020, WAYRAY.

Progeria

La progeria es una anomalía genética que acelera el proceso de envejecimiento de los niños. Una enfermedad que, tristemente, aún no tiene cura y que fue magistralmente mostrada en la película de David Fincher *El curioso caso de Benjamin Button* (2008). Ese mismo concepto, el del envejecimiento acelerado de las cosas (esta vez dispositivos tecnológicos que rodean nuestras vidas), es la segunda de las dinámicas que provoca un shock en nuestras mentes.

La velocidad con que una tecnología sustituye a otra, el estrecho tiempo con que un móvil necesita ser cambiado por otro, o la frecuencia con que un portátil —ante nuevos avances en el campo de las aplicaciones— ha de ser sustituido por obsolescencia de su tecnología, exige un esfuerzo de las personas.

Vivimos en un momento en que las nuevas tecnologías que aparecerán en el mercado cambiarán vertiginosamente en los próximos años, añadiendo nuevas capacidades y usos, y dejando obsoletos otros. Esas tecnologías tienen que ver con la velocidad de transmisión de los datos, el *hardware* necesario para experimentar contenidos inmersivos, la capacidad de dotar herramientas creativas a la sociedad, la capacidad de recoger, analizar y personalizar la experiencia sobre la base de la data, o las capacidades de comunicación simultánea con el entorno, por mencionar solo algunas.

Desorientación

La desorientación es la última de las dinámicas. Está íntimamente relacionada con nuestra capacidad de adaptación. Cuando sentimos que el futuro ha llegado de manera prematura, la primera reacción del ser humano es la desorientación, el no saber qué hacer con lo nuevo que ha llegado. Es una reacción natural. ¿Qué haré ahora que unos algoritmos de inteligencia artificial han comenzado a hacer las tareas que yo hacía en mi trabajo? ¿En qué puedo invertir mi tiempo si un robot es el que está limpiando los suelos de mi casa? ¿Y si trabajo más tiempo ahora que no he de desplazarme al trabajo en coche? ¿Para qué necesito que se muestre información amplificada en mi área de visión, en tiempo real, si ya tengo el móvil para buscarla? Esa desorientación es siempre un proceso temporal.

Cuando a finales de los noventa comenzamos a hablar de «ciberespacio», esa etiqueta con la que bautizamos gracias a William Gibson a todo lo que sonara a internet («cibersociedad», «ciber-trabajo», «ciberciudades», «ciberocio», «cibersexo», «ciberpolicía», «ciberhogar»...), la primera reacción fue de respeto, incredulidad sobre el futuro, perplejidad, poco entusiasmo. Poco a poco las aplicaciones y usos, la facilidad de acceso y los beneficios tangibles hicieron que las personas entendieran que el ciberespacio suponía un avance del que no había marcha atrás. Pronto ese hito tecnológico cambió nuestra manera de entenderlo todo.

Hablar de metaversos recuerda mucho esos noventa. Veremos, en los inicios, cómo surgen nuevas expresiones para definir todos los usos que podamos darle: «metasociedades», «metatrabajos», «metaciudades», «metaeconomia», «metadispositivos», «metajuegos», «metaespacios», «metajugadores», «metamundos»... incluso dirán que el metaverso es como la «metadona» (curiosamente en el pasado, los intentos de cruzar el espejo y acceder a universos virtuales siempre han estado vinculados a algunos psicotrópicos). Pero pronto se dejará de hablar de metaversos y la palabra adquirirá un nuevo estadio en el que será reconocida como la nueva internet. Al fin y al cabo, con unas u otras tecnologías a su espalda, un metaverso es una actualización más moderna del ciberespacio.

LA PANDEMIA MUNDIAL COMO ACELERADOR

Durante su *keynote* en el primer CES de Las Vegas celebrado físicamente tras la pandemia, en enero de 2021 (véase figura 1.42), el CEO de Verizon, Hans Vestberg, no pudo evitar reconocer uno de los grandes efectos colaterales de la pandemia de COVID-19 a nivel mundial: «Hay algo que en 2020 se ha hecho evidente, muy rápido. Desde que el COVID-19 irrumpió y comenzó a difundirse por el mundo, hemos dado un salto de 5 a 7 años en la revolución digital». El CES (*Consumer Electronics Show*) siempre ha sido la mayor feria del mundo dedicada a la tecnología de uso diario, una especie de meca de las empresas más punteras en tecnología, en la que cada año se daban cita las innovaciones que cambiarían el mañana.

Con la reflexión de Vestberg se dio por sentado que ese primer CES postpandemia iba a ser diferente.

La pandemia había dejado obsoleto el mayor evento del mundo dedicado a la innovación y a la tecnología. De la noche a la mañana, en apenas unos meses, lo virtual se adueñó de ámbitos inimaginables (asistencia sanitaria, educación, trabajo, entretenimiento, consumo). Y todos esos avances

FIGURA 1.42.

EL CEO DE VERIZON, HANS VESTBERG, DURANTE SU KEYNOTE EN EL CES DE 2021, LA FERIA DE TECNOLOGÍA MÁS IMPORTANTE DEL MUNDO. © 2020, VERIZON.

que se suponía irían a verse por las calles y hogares en los siguientes 10 o 15 años, ocurrieron en semanas: robots transportando medicinas a los hospitales y comida a los hoteles con pacientes positivos, asistencia médica por telemedicina, impresión 3D para fabricar en masa viseras y respiradores para las unidades de cuidados intensivos, drones para hacer frente a tareas de desinfección, biología sintética para alterar el genotipo de los virus, *blockchain* para compartir y procesar datos en tiempo real, uso de *big data* y *machine learning* para el análisis predictivo de la pandemia. La lista es amplia.

Por esos y otros motivos, Ben Hammersley, editor de la revista *Wired* en su versión británica, resumía en una de sus ediciones lo ocurrido: «Los cambios que predijimos para dentro de 10 años han ocurrido en seis semanas». Sin la presión ejercida por los efectos de la pandemia durante los dos últimos años, hoy sería imposible hablar de metaversos. Tecnologías que se encontraban en laboratorio, encontrando la fórmula para que accediesen al mercado de consumo, se convirtieron en útiles, y empezaron a atraer a millones de personas. La realidad virtual y la realidad aumentada se encuentran entre ellas.

Compañías como Unity o Epic (a través de su Unreal Engine) facilitaron el acceso a sus motores 3D a un amplio mercado de empresas, acelerando el desarrollo de nuevas experiencias. La ciudad de Zoan (Helsinki) celebró durante la pandemia en

FIGURA 1.43.

EVENTO VIRTUAL CELEBRADO EN MAYO DE 2020 EN HELSINKI CON MOTIVO DEL VAPPU.

2020 el Mayday —una de las festividades anuales de Finlandia también conocida como Vappu— de una forma diferente y única. Considerado como uno de los más espectaculares eventos virtuales conocidos, llegó a congregar online a 700 000 usuarios. Usó para ello el motor de Unity (véanse figuras 1.43 y 1.44).

La compañía BigscreenVR aceleró su apertura a mercados internacionales, incluido España, para hacer llegar mediante realidad virtual la experiencia del cine directamente al hogar (véase figura 1.45). Un espacio que recrea algunas de las mejores salas de cine y donde puedes disfrutar de manera colaborativa de la proyección de una película, como si estuvieras allí.

FIGURA 1.44.
EL EVENTO MUSICAL, CREADO SOBRE EL MOTOR 3D DE UNITY, CONGREGÓ A MÁS DE 700 000 PERSONAS ONLINE.

FIGURA 1.45.
SALA DE CINE VIRTUAL DE BIGSCREENVR, MEDIANTE LA QUE SE PUEDE IR AL CINE SIN NECESIDAD DE SALIR DE CASA. © 2020, BIGSCREENVR.

META. MARK ZUCKERBERG ENCIENDE LA CHISPA Y ANTICIPA EL FUTURO CAMINO

En octubre de 2021, Mark Zuckerberg, hasta la fecha CEO de Facebook, anunciaba la fundación de una nueva compañía bajo el nombre de Meta (véase figura 1.46). En un vídeo de más de una hora lleno de pequeños detalles y rodeado de experiencias inmersivas, su fundador confirmaba el objetivo de ir un paso más allá en el desarrollo de tecnologías capaces de conectar a las personas. Un paso que, muy probablemente, servirá para agitar a la industria en una nueva dirección.

Meta representa el cambio de ciclo, la esperada iteración que abrirá las puertas a un nuevo estadio de entender la comunicación a través de internet (véase figura 1.47). Su carta constitucional debería ser analizada en detalle, en específico los pequeños matices. Estos sientan las bases de la aspiración con que la industria quiere impulsar el concepto de metaversos.

La conmoción provocada por el anuncio de la compañía sobre su pretensión de avanzar hacia un nuevo estadio de desarrollo tecnológico, impulsando soluciones y experiencias inmersivas, ocasionó un efecto en cascada. Compañías como Microsoft o Nike, entre otras, anunciaron rápidamente su apuesta por los metaversos.

En la carta constitucional de Zuckerberg los pilares estaban claros:

FIGURA 1.46.
MARK ZUCKERBERG, CEO DE META, DURANTE LA PRESENTACIÓN DEL NUEVO GRUPO EMPRESARIAL ENFOCADO EN TECNOLOGÍA. © 2021, META.

En las últimas décadas, la tecnología ha dado a las personas el poder de conectarse y expresarse de forma más natural. Cuando comencé con Facebook, en su mayoría escribíamos texto en sitios web. Cuando obtuvimos teléfonos con cámaras, internet se volvió más visual y móvil. A medida que las conexiones se hicieron más rápidas, el vídeo se convirtió en una forma más rica de compartir experiencias. Hemos pasado de la computadora de escritorio a la web y a los dispositivos móviles; desde texto hasta fotos y vídeos. Pero este no es el final de la línea. La próxima plataforma será aún más inmersiva: una internet incorporada en la que estás en la experiencia, no solo mirándola (véanse figuras 1.48 y 1.49). A esto lo llamamos el metaverso y afectará a todos los productos que construimos.

FIGURA 1.47.
EL FUNDADOR DE META SALUDANDO A SU OPONENTE VIRTUAL ANTES DE JUGAR A LA ESGRIMA. © 2021, META.

FIGURA 1.48.
LOS PRODUCTOS Y SERVICIOS VINCULADOS CON EL METAVERSO QUE LANZARÁ AL MERCADO META PERMITIRÁN SOCIABILIZAR DE UNA MANERA INMERSIVA. © 2021, META.

FIGURA 1.49.
EL FUTURO PROYECTO NAZARE, UNAS GAFAS DE REALIDAD AUMENTADA, PERMITIRÁ SOLAPAR AMBOS MUNDOS, EL VIRTUAL Y EL REAL, DE UNA FORMA NUNCA VISTA. © 2021, META.

La cualidad que definirá el metaverso será, según Zuckerberg, la de una sensación de presencia, como «si estuvieras allí mismo con otra persona o en otro lugar». Teletransportarse como si fueras un holograma, con independencia del lugar de procedencia y residencia. Una sensación que se podrá experimentar a través de diferentes tecnologías, entre las que se encuentran la realidad virtual (VR), la realidad aumentada (AR), la realidad mixta (XR) e, incluso, la pantalla de un ordenador mediante los avances con la web inmersiva.

El punto sobre el que pivotará el metaverso no será el de una sola compañía ni el de una sola persona. Abre la puerta a una economía de la creación abierta, que pone en manos de las personas su desarrollo y evolución. De ahí que Meta esté dispuesta a invertir en creadores en los próximos años. La ambición para este nuevo estadio de cosas es relevante: «Nuestra esperanza es que, en la próxima década, el metaverso llegue a mil millones de personas, albergue cientos de miles de millones de dólares en comercio digital y respalde trabajos para millones de creadores y desarrolladores».

Una semana después del nacimiento de Meta, Microsoft anunciaba que la compañía no se iba a quedar atrás. El gigante de Redmond, propietaria de las conocidas Hololens y de la tecnología Mesh, y con más de una década de experiencia en el desarrollo de experiencias y entornos virtuales,

FIGURA 1.50.

CON MESH TEAMS LAS EMPRESAS PODRÁN CREAR SUS PROPIOS METAVERSOS DONDE PODRÁN COLABORAR Y TRABAJAR SUS EMPLEADOS. © 2021, MICROSOFT.

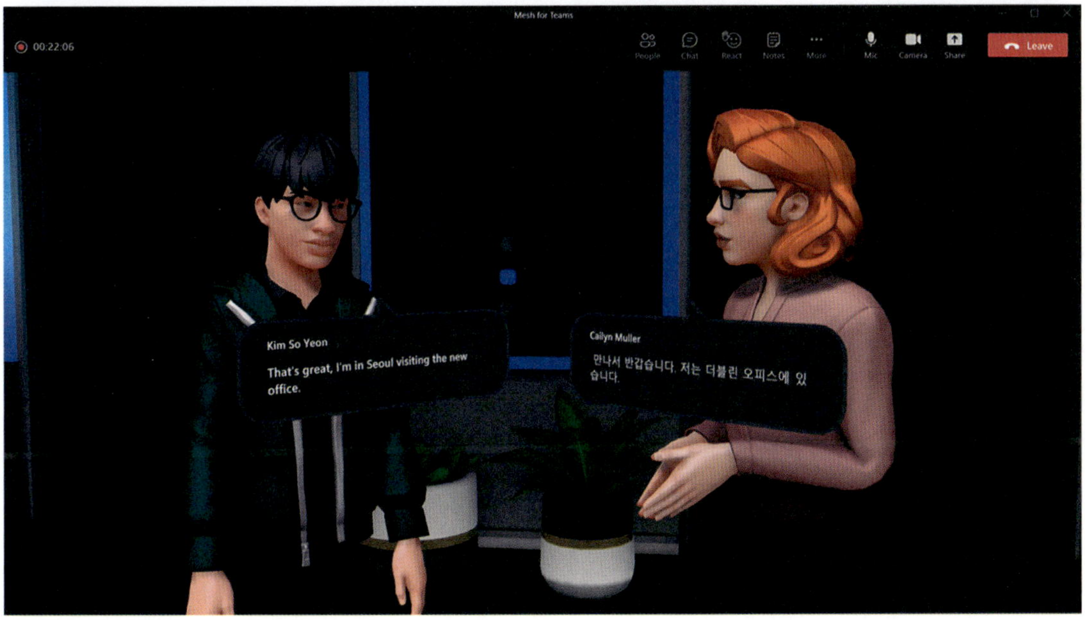

FIGURA 1.51.

EL USO DE AVATARES SERÁ UNA OPCIÓN NO BINARIA CON LA QUE PODER ACCEDER A TEAMS EN REMOTO. © 2021, MICROSOFT.

confirmaba que estaba trabajando en convertir su solución de colaboración en línea, Teams, en su propio metaverso para entornos de trabajo. Mesh se fusiona con Teams en una suerte de solución de realidad mixta capaz de llevar los entornos de productividad a un nuevo estadio.

Microsoft anunció, del mismo modo a como lo hizo Zuckerberg, que su metaverso centrado en la optimización y productividad en el trabajo se podrá experimentar desde smartphones, ordenadores y cascos de realidad mixta. Se trata, como la propia compañía reconoce «de una forma de celebrar encuentros online más personales, interactivos y divertidos». Para acceder a este nuevo entorno, lo que tendrán que hacer los usuarios es crearse un avatar personalizado de sí mismos. Las empresas a través de Mesh podrán crear sus propios metaversos, espacios personalizados en 3D en donde los empleados podrán trabajar, colaborar o disfrutar de encuentros virtuales.

Nike, por su parte, ha creado el *Nike Metaverse Studio*, una unidad liderada por Eric Redmond, un experto en tecnología asesor del MIT Media Lab y autor del libro *Deep Tech* en el que, curiosamente, confirma que para 2030 siete tecnologías moverán más de 86 000 millones de euros: inteligencia artificial, realidad extendida, internet de las cosas, vehículos autónomos, criptomonedas, impresión 3D y computación cuántica.

El nuevo estudio, que ya dispone de patentes para usar el logo de la compañía dentro de mundos virtuales, trabajará, entre otras cosas, diseñando bienes NFT que podrán ser adquiridos virtualmente para dotar de personalidad al *alter ego* de los consumidores. Una línea de trabajo que se une al sistema Cryptokicks basado en Ethereum que la compañía patentó en 2019.

A finales de 2021, Nike llegó a un acuerdo con Roblox, la popular plataforma de juegos online para jóvenes (el 67 % de sus usuarios tienen menos de 16 años), considerada un metaverso. La marca deportiva de Oregón creará *Nikeland*, un espacio único inspirado en la sede real de la compañía, dentro del cual la marca ofrecerá equipamiento y accesorios brandeados. *Nikeland* será un espacio abierto a los jugadores e incluirá edificios, campos y arenas para que los jugadores compitan en minijuegos del tipo «balón prisionero» o «el suelo de lava».

La apuesta de Nike evolucionará en los próximos años. Su objetivo es incluso replicar momentos de juego de grandes eventos deportivos a escala mundial, como la Copa del Mundo o la Super Bowl.

FIGURA 1.52.

NIKE HA RECREADO SUS OFICINAS Y UN CAMPUS DEPORTIVO DONDE LOS JUGADORES DE ROBLOX PUEDEN COMPETIR EN JUEGOS. INCLUSO HA DESARROLLADO UN KIT PARA CREADORES PARA QUE DEN RIENDA SUELTA A SU IMAGINACIÓN Y CREEN MÁS JUEGOS, PARTIENDO DE ASSETS DEPORTIVOS DIGITALES CREADOS POR LA MARCA. © 2021, NIKE.

FIGURA 1.53.
NIKELAND POSEE SU PROPIO SHOWROOM DIGITAL CON EL QUE LOS USUARIOS DE ROBLOX PUEDEN PERSONALIZAR SU AVATAR. © 2021, NIKE.

Lo hará utilizando acelerómetros que capturan los movimientos del mundo real para crear réplicas digitales en el metaverso.

La administración y la empresa pública tampoco son ajenos a los metaversos. El micro Estado caribeño de Barbados, una semana después de abandonar la monarquía británica y constituirse en República, anunció su salto al metaverso. A principios de 2022 el Ministerio de Asuntos Exteriores y Comercio Exterior abrió las puertas de su oficina virtual en Decentraland, uno de los metaversos más populares. Desde allí, Barbados trabajará en la esfera de las relaciones diplomáticas. Usará su presencia en el metaverso para promocionar el turismo, los negocios y la cultura. Su presencia no solo se reducirá a Decentraland, también lo hará en *Sommium Space* y *Superworld*.

La ciudad de Seúl también está trabajando en su propio metaverso, *Metaverse Seoul*, que lanzará a finales de 2022. La aspiración de la ciudad es crear un ecosistema de servicios virtuales que permita a la ciudadanía interactuar con la administración municipal, la economía, la cultura, los servicios educativos y los servicios civiles. Desde el gobierno local quieren que los grandes eventos de la ciudad, como el *Seoul Lantern Festival*, se celebren en el metaverso para que lo pueda disfrutar el mundo entero.

FIGURA 1.54.
NIKELAND SUPONE UN ANTES Y UN DESPUÉS PARA LA MARCA, Y EL PRIMER HITO DEL NUEVO ESTUDIO DE NIKE VINCULADO A LOS METAVERSOS. © 2021, NIKE.

ENTREVISTA

EMMA CHIU

Directora global de Wunderman Thompson Intelligence

FIGURA 1.55.
EMMA CHIU.

Desde la oficina de Wunderman Thompson en Nueva York, Emma Chiu lidera Wunderman Thompson Intelligence, el grupo de reflexión interno sobre el futuro y la innovación. Desde esta unidad estratégica, asesora a los principales clientes de la lista Fortune 500. Los informes que salen de su equipo son descargados mundialmente, y marcan un camino a seguir. El informe más conocido es ***The Future 100***, de carácter anual. En él se recogen las principales señales que agitan al mercado en diferentes categorías y áreas, desde la tecnología a la cultura, desde los viajes al ***retail***, de la salud a las finanzas. En su última edición, 24 de 100 señales apuntan a la virtualización de la vida, las metasociedades, metatrabajos y metaeconomía. Vivimos, sin duda, tiempos de cambio.

Emma, además, tiene una valiosa visión creativa. Fue la directora de arte de Monocle y responsable del diseño de la marca a nivel internacional. Inquieta, comparte su visión en los principales foros de discusión del mundo, así como en grandes eventos corporativos, como la Adobe Max o SXSW Interactive.

Han pasado 30 años desde que Neil Stephenson usó la palabra «metaverso» en su novela *Snow Crash*. Emma, ¿crees que la sociedad está ya preparada para dar el salto?

La pandemia ha aumentado la dependencia de la gente a la tecnología. Según nuestro informe en Wunderman Thompson Intelligence ***Into The Metaverse***, el 76 % de los usuarios digitales globales están de acuerdo en que su vida y actividades diarias dependen de la tecnología; el 64 % dice que su vida social depende de la tecnología; y el 61 % está de acuerdo en que su sustento depende de la tecnología.

Este tipo de uso ha acelerado las tendencias tecnológicas en al menos cinco años. El metaverso se está gestando y el apetito de la gente por un mundo lleno de tecnología parece prometedor y positivo. Que la tecnología se convierta en una parte integral de la vida cotidiana ya no es una distopía. La gente está preparada para dar el salto al metaverso y las generaciones más jóvenes ya están en él.

En el estudio que publicaste en 2021 sobre el metaverso, mencionaste un detalle que me desconcertó: «De media, los consumidores estarían dispuestos a pagar 76 000 dólares por un hogar digital». ¿No es esto un choque en la forma de entender la economía? ¿Cuál crees que será el impacto para el actual sistema financiero y bancario?

Los productos y posesiones virtuales están dando lugar a un nuevo formato de propiedad. Las ventas de NFT han consolidado esta era de la propiedad digital y, en nuestra encuesta, personas de todo el mundo dijeron estar dispuestas a pagar una media de miles de dólares estadounidenses por artículos digitales hechos a medida, que abarcan desde bolsos de diseño hasta casas.

La cadena de bloques y las criptomonedas están ayudando a elevar la economía del metaverso, y los modelos financieros tradicionales tendrán que seguir el ritmo de este ecosistema.

Mi hija ya no usa Skype. Se conecta con sus amigos a Fortnite, se teletransportan a un castillo que han creado y se divierten decorándolo mientras charlan de sus cosas. ¿Cómo está cambiando el comportamiento del consumidor con las tecnologías actuales? ¿Qué es lo próximo en comportamientos sociales?

Los videojuegos se han convertido en espacios sociales y la generación más joven está utilizando estos mundos virtuales como su lugar de reunión alternativo. La generación Z y la generación Alpha están tratando los mundos virtuales como sus terceros espacios, donde pueden socializar, crear, construir y, quizás, incluso iniciar un negocio. A medida que la gente pasa más tiempo en los espacios digitales, esto significa que los avatares que reflejan la versión de la vida real serán más demandados. Esto también significa que la gente querrá empezar a reflejar las actividades y eventos de la vida real en el mundo virtual. Así que es de esperar que haya más eventos calendados, como conciertos y fiestas, en el metaverso: las agendas de la gente pronto incluirán acontecimientos del metaverso.

Uno de los pilares del metaverso es su capacidad para amplificar la creatividad. Se dice que vivimos en la economía de los creadores. ¿Qué significa esto, Emma?

El metaverso fomenta la creatividad y hace que el compromiso digital pase del consumo pasivo a la creación activa. Permite la exploración y la autoexpresión. En el futuro, las empresas que proporcionen plataformas y herramientas para que la gente pueda crear fácilmente expresiones complejas liderarán el metaverso y atraerán más actividad.

¿En qué ámbitos crees que el metaverso tendrá más impacto?

El metaverso se convertirá en una extensión de nuestras vidas de la misma manera que lo es internet, y quizás más. Esto significa que el metaverso tendrá un impacto en todos los aspectos de nuestra vida cotidiana, desde la forma en que socializamos y trabajamos hasta cómo nos conectamos con nuestra salud y compramos. El metaverso existe ahora mismo como mundos virtuales. En el futuro, el metaverso cambiará nuestra comprensión de la realidad. El metaverso hará que nuestro mundo físico exista con una superposición digital.

El informe de Wunderman Thompson Intelligence sobre el metaverso habla de un futuro híbrido de las compras. ¿Qué ha cambiado con la pandemia y qué oportunidades trae el metaverso para el comercio minorista?

La pandemia impulsó el comercio electrónico y animó a las marcas minoristas a replantearse sus escaparates digitales. Muchas marcas, como Fendi, Lancôme y Burberry, lanzaron tiendas digitales en 3D para que los compradores pudieran navegar de forma más natural. A medida que salgamos de la pandemia, la gente volverá a las experiencias de compra en persona, pero en última instancia nuestra encuesta muestra que el 83 % de los consumidores mundiales cree que el futuro de las compras es híbrido. Los minoristas y las marcas tendrán que crear experiencias de compra híbridas para seguir siendo relevantes en el futuro, si es que aún no han comenzado el proceso.

02

METAVERSO

Dicen que el metaverso no puede ser explicado. Lo cierto es que no es fácil atribuirle un correcto significado a la palabra. Sin embargo, uno de los primeros ejercicios que se debería abordar es el de dotarlo de contenido semántico. Un contenido adecuado, preciso, sin margen de error. Pero no es tarea sencilla. Este ejercicio es necesario para evitar que todos y cada uno de nosotros malinterpretemos el concepto y terminemos llamando «metaverso» a lo que en modo alguno es.

En el albor de esta nueva palabra, medios de comunicación, empresas, inversores, emprendedores y consumidores tendemos a distorsionar la realidad. Nos emociona pensar que cualquier hito vinculado con algunas de las tecnologías implicadas en el metaverso es, al fin y al cabo, un metaverso en sí. No es un metaverso una experiencia 360, no lo es un videojuego de realidad virtual, no lo es un *tour* guiado virtual en Disneyland París, ni una tienda virtual VR con la que mejorar la experiencia del consumidor, ni una experiencia amplificada con realidad aumentada, ni tampoco un NFT (*Non Fungible Token*).

Se requieren algunos condicionantes, ciertas características distintivas que son imprescindibles para que, cuando confluyan, podamos hablar con exactitud de estar ante un metaverso. Aquí intentaremos darle un significado. Será un primer ejercicio, porque probablemente, en los próximos años, necesitaremos que continúe evolucionando y se enriquezca. Esta palabra es tan grande en sí misma, y abarca tantas y tantas nuevas disciplinas, que habrá que volver a realizar ajustes.

La primera vez que apareció escrita la palabra «metaverso» fue en 1992, en el capítulo tercero de la novela de ciencia ficción de Neal Stephenson, *Snow Crash*. Allí, entre sus líneas, el autor imagina un entorno digital inmersivo en el que el personaje invierte bastante tiempo de su vida. Queda claro desde el principio que se trata de un espacio generado por ordenador, para el que hacen falta unas gafas de realidad virtual y unos auriculares, y donde los usuarios interactúan mediante avatares: «Así que Hiro no está aquí, en realidad. Está en un universo generado informáticamente, que el ordenador le lanza a través del visor y de los auriculares. En la jerga de los entendidos, ese lugar imaginario se denomina Metaverso. Hiro pasa mucho tiempo en el Metaverso».

El metaverso de Neal Stephenson no es un espacio abierto, sino lineal. El «Metaverso» es una enorme calle recta de 65 536 kilómetros de longitud, a cuyos lados se erigen los microespacios creados por corporaciones y particulares, y por donde circulan millones de transeúntes con *alter ego* personalizados. «La Calle es el Broadway del Metaverso, sus Campos Elíseos».

La palabra «metaverso» es una construcción formada por dos palabras: «meta», que proviene de la palabra griega «más allá» o «después», y «verso» que hace referencia expresa al universo. Una construcción que, por el mero hecho de formularse como un viaje más allá de lo conocido —hace mención del universo que se encuentra más allá del mundo en que vivimos—, reconoce implícitamente la existencia del mundo real.

FIGURA 2.1.

GEMELO DIGITAL DE UNA PLANTA DE PRODUCCIÓN DE BMW. © 2021, BMW GROUP.

FIGURA 2.2.

BMW Y NVIDIA TRABAJAN CON LA PLATAFORMA OMNIVERSE PARA CREAR UN GEMELO DIGITAL DE LAS PLANTAS DE PRODUCCIÓN. © 2021, BMW GROUP.

Y este punto de arranque es maravillo, porque hablar de metaversos significa hablar ineludiblemente del mundo físico en el que nos encontramos. De hecho, muchas son las fuerzas que buscan, a través del concepto de metaverso, amplificar nuestra percepción de la realidad del mundo físico que nos rodea gracias, por ejemplo, a la realidad aumentada y/o mixta.

El gigante de la industria de automoción BMW, por poner un ejemplo, está siendo pionero en el desarrollo de gemelos digitales de sus factorías de producción, mediante la plataforma Omniverse de NVIDIA, con el objetivo de unir lo mejor de ambos mundos (el físico y el virtual) y mejorar la velocidad, precisión y eficiencia del proceso de planificación de las nuevas plantas de producción para sus nuevos modelos de vehículos (véanse figuras 2.1 y 2.2). Como mencionó públicamente el CEO de NVIDIA, Jensen Huang, durante su presentación a la prensa, «en su visión de las fábricas del futuro [de BMW], las personas y los robots trabajan juntos, los ingenieros de todas las áreas del diseño de la fábrica colaboran en un espacio virtual compartido, y toda la fábrica se simula con detalles fotorrealistas. NVIDIA Onmiverse se creó para realizar y anticipar ese futuro. Estoy encantado de que BMW esté usando NVIDIA Omniverse para conectar a sus equipos para diseñar, planificar y operar sus futuras fábricas antes de que se construya algo en el mundo físico. Este es el futuro de la fabricación».

El consejero delegado de NVIDIA es un férreo defensor de los metaversos, y cree que su uso, en especial en el campo empresarial, ayudará a reducir «el despilfarro y aumentar la eficiencia operativa».

FIGURA 2.3.

JENSEN HUANG, CEO DE NVIDIA, DURANTE EL GDC 2021 EXPLICANDO LOS PROYECTOS DE GEMELOS DIGITALES EN LOS QUE ESTÁ INVOLUCRADA LA COMPAÑÍA. © 2021, NVIDIA.

Crear gemelos digitales ayuda a ahorrar dinero en pruebas. Y no solo estamos hablando del sector de automoción. La industria energética ya ha comenzado a simular en el metaverso el funcionamiento de redes eléctricas, plantas de energía térmica y también nuclear.

La propia NVIDIA está utilizando su tecnología de computación gráfica e inteligencia artificial para crear un gemelo digital de la Tierra, con el objetivo de simular los efectos del cambio climático. Dentro de la simulación se tienen en cuenta modelos de física atmosférica, modelos climáticos, química, biología de la atmósfera, aguas, hielo, tierra y actividad humana (véase figura 2.3).

La compañía espera que en los próximos años la resolución derivada del volumen de datos y cálculos necesarios permita, incluso, simular el reflejo de la luz solar en las nubes —algo que requiere diez veces más potencia de cálculo que la actual—.

¿QUÉ ES UN METAVERSO?

Un metaverso es una representación tridimensional, inmersiva y conectada de internet. Un universo virtual persistente, social y descentralizado, en el que los consumidores son capaces de saltar entre diferentes experiencias virtuales o entre la representación virtual y real del mundo físico. Un universo impulsado por una economía virtual con puestos de trabajo y, aparentemente, las mismas reglas y mecánicas financieras que rigen las economías actuales.

La definición anterior nos da una perspectiva de su alcance. Es, como el mundo de Hiro, un entorno tridimensional y conectado (tecnologías como las nuevas redes 5G o 6G —que fue presentada en Barcelona con motivo del *Mobile World Congress* de 2021— son claves para el desarrollo de los metaversos). Es autónomo, persistente, con una mecánica y unas reglas independientes de las personas y el mundo físico. Es social, fruto de cambios en el comportamiento de las personas, que prefieren cooperar, colaborar, sociabilizar, o quedar en espacios representados tridimensionalmente, visibles, antes que dejar sus comentarios en el muro o en los *feeds* de una red social bidimensional como Facebook, Twitter o LinkedIn, por solo mencionar algunas (véase figura 2.4).

Y, lo más importante, un metaverso permite que las personas, bajo un mismo identificador de usuario, se muevan libremente entre distintas experiencias virtuales dentro de un mismo universo. Un espacio que ya ha comenzado a generar puestos de trabajo, alimentando la fragua de una economía de la creación cuyos beneficiarios son los creadores que dotarán al metaverso de contenidos y experiencias.

FIGURA 2.4.

IMVU ES UN METAVERSO SOCIAL QUE REÚNE MÁS DE 7 MILLONES DE USUARIOS MENSUALES. SUS AVATARES ESTILIZADOS Y EL GUSTO POR LA MODA FORMAN PARTE INTRÍNSECA DE ESTE METAVERSO. © 2021, TOGETHER LABS.

En la actualidad, las plataformas de generación de contenidos están controladas de manera centralizada por organizaciones y compañías que han gestionado las reglas de internet y el flujo de datos y, por tanto, su economía. Los metaversos pretenden establecer comunidades descentralizadas que permitan a sus creadores de contenidos idear, crear, distribuir, poseer y monetizar todo el valor de sus contribuciones. En el futuro, este metaverso estará conectado con el mundo real.

Ya en 2019, Kevin Kelly, editor ejecutivo fundador de la prestigiosa revista *Wired*, en un artículo sobre la realidad aumentada, tenía claro que «estamos construyendo un mapa a escala 1 a 1 de un alcance casi inimaginable. Cuando esté completo, nuestra realidad física se fusionará con el universo digital». Kelly hacía mención al esfuerzo de la industria por crear un mundo espejo, un gemelo digital de nuestro mundo real con el que estará conectado, lo que posibilitaría amplificar experiencias y establecer sinergias.

En diciembre de 2021, la Real Academia Española (RAE), cuya misión es velar por los cambios que experimenta la lengua española en su constante adaptación a las necesidades de los hablantes, publicó la actualización 23.5. En esta actualización se incorporaron más de 3800 enmiendas y nuevas palabras, entre ellas «inmersividad», «inmersivo o inmersiva». La acepción de estas dos últimas hace mención expresa a una de las características inherentes de los metaversos: «Que hace vivir al espectador una realidad virtual como si fuera auténtica».

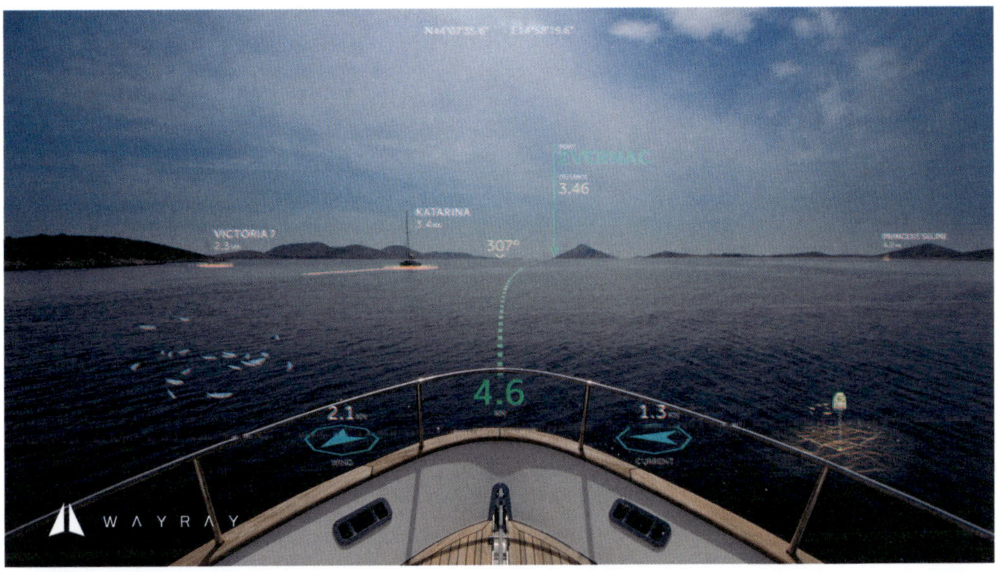

FIGURA 2.5A.

WAYRAY ES UNA COMPAÑÍA CON SEDE EN SUIZA QUE ESTÁ REIMAGINANDO EL FUTURO DEL TRANSPORTE CON DISPOSITIVOS HOLOGRÁFICOS DE REALIDAD AUMENTADA, FUSIONANDO EL MUNDO VIRTUAL Y EL REAL. © 2019, WAYRAY.

FIGURA 2.5B.

CON LA TECNOLOGÍA DE WAYRAY ES POSIBLE, INCLUSO, AÑADIR UNA CAPA DE ENTRETENIMIENTO A LA EXPERIENCIA AUMENTADA. LA COMPAÑÍA IMAGINA EL FUTURO METAVERSO COMO UN MUNDO VIRTUAL QUE ES UNA EXTENSIÓN DEL MUNDO FÍSICO. © 2021, WAYRAY.

ENRIQUECIENDO LA DEFINICIÓN DE UN METAVERSO

Si nos quedásemos con una sola definición, una única visión del estado de situación, probablemente obtendríamos una imagen indefinida e imperfecta de cuál es el alcance de esta palabra de moda. Por eso, es importante escuchar qué dice la industria. A cualquier definición más o menos válida se le pueden extraer pinceladas, matices y trazos que añadan una capa más profunda de información y de comprensión, y que nos ayude a tener una mayor perspectiva y profundidad del concepto. Esto es muy importante en los orígenes. Está en nuestra mano, la de los creadores de mundos, recoger el mayor número de matices para dotarla del mejor contenido semántico.

Para enriquecer la definición de «metaverso», he recopilado algunas aportaciones que han realizado en los últimos meses los líderes de la industria, tanto tecnológica como del entretenimiento. Algunas de estas aportaciones han sido formuladas en cartas fundacionales de nuevas compañías, en presentaciones corporativas de resultados, en el informe sobre metaversos elaborado por Wunderman Thompson Intelligence o en publicaciones de prestigio de la talla de *Fast Company*, *Forbes*, *The Verge*, *TechCrunch*, *The New York Times* o *The Guardian*. Otras, en cambio, las he recopilado de amigos y compañeros de profesión que están íntimamente involucrados en el desarrollo de las primeras experiencias en los metaversos conocidos, como The Sandbox, IMVU, Decentraland o Roblox, para algunas de las marcas más importantes del momento, como es el caso de Cupra, la marca deportiva de SEAT.

FIGURA 2.6.
MATTHEW BALL. © GABOR JURINA.

Matthew Ball, managing partner de Epyllion Co. y fundador de Ball Metaverse Co.

«El metaverso es una red interoperable y de escala masiva, de mundos virtuales 3D renderizados en tiempo real que pueden ser experimentados de manera síncrona y persistente, por un número efectivamente ilimitado de usuarios con un sentido de presencia individual, y con una continuidad de datos, como la identidad, el historial, los derechos, los objetos, las comunicaciones y los pagos».

FIGURA 2.7.
MARK ZUCKERBERG. © ANTHONY QUINTANO.

Mark Zuckerberg, CEO Meta

«El metaverso es una internet inmersiva en la que estás en la experiencia, no solo mirándola. A esto lo llamamos el metaverso y afectará a todos los productos que construimos. La cualidad definitoria del metaverso será una sensación de presencia, como si estuvieras allí mismo con otra persona o en otro lugar. Sentirse verdaderamente presente con otra persona es el último sueño de la tecnología social.

»En el metaverso se podrá hacer casi cualquier cosa que pueda imaginar: reunirse con amigos y familiares, trabajar, aprender, jugar, comprar, crear, así como experiencias por completo nuevas que realmente no se ajustan a nuestra manera de pensar.

»El metaverso no será creado por una sola empresa. Será construido por creadores y desarrolladores que crean nuevas experiencias y elementos digitales que son interoperables y desbloquean una economía creativa enormemente más grande que la limitada por las plataformas actuales y sus políticas».

Timoty West, vicepresidenta de Realidad Mixta en Unity

«Estamos entrando en una era en la que cada computadora con la que interactuamos, grande o pequeña, es cada vez más consciente del mundo. Pueden reconocer caras, voces, manos, posición relativa y absoluta, velocidad, y pueden reaccionar a estos datos de una manera útil. Estas computadoras con conciencia contextual son el camino para desbloquear la computación ambiental: donde las computadoras pasan del primer plano al fondo de las herramientas útiles cotidianas. El metaverso es menos una cosa y más una era informática. La computación contextual permite una multitud de nuevos tipos de interacciones y aplicaciones: herramientas de escultura de realidad virtual y lugares de reunión sociales, autos sin conductor, robótica, hogares inteligentes».

FIGURA 2.8.

TIMOTY WEST. © TIMOTY WEST.

Raine Maida, cantante del grupo Our Lady Peace

«Mis hijos ya han adoptado la capacidad de tener una existencia secundaria en un mundo virtual. No solo pueden equipar su avatar con las Air Jordans que no pueden obtener en el mundo real, sino que tienen la oportunidad de intercambiar ideas, creatividad, inteligencia emocional y, en última instancia, soñar con miles de millones de personas en lugar de ser víctimas de las barreras del mundo real, como socioeconomía, fronteras y lenguaje. Este planeta requiere equilibrio para sostenerse. Puede ser que el metaverso proporcione otro componente esencial de equilibrio para la humanidad».

FIGURA 2.9.

RAINE MAIDA. © RAINE MAIDA.

John Hanke, director ejecutivo de Niantic (Pokémon Go)

«Imaginamos el metaverso como una realidad mejorada, un mundo impregnado de magia, historias y funcionalidad en la intersección de los mundos digital y físico. A través de él, creemos que existe el potencial de mejorar a las personas y a la sociedad al animarnos a salir, hacer ejercicio y redescubrir el mundo físico que nos rodea».

FIGURA 2.10.

JOHN HANKE. © GAGE SKIDMORE.

FIGURA 2.11.
URHO KONTTORI. © ALEXANDROS MICHAILIDIS / SHUTTERSTOCK.COM.

Urho Konttori, cofundador y director de tecnología AR/VR en Varjo

«Creemos que el metaverso cambiará fundamentalmente la forma en que usamos la tecnología para interactuar entre nosotros. La mejor versión se basará en la realidad, lo que significa que los usuarios podrán digitalizar su entorno físico real e interactuar entre sí como imágenes humanas realistas en lugar de avatares caricaturescos en mundos virtuales preconstruidos. Empoderar a las personas con las herramientas que necesitan para unir sin problemas el mundo real con la flexibilidad ilimitada del mundo virtual, en última instancia, allanará el camino para que todos podamos teletransportarnos al entorno de cualquier persona en todo el mundo. En el metaverso basado en la realidad, seremos capaces de diseñar productos del futuro de manera más efectiva, conocer y colaborar con nuestros colegas lejanos y experimentar cualquier lugar remoto en tiempo real».

FIGURA 2.12.
SATYA NADELLA. © MICROSOFT.

Satya Nadella, CEO de Microsoft

«Cuando hablamos del metaverso, estamos describiendo tanto una nueva plataforma como un nuevo tipo de aplicación, de la misma manera a como hablábamos de la web y los sitios web a principios de los años 90. En toda la nube de Microsoft, desde Azure IoT hasta Azure Digital Twins, pasando por Connected Spaces y Microsoft Mesh, estamos construyendo el metaverso intrínseco.

»En cierto sentido, el metaverso nos permite integrar la computación en el mundo real y el mundo real en la computación, brindando presencia real a cualquier espacio digital. Durante años hemos hablado de crear esta representación digital del mundo. Pero ahora tenemos la oportunidad de ir a ese mundo y participar en él. Lo más importante es que podemos traer nuestra humanidad con nosotros y elegir cómo queremos experimentar este mundo y con quién queremos interactuar».

FIGURA 2.13.
TIM SWEENEY. © GAME DEVELOPERS CONFERENCE (GDC).

Tim Sweeney, CEO de Epic Games

«Los próximos tres años serán críticos para todas las empresas que aspiran al metaverso, como Epic, Roblox, Microsoft, Meta. Es una especie de carrera para llegar a mil millones de usuarios, quien sea que atraiga mil millones de usuarios primero. Ese será el líder en establecer los estándares.

»Se acerca la economía de contenido digital creado por el usuario. Llevará años desarrollarse y no sabemos cuál sería el equivalente en términos de Metaverso de un sitio web. ¿Es un café, donde entras y haces algo con otra persona? ¿Es un salón de juegos? No conocemos todas las reglas aún, estamos empezando a construirlas. Intentaremos muchas cosas diferentes. Cientos de personas probarán miles de posibilidades y algunas funcionarán».

Daren Tsui, CEO de Together Labs

«Es una simulación generada por ordenador de un espacio en 3D en el que los usuarios pueden interactuar. El metaverso tendrá tres atributos clave: ha de tener presencia (presencia social), debe ser persistente (cuando los usuarios vuelven, hay algún tipo de continuidad y no un reinicio) y, por último y más importante, tiene que ser compartido (varias personas tendrán que ser capaces de interactuar en el metaverso)».

FIGURA 2.14.
DAREN TSUI. © TOGETHER LABS.

Raúl Cruz, director de operaciones Vysion - Mediapro

«Hablar de metaverso es ir más allá de la forma o del contenido. El concepto se eleva como una filosofía que se fundamenta en la esencia de la socialización en el ámbito digital bajo el prisma de la interoperabilidad, una nueva forma de entender el internet que conocemos y que redefine palabras como "exploración", "diversión" y "emoción" en el consumo.

»Mientras la socialización se ha visto nutrida por una gran democratización de evoluciones tecnológicas con alta procedencia en el gaming, el ámbito digital ha evolucionado a nuevos formatos visuales donde la sensación de inmersión abre nuevas casuísticas en la interacción, la continuidad y la credibilidad. Existe un componente, que destaca por encima del resto: cambia el paradigma de retribución de los beneficios en estos mundos».

FIGURA 2.15.
RAÚL CRUZ. © RAÚL CRUZ.

LAS 8 CARACTERÍSTICAS DE UN METAVERSO

Si me preguntases cuáles son los elementos que mejor definen a un metaverso, elegiría ocho características. Ocho rasgos que lo diferencian de cualquier otra tendencia y que, además, lo convierten en el objeto de deseo que es. Ocho atributos que también actúan de ruta sobre el alcance de lo que llegará a ser una vez madure.

Como has observado, cuando se le pregunta a la gente por una definición de «metaverso», es habitual centrarse en los rasgos que lo definen o lo van a definir, más que en una descripción estricta de lo que representa. Esto es lógico porque, si hacemos cuentas, aún somos pocos quienes hemos experimentado el metaverso. Y para definirlo con propiedad, se requiere cierto grado de inmersión. Haber formado parte de él es imprescindible para describirlo. Nadie a principios de los noventa era capaz de concretar que era el «ciberespacio», más allá de sus atribuciones distópicas originarias en la ciencia ficción. El tiempo, la experiencia de la gente con la información, con el diseño y desarrollo de sus propias webs permitieron rellenar el contenido y el continente semántico de la palabra.

Aquí ocurre lo mismo. Es necesario haberse bautizado en el metaverso, haber creado tus primeros objetos, dado forma a tu propio espacio, haber comprado alguna piel para tu avatar y haber interactuado con su mundo y sus habitantes para transmitir sus sensaciones. Y no hace falta comprar unas gafas de realidad virtual, aumentada o mixta. Con un *smartphone* o un ordenador puedes comenzar tu viaje iniciático.

A un metaverso lo distinguen ocho rasgos:

- Persistente.
- Sin límites.
- Reactivo.
- Interoperable.
- Social.
- Creativo.
- Amplificado.
- Descentralizado.

FIGURA 2.16.

EL PANTONE 17-3938 VERY PERI HA SIDO ELEGIDO EL COLOR PANTONE DEL AÑO 2022. © 2021, PANTONE.

Reactivo
El entorno y las personas reaccionan a las interacciones de la gente en tiempo real.

Interoperable
Un usuario debería ser capaz de «saltar» metafóricamente entre submundos dentro de un mismo metaverso, o entre metaversos de distintas compañías.
Es necesario un acuerdo entre los gigantes que desarrollen las principales plataformas para lograr este grado de entendimiento.

racteriza a un metaverso?

Creativo
Cualquier persona podrá crear entornos, productos y experiencias para el metaverso y luego monetizar su esfuerzo de creación. Las personas darán forma al metaverso. También habrá personajes basados en IA que moldeen el entorno.

Descentralizado
Los mismos principios que rigen una criptomoneda como Ethereum, Cardano, Polkadot o Solana se encuentren en el metaverso. Sobre cadena de bloques, más conocida como blockchain, se pueden construir productos y servicios en el metaverso (y con la garantía de poder auditar sus transacciones).

Amplificado
Una vez logremos crear un mapa 1 a 1 del mundo real, lo virtual y lo real podrán solaparse. La idea del metaverso como una evolución tridimensional de internet permitirá que este se utilice como una capa amplificada de información.

Persistente

El concepto de persistencia es uno de los rasgos identitarios de un metaverso. Un mundo persistente es aquel que perdura en el tiempo, que se mantiene constante. Un mundo con sus propias reglas que es ajeno a la individualidad de los usuarios que lo forman. Evoluciona *per se*.

La persistencia como característica hace que el metaverso no espere. Él continúa a su ritmo y al ritmo de las interacciones de aquellos quienes en todo momento intervienen en él, lo modifican, lo transforman y lo hacen evolucionar —o involucionar—.

Cuando juegas a un videojuego y decides salir de la partida, quizá porque te has cansado, porque tu pareja o familia te ha dado un tirón de orejas, o porque lo que haya ocurrido en él te ha sacado de tus casillas, lo normal es que esa partida guarde un registro del lugar exacto en el que te quedaste. En otras ocasiones, el propio juego te exige volver a iniciar la partida desde un punto predeterminado. El universo virtual que representa el juego se paraliza. Se congela en el tiempo tu posición, tu avance, los logros conseguidos. Todo. En un mundo persistente, un MMORPG, ocurre lo mismo, con la salvedad de que tus congéneres de juego, la comunidad, sí pueden seguir accediendo y evolucionando. Pero el entorno permanecerá para ti intacto la próxima vez que accedas, con todos sus retos y objetivos a conseguir.

En un metaverso, la promesa es que este evolucione con las interacciones de los usuarios. Por lo tanto, si desconectas y tardas un mes en regresar, es probable que el mundo haya cambiado, que la gente sea diferente, vista diferente, tenga círculos de confianza mayores, sus propiedades hayan mejorado o que incluso nuevas compañías hayan aterrizado en él para vender sus productos. El metaverso y sus «metaciudadanos» tienen sus propias reglas de funcionamiento (véase figura 2.17). Y eso hace que los metaversos aspiren a ser fieles al concepto de persistencia.

Sin límites

Un metaverso ha de nacer con la premisa de que es ilimitado. Ilimitado en el número de personas que es capaz de acoger, ilimitado en el número de empresas que pueden desarrollar su presencia de marca en él, ilimitado en el número y volumen de experiencias y mecánicas diferentes a desarrollar, e ilimitado en el número de submundos capaces de albergar. No hay techo a sus posibilidades, salvo aquellas reglas que se marquen es su fase constitucional —si las hubiera—, en el metaverso al que representan, y que podrían actuar como reguladores de las etiquetas de comportamiento.

Es aquí, con el rasgo de espacio sin límites (véase figura 2.18), donde se producirá la mayor de las batallas entre las grandes empresas tecnológicas. Los próximos tres años serán zona de conflicto por atraer el mayor número de personas a sus metaversos. Como dijo el CEO de Epic Games, Tim Sweeney, a mediados de noviembre de 2021 tras un informe del gigante de la inversión en criptomonedas Greyscale, «el metaverso es un negocio que podría generar cerca de un billón de dólares anuales». Demasiado suculento para que pase desapercibido.

¿Quién será el primer metaverso en alcanzar los mil millones de «metaciudadanos»? Las apuestas están sobre la mesa.

FIGURA 2.17.

EL METAVERSO ES PERSISTENTE. GRACIAS A ESTE RASGO, SU FUNCIONAMIENTO Y LAS REGLAS QUE LO RIGEN NO SE PARARÁN CUANDO NOSOTROS NO ESTEMOS CONECTADOS. ESTA CARACTERÍSTICA HARÁ QUE, CUANDO EL METAVERSO SEA UNA CAPA DE INFORMACIÓN AMPLIFICADA SOBRE EL MUNDO REAL, ADVIRTAMOS QUE AMBOS MUNDOS TIENEN VIDA. © 2021, META.

FIGURA 2.18.

UN METAVERSO PARTE DE LA PREMISA DE QUE CUALQUIER PERSONA PUEDE ACCEDER, BIEN CON UNAS GAFAS DE VR COMO LAS DE XRSPACE, UN MÓVIL, UNA TABLET O UN ORDENADOR A SU ENTORNO. LA CARRERA DE LOS GIGANTES DE LA TECNOLOGÍA POR ATRAER CONSUMIDORES HA COMENZADO. © 2020, XRSPACE.

Reactivo

Un buen metaverso llevará al límite la capacidad de interacción de las personas, que serán responsables de lo que hagan dentro de él. Que un entorno sea reactivo significa que tiene la capacidad de verse alterado por la interacción de quienes lo forman. Reacciona a la interacción (véase figura 2.19). Los actuales motores de renderizado tridimensional (Unity o Unreal Engine, entre otros) han demostrado una extraordinaria potencia incorporando físicas y dinámicas de fluidos capaces de representar los comportamientos más avanzados e hiperrealistas de una interacción, como el choque frontal de un vehículo contra un muro, el derretimiento de la nieve por el impacto continuado del sol, o una pintada en una fachada de un edificio.

El grado de realismo que en los próximos años sean capaces de representar los futuros metaversos ayudará a generar la sensación de estar en un entorno que se parece al real.

Interoperable

El metaverso debería ser interoperable. Un usuario, con un identificar único, debería tener la posibilidad de saltar de un metaverso a otro con su mismo pasaporte electrónico. Imagínate que tienes un identificador en The Sandbox y quisieras ir a Meta Horizons (véase figura 2.20), dar un salto de un «metamundo» a otro. Con un solo clic.

Suena bien. Sin embargo, hay muchas barreras para que esto ocurra en el inicio. Pasarán años hasta que los usuarios puedan viajar de uno a otro lugar. Barreras e intereses empresariales que intentarán evitar que los usuarios salten de metaversos.

¿Recuerdan cuánto tiempo se tardó con las redes sociales en permitir que un usuario registrado pudiese entrar en una web de marca gracias a los *Single Sign-On* (SSO) de Facebook, Twitter, LinkedIn, Google, Instagram, Apple o Twitch, por solo poner unos ejemplos?

FIGURA 2.19.

UNREAL ENGINE, AL IGUAL QUE UNITY, POSEE COMPORTAMIENTOS MUY PRECISOS DE DINÁMICAS Y FLUIDOS, QUE SIMULAN DERRUMBAMIENTOS O DESTROZOS PROVOCADOS POR LA INTERACCIÓN DE LOS JUGADORES Y/O PERSONAJES NO JUGADORES. © UNREAL ENGINE, EPIC GAMES.

Al principio podremos saltar entre mundos dentro de un mismo metaverso, pero no de un metaverso a otro. Con el tiempo, es probable que ocurra lo mismo que con las redes sociales y se abran las fronteras entre metaversos.

Social

Uno de los rasgos esenciales de un metaverso consiste en su capacidad inherente para facilitar las relaciones sociales. Los metaversos nacerán, crecerán y evolucionarán gracias al completo tejido de interacciones sociales —mucho más rico que la comunicación bidimensional, y a veces asíncrona, de las redes sociales actuales—.

FIGURA 2.20.

LA INTEROPERABILIDAD DEBERÍA DEJAR QUE UN USUARIO «VIAJASE» DE UN METAVERSO A OTRO, AUNQUE ESTÉN OPERADOS POR DIFERENTES COMPAÑÍAS TECNOLÓGICAS. © META.

FIGURA 2.21.

HACER QUEDADAS CON TUS AMIGOS PARA ECHAR UNAS RISAS EN UNA SALA PREDEFINIDA O CREADA POR EL USUARIO, COMO OCURRE EN EL JUEGO VR DE RECROOM, SERÁ UN ASPECTO IMPORTANTE DEL CONCEPTO SOCIAL DE LOS METAVERSOS. © 2021, RECROOM.

Un metaverso está ideado para que los individuos, una vez se conecten, circulen por el espacio generado del mismo modo a como ocurre en la vida real o los mundos imaginarios de un videojuego. Identificaremos a las personas por su forma de vestir, por el color y forma de sus atuendos personalizados, por su voz, sus gestos y su comportamiento.

En ese entorno social, las personas —a través de sus avatares— se extenderán la mano, se abrazarán, coincidirán en un centro comercial virtual, en una tienda, en un campus, en una sala de conferencias, una arena de juego... Allí comprarán, reirán, bailarán, jugarán, gamberrearán, construirán y alimentarán la vida social de ellos y sus *alter ego*.

El metaverso social IMVU o el videojuego online RecRoom (este no es un metaverso aún) ejemplarizan la importancia del componente social cuando hablamos de espacios de inmersión en 3D (ver figura 2.21). Lo realmente importante de esta característica es que va acompañada por un cambio en el comportamiento social. Un cambio que se ha enfatizado durante los últimos años. Las redes sociales o los videojuegos cuya naturaleza es potenciar el espíritu creativo, facilitar la creación de niveles o mundos personales, como Minecraft, Terraria, Lego Worlds o Fortnite en su modo creativo, han ayudado a que nuevas generaciones de jugadores acudan a sus mundos para crear espacios personalísimos donde competir o quedar con sus amigos.

Mi hija de 13 años ya no usa Google Meet o Skype para hablar con sus primos que viven a 600 kilómetros de distancia. Han construido en Fortnite su propio castillo, y se conectan para colaborar en su decoración o a «echarse unas risas» en grupo, como ella dice. La vieja caseta de madera construida en un árbol en el jardín de casa ha dado paso a un castillo erigido sobre piezas de Fortnite, en un metaverso, al que invitan a familia y amigos.

Creativo

Los metaversos hay que llenarlos de contenido y experiencias. Experiencias que distan mucho de lo que estábamos acostumbrados con la internet convencional. Por eso, insisto, con los metaversos ha llegado la hora de los creadores de mundos.

Con internet hemos vivido dos etapas. La primera etapa fue la de los constructores de páginas y sitios web. Exigía, para el usuario común, el aprendizaje del lenguaje de hipertexto y el uso de herramientas de código visual. Más adelante, herramientas basadas en plantillas y servicios de configuración visual consiguieron que, sin distinción, cualquier persona pudiera publicar sus ideas en internet. La segunda etapa fue un salto cualitativo. Vinieron los móviles, las redes sociales y los nuevos códigos de comunicación visual basados en vídeo. Este salto exigió aprender a narrar historias en menos de un minuto, y a desarrollar habilidades para la producción audiovisual y el *streaming* en directo. En esta segunda etapa, los creadores —algunos denominados *influencers*— han aprovechado el acceso a sus audiencias verticales para monetizar su trabajo creativo, llegando a generar millones de euros en ganancias trabajando para las marcas.

Las oportunidades para la creación que se abren con el amanecer de los metaversos son enormes, y de infinitas posibilidades. La nueva economía de la inmersión necesita una nueva generación de creadores con fantásticas habilidades para crear contenidos, narrativas y experiencias en 3D. Si clasificásemos las vastas posibilidades que se abren para los creadores, lo haríamos con la siguiente lista:

- Bienes coleccionables. Objetos de naturaleza digital (que pueden o no tener un reflejo físico). Por ejemplo, un NFT de Gucci o una botella de *whisky* de Beam Suntory.
- Bienes artísticos. Objetos creativos puramente artísticos que solo existen para decorar o acompañar la presencia en el espacio virtual. Por ejemplo, un *render* exclusivo de Beeple —el conocido artista que vendió su trabajo de varios años por valor de 63,9 millones de dólares en una subasta de Christie's—.
- Bienes útiles. Objetos creados con algún fin o utilidad dentro del metaverso. Por ejemplo, una casa, un vehículo de transporte, un arma, mejoras, una formación especializada.
- Derechos de acceso. Algunos espacios del metaverso se crearán con salas únicas cuyo acceso requerirá desembolsar una cantidad de dinero o *tokens*. Puede ser un evento colectivo, un evento privado o un área restringida a «metaciudadanos» de determinadas características sociodemográficas o actitudinales (véase figura 2.22a).
- Inversiones. Muchas personas físicas y jurídicas están comprando tierras en los metaversos y/o objetos de alto valor con el objetivo de desarrollar mercados de inversión en activos.
- Bienes de vanidad. Objetos exclusivamente pensados para mejorar el aspecto de los avatares o para mostrar estatus social dentro del metaverso (véanse figuras 2.22b y 2.22c).
- Donaciones o causas sociales. Las principales ONG también estarán en el metaverso. Los usuarios podrán donar cantidad de dinero o criptomonedas a causas sociales, del mismo modo como lo hacen en el mundo real.

FIGURA 2.22A.

EVENTOS EXCLUSIVOS A LOS QUE SOLO SE ACCEDERÁ MEDIANTE DERECHOS DE ACCESO. © 2021, NFT OASIS.

FIGURA 2.22B.

GRACIAS A LA API DE READY PLAYER ME ES POSIBLE PERSONALIZAR AVATARES. LOS OUTFITS SERÁN UNO DE LOS BIENES MÁS CODICIADOS DE LOS METAVERSOS, Y GENERARÁN UNA ECONOMÍA DE CREADORES EXCLUSIVOS. © 2021, READY PLAYER ME.

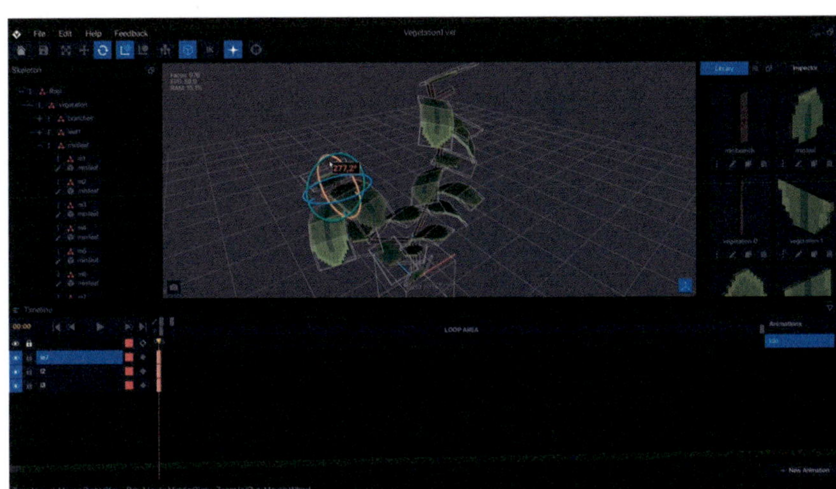

FIGURA 2.22C.

LAS HERRAMIENTAS PARA CREADORES DEL METAVERSO THE SANDBOX PERMITEN QUE CUALQUIER PERSONA PUEDA CREAR Y VENDER OBJETOS. © 2021, THE SANDBOX.

FIGURA 2.23.

TAL Y COMO OCURRE CON LAS EXPERIENCIAS ACTUALES DE REALIDAD AUMENTADA, EXISTIRÁN EXPERIENCIAS COMBINADAS DONDE EL METAVERSO INTERACTUARÁ CON EL MUNDO FÍSICO. © 2021, INMERTIA.

Amplificado

Si visualizamos —aunque sea temporalmente— el metaverso como un nuevo estadio de internet, una evolución inmersiva de la red que todos conocemos, el hecho de que se esté construyendo en un espacio más allá de las dos dimensiones, nos ayudará a entender la capacidad que tenemos de solapar, literalmente, lo virtual con lo real.

Los metaversos podrán disfrutarse de muchas maneras, pero la realidad mixta y la realidad aumentada serán una de ellas. Gracias a estas tecnologías conectaremos puntos. Conectaremos lo que ocurra en el metaverso, lo que exista en esa internet inmersiva, con el mundo real. Los esfuerzos por mapear la Tierra por completo y crear un espejo virtual de ella, un gemelo digital, no harán sino acercar aún más la posibilidad de que la internet del mañana sea contextual y se experimente como una capa amplificada del mundo (véase figura 2.23).

Los barcos podrán circular de noche con seguridad porque en los cristales de los puentes de mando se mostrará con precisión la operativa del barco, la posición y trayectoria de navegación de otros buques y la profundidad de las aguas. Nuestras gafas o lentillas nos mostrarán al caminar por las calles de nuestra ciudad la ruta hacia la parada de autobús más próxima, las condiciones climatológicas, o la ruta exacta que debemos tomar en nuestra sesión de *running* junto a los indicadores de rendimiento.

Descentralizado

A menos que queramos que el metaverso, esa internet del mañana, esté tan embotellado y dominado por la vigilancia actual de la red, en el metaverso debe vivir y se debe respirar la descentralización.

Es crucial que nos aseguremos de que los mismos principios que rigen una criptomoneda como Ethereum se encuentren en el metaverso. La cadena de bloques, más conocida como *blockchain*, es una inmensa base de datos sobre la que se pueden construir productos y servicios gobernados por toda una comunidad (y con la garantía de auditar las transacciones). Si eso no ocurre, el metaverso replicará las mismas prácticas del mundo real. Un ejemplo ilustra esto.

Soy coleccionista de películas de ciencia ficción en DVD y Blu-ray. Todas las que tengo, y son muchas, son de mi propiedad. Puedo atestiguarlo porque son originales, y no copias. Pero ¿cómo puedo garantizar que las películas que he comprado en Apple, Google o Amazon Prime son mías? ¿Quién me asegura mi propiedad y quién me confirma que seguirán allí dentro de 20 años? ¿Quién puede garantizar que un avatar es mío y no de otra persona?

La tecnología de bloques, además de para otros fines, ha de utilizarse para autenticar y demostrar la propiedad de los activos digitales. Este es el concepto sobre el que se ha construido Decentraland o The Sandbox, entre otros muchos en desarrollo.

La descentralización es aún más importante cuando hablamos de privacidad de la data, porque tiene implicaciones muy relevantes (y los metaversos serán inmensos generadores de datos). Si la data permanece localmente en manos de los usuarios, serán estos y no una empresa gestora quien los gobierne y use con terceros a su antojo.

Supón que una conocida marca de perfumes desarrollase una réplica virtual de su tienda *flagship* más importante en el metaverso. Supón que entras en su espacio y, al hacerlo, algunos de tus datos personales sirvieran para personalizar los lineales de compra con productos que encajan con tus preferencias, así como la experiencia del entorno. Si los datos de usuario no estuvieran bajo el dominio del usuario, sino en grandes servidores de datos —como ocurre ahora con internet—, estos datos podrían ser vendidos por la empresa tecnológica que gestione el metaverso. Cuando lo sencillo sería que, al acceder a la tienda, un sencillo paquete de datos con un *hash* transfiriera la información y solo esa, para personalizar la experiencia. La data estaría en manos del usuario. Por esa razón, el concepto de descentralización debe estar en el núcleo del metaverso.

¿QUÉ NO ES UN METAVERSO?

La ambivalencia de la palabra «metaverso» y el carácter novedoso que la eleva al rango de palabra de moda hacen que nos equivoquemos muchas veces sobre lo que es y no es un metaverso. A la hora de hablar con otras personas, de escribir una referencia o de identificar una tendencia, creemos muchas veces que estamos ante esa nueva revolución. Pero créeme, si no cumple una buena parte —si no toda— de las características que definen a un metaverso, no puede ser considerado como tal.

- No es un metaverso una aplicación de realidad virtual. Probablemente esté hecha con un motor gráfico 3D, y podrás interactuar, jugar o incluso charlar con amigos o conocidos dentro, pero no será un metaverso, sino una sencilla experiencia virtual. Tampoco lo es, por descarte, el *tour* virtual de los parques de atracciones como Disneyland París o PortAventura.
- No es un metaverso un NFT, un bien coleccionable digital. Es solo eso, un bien digital pagado con criptomonedas, aunque la misma tecnología de cadena de bloques esté en el corazón de ambos.
- No es un metaverso un videojuego MMORPG como World of Warcraft, The Elder Scrolls, League of Legends, New World o similares, por mucho que estén en la nube y nos dejen comprar bienes dentro con los que equipar a nuestros personajes, o incluso intercambiarlos con amigos de la comunidad. Tampoco es Fortnite, de momento, un metaverso en sentido estricto, aunque sí que cumple muchas de sus premisas y se aproxima de manera acelerada a serlo.
- No es un metaverso una tienda virtual como la que ha creado Dyson para vender sus productos y experimentar con ellos usando gafas de realidad virtual. Ni tampoco una experiencia para empleados que use un motor como Unity.
- No es un metaverso una aplicación de realidad aumentada, por mucho que te guste cazar pokémons con Pokémon Go. Sí, es cierto, es una tecnología maravillosa que formará parte de los futuros metaversos y, muy probablemente, conectará el mundo físico con el virtual. Pero ni Snapchat ni los filtros de Instagram pueden ser considerados metaversos.
- No es un metaverso una serie, película, *spot* o píldora de contenido hecha en CGI (imagen gráfica por ordenador). Parece obvio, pero surge en muchas conversaciones. Es cierto, probablemente algunos de esos contenidos pueden estar realizados con la ayuda de algún motor gráfico como Unreal Engine, como le ocurre a The Mandalorian, pero solo es eso: una herramienta al servicio de la producción.
- No es un metaverso un vídeo 360. Lo mismo da que, en efecto, sea inmersivo y esté rodado con la última versión de una cámara GoPro. No cumple ninguno de los requisitos del metaverso. Aunque a su favor he de decir que un contenido generado en 360 sí podría experimentarse dentro del metaverso y, posiblemente, convertirse en un activo más a la venta. ¿Te imaginas unos cines inmersivos virtuales que proyectasen películas 360 dentro de Decentraland, Meta o The Sandbox? Bueno, no es descabellado. Fortnite proyectó en 2020 el tráiler de *Tenet*, la película de Christopher Nolan, dentro de su juego para disfrute de sus millones de seguidores.
- No es un metaverso un evento musical retransmitido por *streaming* a través de internet (aunque sea una comunidad privada). No obstante, sí hay experiencias de marcas, como Amnesia Ibiza (templo de la música electrónica y uno de los clubs con más reconocimiento internacional), que han dado el salto al metaverso, creando experiencias *ad hoc* con la colaboración de Decentraland (véase figura 2.24).
- No es un metaverso, ni supone estar en él, hacer videoconferencias grupales en vídeo usando una apariencia de videojuego en 2D, como las experiencias de trabajo colaborativo mediante Gather Town (www.gather.town) o similares.

FIGURA 2.24.

AMNESIA IBIZA INICIÓ A FINALES DE 2021 SU SALTO AL METAVERSO. LO HIZO CON UN ACUERDO CON DECENTRALAND, CON EL QUE HA CREADO UN CLUB EXCLUSIVO QUE CONSTA DE TRES ESPACIOS: UN MUSEO DE CONTENIDOS MUSICALES, THE ICONIC TERRACE, UN GEMELO DIGITAL DE LA PISTA MÁS RECONOCIDA DEL MUNDO, Y UN ESPACIO PARA CONCIERTOS Y ESPECTÁCULOS LLAMADO AMNESIA ARENA. © 2021, DECENTRAL GAMES.

03

EL *SHOCK* DEL FUTURO

Hablar de metaversos es hablar sobre el cambio. Y la gente se siente abrumada sobremanera por el cambio.

El cambio es un complejo mecanismo que provoca que el futuro, repentinamente, invada nuestras vidas. Cuando los fabricantes de *smartphones* anunciaron que sustituirían el código de acceso al móvil por huellas biométricas, la primera reacción fue de incredulidad y temor. Miedo al robo de información. Miedo a perder el control. Miedo a que esos datos tan personales acaben en malas manos. Miedo, al fin y al cabo, al futuro. Lo mismo ocurre con la aparición de los asistentes de voz tipo Alexa, los sensores de captura de movimiento, el almacenamiento de datos en ADN, los robots autónomos de limpieza o de acompañamiento, los implantes o mejoras cibernéticas, la llegada del coche autónomo, el patinete eléctrico o los taxis voladores. Y no hablemos de la irrupción de la inteligencia artificial en todos y cada uno de los ámbitos de nuestra vida y de nuestro trabajo. ¿Tienes miedo a perder tu empleo por un algoritmo?

La gente se siente abrumada por el cambio. Y la aceleración a la que se producen los cambios, con una velocidad cada vez mayor, provoca consecuencias sociales, personales y psicológicas. Cuando esto ocurre, las personas sufren un *shock*, una desorientación, una tensión relacionada con la incapacidad de asumir que el cambio es necesario para continuar. Todo se ha producido en un lapso muy breve de tiempo.

El concepto de «*shock* del futuro» no es mío. Es del sociólogo Alvin Toffler. Fue descrito en 1970 en un libro del mismo nombre. Allí, Toffler lo definía como «el efecto que sufre un visitante no preparado al verse inmerso en una cultura extraña. El *shock* del futuro es la desorientación vertiginosa producida por la llegada prematura del futuro»[1].

El anuncio sobre Meta de Mark Zuckerberg a finales de octubre de 2021 fue un *shock* (véase figura 3.1). De repente, todos nuestros estándares y convenciones a la hora de idear, crear, manipular, visualizar e interactuar con la información digital se volvieron obsoletos. El futuro, de nuevo, se ha anticipado.

FIGURA 3.1.

LA PRESENTACIÓN DE META EN OCTUBRE DE 2021 POR PARTE DE MARK ZUCKERBERG ESTABA LLENA DE PEQUEÑOS DETALLES. ENTRE ELLOS PUDIMOS VER LA IDEA DE CREAR GEMELOS DIGITALES DEL ESPACIO EN EL QUE VIVIMOS DENTRO DEL METAVERSO. © 2021, META.

1. Toffler, Alvin: *El shock del futuro*. Plaza & Janes, 1973.

En el vídeo de Mark, lleno de microdetalles, los hábitos más comunes sobre los que gira nuestra vida se han transformado. Poseemos gemelos digitales de nuestras viviendas y posesiones, nuestra identidad se representa mediante avatares generados a partir de fotografías, disponemos de roperos con infinitas posibilidades para personalizar nuestra apariencia y tenemos la capacidad de comerciar con bienes que solo existen en un espacio tridimensional. Ese espacio por el que nos movemos no está aislado, su tiempo y su evolución son paralelos al mundo real. De hecho, y dependiendo de la interfaz de acceso que elijamos, el mundo virtual y el físico se fusionan. Nuestras viviendas (la próxima generación de hogares) incorporarán sensores que mapearán los límites del entorno junto a sus objetos, y lo convertirán en una capa de datos conectada con la representación virtual de nuestras vidas. Podremos celebrar fiestas con familiares en remoto como si estuviéramos juntos, hacer deporte de contacto con un entrenador que viva a miles de kilómetros de distancia (o incluso con un boxeador guiado por inteligencia artificial), viajar a otros lugares sin movernos del salón o incluso trabajar a distancia desde el sofá de nuestra casa.

Ese nuevo entorno es la próxima evolución de internet. Y ya está aquí entre nosotros. Su alcance y sus implicaciones (sociales, culturales, psicológicas, laborales, empresariales o tecnológicas) son tan grandes que pueden asimilarse a la nueva era de la robótica y la computación que llevó a Toffler a hablar sobre el *shock* del futuro a finales de los sesenta.

Superar ese *shock* reside en nosotros, las personas. Necesitamos abrir nuestras mentes y entender que el presente es solo un estadio transitorio y pasajero. Está en nuestras manos dotar de contenido a los avances en el campo de la tecnología. Y, sobre todo, de hacerlo bien.

Si conoces a alguien estresado por la llegada prematura del futuro, ayúdalo a que se relaje y disfrute. Los metaversos son la piedra angular de un nuevo estadio de amplificación creativa sin precedentes, que hará que las personas cooperen, colaboren, se diviertan y se relacionen como nunca habíamos imaginado.

Si mi suegra ha sido capaz de conectarse con unas Oculus Quest 2 a AltspaceVR para hacernos unos *selfies* en familia y luego publicarlos en Instagram, es que el metaverso está al alcance de todos. Y es divertido.

CONSTRUYENDO METASOCIEDADES Y METAEMPRESAS

Cierra los ojos. Hoy tienes una entrevista de trabajo. La compañía, un estudio de arquitectura especializado en viviendas virtuales, busca personas con tus habilidades. Eres una cazadora de tendencias dentro del metaverso. Necesitan identificar lo que motiva a la gente a la hora de invertir dinero en propiedades virtuales. Aspiran a diseñar y construir un complejo de viviendas único.

Hoy te entrevistas con su consejera delegada. Quieres impresionarla. También deseas asegurarte de que la compañía es lo suficientemente inclusiva como para sentirte cómoda. Hoy decides cambiarte el color de la piel, la expresión de los ojos, el estilo del peinado, y el diseño del tatuaje del cuello y el brazo derecho. Has elegido un *outfit* exclusivo que solo tú posees en el «metaverso». Lo ganaste en un concurso de Hugo Boss hace unos meses. Se trata de un conjunto informal diseñado en exclusiva para este nuevo mundo por Jason Wu, su conocido director artístico. También lo tienes en tu armario físico. Hugo Boss es una de esas marcas que ha entendido que los bienes pueden ser exclusivos digitales o complementarlos con una réplica real en el mundo físico. Así que, tu diseño lo puedes lucir en el metaverso y en tu vida real.

Has decidido que te acompañe tu mascota, una réplica del robot de Boston Dynamics en color fucsia que hace las veces de acompañante y de soporte para llevar objetos virtuales.

La consejera delegada te recibe en el gemelo digital de sus instalaciones. Tú estás en Málaga y ella en Berlín, os separan 2832 kilómetros. La sala elegida es una réplica de un jardín japonés. Tu entrevistadora está en el centro de la sala, rodeada de un estanque de agua y árboles de color rojizo y amarillo. Es bonito. Un leve sonido de agua da la nota relajante de la sesión. La consejera delegada es amante de la cultura japonesa, y la bienvenida el preámbulo de una entrevista amena. No está sola, también la acompaña un pequeño dragón rojo bastante tímido. Le gustan las mascotas. Tus guantes hápticos notan la presión de su mano al estrechársela. Ahora, has de impresionarla con tu conocimiento de las tendencias sociales dentro del metaverso.

FIGURA 3.2.

LAS EMPRESAS CREARÁN SUS GEMELOS DIGITALES EN EL METAVERSO, LES AÑADIRÁN ESTANCIAS EXCLUSIVAS PARA MANTENER REUNIONES, COLABORAR O, POR QUÉ NO, REALIZAR ENTREVISTAS A FUTUROS CANDIDATOS. © 2020, XRSPACE.

FIGURA 3.3.

¿TE IMAGINAS OBSERVAR LA CAPA DE AMPLIFICACIÓN DEL METAVERSO SOBRE EL MUNDO REAL GRACIAS A TECNOLOGÍA AR DIRECTAMENTE DESDE LAS VENTANAS? © 2020, WAYRAY.

La entrevista con esta empresa puede parecer ciencia ficción, pero no lo es. Ya existen compañías, como Accenture, que organizan y celebran encuentros en espacios virtuales parecidos al jardín japonés de nuestra protagonista (véase figura 3.2). El metaverso representa un cambio de paradigma para las personas y para las empresas (véase figura 3.3).

Las personas podrán diseñar, alterar y mostrar identidades que definirán quiénes y cómo son. Las empresas idearán, diseñarán, construirán y alterarán en el tiempo la manera en que quieren mostrarse ante esas personas. Podrá ser genérica, exclusiva o personalizada para cada uno de los empleados o clientes que posea. No habrá límites, pero sí deberían ser fieles a sus propósitos de marca.

En la actualidad hay más de 4660 millones de usuarios de internet en el mundo cuyas vidas físicas y digitales están íntimamente conectadas (lo que representa cerca del 60 % de la población total en el mundo)[2]. A nivel global se invierte cerca de siete horas al día de media usando internet tras la pantalla de un ordenador, una consola, un móvil o una *tablet*. No se espera que con la llegada de los metaversos esta cifra vaya a reducirse.

Las redes sociales actuales son limitantes y limitadas. Son bidimensionales y más un medio que una tecnología ideada para facilitar las relaciones personales y sociales. Quizá por eso, WhatsApp, Telegram o Messenger cumplen más ese criterio, a pesar de sus restricciones.

Todas las personas con quien he tenido la oportunidad de hablar están de acuerdo en que las redes sociales no son capaces de satisfacer nuestras necesidades de amistad. Y esto es así porque no son inmersivas ni auténticas. La interacción social exige un contacto real con la otra persona. De ahí que una «metasociedad» construida sobre la interacción e inmersión puede dar lugar a un nuevo estadio de las relaciones gracias al uso de nuevas tecnologías.

2. We are Social y Hootsuite: *Digital 2021 Report*. 2021. Disponible en www.wearesocial.com/us/blog/2021/01/digital-2021-the-latest-insights-into-the-state-of-digital/.

Dar y sentir el estrechar de una mano, un abrazo, un codazo cómplice, una palmada en la espalda, un beso o una simple caricia añaden componentes básicos de la interrelación. La autenticidad de la presencia física. Los esfuerzos del laboratorio de Meta van encaminados en esa dirección: dotar de realismo a las interacciones sociales.

Cuando ese estadio ocurra de manera generalizada, asistiremos al nacimiento de una nueva sociedad. Una que no solo convivirá en el mundo real, sino que tendrá obligaciones y responsabilidades en el mundo virtual. Una comunidad que ha de ser capaz de cooperar, colaborar, crear, disfrutar, convivir y compartir espacio y experiencias. Sin duda, esto abre nuevos retos a la sociedad, y deberán abordarse desde el inicio para garantizar la correcta convivencia. Los más de 17 años de experiencia con las redes sociales actuales nos deberían aportar un extraordinario aprendizaje de lo que podemos, sin duda alguna, mejorar. También será tu responsabilidad aplicar una correcta etiqueta a tu comportamiento.

EL SER HUMANO AMPLIFICADO

Asistimos a un nuevo estadio de la evolución humana. Uno en el que las personas están conectadas a dispositivos digitales y toda la actividad de su vida diaria es convertida y almacenada en forma de datos. Hablamos de un estadio en el que las personas son mejoradas mediante el uso de la tecnología. Una nueva etapa de la especie humana en la que el ser humano goza de nuevos poderes, en algunos casos sobrenaturales, que le permiten evaluar el entorno, mejorar los sentidos, interactuar con la información, modificar su dieta y rendimiento, tomar decisiones o, simplemente, sobrevivir. A este nuevo período de la especie humana lo he bautizado como se merece: la era del ser humano amplificado.

El tiempo de personajes de ficción como Johnny Mnemonic o Henry Dorsett Case ha llegado. Posiblemente tú seas uno de ellos. ¿Entrenas tu deporte favorito activando un Garmin Fenix 5, un polar Grit X Pro o un Suunto Wrist HR? ¿Eres de esos que mide su frecuencia cardíaca y su sueño con Oura? ¿Vas por la calle fardando de tus gafas de sol conectadas Ray-Ban Stories? ¿Te pasas las tardes creando efectos de Snap con las gafas de realidad aumentada Spectacles? ¿Tienes piel atópica y mides de manera continuada el pH de tu piel con My Skin Track pH de L'Oreal? O, simplemente, ¿te gusta retar a tus colegas a las espadas láser de Beat Saber con unas HTC Vive en el salón de tu casa? (véanse figuras 3.4a, 3.4b, 3.5, 3.6a y 3.6b). Eres un ser humano amplificado.

FIGURA 3.4A.
EL ANILLO DE OURA ES UNO DE LOS WEARABLES MÁS USADOS POR LOS EMPRESARIOS Y EMPRENDEDORES DEL SECTOR TECNOLÓGICO. © 2021, OURA.

FIGURA 3.4B.
GRACIAS A OURA CONTROLAS TU ACTIVIDAD CARDIOVASCULAR Y LAS HORAS DEL SUEÑO. ES, INCLUSO, CAPAZ DE DETECTAR LOS SÍNTOMAS DE LA COVID-19. © 2021, OURA.

Gracias a estos nuevos «superpoderes» harás cosas que hasta la fecha eran impensables: jugar con personas a kilómetros de distancia, anticiparte a un infarto, gestionar tu rendimiento deportivo y compararlo con datos históricos o identificar, incluso, los síntomas de la COVID-19.

FIGURA 3.5.

RAY-BAN STORIES SON LA PRIMERA GENERACIÓN DE GAFAS CONECTADAS CAPACES DE CAPTURAR VÍDEO Y FOTOS. SON EL RESULTADO DE UN ACUERDO ENTRE FACEBOOK Y ESSILORLUXOTTICA. NO ESTÁN DISPONIBLES EN TODOS LOS PAÍSES. © 2021, ESSILORLUXOTTICA.

FIGURA 3.6A Y 3.6B.

LAS GAFAS SPECTACLES SON DE USO EXCLUSIVO PARA CREADORES DE CONTENIDO. SU OBJETIVO ES FACILITAR A DISEÑADORES Y ARTISTAS, COMO KATHERINE HARRIS, LA CREACIÓN DE NUEVAS LENTES PARA SNAPCHAT A TRAVÉS DE LENS STUDIO. © 2021, SNAP.

En la actualidad existen en el mercado cerca de 300 millones de dispositivos *wearable* (relojes inteligentes, gafas o cascos, anillos, colgantes, zapatos, prendas de ropa inteligente, audífonos, parches, tatuajes, pulseras de medición de la actividad física, cámaras corporales, exoesqueletos o cápsulas ingeribles de control médico). Se espera que en el plazo de no más de cinco años, esta cifra se triplique y, sobre todo, gracias al tirón de los «metaversos». Los *wearables* que existen hoy en el mercado han logrado en un plazo de diez años entrar en el mercado de consumo con solvencia. Lo han hecho gracias a cumplir seis premisas:

- Se han hecho casi invisibles. Son mucho más pequeños y estilizados. Algunos incluso esconden sus componentes electrónicos junto al tejido.
- Han ganado eficiencia. La batería era su talón de Aquiles. La duración de esta casi se ha duplicado y, en algunos casos, absorbe la energía del calor corporal.
- Son más precisos. Sus sensores, y la manera en que se han desarrollado los algoritmos sobre los que trabajan, los hacen extremadamente precisos y eficientes, incluso llegan a anticipar problemas y afecciones coronarias.
- Son mucho más sexis. Su diseño lo convierten en un complemento por el que el mercado de consumo se siente atraído.
- Conectados permanentemente. Disponen de conectividad permanente tanto a Bluetooth como Wi-Fi. Algunos permiten conectarse con dispositivos IoT (*Internet of Things*) para controlar el entorno.
- No intrusivos. La data permanece agregada y encriptada.

Los *wearables* han irrumpido en el mercado de consumo con el objetivo de revolucionar nuestro estilo de vida y la forma en que interactuamos con otros dispositivos.

La llegada de los metaversos hará que se acelere aún más la proliferación de dispositivos que amplificarán nuestras vidas. La interacción inmersiva a la que se aspira requiere de la amplificación de los sentidos (la vista, el oído, el tacto, el olfato y, muy probablemente, el gusto).

Algunos de los avances más asombrosos en este campo los tenemos de la mano de Meta y de Neuralink (esta última compañía del CEO de Tesla y SpaceX, Elon Musk), pero también de empresas como Emotiv, Exoskin o Rokoko (véase figura 3.7).

Reality Labs (el laboratorio de Meta centrado en la investigación de nuevos mecanismos de interacción con realidad aumentada y mixta) ha hecho importantes avances en el campo de la ciencia de la percepción, es decir, aquella ciencia que combina la retroalimentación auditiva, visual y háptica para convencer a nuestro sistema de percepción de que está sintiendo un objeto. Actualmente desarrolla unos guantes capaces de crear la sensación de textura, presión y vibración, gracias a los cuales es posible sentir la textura de un cartón ondulado, el papel de un libro o la vibración de unos altavoces dentro del metaverso.

En el caso de Neuralink, la ambición es mayor. La compañía de Elon Musk está diseñando el primer implante neuronal con el que las personas controlarán ordenadores o dispositivos móviles (como unas gafas de realidad aumentada). Unos hilos del tamaño de una micra son conectados a la parte del cerebro que controla el movimiento y estos a un dispositivo en el cráneo, que actúa de enlace. El objetivo inicial de esta tecnología, según la compañía, «será ayudar a personas con parálisis a recuperar la independencia a través del control de computadoras y dispositivos móviles. Nuestra tecnología está diseñada para brindar a las personas la capacidad de comunicarse más fácilmente a través de texto o síntesis de voz, seguir su rastro en la web o expresar su creatividad a través de aplicaciones de fotografía, arte o escritura. El potencial de esta tecnología permitirá, en última instancia, ampliar la forma en que las personas interactúan entre ellas o con el mundo».

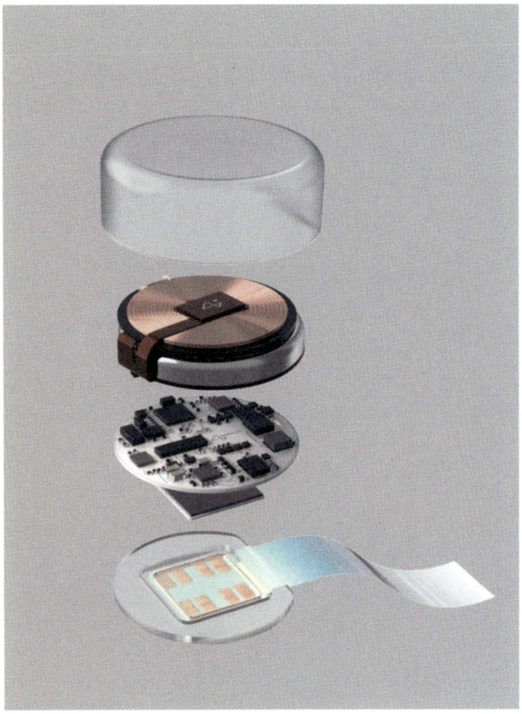

FIGURA 3.8.

THE LINK ES EL PRIMER IMPLANTE NEURONAL GRACIAS AL QUE SE CONTROLARÁ UN ORDENADOR O UN DISPOSITIVO MÓVIL CON LA PARTE DEL CEREBRO QUE CONTROLA LOS MOVIMIENTOS. UNOS HILOS A ESCALA MICROSCÓPICA CONECTAN EL CEREBRO CON EL IMPLANTE. LA COMPAÑÍA PREVÉ COLOCAR LOS PRIMEROS IMPLANTES EN HUMANOS EN 2022. © 2021, NEURALINK.

FIGURA 3.7.

LOS EXOESQUELETOS DE ROKOKO CAPTURAN EL MOVIMIENTO Y LO APLICAN EN TIEMPO REAL A AVATARES Y PERSONAJES VIRTUALES. © 2021, ROKOKO.

LAS TENDENCIAS QUE ACELERAN EL CAMBIO

El cambio que ocasiona este *shock* del futuro en el que vivimos viene producido por un conjunto de tendencias que, al combinarse, han encendido la mecha de la transformación. Es importante conocerlas e identificarlas. Por sí solas han provocado una profunda agitación que está trasfigurando la sociedad y los negocios. Combinadas entre sí, han provocado un tsunami cuyo vórtice se encamina hacia una transformación profunda de las relaciones sociales (entre personas, entre empresas, y entre personas y marcas).

La era de los creadores

Cualquiera, incluido tú, puede ser hoy en día un creador de contenido y de experiencias. No existen barreras ni de acceso a las herramientas ni a la creatividad. Cualquiera, desde una habitación de su casa o desde un garaje oculto tras una pantalla verde de *chroma*, puede idear, crear, publicar o retransmitir cualquier producto en cualquier formato conocido. Da lo mismo si ese producto es un cortometraje en CGI para subir a Vimeo, un *script* de código para la web3 (la nueva web inmersiva), una emisión en *streaming* de jugadores de GTA, un *skin* exclusivo para Fortnite, un objeto para imprimir en 3D, una pieza musical, un podcast sobre tecnología o un NFT.

Puedes incluso, con un golpe de suerte, ganarte la vida creando tu propia empresa alrededor de una audiencia fiel y comprometida. Esto en el pasado no era posible. Ni teníamos acceso a herramientas SaaS (*Software as a Service*) a un precio razonable bajo suscripción ni a soluciones *Open Source* con las que dar rienda suelta a nuestra creatividad. Pero, por suerte, los pioneros de la industria, el impacto de las inquietudes empresariales de la nueva economía y mucho mucho capital (de riesgo o no) hicieron posible el cambio (véase figura 3.8). Esas soluciones se hicieron más fáciles de entender y usar gracias a las mejoras en la experiencia de usuario, y dieron acceso a un número mayor de personas.

Hoy estamos en los albores de nuevas herramientas creativas únicas y exclusivas para la expresión creativa dentro de los metaversos. Desde acceso gratuito a los motores de videojuegos a herramientas de modelado, animación y composición compatibles con entornos VR y AR (véanse figuras 3.10a y 3.10b). Desde soluciones de bajo coste para la captura de movimientos hasta soluciones de monetización del trabajo o de acceso a nuevas audiencias.

Y no harán falta grandes corporaciones como en el pasado para obtener grandes resultados. ¿Sabías que el videojuego Among Us, que llegó a tener más de 500 millones de usuarios activos, fue creado solo por tres empleados, los únicos integrantes de InnerSloth?

FIGURA 3.9.

EL FABRICANTE DE COCHES FORD HA TRABAJADO CODO CON CODO CON GRAVITY SKETCH EN EL DESARROLLO DE HERRAMIENTAS COLABORATIVAS. EL OBJETIVO ES PERMITIR QUE LOS EQUIPOS DE DISEÑO GLOBALES PUEDAN TRABAJAR JUNTOS USANDO VR. © 2021, FORD MOTOR COMPANY.

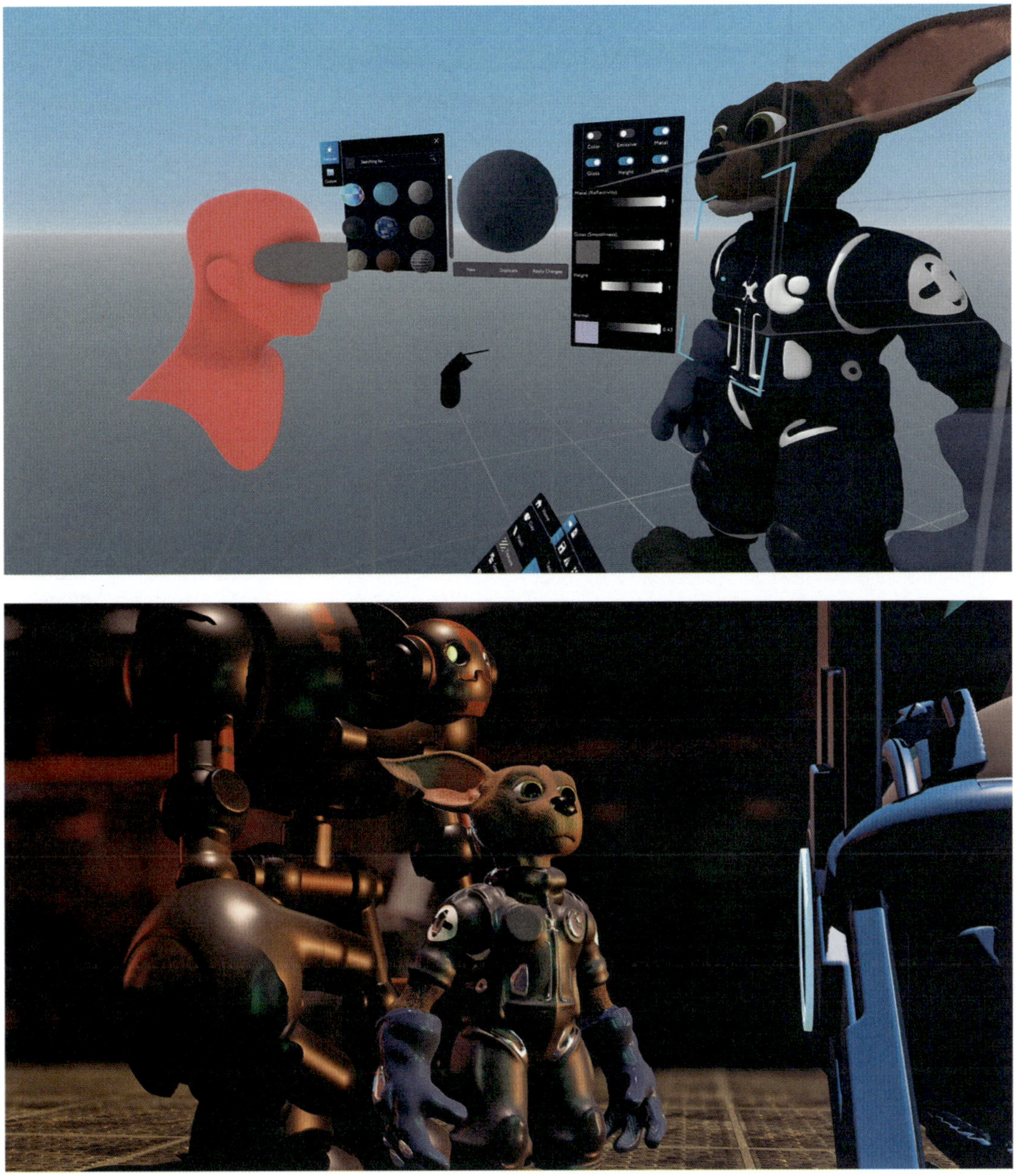

FIGURA 3.10A Y 3.10B.

CON HERRAMIENTAS COMO MASTERPIECE STUDIO PRO LA CURVA DE APRENDIZAJE DESDE EL CONCEPTO A LA ANIMACIÓN DE OBJETOS O PERSONAJES EN 3D PARA EL METAVERSO ES TREMENDAMENTE FÁCIL. © 2021, MASTERPIECE STUDIO.

La importancia de esta era de los creadores de mundos es tan relevante que es probable que exista toda una generación de personas cuya única experiencia laboral comience y termine, única y exclusivamente, en el metaverso.

Comunidades sociales

Las redes sociales son las precursoras de dos fenómenos de nuestra historia reciente. Por un lado, un cambio en el desarrollo de aplicaciones. Ni Skype, ni Microsoft Teams, ni Zoom, ni Slack, ni Frame.io, ni tantas y tantas herramientas actuales del mercado son conscientes de la importancia que tuvo en su desarrollo el nacimiento de Facebook, Twitter o LinkedIn —por solo mencionar a las más conocidas—. Surgieron con la premisa de «conectar a personas», facilitar la colaboración y hacer más humana y social la internet basada en hipertexto que todos conocíamos. Y, como resultado, originaron una transformación de base que obligó a convertir a todas las soluciones del mercado en soluciones que favoreciesen la conectividad de la gente. ¿Has probado el modo de «ver y chatear con otras personas» de Amazon Prime Video? ¿Y el modo «groupwatch» de Disney+?

Las plataformas OTT (*over the top*) más conocidas del mercado han entendido que, en la era de los modelos de suscripción y las redes sociales, la posibilidad de ver en familia o con amigos una película o una serie —y chatear mientras se disfruta junto a unas palomitas— genera más impacto en los indicadores de negocio que con la fórmula tradicional. Una transformación —todo hay que decirlo—, cuyo empuje se inició antes que las redes sociales gracias a los juegos de competición en red y, más tarde, a través de los mundos persistentes de los MMORPG.

Hay que destacar, por otro lado, un cambio en el comportamiento social, en la manera en que el mundo adopta nuevos mecanismos de conexión y comunicación. Las redes sociales llegaron al inicio para conectar a las personas. Después para permitirles «retransmitir» y «compartir» su experiencia diaria. Más tarde llegó la necesidad de que esas retransmisiones se hicieran más prolongadas, más habituales, dando origen a narradores de historias en canales inauditos. Aparecieron YouTube, Vimeo, Twitch y similares, y se conectaron las experiencias para dar lugar a una nueva generación de creadores de contenido y comunidades verticales de interés.

Los metaversos son una evolución natural e inmersiva de esa necesidad de las personas de conectarse, de contarse historias, de compartir experiencias, de reducir las distancias que antes eran inconmensurables. Probablemente con este nuevo estadio de internet, esas comunidades, sus protocolos de interacción y los códigos de comunicación vuelvan, una vez más, a evolucionar. Estoy seguro de que lo harán.

FIGURA 3.11.

CON HERRAMIENTAS DE FOTOGRAMETRÍA, LA COMPAÑÍA MATTERPORT PERMITE CREAR UN GEMELO DIGITAL 3D DE UN ESPACIO INTERIOR, MEDIR LAS DISTANCIAS DE LAS HABITACIONES E INCLUSO DESCARGAR LOS ARCHIVOS PARA IMPORTARLOS EN APLICACIONES DE RENDERIZADO 3D, COMO BLENDER, CINEMA 4D O SUBSTANCE, O INCLUSO EN UNA PLATAFORMA DE EVENTOS VR COMO ALTSPACEVR. © 2021, MATTERPORT.

Clonación del mundo físico

En los últimos cinco años muchas han sido las compañías que han desarrollado soluciones capaces de crear una referencia tridimensional de nuestro mundo. La incorporación de la tecnología LiDAR a los teléfonos móviles dentro del mercado de consumo, en especial por Apple, ha hecho posible que un sencillo *smartphone* sea capaz mediante fotogrametría, de crear una referencia volumétrica de nuestro entorno.

Las aplicaciones de la fotogrametría son muy comunes en el mundo de la cartografía, arquitectura, ordenación del territorio o el sector inmobiliario. Combinada con la generación de modelos 3D, la técnica permite generar entornos precisos que se utilizan, incluso, en el cine o en los videojuegos (véase figura 3.11). Con el uso combinado de estas tecnologías, es posible lograr una réplica exacta del mundo en 3D. Este es el objetivo del proyecto EarthArchive, cuyo propósito es preservar una copia exacta de nuestra Tierra en un modelo 3D global. También, aunque con un fin más lúdico, el de 6D.ai, la compañía adquirida por Niantic en 2020, cuyo objetivo es clonar a una escala 1:1 el mapa de todo el mundo para usarlo como gemelo digital en una capa de interacción sobre tecnologías AR, que permita «desarrollar experiencias de realidad aumentada a escala planetaria».

¿Te imaginas ir por la calle y que todo el mundo de tu ciudad vea dragones volando por el cielo y que descansaran en los techos de los edificios? ¿Te imaginas pasear por el barrio gótico de Barcelona y comprar unos *tickets* para que unos guías virtuales, vestidos con ropa de época, te guiaran y explicaran la ciudad? ¿Qué te parecería si Camper, a pocos metros de su *flagship*, te ofreciese un concierto virtual en plena calle y le regalase a tu avatar un descuento del 25 % en la compra de sus nuevas zapatillas para Roblox?

NFT

La aparición de los NFT (*Non Fungible Tokens*) ha demostrado que la creatividad digital también tiene un precio. Un NFT funciona con la misma tecnología de cadena de bloques que una criptomoneda. A estos bienes se les asigna un certificado de autenticidad y de autoría, el valor de partida y todas las adquisiciones y transacciones vinculadas a él. La gente los adquiere por varios motivos: bien porque hay un vínculo emocional entre la marca o el autor que lo ha creado y la persona que lo adquiere, bien porque se espera venderlo a futuro por un precio mayor al de adquisición, del mismo modo a como ocurre con las obras de arte.

Lo más importante de los NFT es que han puesto de manifiesto que las personas estamos dispuestas a adquirir bienes digitales. Y a pagar precios elevados por ellos. El caso más destacado de la historia de los NFT es el de Mike Winkelman, más conocido como Beeple. Logró vender en una subasta de Christie's un NFT con toda su obra de ilustraciones en 3D por un valor de 69 millones de dólares (véase figura 3.12). Ahora, tras el logro, ha creado Wenew, una empresa que busca alterar la manera con que el público interactúa con momentos históricos. Ya está trabajando con Wimbledon, Universal Music Group, Wasserman o TIME para crear nuevas experiencias (ver figura 3.13).

La gente está dispuesta a pagar grandes sumas de dinero por estas obras de arte digitales. En una encuesta a más 3000 personas de varios continentes, para el informe sobre metaversos que elaboró Wunderman Thompson Intelligence a finales de 2021, a la pregunta de cuánto estarías dispuesto a pagar por una obra de arte digital NFT, la gente respondió que más de 3000 dólares.

Los NFT también han allanado el camino para la entrada en el metaverso de muchas marcas. Consideran que los NFT son una vía para conectar con nuevas audiencias y una fórmula novedosa de crear productos exclusivos de alto valor que solo existen en el mundo virtual o en una mezcla de ambos.

La lista de ejemplos de marcas globales es amplia, pero destacaré algunos realmente importantes, como el de Stella Artois, marca de cervezas belga, con una larga trayectoria de patrocinios de carreras de caballos. A mediados de 2021 logró cerrar un acuerdo con Zed Run, una competición deportiva de caballos virtuales basada en *blockchain* (véase figura 3.14). La misma compañía decidió encender aún más los fogones de los NFT y, tras un acuerdo

FIGURA 3.12.
MIKE WINKELMAN, CONOCIDO COMO BEEPLE, LOGRÓ VENDER UN NFT EN UNA SUBASTA DE CHRISTIE'S POR 69 MILLONES DE DÓLARES. © 2021, WENEW.

FIGURA 3.13.
SU NUEVA COMPAÑÍA, WENEW, BUSCA A TRAVÉS DE LOS NFT CAMBIAR LA FORMA DE COMPARTIR MOMENTOS HISTÓRICOS. AQUÍ UN NFT DEL JUGADOR DE TENIS PROFESIONAL, ANDY MURRAY, EN WIMBLEDON. © 2021, WENEW.

FIGURA 3.14.
LA MARCA DE CERVEZAS BELGA STELLA ARTOIS INICIÓ SU EXPERIENCIA CON LOS NFT A TRAVÉS DE LA PLATAFORMA DE COMPETICIÓN HÍPICA VIRTUAL ZED RUN. © 2021, ZED RUN.

FIGURA 3.15.

TRAS EL ÉXITO CON ZED RUN, LA COMPAÑÍA CREÓ UN NFT EXCLUSIVO CON UNA ICÓNICA RECETA DEL CHEF MARCUS SAMUELSSON. © 2021, STELLA ARTOIS.

FIGURA 3.16.

LA PRESTIGIOSA REVISTA FORTUNE CREÓ PARA FINES BENÉFICOS UN EJEMPLAR EXCLUSIVO EN NFT DE SU NÚMERO SOBRE CRIPTOMONEDAS. © 2021, FORTUNE MEDIA.

con la James Beard Foundation, una ONG cuyo objetivo es impulsar la cultura gastronómica saludable en la vida diaria de las personas, decidió crear un NFT exclusivo: un archivo digital único con la famosa receta de ave de corral frita del chef Marcus Samuelsson, un vídeo en el que se revela el ritual e ingredientes de la receta, y una cena exclusiva con el chef (véase figura 3.15).

La revista *Fortune* también decidió dar el salto a los NFT con fines benéficos. Creó una edición limitada a precio fijo de 256 portadas de la revista diseñadas por la artista PPLPLEASR, más conocida por sus diseños para los créditos de películas como *Wonder Woman*, *Batman vs. Superman* o *Star Trek Beyond* (véase figura 3.16).

A la experiencia de estas marcas se suma la de Coca-Cola, Givenchy, McDonald's, Pizza Hut, Glenfiddich, The Dalmore, Dictador, Jim Beam, Gucci, Dolce & Gabbana, Mattel, Zara, NBA, Taco Bell, Visa o Marvel, entre otros.

Big data

Es imposible hablar de metaversos y no hablar de la importancia de los datos. ¿Sabes cuántos datos genera cada 20 minutos un dispositivo de seguimiento de movimiento para entornos de realidad virtual? Dos millones de registros de expresión corporal. Con esta volumetría puedes hacerte una idea de los desafíos a los que se enfrenta la industria para capturar, procesar, identificar, enriquecer y articular respuestas basadas en esos datos, además de los requisitos de seguridad necesarios.

Se requerirá que disciplinas como la ciencia de datos y las capacidades analíticas amplíen sus márgenes de maniobra. Para que los «metaversos» funcionen, será preciso que una gran cantidad de sistemas coexistan de manera ininterrumpida y sean interoperables. Estos sistemas deberán intercambiar grandes cantidades de datos, incluso más de los que en la actualidad generamos con la internet que conocemos, de manera constante e instantánea. Para respaldarlo necesitaremos un gran caudal de ancho de banda y, prácticamente, un nuevo diseño de la infraestructura de internet, que aproxime los centros de datos al usuario final para reducir la latencia. Todos esos cambios están ya en marcha.

Inteligencia artificial y machine learning

En 2019, un ex cineasta de Disney, Peter Billington, dirigió *Wolves in the Walls*, un corto premiado con los prestigiosos Emmy Awards (véase figura 3.17). ¿Qué hacía diferente este cortometraje? El diálogo de su personaje, Lucy, fue creado enteramente por

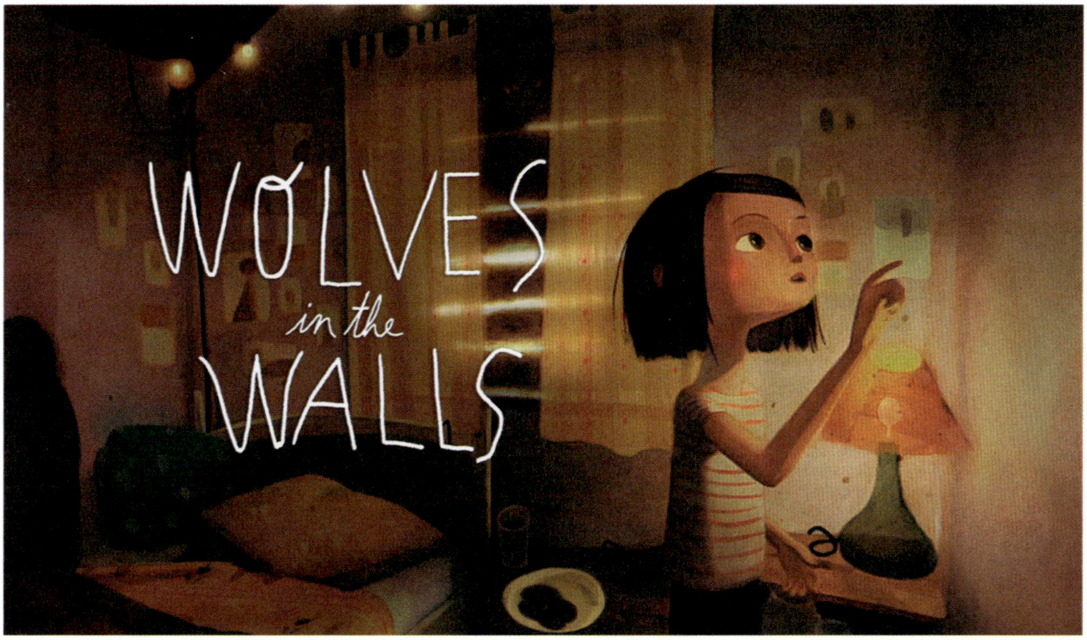

FIGURA 3.17.

LUCY ES EL PERSONAJE DE WOLVES IN THE WALLS, UN CORTO DONDE EL GUION DEL PERSONAJE ESTÁ GENERADO COMPLETAMENTE POR UNA IA. LA TECNOLOGÍA QUE HAY TRAS ELLA SE UTILIZA EN LA ACTUALIDAD PARA CREAR PERSONAJES CON INTELIGENCIA EMOCIONAL EN ROBLOX, FORTNITE, ANIMAL CROSSING, ENTRE OTRAS APLICACIONES. © 2021, FABLE STUDIOS.

una inteligencia artificial sobre OpenAI GPT-3, una API con la que cualquier persona desarrolla nuevas aplicaciones de inteligencia artificial. El resultado, The Wizards Engine, una aplicación para dotar de inteligencia emocional a personajes de videojuegos o, incluso, a seres de cualquiera de los metaversos conocidos.

Los metaversos estarán fuertemente sustentados en inteligencia artificial. Veremos múltiples aplicaciones prácticas en el uso de narrativas autogeneradas, apoyo guiado a los creadores de mundos dentro del metaverso, la creación de personajes y avatares, animación guiada, creación de simulaciones físicas del entorno, reconocimiento de gestos, analítica avanzada, predicción de comportamientos y un larguísimo etcétera.

¿Te imaginas ponerte unas gafas de realidad virtual y ordenar a tu gestor virtual basado en IA que te genere digitalmente una casa de los años 70? ¿Y si mejor le recomiendas que cambie el paisaje exterior, la hora del día o la iluminación? ¿Y si no te gusta el color de la pared o el tipo de mobiliario? Todo guiado gracias al uso de la voz. Esa es la premisa de la tecnología de Promethean AI, la primera inteligencia artificial que trabaja junto a los artistas, asistiéndolos en el proceso creativo a la hora de crear mundos virtuales. Un asistente que, incluso, es capaz de tomar decisiones y hacer recomendaciones y cuyos resultados hablan por sí mismos (véase figura 3.18).

Otra herramienta que refleja el alcance de la inteligencia artificial es Omniverse Avatar, la plataforma de NVIDIA con la que es posible crear avatares interactivos totalmente en tiempo real. Una solución que utiliza inteligencia artificial del habla, visión por computadora, comprensión del lenguaje natural, motores de recomendación y tecnologías de simulación. Los avatares resultantes son representaciones en 3D de altísima calidad (incluso con trazado de rayos) que pueden hablar, ver, conversar y comprender.

La idea de esta tecnología es aplicarla a situaciones habituales de la vida cotidiana, como hacer una reserva en un hotel, ayuda con las transacciones bancarias, en los servicios de atención a cliente o, incluso, en marquesinas interactivas de exterior (como las que tiene McDonald's a la hora de hacer los pedidos).

FIGURA 3.18.

PROMETHEANAI ES UNA PLATAFORMA DE INTELIGENCIA ARTIFICIAL QUE SIRVE A LOS ARTISTAS PARA ACELERAR SU PROCESO CREATIVO A LA HORA DE CREAR ENTORNOS DE JUEGO. ESTE DE LA IMAGEN ESTÁ CREADO CON LA COLABORACIÓN DE LA IA SOBRE UNREAL. © 2021, PROMETHEANAI.

FIGURA 3.19.

OMNIVERSE AVATAR ES UNA PLATAFORMA CAPAZ DE GENERAR AVATARES BASADOS EN IA POR COMPLETO INTERACTIVOS. ESTA IMAGEN ES UNA CAPTURA DEL AVATAR DEL CEO DE NVIDIA, JENSEN HUANG, UTILIZADO PARA UNA VIDEOCONFERENCIA EN TIEMPO REAL. LA SUMA DE UN ABANICO DE TECNOLOGÍAS BASADAS EN IA HACEN QUE EL AVATAR TENGA UNA CONVERSACIÓN FLUIDA CON UNO O VARIOS INTERLOCUTORES. © 2021, NVIDIA

La presentación oficial de esta tecnología fue muy impactante. El avatar del CEO de NVIDIA, Jensen Huang, participó en una reunión virtual con tres personas, y pudo responder y conversar sobre temas como la biología o el cambio climático (véase figura 3.19).

Hiperpersonalización

El uso de los datos para crear experiencias de marca personalizadas ha sido una de las grandes tendencias en el despliegue de estrategias digitales por parte de las empresas en los últimos años. La hiperpersonalización tiene el objetivo de lograr que te sientas identificado, único, y que la relación entre tú y la marca sea especial.

Reconócelo: ¿a que te agrada comprar en la web de Ray-Ban, de Scalpers o de Brava Fabrics, y que reconozcan tu identidad y tu histórico de productos? ¿Y que te hagan promociones exclusivas y comunicaciones personalizadas? ¿A quién no le gusta que El Corte Inglés lo felicite por su cumpleaños?

La hiperpersonalización será una piedra angular del metaverso. Tu grado de vinculación con el entorno, las marcas y las experiencias dependerán por entero del nivel de personalización que ofrezcan, y de la manera en que permitan a sus miembros disfrutar, participar u obtener bienes, experiencias y contenidos únicos.

El éxito del futuro de las relaciones entre «metaciudadanos» y «metaempresas» será proporcional al grado de humanidad, cercanía, conocimiento y personalización de las comunicaciones y las interacciones. En un ámbito en el que todo es sintético, virtual, generado digitalmente, la construcción de relaciones cercanas y personalizadas será vital para que las personas se sientan atraídas por la actividad de las empresas dentro del «metaverso».

Criptomonedas

Uno de los rasgos fundamentales de los metaversos es la adopción de la tecnología *blockchain*. Del mismo modo que las cadenas de suministro en el campo de la logística, las actividades inmobiliarias, las de protección de los derechos de autor, los servicios médicos, los seguros o los dispositivos IoT ya utilizan contratos basados en cadena de bloques, algunos metaversos (aquellos que decidan construirse en abierto y no bajo modelos amurallados) serán descentralizados. Usarán la misma tecnología que vio nacer a las criptomonedas.

De hecho, la sinergia entre criptomonedas y metaversos es tan fuerte que hoy para operar en los principales metaversos hay que disponer de un monedero o billetera criptográfica para poder entrar. Cualquier operación de compra/venta dentro del espacio virtual se realizará en criptomonedas, como Ethereum (Cryptovoxels), Solana (Star Atlas), Mana (Decentraland), Sand (The Sandbox), Axies (Axie Infinity), Enjin Coin (Enjin), Alice Token (My Neighbor Alice), entre otros.

Los principales metaversos poseen una pasarela que actúa de puente con los principales monederos como Ledger Live, Tokenary, Infinity Wallet, Wallet 3, Ambire Wallet, Metamask, Mathwallet, TokenPocket, Binance Chain, Safepal o Coin98. Es probable que en los próximos meses veamos muchos más acuerdos con los monederos de criptomonedas más usados en el mercado y la lista no pare de crecer.

Comunicación 5G/6G

Las redes 4G fueron, en parte, las que hicieron posible el actual panorama de las redes sociales. Sin 4G no existirían el iPhone ni las tiendas de aplicaciones a las que deben su éxito Facebook, Instagram, Snapchat, TikTok, WhatsApp, WeChat o LinkedIn, por solo mencionar algunos.

Las redes 5G, en las que los operadores de telecomunicaciones han estado invirtiendo en los últimos años grandes cantidades de dinero (y dentro de 10 años las redes 6G), serán las garantes del éxito —o no— de los metaversos. De hecho, los propios operadores confirman que el siguiente gran paso de internet serán los metaversos, aunque piden una redefinición del marco de uso y explotación de la infraestructura.

Gracias a las redes 5G/6G lograremos mejores velocidades, una mayor concurrencia de dispositivos, una menor latencia de las comunicaciones y, por tanto, una mejor y más fluida experiencia. Será posible tener hologramas y conversar con compañeros de trabajo, será posible que las reuniones familiares se celebren de manera virtual sin interrupciones, y podremos celebrar competiciones masivas de carácter inmersivo con juegos de realidad extendida.

La cantidad, velocidad e instantaneidad de los flujos de datos obligarán a que las nuevas infraestructuras se diseñen pensando en evitar cuellos de botella. Por eso, probablemente, en los próximos años, veremos nuevos dispositivos que alivien, bien local bien remotamente, las nuevas exigencias que nos imponga la calidad y ambición de los futuros constructores de mundos.

Hace 20 años un módem de 56 kbits era suficiente para manipular la información contenida en internet y gozar de una experiencia razonable. Hoy es necesario una línea de fibra óptica de 1 gigabit o una conexión 5G para que toda una familia (con una media de seis periféricos conectados a internet) disfrute de servicios de *streaming* en tiempo real con una calidad 4K.

Las exigencias de los metaversos de los próximos 15 años convertirán en historia de la tecnología todo lo que veremos en los próximos capítulos. Los metaversos de hoy serán como los sitios web de finales de los noventa.

Sobre estas redes de comunicaciones de alta velocidad y capacidad, se crearán en los próximos años nuevas y apasionantes experiencias. Entre ellas se encuentra Vodafone 5G Reality, el primer servicio virtual interactivo creado en España en donde los clientes del operador pueden disfrutar de experiencias inmersivas. El proyecto, lanzado a finales de 2021 por Vodafone, con la colaboración de Virtual Voyagers y Optiva Media, tiene como objetivo abrir el espacio al desarrollo de contenidos y experiencias a nuevos creadores de contenido a través de Vodafone 5G Lab, potenciando la nueva economía de los creadores de mundos. Para la directora de marketing 5G de Vodafone, Marta de Pablos:

«El metaverso es uno de los conceptos tecnológicos más populares del momento. En Vodafone hemos trabajado durante más de un año para ofrecer a nuestros clientes la primera experiencia real. Tras el estudio que llevamos a cabo, hemos potenciado la funcionalidad social, ya que era una prioridad para nuestros clientes, permitiéndoles crear su propio avatar e interactuar con sus amigos en tiempo real. Para lograr que la experiencia sea óptima, es necesario contar con una red 5G de alta calidad como la que posee Vodafone, que permita velocidades muy altas y latencias muy bajas».

FIGURAS 3.20A, 3.20B Y 3.20C.
VODAFONE 5G REALITY ES EL PRIMER SERVICIO VIRTUAL INMERSIVO SOBRE 5G DE UN OPERADOR EN ESPAÑA. LA COMPAÑÍA HA QUERIDO POTENCIAR LA FUNCIÓN SOCIAL DE ESTE POTENCIAL METAVERSO, PERMITIENDO A SUS CLIENTES ASISTIR A CONCIERTOS, APRENDER, JUGAR O DISFRUTAR DE EXPERIENCIAS ÚNICAS. © 2021, VODAFONE ESPAÑA.

ENTREVISTA

MARTA DE PABLOS

Directora de 5G y nuevos negocios en Vodafone

FIGURA 3.21.
MARTA DE PABLOS.

Ingeniera de telecomunicaciones por la Universidad Politécnica de Madrid, Marta de Pablos es la responsable del salto al metaverso de Vodafone España. Se incorporó a la compañía en 2012, viendo nacer la primera red 4G en España. Hoy es la directora de 5G y nuevos negocios de la empresa. Su pasión por la tecnología, su capacidad de resolución de problemas y su mente analítica le permiten anticiparse al futuro. Marta sabe conectar los puntos y tomar decisiones estratégicas. Por eso, tiene claro que el metaverso es el siguiente paso natural de internet, tal y como la conocemos. Un paso transformador que cambiará todos los aspectos de nuestra vida.

Hay una pregunta clave a la hora de hablar del metaverso, sobre todo porque la estamos definiendo como el próximo gran paso de internet. ¿Qué rol juega la tecnología 5G como infraestructura, y qué aportación de valor tiene al desarrollo de los actuales y futuros metaversos?

La tecnología 5G va a jugar un rol clave en el desarrollo del metaverso, gracias a tres factores:

1. Baja latencia: la baja latencia que nos proporciona 5G y el desarrollo de la *edge computing* habilitarán tiempos de respuesta muy cortos que serán necesarios para que la realidad aumentada y virtual puedan disfrutarse sin producir retardos, garantizando una buena experiencia. Además, según evolucione el metaverso, aparecerán más funcionalidades de interacción en tiempo real entre usuarios y para ello será clave garantizar la baja latencia.
2. Movilidad: la red móvil 5G nos permitirá disfrutar del metaverso mientras esperamos una consulta, viajando en un autobús o disfrutando de una tarde con amigos en el parque. La misma experiencia que podamos tener en el sofá de casa se podrá conseguir en cualquier otro lugar del exterior incluso aunque estemos en movimiento.
3. La red como plataforma: el núcleo de la red 5G emplea una arquitectura basada en servicios que habilitará dos funcionalidades nuevas en la red móvil: la exposición de API estandarizadas y el uso de la red como plataforma.

La exposición de API permitirá, por ejemplo, que el metaverso se ajuste en función de algunos parámetros como dónde está localizado el usuario o qué velocidad de navegación tiene, de forma que la vista y lo que el usuario puede realizar en cada momento cambiará en función de su situación y condiciones. Esta funcionalidad también se podrá utilizar como una vía para la monetización B2B2C.

El uso de red como plataforma se apoyará en el concepto de *network slicing* (rebanadas de red) que se desarrollará con las nuevas redes 5G *standalone*. Gracias a esta funcionalidad se ejecutan múltiples redes lógicas en paralelo utilizando la misma infraestructura física, lo que asegura un uso de la red de una manera mucho más eficiente. Esto se traduce en que se asegurarán recursos suficientes para ejecutar aplicaciones en el metaverso en paralelo a aplicaciones tradicionales o a nuevos casos de uso como el coche conectado.

¿Cómo visualizáis desde Vodafone este siguiente estadio de internet, la inmersiva?

Desde Vodafone estamos convencidos de que la internet inmersiva va a dar paso a una nueva ola de aplicaciones que cambiarán nuestro día a día. Vamos a dejar atrás una etapa que ha sido dominada por las aplicaciones de vídeo y por las redes sociales, y evolucionaremos a una nueva etapa en la que el vídeo adquirirá una dimensión más, gracias a la que visualizaremos las cosas como si las estuviésemos viviendo nosotros mismos. Las redes sociales irán también un paso más allá, nos servirán para interactuar en tiempo real en entornos virtuales que nos transportarán a un mundo diferente del que vivimos.

Desde vuestro punto de vista, ¿qué cosas creéis que van a cambiar más, tanto a nivel personal como profesional?

A nivel personal creemos que se va a modificar sobre todo la forma en la que nos comunicamos, aprendemos y nos entretenemos. Dentro de unos años será normal conectarte a un concierto virtual con un amigo que vive en otro país y disfrutarlo con él como si estuviera a tu lado, y también será normal estudiar los planetas con tus hijos mientras observáis los anillos de Saturno en el salón de tu casa. Y encontraremos otras formas de divertirnos, como grabar un vídeo con un famoso en realidad aumentada o viajar por el Gran Cañón desde tu habitación.

En el ámbito profesional tendremos nuevas facilidades que harán más cómodo nuestro día a día en el trabajo. Por ejemplo, podremos trabajar con unas gafas de realidad aumentada puestas y esto nos permitirá ver el mundo real y, a la vez, superponer escritorios virtuales, de forma que tendremos pantallas virtuales gigantes en las que poder manejar a la vez nuestras redes sociales y aplicaciones profesionales como Excel, PowerPoint, etc. También podremos mantener reuniones desde cualquier lugar, pero teniendo la sensación de estar presencialmente ahí, utilizando entornos virtuales y hologramas.

Dicen que el móvil tiene los días contados como herramienta de comunicación y dispositivo de acceso a la información. Sé que es un ejercicio de anticipación, pero ¿qué pistas tenéis sobre ese siguiente salto en la interacción hombre-máquina?, ¿serán gafas?

Con el desarrollo de redes de *edge computing* se dará un salto enorme en la evolución de los dispositivos, ya que la propia infraestructura asumirá gran parte de la computación. Esto conllevará que los dispositivos se abaraten y se enfoquen más en el desarrollo de otras características relacionadas con la ergonomía, y con la calidad de imagen y vídeo. Además, el futuro que se proyecta a largo plazo incluye la utilización de múltiples dispositivos donde el contexto del usuario se mantiene. Por tanto, podemos imaginarnos un día en el futuro de la siguiente manera: nos despertamos y consultamos un espejo inteligente que nos ayuda a vestirnos informándonos de la temperatura exterior o de las reuniones que tenemos en el mismo día, vamos a la oficina y trabajamos con unas gafas de realidad aumentada donde se superponen escritorios virtuales, o trabajamos desde casa y nos conectamos a una reunión mediante el uso de realidad virtual o de hologramas. Por supuesto, en este futuro seguirá existiendo el *smartphone*, pero será más parecido a una pantalla moldeable y de muy alta resolución gracias a la que disfrutaremos de juegos, vídeos y de aplicaciones en tiempo real.

Habéis presentado, en colaboración con dos grandes marcas como Ericsson y Samsung, el Vodafone 5G LAB. ¿Cuál es el objetivo tanto para el ámbito de consumo como el empresarial?

Estamos convencidos de que la generación de un amplio ecosistema es la clave para que el futuro proyectado gracias a 5G pase de ser una promesa a ser una realidad. Y el objetivo fundamental del 5G LAB es contribuir a la creación de ese ecosistema y a la generación de acuerdos que cubrirán todos los puntos de la cadena de valor: dispositivo, infraestructura, servicio y aplicación. Y como el universo de 5G es muy grande, hemos elegido a dos grandes compañeros de viaje, como son Ericsson y Samsung, que nos ayudarán gracias a su experiencia en redes y dispositivos.

Hemos creado este *hub* de innovación para ayudar a los desarrolladores a identificar las oportunidades de negocio en los diferentes sectores, y definir de forma conjunta modelos de negocio escalables que justifiquen la enorme inversión en infraestructura y redes 5G. Para cumplir ese objetivo, nuestra idea es generar un calendario continuo de actividades a las que se podrá asistir de forma física o virtual. En el ámbito empresarial queremos profundizar en casi todos sus verticales (energía, transporte, turismo, salud, educación...) y en el ámbito de consumo queremos jugar un rol muy relevante en la evolución del entretenimiento y aprendizaje gracias a la realidad aumentada y virtual.

¿Qué objetivos hay de este laboratorio a medio plazo?

Nuestra ambición es que solo durante el primer año pasen por el 5G LAB más de 200 desarrolladores que podrán hacer uso de nuestra red 5G con las características más avanzadas y que podrán también aprovechar todo el conocimiento que pondremos a disposición en este centro. El objetivo final es que de todos estos contactos con empresas y desarrolladores del sector seamos capaces de llevar a la práctica un buen porcentaje de casos de uso tangibles. Por otro lado, a futuro nos gustaría escalar este tipo de soluciones y también hacer más amplio el ecosistema, incluyendo universidades, administraciones públicas y otro tipo de agentes.

La compañía ha sido pionera en el desarrollo de una plataforma de experiencias y servicios inmersivos sobre realidad mixta y virtual, el Vodafone 5G Reality. Cuéntame cómo surge este proyecto.

Este proyecto surgió hace un año y medio, cuando desde el equipo de trabajo 5G buscábamos posibles casos de uso tangibles para el mercado de consumidores. Analizando las tendencias de industria nos dimos cuenta de que la realidad aumentada y virtual estaban en un estado muy incipiente y que la tecnología 5G tenía mucho que aportar en su desarrollo al ser un habilitador claro de este tipo de experiencias.

Por aquel entonces, estas tecnologías eran muy desconocidas para el consumidor medio, pero la situación de crisis generada por la pandemia mundial del COVID-19 nos obligó a todos a cambiar nuestra mentalidad. Creo que todos empezamos a darnos cuenta de que estas tecnologías podrían ayudarnos a disfrutar de experiencias a pesar de las barreras físicas, y también nos hizo replantearnos nuestras formas de comunicación. Gracias a ello, cada vez son más las empresas que están decidiendo embarcarse en este viaje y cada vez son más los consumidores que empiezan a conocer y valorar este tipo de aplicaciones. Sin embargo, aún hay mucho que hacer para conseguir que estas tecnologías alcancen su madurez y se democraticen, ya que aún tenemos barreras de entrada importantes como el precio y uso de los dispositivos.

Aunque ahora los metaversos están en boca de todas las marcas, y compañías como Nike, Adidas, Gucci, Ralph Laurent o la propia Zara han decidido crear unidades especializadas en metaversos, llegar hasta aquí no ha sido fácil. Hay un salto de fe. ¿Cómo ha sido para la compañía apostar por un proyecto así?

La innovación ha sido siempre parte del ADN de Vodafone, y uno de nuestros principales propósitos como compañía es crear la sociedad digital del futuro, por lo que este proyecto estaba muy ligado a nuestra misión como marca. Sin embargo, las inversiones que se necesitaban para empezar a generar esta línea de negocio y los largos plazos de retorno de esta inversión hacían difícil la decisión. El factor definitivo que inclinó la balanza fue darnos cuenta del rol tan grande que podía jugar Vodafone en este ámbito, ya que es una industria fragmentada e inmadura. Nosotros vimos la oportunidad de poder aportar tanto a nivel de agregación de contenidos como a nivel de desarrollo de infraestructura. Y lo más importante, tenemos el gran reto de conseguir trasladar estas tecnologías a aplicaciones sencillas y relevantes para los usuarios.

¿Cuál de los servicios/experiencias dentro de esta plataforma inmersiva son los que mejor acogida han recibido?

Lo que más les ha gustado a los clientes es la posibilidad de interactuar con sus amigos o familia en todas las salas. Nos insisten en que la mayor parte de las veces la magia de las experiencias se crea al compartirlas. Y en cuanto a las categorías, depende mucho de cada persona, pero en general tiene gran acogida la sala de aventura donde se pueden disfrutar de experiencias virtuales como un *escape room*, y la sala de viajes donde puedes visitar destinos de manera virtual.

¿Qué objetivos os marcáis con este proyecto inmersivo a medio plazo?

A medio plazo tenemos dos objetivos fundamentales: el primero es ser capaces de integrar contenido de un gran número de desarrolladores para conseguir un catálogo amplio e interesante para nuestros clientes. El segundo es conseguir democratizar el uso de estas tecnologías, haciendo más accesible los dispositivos necesarios y desarrollando una experiencia de cliente sencilla e intuitiva.

¿Qué infraestructura ha sido necesaria articular para hacer posible una experiencia sin fisuras, sin latencia, inmersiva?

La plataforma se ha implementado sobre una infraestructura *cloud* que nos va a servir escalar el producto de una manera sencilla. Además, la red 5G de Vodafone garantiza una latencia muy baja para asegurar que la experiencia de cliente sea óptima. Por otro lado, el desarrollo de la plataforma se ha realizado utilizando el estándar abierto OpenXR para facilitar la integración de contenido de terceros.

¿Qué servicios veremos más allá de 2022?

A futuro prevemos que la industria del *gaming* se entrelazará con la industria de la realidad aumentada y virtual, lo que creará nuevas formas de jugar y hará posible que, por ejemplo, se pueda disfrutar de un partido de tenis de forma interactiva con otra persona estando cada uno en una casa. También pensamos que va a cambiar mucho la forma de aprender, pudiendo observar objetos, animales y lugares con gran precisión y por supuesto aparecerán nuevos servicios, como por ejemplo un gimnasio virtual y muchos otros que aún no podemos imaginar.

Ya que sois una de las primeras compañías en apostar por vuestra propia plataforma inmersiva, frente a otras marcas que han preferido iniciar estas experiencias en metaversos como Decentraland, The Sandbox o Zepeto, entre otras, ¿qué ventajas e inconvenientes creéis que tiene hacerlo de una u otra manera?

Creemos que estamos ante los inicios de un cambio de paradigma. En este momento, disponer de diferentes metaversos tiene la ventaja de poder investigar y experimentar diferentes enfoques de una misma tecnología, pero también pensamos que al igual que ocurrió con internet, a futuro lo que tiene sentido es que exista un único metaverso que interconecte a todo el mundo y donde puedan converger todas las marcas y aplicaciones. Esto va a requerir tiempo y grandes acuerdos para la estandarización, y mientras eso ocurre, desde Vodafone queremos ser parte creadora de ese nuevo futuro y por eso hemos apostado por la creación de uno de ellos.

Vodafone 5G Reality parte de una premisa realmente atractiva, la de crear una capa de información sobre la realidad. Estoy hablando de los tableros virtuales que funcionan de manera similar a las ventanas virtuales de algunos sistemas operativos, como Mac o Linux y ahora Windows 11. ¿Cómo creéis que la realidad aumentada y la mixta van a transformar la manera en que interactuamos con la información y/o el mundo real?

Creemos que la realidad aumentada va a ser uno de los principales agentes que transforme el futuro más cercano, ya que nos permite seguir observando la realidad tal y como es, pero añadiendo capas de información que nos ayuden en nuestro día a día. Esto hará posible, por ejemplo, estar cocinando y utilizando las dos manos mientras visualizas de forma superpuesta todos los pasos de una receta, un vídeo tutorial de internet, o incluso una videollamada en tiempo real para que alguien te supervise. También pensamos que se transformará totalmente el proceso de compra, gracias a la posibilidad de ver desde tu casa cómo te quedaría una prenda de ropa o cómo quedaría en tu salón un mueble en el que estás interesado. Y también será común ir por el supermercado apuntando con el móvil los productos para obtener información sobre los alimentos o incluso pasear por ese supermercado con unas gafas de realidad aumentada para ir visualizando toda esa información mientras utilizas las manos para ir cogiendo productos.

Hay una pregunta final que me la han hecho en muchos foros. La tecnología, y especialmente la vinculada a los procesos de computación gráfica, *cloud*, *blockchain*, etc., es muy exigente en el consumo de recursos energéticos. Si el futuro es inmersivo y se mezclan tantas y tantas disciplinas y tecnologías, ¿cómo desde la infraestructura podemos minimizar las altísimas exigencias energéticas? ¿Hay algún plan desde la compañía?

La red 5G es más eficiente energéticamente que las redes móviles anteriores y, además, con la nueva red 5G *standalone* el uso será aún más eficiente de la red gracias al concepto de *network slicing*. Por otro lado, la sostenibilidad es otro de los grandes propósitos de la marca Vodafone y, en esa línea, desde 2021 la red de Vodafone funciona al 100 % con energía eléctrica renovable. También es importante destacar que este internet inmersivo que estamos dibujando jugará un papel clave en la reducción de emisiones, porque podremos realizar muchas actividades sin salir de casa.

04

LA CARRERA POR EL «METAVERSO»

Los últimos años han sido duros. Y no solo lo digo yo, que al final soy el eslabón narrativo de la cadena, sino quienes han formado parte de ese destacamento de vanguardia. Son muchas las empresas, pequeñas y medianas, emprendedores y mentes inquietas y curiosas, las que han estado desarrollando experiencias inmersivas desde los años noventa, advirtiéndonos de lo que estaba por llegar. Muchas de esas compañías llegaron antes de tiempo, demasiado pronto. Todos ellos fueron la visionaria avanzadilla y los precursores del cambio. Algunos han tenido el coraje de sobrevivir y ser referentes en la categoría. Otros, en cambio, se han quedado en el camino.

Virtual Voyagers, hoy la compañía española más importante en la creación de «metaversos» y experiencias inmersivas, es uno de estos ejemplos. Su CEO, Edgar Martín-Blas, es consciente de la locura que han sido los últimos años. Una compañía descentralizada que ha sabido dar lo mejor de sí misma a golpe de viajes, anécdotas, coraje, voluntad, ganas y mucho talento durante más de 10 años. Esta intrépida «banda de rock» —como a Edgar le gusta autodefinirse— representa esa visionaria avanzadilla que ha llegado para quedarse y para construir el futuro de internet.

El tiempo les ha dado la razón a todos ellos. La próxima gran revolución es, como ellos anticiparon, inmersiva. Sin embargo, los avances en el campo de la tecnología, la sociedad y la industria no estaban lo suficientemente alineados aún. Hay un ejemplo meridiano en nuestra historia reciente: ¿Te acuerdas de las Google Glass? Se anunciaron en 2012. La primera versión poseía lo último en tecnología, cámara de 5MP, grabación de vídeo a 720P, 16 GB de capacidad de almacenamiento, tecnología Bluetooth y Wi-Fi, activación por voz y una pantalla de cristal de silicio con iluminación LED. Su coste ascendía a 1500 dólares. En 2014 se decidió aparcar el proyecto orientado al mercado de consumo y solo continuarlo en el mercado profesional. El proyecto, pionero, llegó demasiado pronto a nuestras vidas. Era un *wearable* que anticipaba el futuro, en una versión demasiado embrionaria, y el mercado no estaba preparado para asimilar el *shock*.

Hoy nadie discute que los «metaversos» representan una oportunidad multimillonaria. Ya hay sectores y creadores en todo el mundo haciendo mucho dinero, y eso que la fiesta solo ha comenzado. Los «metaversos» lo abarcarán todo, tal y como ocurrió con internet cuando nadie creía que fuera a revolucionar la economía y la sociedad. Y te puedo asegurar que sería miope pensar que los «metaversos» son un concepto que comienza y termina con un videojuego, como mucha gente me ha llegado a expresar. Lo abarcarán todo. Transformarán de una manera nunca vista la manera de hacer negocios, nuestra vida dentro del hogar, la forma en que disfrutaremos del tiempo libre y nuestra experiencia a la hora de salir a la calle.

Michio Maku, uno de los más importantes físicos teóricos de nuestro tiempo, estadounidense de raíces japonesas y experto en la teoría de cuerdas (véase figura 4.1), escribió en 2011 un ensayo que fue definido como «una invitación a soñar con un futuro apasionante». Ese libro se llama *La física del futuro. Cómo la ciencia determinará el destino de la humanidad y nuestra vida cotidiana en el siglo XXII*[1]. En él, Maku analiza el futuro de los ordenadores y, de manera expresa, nos relata su visión de cómo la potencia de cálculo de los procesadores abre el camino a la posibilidad de «vivir en un mundo simulado», controlado por un avatar. Aquella reflexión ya acumula más de una década, pero su visión contenida define un futuro que ya ha llegado: «La realidad virtual es ya un ingrediente básico de los videojuegos. En el futuro, a medida que la potencia de ordenador continúe en expansión, podremos también visitar mundos irreales mediante nuestras gafas o en la pantalla mural [una especie de holograma]. Por ejemplo, si queremos ir a comprar o visitar un lugar exótico, podríamos hacerlo primero a través de la realidad virtual, navegando por la pantalla del ordenador como si estuviéramos realmente allí».

Solo han pasado diez años para que las palabras de Maku adquieran forma.

Dicen las malas lenguas[2] que, cuando el CEO de Meta, Mark Zuckerberg, cambió el nombre de la compañía para impulsar la creación de una realidad digital alternativa conocida como «metaverso», muchos fueron los que se burlaron de él. El mundo pensó que era una cortina de humo para distraer la atención mediática en un momento complejo para la marca. Sin embargo, Zuckerberg supo sincronizar el interés por los «metaversos» con la presentación del nuevo espíritu y enfoque de la compañía. Si haces una búsqueda con Google Trends, las pruebas hablan por sí solas. Desde septiembre de 2021, el interés por la palabra «metaverso» se había disparado en los principales buscadores, muy por encima de expresiones como «realidad virtual», «realidad aumentada» o «realidad mixta». Y a finales de octubre, tras el comunicado oficial, los «metaversos» acaparan los resultados de búsqueda hasta alcanzar a finales de enero de 2022 más de 21 millones de entradas solo en Google —y creciendo—.

Nunca los metaversos habían sido tan importantes, tan *mainstream*. Y eso que ya habíamos tenido experiencias previas como las de Second Life o VRChat. Por ese motivo, a Meta se le ha de reconocer un rol clave. Ha sido quien ha abierto las puertas de la caja de Pandora, quien ha agitado a la industria para cambiar de paradigma.

FIGURA 4.1.

MICHIO MAKU ES UN FÍSICO TEÓRICO ESTADOUNIDENSE, FUTURÓLOGO Y DIVULGADOR CIENTÍFICO, CONOCIDO POR SUS LIBROS Y SUS APARICIONES EN PROGRAMAS DE TELEVISIÓN Y DE RADIO. SON CONOCIDAS SUS CLASES EN THE CITY COLLEGE OF NEW YORK SOBRE LA FÍSICA DE LA CIENCIA FICCIÓN, DONDE HABLA DE VIAJES EN EL TIEMPO, AGUJEROS NEGROS, MOTORES ANTIMATERIA O UNIVERSOS PARALELOS. DENTRO DE LAS PLATAFORMAS DE ADQUISICIÓN DE PERSONAJES 3D Y AVATARES, MAKU YA TIENE EL SUYO PROPIO. © 2020, ARTWORK BY ROBERT JACKSON.

La marca no está sola. Como el inicio de cualquier juego bélico de tablero, el campo de batalla está lleno de señores que quieren conquistar su trozo de tierra. Meta, Alphabet, Apple, Microsoft, NVIDIA, Tencent, Epic... son solo algunas de las marcas que aspiran a tener un papel relevante en la carrera por los metaversos. Por supuesto, aún es pronto para determinar quiénes son los ganadores. La partida durará años, quizá una década o dos. Pero ya ha empezado y no tiene vuelta atrás. Como aseguran los mismos colaboradores del Nasdaq (la bolsa de valores electrónica automatizada más grande de

1. Maku, Michio: *La física del futuro. Cómo la ciencia determinará el destino de la humanidad y nuestra vida cotidiana en el siglo XXII*. Penguin Random House Grupo Editorial, 2015.

2. Schumpeter: *The billionaire battle for the metaverse*. En *The Economist*, 2021. Disponible en www.economist.com/business/2021/12/18/the-billionaire-battle-for-the-metaverse.

Estados Unidos), «los metaversos son la mayor disrupción que los humanos han experimentado»[3]. Y no andan desencaminados.

Con la web 1.0 se conectó la información (ahí nació internet tal y como la conocemos), con la web 2.0 se conectó a las personas (y aparecieron las redes sociales) y con la web 3.0 se conectarán personas, lugares y objetos (y a esto lo hemos llamado «metaverso»). En unas ocasiones estas personas, lugares y objetos estarán en un entorno sintético y completamente virtual, y otras veces estarán en nuestro mundo con algún grado de amplificación o aumento.

LOS 7 NIVELES EN LA CONSTRUCCIÓN DE METAVERSOS

Tras la construcción de los metaversos existe una compleja cadena de valor con importantes marcas de la industria, unas más grandes y otras más pequeñas. Son los ingenieros de una nueva realidad.

Jon Radoff, emprendedor y diseñador de videojuegos, desgajó como si fuese una cebolla su compleja maquinaria interna hace tiempo. Su reflexión sigue siendo válida, aunque le añadiremos nuevos y actualizados matices.

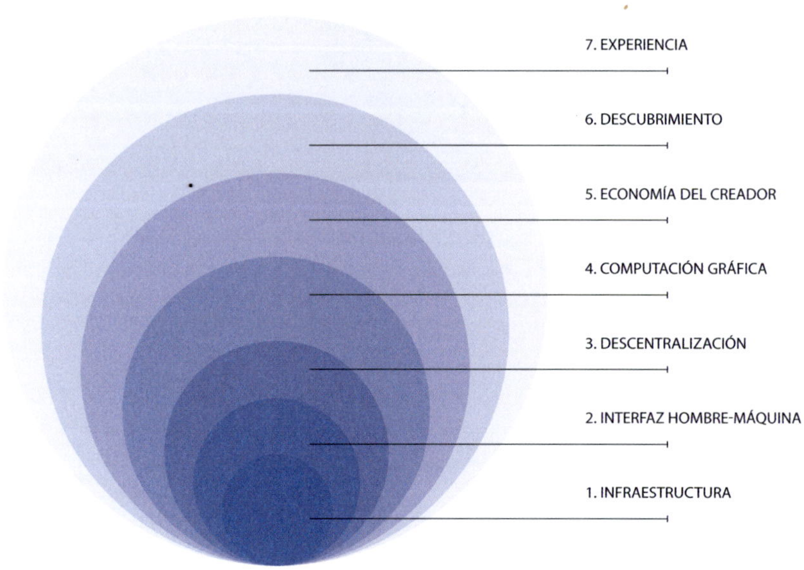

FIGURA 4.2.

LA CONSTRUCCIÓN DEL METAVERSO SE SOSTIENE SOBRE 7 CAPAS, DENTRO DE LAS CUALES EXISTE UNA COMPLEJA CADENA DE VALOR DE CIENTOS DE COMPAÑÍAS QUE HACEN POSIBLE TODOS Y CADA UNO DE LOS ELEMENTOS NECESARIOS PARA DAR FORMA A UN METAVERSO.

Los siguientes 7 niveles son las capas sobre la que estarán construidos los metaversos (véase figura 4.2). También sirven para identificar en qué nivel de actuación operan cada uno de los líderes de la industria. Por ejemplo, Epic Games (más conocida por Fortnite y propietaria de Unreal Engine) opera en la capa de experiencia (con el desarrollo de videojuegos y campeonatos de eSports), en la capa de descubrimiento (con tiendas online, plataformas de *reviews* y comentarios, plataformas sociales), en la capa de la economía del creador (con innumerables herramientas de desarrollo y mercados de activos digitales) y en la capa de computación gráfica (con la propiedad de Unreal Engine, uno de los mayores motores de renderizado 3D en tiempo real, así como herramientas de VR/AR/XR).

Nivel 1: Infraestructura

Los metaversos exigen una nueva y avanzada infraestructura tecnológica. Los próximos años serán ambiciosos en este campo, y veremos novedades que parecerán sacadas de la ciencia ficción.

Muchas de las tecnologías que se requieren para crear entornos inmersivos y experiencias enriquecidas de realidad virtual o mixta en tiempo real —y conectadas globalmente— aún están por desarrollar o se encuentran en laboratorio.

El vicepresidente sénior de Intel, Raja M. Koduri, uno de los mayores expertos en computación gráfica y asesor también de empresas de efectos especiales, agitó a la comunidad a finales de 2021 consciente de los desafíos técnicos y tecnológicos que aún quedan por delante. Según Koduri, «necesitamos una capacidad informática de varios órdenes de magnitud más potente, accesible y con una latencia mucho más baja. Para lograrlo, y para que se activen estas capacidades a escala, se necesitan importantes actualizaciones de la infraestructura de internet actual. La computación verdaderamente inmersiva y persistente, con una escala que haga capaz el acceso a miles de millones de personas en tiempo real, requerirá un aumento de mil veces la eficiencia computacional actual». Estos desafíos, nuevos algoritmos y una nueva arquitectura de *software* ya se encuentran en laboratorio. «Creemos que el sueño de proporcionar un petaflop de potencia de computación y un petabyte de datos con una velocidad de un solo milisegundo a todas las personas del planeta es posible y es nuestro objetivo», zanjó Koduri (véase figura 4.3). Las tecnologías de conectividad, como la 5G y futura 6G, así como los retos relacionados con una experiencia inmersiva de calidad, representan la mayor oportunidad y el mayor desafío técnico de los metaversos.

---

3. Saintvilus, Richard: *Who will win the battle for the metaverse?* Nasdaq, 2021. Disponible en www.nasdaq.com/articles/who-will-win-the-battle-for-the-metaverse.

Capacidad de procesamiento, vídeo volumétrico, computación espacial o redes neuronales son solo algunos de los hitos que en los últimos cinco años han permitido la creación de experiencias inmersivas en plataformas multiusuario de realidad virtual, aumentada o mixta. A estas tecnologías hay que añadir otras, como el escaneado 3D mediante fotogrametría (que permite replicar entornos analógicos con precisión), el trazado de rayos (que puede hacer que los entornos virtuales parezcan naturales, como los mostrados por Unreal Engine 5), los sensores de captura de datos (por ejemplo, la contaminación, temperatura, niveles de ruido), los avances en el campo de la inteligencia artificial o el desarrollo de servidores a exaescala junto a la computación cuántica, que eliminarán la limitación del número de avatares dentro del metaverso y la calidad y apariencia humana de los avatares no humanos.

FIGURA 4.3.

RAJA M. KODURI ES VICEPRESIDENTE DE INTEL Y RESPONSABLE DE LA UNIDAD DE SISTEMAS DE COMPUTACIÓN ACELERADOS Y GRÁFICOS (AXG). SU CAMPO DE ACTUACIÓN Y SUS CONOCIMIENTOS ESTÁN VINCULADOS A LA COMPUTACIÓN GRÁFICA SOBRE PC, CONSOLAS, ESTACIONES DE TRABAJO Y DISPOSITIVOS DE GRAN CONSUMO. DE HECHO, ANTES DE UNIRSE A INTEL, FUE VICEPRESIDENTE SÉNIOR Y ARQUITECTO JEFE DE RADEON TECHNOLOGIES EN AMD, Y TAMBIÉN, DIRECTOR DE LA ARQUITECTURA GRÁFICA DE APPLE ENTRE 2009 Y 2013. © 2021, INTEL.

Nivel 2: Interfaz hombre-máquina

Esta nueva era de innovación disruptiva y de cambios profundos lleva consigo nuevos dispositivos e interfaces hombre-máquina. El dominio de Douglas Engelbart[4] ha acabado. Los próximos años serán la etapa de la historia en que dejaremos de lado el ratón y las pantallas 2D para dar paso a una nueva gama de dispositivos con los que acceder a la información. Serán complementos con los que cruzar el espejo y sentir experiencias completas.

Los avances en el campo de los dispositivos de realidad virtual, realidad aumentada y realidad mixta son notorios. La lista de compañías involucradas es amplia, y hay dispositivos realmente avanzados —sobre todo si los comparamos con la época de Jaron Lanier—. Sin embargo, aún son toscos, pesados y muy poco atractivos.

Aún hemos de ver nuevos y avanzados dispositivos de inmersión, mucho más livianos, con más capacidad de computación, con más resolución y calidad de sonido, más autonomía y con compatibilidad multiplataforma. Meta, Apple, PlayStation, Samsung, HTC Vive, NReal, Pico Interactive, Varjo, Magic Leap, Microsoft, Huawei u Oppo son solo algunos de los nombres que están trabajando en la próxima generación de visores. Algunas de las primeras versiones ya han podido ser utilizadas en campos como el entretenimiento o el trabajo, especialmente en algunas industrias verticales, pero su uso dista mucho de ser masivo (a pesar de haber superado a la venta de Xbox al cierre de 2021).

Las gafas, sin embargo, no son el único instrumento de acceso. Los próximos años asistiremos a una revolución de nuevos dispositivos, tanto en el mercado de consumo como en el mercado profesional, capaces de amplificar las capacidades del ser humano. Sensores de medición corporal, implantes neuronales, dispositivos hápticos, ropa producida con nuevos materiales conductores.

Para entender el alcance de algunos de los desarrollos que se encuentran en laboratorio, hay que prestar atención a los detalles de la presentación de Meta por parte de Mark Zuckerberg. Allí, junto a las futuras gafas, se dejó entrever una muñequera capaz de interactuar con objetos en realidad aumentada. Esta muñequera hace uso de electromiografía (EMG) para detectar señales eléctricas generadas por los movimientos de la muñeca y traducirlas a comandos (véase figura 4.4).

4. Douglas Carl Engelbart fue un importante ingeniero e inventor, y uno de los pioneros del mundo de la computación. A él se le atribuye el ratón que sigues utilizando —probablemente— para acceder al ordenador. Fue el resultado de sus trabajos en el Stanford Research Institute.

FIGURA 4.4.

META ESTÁ INVESTIGANDO NUEVOS DISPOSITIVOS PARA MANIPULAR LA INFORMACIÓN Y LOS OBJETOS EN ENTORNOS DE REALIDAD AUMENTADA Y MIXTA, COMO ESTA MUÑEQUERA QUE ES CAPAZ DE DETECTAR LAS SEÑALES ELÉCTRICAS GENERADAS POR EL MOVIMIENTO DE LA MANO. © 2021, META.

¿Para qué podrían servir estas muñequeras? Imagínate que las gafas proyectasen un teclado sobre cualquier superficie y tú, con la ayuda de las pulseras, pudieras pulsar sus teclas sin tener un teclado físico delante de ti. Todos estos nuevos interfaces serán la puerta de entrada al mundo del metaverso.

Nivel 3: Descentralización

La descentralización, entendida como una transferencia de autoridad en el control del espacio virtual y sus actividades, es una característica no obligatoria —aunque sí tendencia— dentro de los metaversos.

No es un rasgo nuevo. Las redes sociales actuales que todos conocemos (como Facebook, LinkedIn, Instagram y TikTok) son redes centralizadas, gobernadas desde un centro de poder en sus oficinas centrales. Pero las hay descentralizadas, como Spien, Indorse, Mastodon, Steemit o Diaspora, entre otras.

En el peculiar ecosistema de los metaversos nos encontramos 4 escenarios posibles: metaversos basados en *blockchain* y centralizados; metaversos basados en *blockchain* y descentralizados; metaversos tradicionales centralizados; y metaversos tradicionales descentralizados. Hablaré de los dos primeros.

En los metaversos centralizados basados en cadena de bloques, como Earth2 o el que está en desarrollo por parte de Meta, por ejemplo, el control está en manos de una única organización, incluidas las transacciones económicas realizadas dentro de él. Estas compañías tienen toda la potestad sobre la *data* de los usuarios, siendo la empresa la única que decide hacia dónde va el futuro del metaverso.

Los metaversos descentralizados basados en cadena de bloques, por el contrario, no centralizan el poder, están en manos de sus usuarios. Este se encuentra bajo una Organización Autónoma Descentralizada (DAO), controlada por contratos inteligentes, transparentes e inmutables, que se encargan de establecer las reglas del juego en los metaversos. Bajo este prisma operan The Sandbox, Decentraland, OVR o Cryptovoxels, entre otros. De todos los rasgos que definen el metaverso, el de la descentralización es el que más tensión y debate genera. Hay partidarios y detractores por igual.

Sin embargo, hay un detalle importante a mencionar, un punto de partida diferente que hace que el arranque de este juego y la carrera por el metaverso sea diferente: las personas son cada vez más conscientes de su privacidad, de los derechos de los datos y de los problemas de identidad. A medida que avancemos hacia una web 3.0, inmersiva, de código abierto e interoperable, es necesario sostenerla sobre una infraestructura descentralizada más amplia. Es importante corregir las deficiencias de la web 2.0, esa segunda versión de internet que trajo las redes sociales entre nosotros, con todos sus beneficios, pero también con sus vicios.

Los datos personales, los registros de transacciones o los datos vinculados al comportamiento han sido durante mucho tiempo moneda de cambio. Una mina de oro, un depósito de incalculable valor para el que no ha existido un sistema de crédito que beneficie al usuario. En el futuro, los usuarios de los metaversos deberían tener acceso a un mecanismo de crédito que puntúe sus comportamientos y actividades. Un sistema que les permita tener acceso a beneficios financieros o sociales dentro de los mundos virtuales.

Una meta importante de la web 3.0 es invertir el modelo preexistente. Las empresas no serán dueñas de la identidad de los usuarios ni les darán acceso a aplicaciones a partir del nivel de datos obtenidos, sino que los usuarios serán propietarios de su identidad y elegirán qué aplicación les conviene y cuál no. Una billetera digital actuará de repositorio de su información personal y de conector con todas las experiencias que ofrezca el metaverso.

Nivel 4: Computación gráfica

A principios de los años noventa del siglo XX, los fabricantes de tarjetas gráficas (3Dfx, Matrox, ATI, Rendition, S3, NVIDIA, Intel, por mencionar solo algunas) iniciaron una revolución sin precedentes en la informática doméstica y, por extensión, en el mercado profesional. Los videojuegos fueron su caballo de Troya. Facilitaron un cambio de paradigma y una nueva manera de entender las experiencias lúdicas delante de la pantalla. No hubiera sido posible disfrutar, hoy en día, de videojuegos 3D y aplicaciones profesionales sin los logros de estas compañías. Más de 25 años después no quedan muchas de esas marcas —algunas han sido adquiridas por otras empresas—. Pero, una vez más, son los protagonistas de la nueva revolución tecnológica. Los metaversos necesitan de importantes avances en el campo de la computación gráfica. Y ellas tienen sobrada experiencia para acelerar el cambio.

La potencia de cálculo de las tarjetas gráficas actuales —y las que están por llegar—, sumada a las capacidades de computación en la nube, permitirá en los próximos años incrementar el nivel de detalle de los mundos virtuales, haciendo posible la simulación de experiencias fotorrealistas.

La demo técnica de Unreal Engine 5 (Epic Games), capaz de generar imágenes con un grado de detalle solo reservado a la industria del cine, desde una consola o un ordenador doméstico, anticipa un futuro inmersivo que quitará el aliento.

Tecnologías como Lumen (véanse figuras 4.5, 4.6 y 4.7), que permite la iluminación global y el trazado de rayos en tiempo real (algo que hasta la fecha exigía elevados tiempos de cálculo), allanan el

FIGURA 4.5.

IMAGEN REALIZADA POR EL EQUIPO DE UNREAL ENGINE PARA DEMOSTRAR LA CAPACIDAD DE LUMEN, EL SISTEMA DE ILUMINACIÓN GLOBAL Y NIEBLA VOLUMÉTRICA. LA IMAGEN MUESTRA UN CAÑÓN ROCOSO Y LA LUZ DE LA PRIMERA HORA DEL DÍA ENTRANDO POR LA ZONA SUPERIOR. © 2021, UNREAL ENGINE.

FIGURA 4.6.

USO DE NANITE Y LUMEN, DOS TECNOLOGÍAS DE UNREAL ENGINE 5 EN EL JUEGO BLACK MYTH: WUKONG, CREADO POR EL ESTUDIO CHINO GAME SCIENCE. EL JUEGO DE CALIDAD TRIPLE A COMENZÓ SIENDO DESARROLLADO SOBRE LA VERSIÓN 4 DEL MOTOR GRÁFICO Y, MÁS TARDE, SOBRE LA ÚLTIMA VERSIÓN. EL USO DE AMBAS TECNOLOGÍAS PERMITE MEJORAR LA CALIDAD DE LOS GRÁFICOS Y UN MAYOR REALISMO GRACIAS AL USO DE ILUMINACIÓN GLOBAL. © 2021, GAME SCIENCE.

FIGURA 4.7.

GEMELO DIGITAL REALIZADO CON UNREAL ENGINE DE LA ESTACIÓN DE METRO CHANGSHA, EN LA PLAZA WUYI. LA PLATAFORMA COMBINA UN GEMELO DIGITAL CON SIMULACIÓN DE DINÁMICAS DE FLUJO DE PASAJEROS, INTERNET DE LAS COSAS (IOT) E INTELIGENCIA ARTIFICIAL. EL GEMELO DIGITAL POSEE UN MECANISMO PARA ALERTAR A LA DIRECCIÓN DE CUALQUIER ANOMALÍA EN LOS SISTEMAS DE LA ESTACIÓN. TAMBIÉN DISPONE DE SIMULADORES DE MULTITUDES CON LOS QUE ESTRESAR LA UBICACIÓN Y PREPARARSE ANTE CUALQUIER ESCENARIO. © 2021, 51WORLD.

camino a una experiencia dentro del metaverso en la que será difícil distinguir la realidad de la representación de la realidad.

Unity, por su parte, no se queda atrás. Ha adquirido recientemente Weta Digital, la división de efectos especiales de Peter Jackson, junto a un paquete de soluciones avanzadas que pondrá en manos de los nuevos creadores de contenido. El objetivo de la compañía, que ha reforzado su presencia en Nueva Zelanda, es «unificar las soluciones con el motor de *render,* con el objetivo de ofrecer realismo cinematográfico hasta en realidad mixta para dispositivos móviles». Los metaversos están en el *roadmap* de desarrollo de la compañía. De hecho, la adquisición hunde sus raíces en el propósito de poner en manos de los creadores de mundos el abanico más completo de soluciones para la construcción y desarrollo de experiencias: «Creemos que estamos en el comienzo de una enorme necesidad de contenido rico en 3D, interactivo y muy atractivo. Creemos que debemos de facilitar aún más las cosas para que cualquiera pueda crear. Esta adquisición es uno de los elementos fundamentales que utilizaremos para lograr esta visión. Queremos usar la nube para otorgar superpoderes a los creadores de contenido», escribía Marc Whitten, vicepresidente sénior y director general de Unity Create Solutions.

Los metaversos son un terreno fértil muy conocido por algunos de los grandes *players* del sector tecnológico, como NVIDIA. Se parecen a los videojuegos y, además, tienen en común que muchos de ellos están soportados por los mismos *engines* 3D. Millones de jugadores alrededor del mundo —tú y yo entre ellos— se sumergen diariamente en entornos tridimensionales para compartir sesiones de juego y experiencias en tiempo real. Son afines a este cambio de paradigma; lo son desde hace años.

NVIDIA está lista para rehacer la internet aportándole profundidad y realismo. Sus procesadores gráficos, junto a las capacidades en inteligencia artificial, sitúan a la compañía en una posición dominante de cara a la nueva revolución. Y eso sin contar que ya cuenta con un ecosistema de soluciones que trabaja como un metaverso en sí, llamado *Omniverse*. Para la compañía es como el sistema operativo de la nueva versión de internet, un conjunto de soluciones abiertas conectadas con las principales aplicaciones creativas del mercado (Adobe, Maya, Cinema4D, Blender, 3D Studio, Unreal Engine, Unity —la lista es larga—), con las que acelerar la creatividad y la construcción de mundos.

Otro espacio fecundo para los metaversos son los juegos en la nube. Han abierto el camino a un modelo de computación distribuida, en fase de experimentación. De hecho, los grandes estudios detrás de los motores de videojuegos están buscando la fórmula y el mejor enfoque para que se pueda disfrutar de la calidad de Unreal Engine en un metaverso en tiempo real, distribuyendo todos los subsistemas del motor y asignándolos dinámicamente. No es tarea fácil y este será el principal reto de los próximos años. Un ejemplo de los esfuerzos de los estudios lo encontramos en Microsoft Flight Simulator (véase figura 4.8), que ha adoptado un enfoque interesante, donde la renderización de los entornos (extremadamente complejos) se realiza en la nube. Un enfoque que facilita que el juego procese 2,5 petabytes de datos, junto a variables de comportamiento climático en tiempo real, que serían imposibles de procesar en un ordenador de consumo.

En la actualidad hay varios ejemplos de *cloud gaming*, a unos les ha ido mejor que a otros. Entre estos servicios se encuentran Google Stadia; xCloud, el servicio que se incluye dentro de la suscripción de Xbox Game Pass; Geforce Now, de NVIDIA; PlayStation Now; Amazon Luna (solo disponible en Estados Unidos); NWare, realizado en España; Antstream, especializada en juegos retro; o Shadow PC.

En los próximos años, los metaversos evolucionarán hacia experiencias más realistas donde los usuarios participarán en una fusión entre lo virtual y lo real sin saltos, sin percatarse de dónde empieza uno y dónde acaba el otro. Y esa convivencia será natural, del mismo modo que lo es una videoconferencia por Teams o Zoom hoy en día, o ver una serie por *streaming* en el televisor QLED 4K de nuestro salón.

FIGURA 4.8.

LA RENDERIZACIÓN DE LOS ENTORNOS DE MICROSOFT FLIGHT SIMULATOR SE REALIZA EN LA NUBE, PERMITIENDO PROCESAR 2,5 PETABYTES DE INFORMACIÓN Y DATOS, INCLUIDOS LOS COMPORTAMIENTOS DE LA CLIMATOLOGÍA EN TIEMPO REAL. © 2021, MICROSOFT.

Nivel 5: Economía del creador

Hay una curiosa anécdota que ilustra el alcance que tienen los creadores en esta nueva economía.

En 2020, en plena pandemia mundial, Filipinas —uno de los países con mayor densidad de población del planeta, 108 millones de personas— tuvo uno de los confinamientos más estrictos del mundo. Económicamente, las restricciones pasaron factura al trabajo y a la economía de las familias. Sin embargo, un juego llamado Axie Infinity (véanse figuras 4.9, 4.10 y 4.11), que permite a los jugadores obtener ingresos a través de NFT por la cría, lucha e intercambio de mascotas digitales, llamadas Axies, se convirtió en la válvula de escape de todo un país. Las mascotas podían venderse por criptomonedas, y las criptomonedas por dinero de curso legal. Hoy en día esta plataforma tiene en su haber un comercio de más de 3600 millones de dólares generado por sus 3 millones de jugadores activos. El Axie más caro vendido dentro del juego asciende a 820 000 dólares. Su complejo ecosistema, constituido por desarrolladores de aplicaciones, inversores, *exchangers*, plataformas de comunicación, jugadores, comunidades, socios estratégicos, fans creadores y un equipo de juego profesional (Sky Mavis Team) representa el embrión de un cambio en la manera de entender las plataformas de entretenimiento y un nuevo paradigma que abre sus puertas a nuevos puestos de trabajo y perfiles profesionales. Los metaversos serán el siguiente paso en la evolución de estas plataformas. Traerán consigo nuevas oportunidades no solo para los particulares, sino también para las empresas. Taco Bell fue la primera marca de comida rápida en vender

FIGURA 4.9.

AXIE INFINITY ES UNO DE LOS JUEGOS MÁS POPULARES DE FILIPINAS. DURANTE LA PANDEMIA DE 2020 PERMITIÓ A MUCHAS PERSONAS CRIAR LOS PERSONAJES DEL JUEGO, AUMENTAR SU NIVEL A PARTIR DE LUCHAS, Y VENDERLOS POR MONEDAS DE CURSO LEGAL. © 2021, AXIE INFINITY.

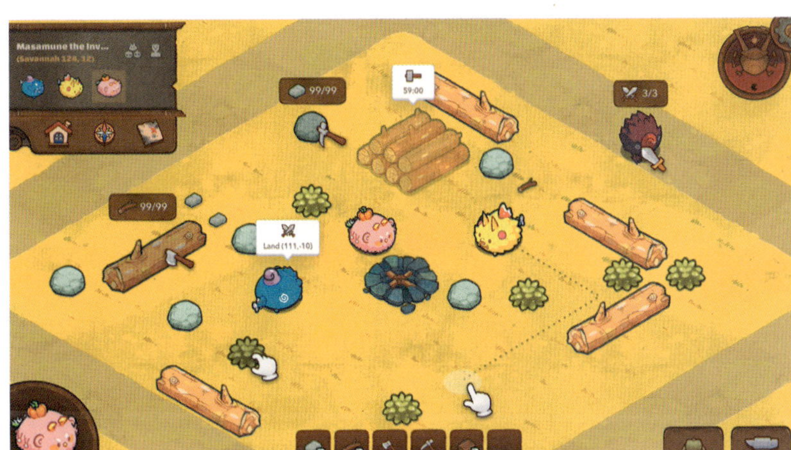

FIGURA 4.10.

EL JUEGO, NO INMERSIVO, JUEGA CON UNA PERSPECTIVA ISOMÉTRICA SIMILAR A LOS POPULARES JUEGOS DE LOS NOVENTA. A PESAR DE ELLO, SÍ ESTÁ CONFIGURADO CON UN COMPLEJO ECOSISTEMA QUE REPRESENTA LA ANTESALA DE LOS METAVERSOS. © 2021, AXIE INFINITY.

FIGURA 4.11.

AXIE INFINITY DISPONE DE SU PROPIO EQUIPO DE TORNEOS PARA ESPORTS LLAMADO SKY MAVIS TEAM. © 2021, AXIE INFINITY.

NFT coleccionables en marzo de 2021. Con su venta ganó 18 000 dólares. Ahora la lista de marcas en sumarse a los NFT es enorme.

La economía de los creadores inició su andadura con las redes sociales. Y hoy nos encontramos inmersos en su momento más álgido. Se calcula que solo en Estados Unidos existen 50 millones de creadores y curadores de contenido, blogueros, *influencers* y *streamers* que usan soluciones de fácil acceso. De esos 50 millones, 46,7 son creadores aficionados y 2 millones son profesionales, con un volumen de facturación que fluctúa de los 20 000 euros a cifras por encima del millón de euros.

Durante muchos años, los creadores (de contenidos, de aplicaciones, de música, de arte, de historias, entre otras) han estado limitados por factores tecnológicos que actuaban de cuello de botella, así como de falta de dinero y recursos que les impedía monetizar sus creaciones por canales masivos y más rentables. Como asegura Jack Conte, director ejecutivo de Patreon, la popular plataforma de monetización, «los creadores están a punto de tener control e influencia política y cultural en un grado sin precedentes. La asequibilidad, accesibilidad y ubicuidad de las herramientas de creación, junto con el nivel de conectividad global de las personas, está creando un movimiento irreversible a favor de la creatividad explosiva. Nunca ha habido un mejor momento en la historia de la humanidad para ser un creador».

Las redes sociales han actuado, durante cerca de diez años, de válvula de escape para muchos de ellos. La pandemia ha acelerado la perspicacia y ha multiplicado la creatividad. Personas de mentes inquietas, como tú y como yo, encerrados en nuestras casas, y de pequeñas y medianas empresas ávidas de encontrar fórmulas de comercialización de sus productos. Mientras millones de personas colocaban sus móviles sobre un trípode comprado en Amazon junto a la mesa de la cocina y hacían un *streaming* en directo para explicar al mundo su siguiente receta de pan, las redes sociales se convertían en un canal de expresión creativa y en una fuente de entretenimiento. Las empresas aprendieron a usar los algoritmos de esas redes y a hacer uso de las opciones de compra contextual para publicitar sus productos, y así pequeñas marcas han configurado prósperos negocios en torno a estas plataformas. TikTok (30 %), YouTube (22 %) e Instagram (23 %) se encuentran entre las redes que han liderado esa nueva etapa de la economía del creador, según el último informe de The Influence Marketing Factory[5].

No se trata solo de crear y dar rienda suelta a la creatividad, sino de permitir que cualquier persona pueda ganarse la vida y crear negocios bajo la

5. The Influencer Marketing Factory: The Creator Economy. 2021. Disponible en www.theinfluencermarketingfactory.com/creator-economy.

atenta mirada de audiencias verticales hipersegmentadas. Se juntan herramientas que usan más de 6000 millones de personas, plataformas de monetización directa y apoyo al creador, y un conocimiento profundo de las audiencias verticales, sus intereses, su comportamiento y el tono necesario de la comunicación.

La llegada de nuevas plataformas construidas sobre la web 3.0 y sostenida sobre *blockchain* va a impulsar todavía más esta nueva economía. Los metaversos ayudarán a amplificar las oportunidades para la larga lista de creadores profesionales y no profesionales a nivel global, dando lugar a nuevos perfiles laborales. Tal y como ha afirmado Li Jin, cofundadora de Variant Fund y Atelier Ventures en *The Economist*: «En 2022, las nuevas redes descentralizadas al servicio de la economía creadora alcanzarán su punto de inflexión. La democratización de los activos generadores de riqueza a través de la distribución de *tokens* es una perspectiva atractiva. Para los innovadores, recompensar a los usuarios con la propiedad puede ayudar a atraer enormes bases de usuarios que permitirían que estas nuevas plataformas superen a las existentes —centralizadas—. La propiedad del creador elimina el conflicto entre las plataformas y los participantes, y garantiza que el crecimiento beneficie a todas las partes interesadas»[6].

6. Jin, Lin: *Li Ji non the future of the creator economy*. En *The Economist*, 2021. Disponible en www.economist.com/the-world-ahead/2021/11/08/li-jin-on-the-future-of-the-creator-economy.

Nivel 6: Descubrimiento

La capa de descubrimiento habla de ese tira y afloja entre quienes buscan nuevas experiencias y los extraños mecanismos que difunden información dando a conocer dichas experiencias. Hablamos de publicidad, de marketing de influencia, de nuevos canales de comunicación, de notificaciones, de motores de búsqueda, del boca a boca, y de cómo las personas en un entorno inmersivo se organizan para hacer que las posibilidades de acceso a las experiencias fluyan.

Si algo nos han enseñado las redes sociales y los nuevos canales digitales es que la publicidad convencional no funciona de la misma manera. Tampoco la forma en que los grupos de personas sociabilizan y se organizan. La aplicación Clubhouse, basada en grupos en torno a conversaciones de audio, alberga personas que inician su contacto en la aplicación y terminan en una fiesta virtual de amigos en RecRoom. Los gremios de personas saltan entre plataformas, del mismo modo a como los usuarios saltan de un juego a otro dentro de Roblox. En un escenario de tal complejidad, el marketing ha de ser reevaluado.

La compañía Admix, especializada en ofrecer campañas publicitarias dentro de videojuegos y aplicaciones de marca, ya tiene preparados sus *kits* de desarrollo (SDK) para incorporar experiencias publicitarias dentro de algunos metaversos conocidos y, además, sincronizar las campañas con experiencias DOOH (*Digital Out Of Home*). La cuestión que surge aquí es: ¿Replicar vallas publicitarias del mundo real dentro del virtual? Sin duda estamos en los comienzos y, como laboratorio de experimentación

FIGURA 4.12.
ADMIX ESTÁ TRABAJANDO ACTUALMENTE CON MÁS DE 200 DESARROLLADORES PARA IMPLEMENTAR SU SDK DE DESARROLLO EN JUEGOS Y EXPERIENCIAS INMERSIVAS SOBRE UNREAL ENGINE Y UNITY. AHORA MISMO YA CUENTA CON MÁS DE 500 COMPAÑÍAS ANUNCIÁNDOSE A TRAVÉS DE SUS SOLUCIONES DENTRO DE JUEGOS, EN VALLAS PUBLICITARIAS, CARTELES O ESPACIOS 3D. © 2021, ADMIX.

y ejercicio de exploración, es aceptable. Pero creo que el marketing necesita ser replanteado desde sus cimientos. Las marcas como Nike, Zara, Adidas o Under Armour, por solo mencionar unas pocas, ya disponen de unidades especializadas y activas, con un ejército de creadores de mundos en sus filas, dispuestos a sacar todo lo mejor de los metaversos para las marcas a las que representan, y no solo emitir un banner 2D en una valla 3D. Es necesario un mayor grado de compromiso y de involucración para entender que los metaversos son espacios para la creación de experiencias. ¿Recuerdas la que montó Travis Scott en Fortnite en 2020 en plena pandemia? Pues de eso va, de innovar.

En un entorno donde los procesos de sociabilización actúan de resorte para la amplificación, y donde el contenido creado por la comunidad y las experiencias son la principal atracción, las agencias de marketing tienen el potencial de crear nuevas narrativas de marca que impacten a una comunidad de personas ávidas de experiencias asombrosas y únicas, o de hackear —por qué no— estos nuevos espacios de comunicación. Y no debemos olvidar que los consumidores de contenido son ahora creadores y amplificadores de contenido. Hay que trabajar integrados en colaboración con el nuevo ecosistema.

Nivel 7: Experiencia

La futura internet será la de las experiencias inmersivas. Los videojuegos han demostrado su éxito creando experiencias 3D. Sin embargo, pocas han sido las empresas que han utilizado esa ruta para ofrecer una relación diferencial con sus consumidores. Ha habido experimentos sueltos, pero nunca tan integrados como los que prometen los metaversos.

Las experiencias serán la savia de la futura internet inmersiva. Los usuarios, arropados bajo la piel de su avatar, y dotados de dispositivos de acceso inmersivo, tendrán la oportunidad de asistir, participar y disfrutar de una nueva categoría de entretenimiento, reuniones colaborativas, espacios de trabajo y mecánicas de participación. Todas esas experiencias nuevas están por construir.

Hace unos años, Niantic lanzó *Pokémon Go*. No podrás negar que no lo has probado y que no te has dejado seducir por la caza y captura de *pokémons*. Y si no lo jugaste, a lo mejor te sumaste al reto *muggle* de *Harry Potter Wizards Unite*, *Ingress* o el mundo feliz de *Pikmin Bloom*. Todos ellos han modificado la manera de entender el entretenimiento gracias a un uso inteligente y avanzado de la realidad aumentada. Todos ellos han aportado un nuevo estadio de experiencias de entretenimiento en tiempo real que combinan el mundo real y el virtual. Representan la avanzadilla tecnológica y un pequeño entrante de lo que está por venir.

Desde el punto de vista de marca, tendremos que diseñar experiencias donde las personas puedan moverse con facilidad, sea sencillo interactuar y entretengan. Imagínate a tus clientes entrando en el metaverso. Podrían trastear y probar nuevos productos, que servirían para testar su efectividad antes de lanzarlos al mercado de consumo. También podrían, desde el metaverso, hablar e interactuar directamente con los equipos de atención al cliente, en vez de escribir emails o dejar mensajes en los *feed* de las redes sociales.

FIGURA 4.13.
PIMIN BLOOM ES EL ÚLTIMO JUEGO DE REALIDAD AUMENTADA DE NIANTIC, LOS CREADORES DE POKÉMON GO.

Las experiencias inmersivas a través de realidad virtual y aumentada generan una mayor notoriedad y un impacto positivo en el recuerdo de marca. Un informe previo a la pandemia, de Mindshare UK[7], demostró que el uso de realidad aumentada proporciona 1,9 veces los niveles de atención visual en comparación a su equivalente sin esta tecnología. Según el informe, «este hecho es increíblemente importante cuando hablamos de codificación de la memoria, ya que existe una correlación directa entre la intensidad emocional de un estímulo y cómo lo codifica nuestro cerebro. Si analizamos esto aún más, podemos ver un aumento en los niveles de intensidad emocional y atención visual en el cerebro en comparación con la televisión y la visualización en línea». En términos neurológicos, para que cualquier tipo de marca o comunicación sea eficaz, debe codificarse en la memoria a largo plazo. De lo contrario, tendrá poco o ningún impacto en nuestras acciones futuras.

¿Cuántos anuncios de publicidad recuerdas haber visto ayer? Da lo mismo el canal, televisión, móvil, ordenador, una valla publicitaria, la radio de camino al trabajo o un soporte digital de exterior mientras esperas el autobús para ir al gimnasio. Si eres como el resto de los mortales, no recordarás nada más que un par de anuncios, tres a lo sumo. Sin embargo, el estudio de Mindshare UK, elaborado junto a la consultora Neuro Insight, ha demostrado que la codificación de la memoria es un 70 % más elevada en tareas de realidad aumentada y virtual, lo que significa que es una vía muy poderosa de hacer llegar información al usuario para que luego la retenga.

La compañía de italiana de cosméticos We Make-up tiene una historia de éxito vinculada a la realidad aumentada durante la campaña de mayo de 2019. El uso de la realidad aumentada de Facebook permitió a la marca aumentar un 53 % el CTR (*Click-Through Rate*) frente a los formatos convencionales de vídeo, 7,9 puntos la notoriedad de la marca y 28 puntos las ventas.

LOS PRINCIPALES ACTORES DE LA INDUSTRIA

La industria está fuertemente comprometida con el desarrollo de los metaversos. Existen muchos nombres de compañías que cabrían en esta lista, y sería inabarcable. Me he centrado en algunas de las marcas que van a marcar un antes y un después en varios aspectos clave de los futuros metaversos. Algunas serán quienes innoven en el campo de los dispositivos de acceso a los mundos inmersivos, otras ofrecerán los motores sobre los que sustentar las experiencias inmersivas, otras nos proporcionarán las herramientas creativas para modelar nuestros sueños en 3D, otras amplificarán las capacidades de nuestros ordenadores, móviles o interfaces con nuevos procesadores y, también, habrá las que aporten nuevas soluciones para combinar de manera natural los mundos físico y virtual.

Reconozco que existen muchas más empresas. Y necesitaría otro libro como este para hablar de todas ellas. Solo quiero que entiendas que en el terreno corporativo se están dando pasos de gigante para que la futura internet sea inmersiva y ponga en manos de las personas el poder de crear. Estos ejemplos de marcas reconocidas ilustran esos avances.

NVIDIA

Para todos los que formáis parte de la generación X e Y, es decir, los nacidos entre los años 1960 y 1995 del siglo pasado, esta compañía seguramente os traerá recuerdos. NVIDIA fue fundada en abril de 1993, un año después de que apareciera la palabra «metaverso» en la novela de Neal Stephenson.

Su creación se debe a la visión y ambición de un taiwanés estadounidense, Jensen Huang, ex ingeniero de Sun Microsystems y ex diseñador de microprocesadores en AMD. Huang advirtió por aquella época la importancia de la computación gráfica y la necesidad de dotar a los ordenadores de una GPU independiente de la computación de propósito general de las CPU. Eran los tiempos de los primeros videojuegos que hacían un uso intensivo de los gráficos. El desarrollo de tarjetas dedicadas a gráficos y destinadas a la industria de los videojuegos se convirtió en un motor de crecimiento de la compañía. Fue una extraordinaria fuente de recursos que haría posible invertir grandes sumas de dinero en I+D para resolver grandes problemas computacionales.

Actualmente la compañía posee una amplia línea de productos que abarcan unidades de procesamiento de gráficos, chips para dispositivos móviles, *hardware* y *software* para diseñadores y fabricantes de vehículos autónomos, unidades de procesamiento de datos, soluciones para centros de datos, *hardware* y *software* para virtualización de gráficos, soluciones gráficas de alto rendimiento para el campo profesional y científico y soluciones específicas para el campo de los videojuegos, entre otras muchas cosas más.

7. Mindshare UK: *Layered. The future of augmented reality*. 2018. Disponible en www.zappar.com/blog/how-augmented-reality-affects-brain/.

FIGURA 4.14.

LAS TARJETAS RTX SON LA AVANZADILLA PARA EL METAVERSO. UNAS TARJETAS SOPORTADAS POR LA PLATAFORMA MÁS AVANZADA DE TRAZADO DE RAYOS E INTELIGENCIA ARTIFICIAL, CAPACES DE REVOLUCIONAR LA MANERA DE JUGAR Y LA FORMA DE CREAR. CONSTRUIDAS SOBRE LA TECNOLOGÍA AMPERE —LA ARQUITECTURA RTX DE SEGUNDA GENERACIÓN—, SON LAS TARJETAS MEJOR PREPARADAS PARA LOS GRÁFICOS DE ALTO RENDIMIENTO QUE EXIGEN LAS EXPERIENCIAS DE REALIDAD VIRTUAL. EN LA IMAGEN, JEFF FISHER, VICEPRESIDENTE DE NEGOCIO DE NVIDIA GEFORCE, DURANTE EL CES 2022 PRESENTANDO LA NUEVA GENERACIÓN RTX 3090 TI, CON 24 GB DE MEMORIA GDDR6X CAPACES DE MOVER LA INFORMACIÓN A 21 GB POR SEGUNDO. LA GPU PRODUCIRÁ 40 TERAFLOPS PARA LOS SHADERS, 78 TERAFLOPS PARA EL TRAZADO DE RAYOS Y LA FRIOLERA DE 320 TERAFLOPS DE INTELIGENCIA ARTIFICIAL. © 2022, NVIDIA

Hoy en día es la compañía de computación gráfica mejor preparada para el metaverso. Lo es no solo por sus potentes tarjetas gráficas de la serie RTX (véase figura 4.14), sino por haber anticipado un entorno de trabajo colaborativo para la simulación en tiempo real, conectando de manera abierta la potencia de la compañía con las principales herramientas de trabajo de la industria creativa (véase figura 4.15). El resultado: NVIDIA Omniverse.

El «omniverso» de NVIDIA es una plataforma abierta creada para la colaboración virtual y la simulación física en tiempo real. El objetivo es que diseñadores, creadores, investigadores e ingenieros puedan conectar las principales herramientas de diseño, activos y proyectos para colaborar e iterar en un espacio virtual compartido. La plataforma permite, incluso, que los proveedores y desarrolladores de *software* creen y vendan extensiones, aplicaciones, conectores o microservicios dentro del «omniverso» de NVIDIA.

Entre las características que convierten a NVIDIA Omniverse en una *killer app* en esta etapa de construcción de los metaversos se encuentran:

- Simulación física en tiempo real, que posibilita que los creativos y desarrolladores puedan incorporar física realista a sus creaciones.
- Colaboración multiusuario, que hace posible que equipos de trabajo repartidos internacionalmente puedan iterar de manera más eficiente, acelerando los procesos de entrega.
- *Render* fotorrealista de alta calidad, cuyos resultados no se ven alterados por el hecho de distribuir los recursos artísticos.
- Inteligencia artificial, en la que un elenco de extensiones ayudan a acelerar flujos de trabajo. Por ejemplo, Omniverse AI ToyBox, una IA que convierte imágenes 2D en modelos 3D rápidamente (véase figura 4.16).
- Gemelos digitales. Muchas compañías están utilizando el «omniverso» de NVIDIA para crear sus propias réplicas virtuales de sus productos o entornos de producción.
- Avatares. Entre el conjunto de soluciones se encuentra *Omniverse Avatar*, una solución para crear avatares interactivos basados en inteligencia artificial. Los avatares hacen uso de NVIDIA Riva para la IA de voz, NVIDIA Metropolis para la visión por computadora, NVIDIA NeMo Megatron para la comprensión del lenguaje natural y NVIDIA Merlín como motor de recomendación.

FIGURA 4.15.

EL GRUPO WPP, AL QUE PERTENECEN LAS AGENCIAS CREATIVAS MÁS IMPORTANTES DEL MUNDO, TRABAJA CODO CON CODO CON NVIDIA Y CON SU OMNIVERSO DE SOLUCIONES, ACELERANDO Y MEJORANDO LOS PROCESOS DE COLABORACIÓN CREATIVA. DURANTE LA PANDEMIA, LA PLATAFORMA NVIDIA OMNIVERSE PERMITIÓ REINVENTAR LA MANERA DE CREAR CONTENIDO PUBLICITARIO, REEMPLAZANDO LA TRADICIONAL PRODUCCIÓN EN LOCALIZACIÓN REAL, POR MÉTODOS DE PRODUCCIÓN VIRTUAL. © 2021, NVIDIA.

FIGURA 4.16.

CON LAS EXTENSIONES DE NVIDIA OMNIVERSE ES POSIBLE ACCEDER A FUNCIONES AVANZADAS BASADAS EN IA, COMO OMNIVERSE AI TOYBOX, CAPAZ DE CREAR UN MODELO 3D DE UNA IMAGEN 2D, COMO EL DE LA FIGURA. A LA DERECHA EL COCHE FANTÁSTICO DE LA POPULAR SERIE DE TELEVISIÓN, A LA IZQUIERDA EL MODELO 3D CON SU TEXTURA, CREADO SIN INTERVENCIÓN HUMANA. © 2021, NVIDIA.

META PLATFORMS

Meta Platforms, también conocido como Meta, es el nuevo nombre de la empresa matriz de Facebook. El cambio se produjo en una esperada comunicación de su CEO, Mark Zuckerberg, durante el Connect 2021.

En esa retransmisión, la compañía de Menlo Park (California) dejaba claro que las cosas iban a ser muy diferentes: «Somos una empresa que se centra en conectar a las personas. Mientras que la mayoría de las otras compañías tecnológicas se centran en cómo las personas interactúan con la tecnología, nosotros nos centramos en construir tecnología para que las personas puedan interactuar entre sí», confirmaba Mark Zuckerberg. Y añadía: «Facebook nació en un momento y lugar concretos. Un campus universitario. La web. Era lo que podíamos construir en ese momento. Sin embargo, aquí estamos en 2021 y nuestros dispositivos todavía están diseñados en torno a las aplicaciones, no a las personas. Las experiencias que se nos permite construir y usar están más controladas que nunca. Y los elevados impuestos sobre las nuevas ideas creativas son asfixiantes. Esta no es la forma en que estamos destinados a usar la tecnología. El metaverso nos da la oportunidad de cambiar eso si lo construimos bien. Pero a todos nos van a hacer falta creadores, desarrolladores y empresas de todos los tamaños. Juntos podemos poner a las personas en el centro de nuestra tecnología».

Con estas palabras, Meta no solo se convirtió en una nueva compañía, sino que fue considerada la mecha que prendió la necesidad de un cambio de paradigma (véase figura 4.17). También confirmó lo que todos esperábamos: que iba a inaugurarse una nueva etapa para los creadores de mundos. En esta línea se pronunció el vicepresidente de Meta, Vishal Shah, al afirmar que «habrá muchos tipos diferentes de creadores en el metaverso: creadores que hacen objetos digitales, creadores que ofrecen servicios y

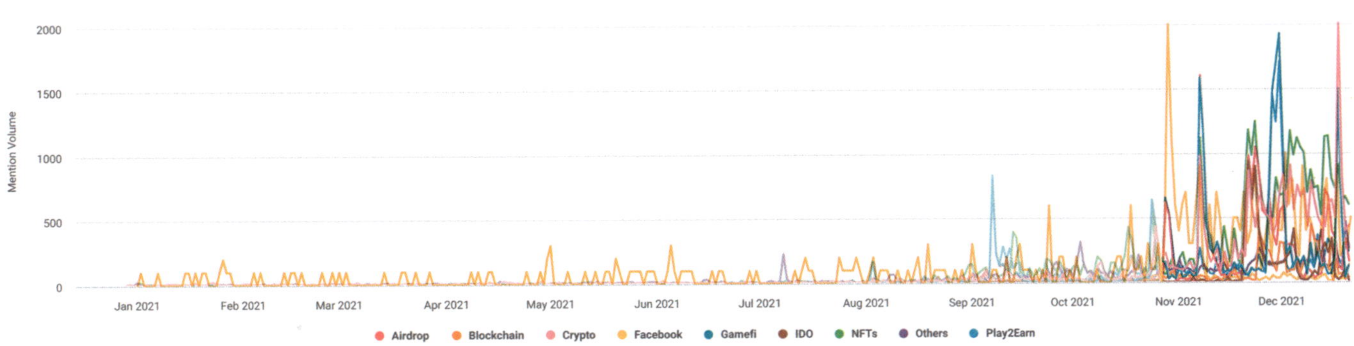

FIGURA 4.17.

AUNQUE EN FECHAS PREVIAS A OCTUBRE DE 2021 LAS REDES SOCIALES YA VENÍAN CALDEANDO EL AMBIENTE CON LOS METAVERSOS, NO HA SIDO HASTA EL ANUNCIO DE META CUANDO EL SECTOR SE REVOLUCIONA. LE SIGUEN LAS CRIPTOMONEDAS, LAS FÓRMULAS DE MONETIZACIÓN Y LA INDUSTRIA AUXILIAR EN GENERAL. LA GRÁFICA —DE ELABORACIÓN PROPIA REALIZADA CON LA HERRAMIENTA BRANDWATCH— MUESTRA EL RUIDO GENERADO EN SOCIAL MEDIA A RAÍZ DEL ANUNCIO DE META.

experiencias, y los que construyen mundos enteros como lo hacen los creadores de videojuegos hoy en día» (véase figura 4.18).

Pero este giro mortal hacia los metaversos por parte de Facebook no fue circunstancial —como muchos piensan—. Venía fraguándose desde tres años antes.

En junio de 2018, el máximo responsable de contenidos de Oculus, Jason Rubin (ex director de videojuegos para Naughty Dog y THQ, y creador de juegos tan populares como *Crash Bandicoot* y *Jak and Daxter*, entre otros) envió a la junta directiva de Facebook y a algunos de los principales ejecutivos, como Marc Andreessen, un documento de 50 páginas titulado *The Metaverse*. El documento describía en detalle la necesidad de Facebook de poseer el mercado de realidad virtual con un producto que excluiría a cualquier competencia futura. «Creemos que la forma correcta de superar la indiferencia del consumidor hacia la realidad virtual es entregar lo que esperan y desean del medio: el metaverso. Si el metaverso es donde la gente pasa el tiempo, entonces es donde la economía real querrá estar», escribió Rubin. Hoy el ejecutivo es el vicepresidente de contenidos para el metaverso de Meta. El mismo año en que Jason Rubin entregaba ese documento visionario, Oculus se integraba con Facebook Technologies, la división de desarrollo de soluciones tecnológicas para conectar a las personas.

Oculus llegó a ser la niña bonita de la compañía, y una de las primeras grandes adquisiciones de Facebook, allá por 2014, por un valor de 2300 millones de dólares en efectivo y acciones. Le siguieron las adquisiciones de Surreal Vision y The Eye Tribe en los años siguientes.

Durante estos años, la división de realidad virtual de Facebook Technologies ha dado a luz importantes tecnologías y se ha embarcado en la investigación de nuevas soluciones para la creación de experiencias inmersivas, entre ellas Oculus Quest 2 (véase figura 4.19).

Durante 2022 toda referencia a Oculus desaparecerá del mapa para dar lugar a Meta. Desde las futuras gafas de realidad virtual y realidad mixta, hasta las futuras tiendas físicas con las que hacer llegar el metaverso al mercado de consumo.

La lista de novedades presentadas durante Connect 2021 anticipan algunos de estos avances:

- *Presence Platform*. Un abanico de capacidades basadas en IA que permitirá a los desarrolladores crear experiencias de realidad mixta realistas sobre la plataforma Quest. Entre estas

FIGURA 4.18.

EL OBJETIVO DE META PLATFORMS ES IMPULSAR UNA ECONOMÍA DE LOS CREADORES. DURANTE EL CONNECT 2021 ANUNCIÓ PARA ELLO UN FONDO DE 150 MILLONES DE DÓLARES EN PROGRAMAS DE FORMACIÓN. CON ESTA INVERSIÓN LA COMPAÑÍA BUSCA CREAR NUEVAS OPORTUNIDADES CREATIVAS SOBRE REALIDAD VIRTUAL Y AUMENTADA, Y ATRAER TALENTO. © 2021, META.

capacidades se encuentran elementos para la comprensión del entorno, la ubicación y persistencia del contenido, la interacción por voz o las interacciones con el uso de las manos.

- *Progressive Web Apps*. Un conjunto de soluciones para programadores para comenzar a crear aplicaciones progresivas sobre dispositivos Quest. Con esto los desarrolladores podrán transformar los sitios web 2D en aplicaciones para Meta Quest.
- *WebXR*. Se podrá compartir URL desde un teléfono móvil a los cascos Quest, y también compartir enlaces desde un navegador Oculus al *feed* de Facebook, a un grupo de Facebook o incluso Messenger.
- *Avatar 2.0 SDK*. Un kit para desarrolladores para integrar avatares en el desarrollo de aplicaciones y metaversos.
- *Multiplayer*. Un conjunto de API para integrar en cualquier desarrollo, 2D y 3D, incluso sobre los motores de Unity y Unreal, con los que invitar a amigos a sumarse a la experiencia inmersiva.

Junto a las novedades, también se incluye un cambio de nombre. La división especializada en realidad virtual y aumentada dentro de Facebook pasa a llamarse Reality Labs. Desde su seno se trabaja duro para desarrollar el hardware más avanzado. Las recientes gafas de Ray-Ban o las futuras gafas de realidad aumentada (proyecto Cambria y proyecto Nazare) son algunas de las innovaciones en las que trabaja la compañía.

Algunas compañías como BMW, o instituciones como la Universidad Carneggie Mellon y la Universidad Nacional de Singapur, se han sumado al programa de testers de las futuras gafas de la compañía.

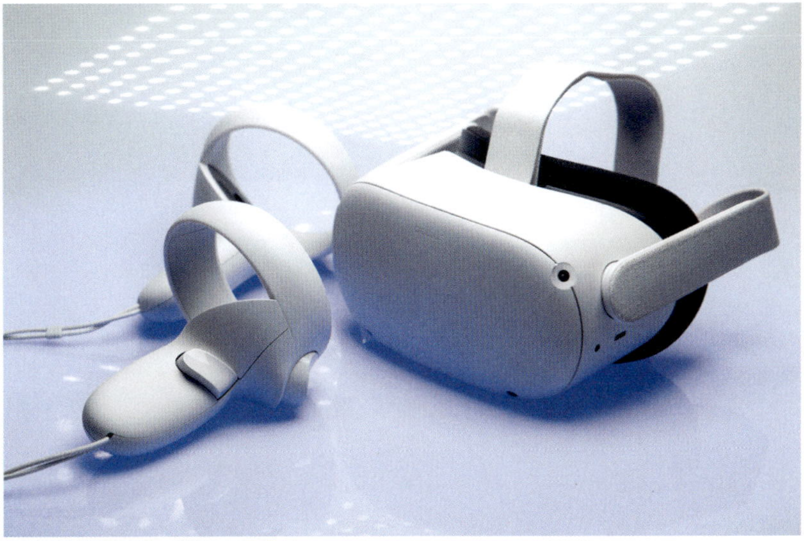

FIGURA 4.19.

LA NUEVA GENERACIÓN META QUEST 2 DE GAFAS DE REALIDAD VIRTUAL CONVIVIRÁN CON LAS FUTURAS GAFAS DE REALIDAD MIXTA QUE TIENE PENSADO LANZAR LA COMPAÑÍA DURANTE 2022 O 2023. © 2021, BOUMEN JAPET / SHUTTERSTOCK.

HTC VIVE

La colaboración entre la plataforma de juegos Steam (Valve) y la compañía taiwanesa HTC Corporation sorprendió al mundo durante el discurso inaugural de 2015 en el Mobile World Congress celebrado en la ciudad de Barcelona. Allí ambas compañías mostraron al mundo las HTC Vive, unas gafas de realidad virtual realmente avanzadas para la época, capaces de hacer sombra a las Oculus VR.

El CEO de HTC, Peter Chou, durante el evento de prensa, dejó claro que comenzaba una nueva era de tecnologías inmersivas: «Creemos que la realidad virtual transformará totalmente la forma en que interactuamos con el mundo. La realidad virtual se convertirá en una tecnología *mainstream*. La gente podrá asistir a conciertos en tiempo real, aprender historia o revivir recuerdos».

Desde entonces, la compañía no ha cejado en su empeño y ha continuado desarrollando soluciones cada vez más avanzadas tanto para el ámbito profesional como de gran consumo. A la larga lista de cascos y accesorios de realidad virtual, como la serie Vive, Cosmos, Focus o Vive Pro, se añadió recientemente un desarrollo innovador para la mejora de la salud mental, las Vive Flow (véanse figuras 4.20, 4.21 y 4.22).

FIGURA 4.20.

LAS GAFAS VIVE FOCUS 3 PARA EL ENTORNO EMPRESARIAL POSEEN UNA CALIDAD 5K DE VISUALIZACIÓN, 120º DE LIBERTAD, UNA TASA DE REFRESCO DE 90 HZ E, INCLUSO, UN MECANISMO DE INTERCAMBIO DE BATERÍAS. © 2021, VIVE.

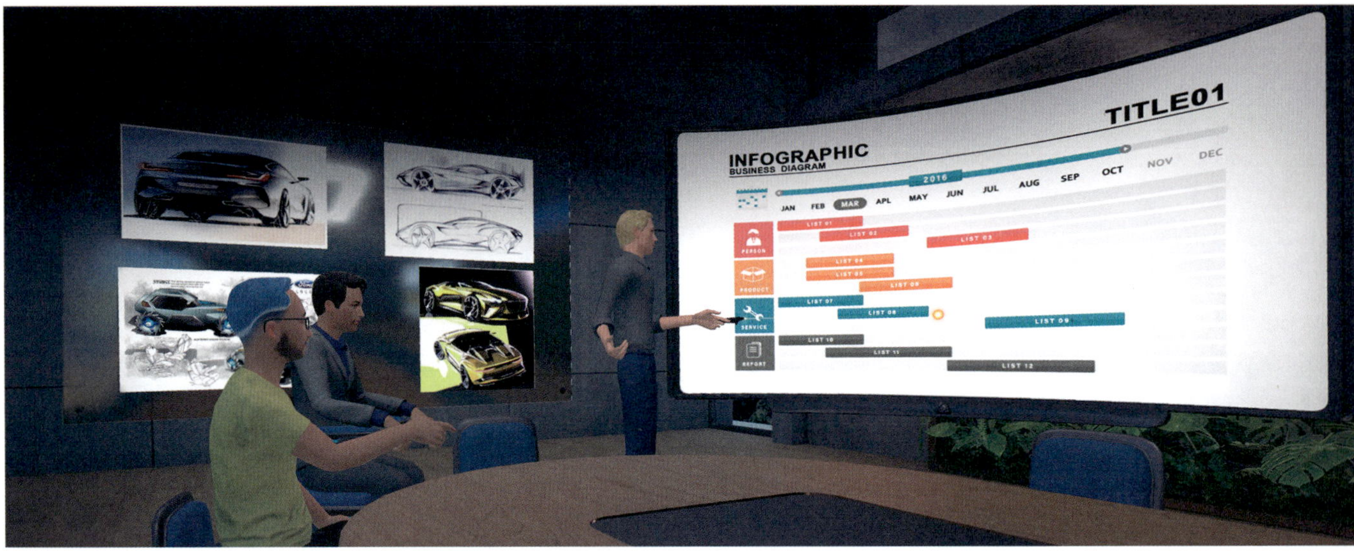

FIGURA 4.21.

APLICACIÓN VIVE SYNC PERMITE ORGANIZAR SESIONES DE TRABAJO COLABORATIVO —O PRESENTACIONES EN POWERPOINT—. LA SOLUCIÓN PERMITE GENERAR AVATARES BASADOS EN FOTOGRAFÍAS, Y GENERAR SEGUIMIENTO FACIAL Y OCULAR PARA AQUELLOS USUARIOS QUE DISPONGAN DEL ACCESORIO VIVE FACIAL TRACKER. LA SOLUCIÓN SE INTEGRA DENTRO DEL FLUJO DE TRABAJO DE LAS EMPRESAS, COMO EL PAQUETE OFFICE DE MICROSOFT, ADMITIENDO FORMATOS COMO PPTX, PDF, MP4, PNG, TIFF E, INCLUSO, MODELOS 3D DE UNITY. © 2021, VIVE.

FIGURA 4.22.

LAS RECIENTES VIVE FLOW ESTÁN PENSADAS PARA AYUDAR A LA MEJORA DE LA SALUD MENTAL. PUEDEN SER UTILIZADAS CON OTRAS SOLUCIONES DE LA COMPAÑÍA, PERO SU FOCO ESTÁ EN UN ACERCAMIENTO A UNA DE LAS ÁREAS DE NEGOCIO MÁS DEMANDADAS EN LA ACTUALIDAD, COMO ES EL BIENESTAR MENTAL DE LAS PERSONAS. © 2021, VIVE.

Las gafas, de solo 189 gramos de peso, poseen una avanzada tecnología que permite proyectar imágenes a 1600 x 1600 píxeles por ojo, con un campo de visión de 100º. Diseñadas para mejorar el bienestar mental, con ellas es posible meditar o entrenar al cerebro para ayudarlo a encontrar un mejor enfoque.

Los esfuerzos de la compañía no se han quedado solo en el diseño de soluciones *hardware*, también lo ha hecho en el campo del *software* y en el apoyo a la comunidad de creadores.

Vive Studios es la iniciativa para el impulso de la comunidad de creadores de contenidos de realidad virtual. La compañía busca con ello ayudar a los mejores creadores de la industria (juegos, comunicación, cine, diseño, eventos en vivo, parques temáticos, educación, atención médica o venta minorista, entre otros) a convertir conceptos creativos en realidad.

ViveArts es la última apuesta de la compañía, una plataforma de NFT basada en *blockchain*, junto a servicios de asesoría en arte, para comerciar con obras de arte creadas digitalmente. Una plataforma en la que conviven divisas y criptomonedas.

UNREAL ENGINE/ EPIC GAMES

Si eres un amante de los videojuegos, probablemente habrás echado más de una partida a algún título desarrollado sobre este popular motor 3D. Su origen se remonta a 1998. Un joven Tim Sweeney, fundador de Epic Games, decidió programar por su propia cuenta un motor para juegos FPS (*First-Person Shooter*). Aquello fue cuatro años antes del lanzamiento del que sería el título más importante hasta la fecha. Un videojuego que cambió la historia de la informática para siempre y que mantuvo su esencia hasta su última versión en 2007: *Unreal*.

En los orígenes, el motor solo hacía uso de una renderización por software usando la CPU, pero pronto aparecieron las primeras GPU del mercado de la mano de 3Dfx, usando API dedicadas y liberando al procesador principal de la ardua tarea de la computación gráfica. Aunque varios años atrás, John Carmark —por aquel entonces cofundador de id Software— había desarrollado el motor de Doom y Quake, el éxito de Unreal y su motor capaz de usar texturas a color de 16 bits fue tan grande que terminó felicitando a Sweeney por la proeza. El resto es historia.

Su potencia es tan inmensa que funciona sobre cualquier plataforma: macOS, Windows, Linux, iOS, Android, HTML5, Nintendo Switch, PlayStation 4/5/VR, Xbox, Stadia, Magic Leap, HTC Vive, Meta Quest, OSVR, Samsung Gear VR y HoloLens 2.

La lista de videojuegos es abrumadora, y te sonarán algunos títulos: *Deux Ex*, *Unreal*, *BioShock*, *Duke Nukem Forever*, la saga de Tom Clancy *Ghost Recon*, *Batman: Arkham City*, *Borderlands*, *Gears of War*, *Infinity Blade*, *Mass Effect*, *Blade & Soul*, *Conan Exiles*, *Days Gone*, *NBA2KVR*, *The Lord of the Rings: Gollum* o *Fortnite*, entre otros.

Sus características, unidas a sus potentes algoritmos de simulación de fluidos, iluminación global y a su tecnología de geometría virtualizada, capaces de representar entornos y escenarios de altísima calidad a resoluciones superiores a 4K, han llevado a Unreal Engine a la producción televisiva y al cine. *The Mandalorian* (Disney) y *Westworld* (HBO) han utilizado el motor de 3D en su solución *ILM StareCraft*, que permite usar decorados virtuales, ayudando a los directores de cine a explorar nuevas ideas y ejecutar tomas en entornos de producción flexibles y colaborativos (véase figura 4.23).

Para demostrar las capacidades y la potencia de la última versión de Unreal Engine, Epic Games aprovechó el estreno de la película *The Matrix Awakens* para desarrollar una experiencia inmersiva con calidad fotorrealista sobre PlayStation 5 y Xbox Serie X/S.

FIGURA 4.23.

JOHN FAVREAU, QUIEN YA UTILIZÓ LA TÉCNICA EN LA PELÍCULA DE «EL REY LEÓN», INTRODUJO EN EL RODAJE DE «THE MANDALORIAN» EL USO DE ESCENARIOS VIRTUALES EN TIEMPO REAL DE ILM STAGECRAFT. LA TECNOLOGÍA HACE USO DEL MOTOR UNREAL ENGINE EN TIEMPO REAL. © 2020, INDUSTRIAL LIGHT & MAGIC (ILM).

Dicen los rumores que el *Chief Technology Officer* de Epic, Kim Libreri —amigo de Lana Wachowski—, cuando se enteró de que iban a rodar una nueva entrega de la película, llamó a la directora y le sugirió que fuera a jugar a la zona de pruebas de Epic. El resultado de aquella reunión es una demo que quita el aliento, y en la que los personajes reales de Neo y Trinity se confunden con los creados mediante la tecnología Metahumans de Unreal (véanse figuras 4.24, 425 y 4.26). Tras la experiencia, la propia Wachowski aseguró que «la primera compañía en construir una *Matrix* real, un mundo persistente y completamente inmersivo, será una compañía de juegos».

UNITY

Unity es la historia de un fracaso convertido en éxito. Nació en Copenhague en 2004. Originalmente nació como motor de un único juego, *GooBall*, que fracasó en el mercado tras su lanzamiento un año más tarde. Sin embargo, sus creadores pronto se dieron cuenta de que el mercado estaba ávido de herramientas que facilitasen y simplificasen el desarrollo de videojuegos. Esto llevó al equipo a cambiar el enfoque y crear el motor original como una herramienta independiente para otros desarrolladores. Lo democratizaron.

FIGURA 4.24.

EPIC GAMES Y LOS ESTUDIOS DE EFECTOS ESPECIALES INVOLUCRADOS EN LA PELÍCULA «THE MATRIX AWAKENS» PARTICIPARON EN LA ESPECTACULAR DEMOSTRACIÓN TECNOLÓGICA SOBRE LA ÚLTIMA VERSIÓN DEL MOTOR DE UNREAL. © 2021, UNREAL ENGINE / EPIC GAMES / WARNER BROS.

FIGURA 4.25.

LA DEMO HACE USO DE LA ÚLTIMA TECNOLOGÍA DE GENERACIÓN DE ENTORNOS, INCLUIDAS LAS TECNOLOGÍAS NANITE Y LUMEN. © 2021, UNREAL ENGINE / EPIC GAMES / WARNER BROS.

Unity se lanzó inicialmente sobre Mac OS X. Y dio en el clavo. Resultó premiada por el mejor uso de gráficos en Mac OS X en los premios de diseño de Apple en 2006 y, a partir de ahí, centró su interés en iOS, un sistema operativo que iría a cambiar la industria de la movilidad, la comunicación y, también, los videojuegos. El éxito del iPhone y su Apple Store llevaron a Unity a liderar el mercado, dominando el desarrollo de juegos y aplicaciones en movilidad sobre esta plataforma.

Sin embargo, Unity no se quedó ahí. Decidió migrar su plataforma a otros soportes como Android, Windows, Linux, WebGL, PS4, PS5, Xbox One, Xbox Series X/S, Nintendo Switch, Stadia, Oculus, PS VR, HoloLens, Magic Leap o Steam VR, entre otras más.

El éxito de las decisiones del equipo fundador ha permitido que Unity esté instalado en más de 1500 millones de dispositivos alrededor del mundo, y posea un ecosistema de más de 1,5 millones de creadores mensuales trabajando intensivamente sobre la plataforma. Esta cobertura tan inmensa de penetración en el mercado fue posible, entre otras cosas, gracias al lanzamiento de *Pokémon Go* —que Niantic desarrolló sobre Unity—, y que le valieron a la compañía sendas rondas de financiación a partir de 2017 y hasta hoy.

FIGURA 4.26.

GRACIAS A LA TECNOLOGÍA DE METAHUMANS ES IMPOSIBLE DISTINGUIR A UN KEANU REEVES VIRTUAL DEL REAL. © 2021, UNREAL ENGINE / EPIC GAMES / WARNER BROS.

Actualmente la compañía dispone de un amplio abanico de soluciones integradas con las que dar respuesta no solo a la industria de los videojuegos, sino a los sectores industriales que necesitan avanzadas capacidades de renderización 3D en tiempo real, como la industria del cine y la animación (véanse figuras 4.27 y 4.28), la ingeniería, la arquitectura o la construcción, entre otros.

FIGURA 4.27.

LA EXPERIENCIA DE UNITY EN ENTORNOS DE PRODUCCIÓN CINEMATOGRÁFICA ES TAMBIÉN DILATADA. EN 2018, Y CON LA HERRAMIENTA CINEMACHINE DESARROLLADA, SE ASOCIÓ CON EL CINEASTA NEILL BLOMKAMP (OATS STUDIOS) PARA DESARROLLAR UNA SERIE DE CORTOS EN TIEMPO REAL UTILIZANDO UNITY. EL RESULTADO FUE «ADAM: THE MIRROR» Y «ADAM: THE PROPHET», AMBOS ESPECTACULARES. UNITY Y OATS STUDIOS LIBERARON TODOS LOS MATERIALES Y ASSETS DE LOS CORTOMETRAJES PARA USO DE LA GENTE. UNITY TAMBIÉN ES USADO POR DISNEY TELEVISION ANIMATION PARA LA PRODUCCIÓN DE SERIES, Y PARA LA CREACIÓN DE LOS FONDOS VIRTUALES DE PELÍCULAS COMO «EL REY LEÓN». © 2018, UNITY / OATS STUDIOS.

FIGURA 4.28.

LA SOLUCIÓN CINEMACHINE, GALARDONADA CON UN PREMIO EMMY, ES UN CONJUNTO DE HERRAMIENTAS QUE FACILITAN LA TAREA DEL DIRECTOR, TANTO EN ENTORNOS 2D COMO 3D. ACTÚA COMO UNA APLICACIÓN DE EDICIÓN Y POSTPRODUCCIÓN SOBRE LA LÍNEA DE TIEMPOS REAL DE LA PRODUCCIÓN, ACELERANDO PROCESOS, LA PREVISUALIZACIÓN Y MEJORANDO EL RESULTADO FINAL. © 2018, UNITY / OATS STUDIOS.

Durante los últimos años y tras su salida a bolsa, la compañía ha adquirido una lista nada desdeñable de compañías. La última de ellas la colocan como firme candidata para liderar la futura construcción y el desarrollo de los metaversos.

A principios de noviembre de 2021 Unity adquirió Weta Digital, la división de efectos especiales de Weta, la compañía ganadora del óscar de Hollywood por los efectos especiales de películas como *Avatar*, *El planeta de los simios*, *Juego de tronos*, *El señor de los anillos* o *King Kong*, entre otras muchas. El acuerdo permite a la compañía incorporar una enorme lista de activos y soluciones especializadas en computación gráfica, como *Loki* (una solución que proporciona simulación física de efectos como agua, humo, cabello, ropa, músculos o plantas), *Facial Tech* (un sistema de flujos de trabajo avanzados para la captura y manipulación facial), *Barbershop* (un conjunto de herramientas para la simulación y animación de cabello y piel), *Tissue* (una solución para crear modelos de personajes anatómicamente perfectos), *Apteryx* (una herramienta para crear plumajes en criaturas y disfraces), *Totara* (un sistema de simulación de vegetaciones procedimentales complejas, en las que los artistas pueden crear desde árboles individuales a biomasas de bosques enteros) o *Live Viewing* (una herramienta de visualización en vivo que mezcla la señal de la cámara en el set de producción con la generada por el motor 3D).

Estas soluciones se integrarán dentro de Unity con el objetivo de llevar a un nuevo estadio la creación de experiencias inmersivas a través de internet en tiempo real.

NIANTIC / LIGHTSHIP

Niantic fue una *startup* que nació en el seno de Google. Su nombre se debe a un popular navío ballenero que arribó a San Francisco durante la fiebre del oro. La compañía se separó de la matriz tras la reestructuración bajo el nombre de Alphabet.

Inició su andadura con un juego basado en realidad aumentada, *Ingress*, del que incluso se produjo una serie para Netflix, llamada *Ingress: The Animation*. Su momento de oro le llegó al poco de separarse de Google, y después de trabajar codo con codo con Nintendo, The Pokémon Company y el ingeniero que hizo posible Google Maps. El resultado fue una de las mayores innovaciones en el mundo de los videojuegos: *Pokémon Go*. La aplicación cuenta en su haber con más de mil millones de descargas y más de 18 000 millones de kilómetros recorridos por sus usuarios.

Tras *Pokémon Go* vinieron *Harry Potter: Wizards Unite*, *Catán: Exploradores del mundo* (aunque se cerró en noviembre de 2021), *Pikmin Bloom* y *Transformers: Heavy Metal*. A finales de 2021 la compañía fue rebautizada como Lightship. Su objetivo es abrir su tecnología a los creadores para que «lleven contenido y experiencias virtuales al mundo real de manera fluida y realista».

Tras la adquisición de varias compañías el objetivo de la empresa es proporcionar un gemelo digital del mundo, facilitando crear experiencias que combinen el mundo físico y el mundo virtual a través de realidad aumentada. Actualmente ha liberado su Lightship ARDK y así ha invitado a cualquier creador a desarrollar experiencias aumentadas con la tecnología más avanzada.

MICROSOFT

Los esfuerzos de Microsoft en el campo de las experiencias inmersivas se retrotraen al año 2005. Desde Redmond comenzaron a trabajar con una compañía israelí fundada por matemáticos e ingenieros, mientras estaban desarrollando lo que fue considerado como el siguiente avance en el campo de los videojuegos. Esta compañía se llamaba PrimeSense, y su tecnología fue la base de lo que 22 meses después dio lugar al *Proyecto Natal*, más conocido como Kinect.

La tecnología israelí era revolucionaria. Permitía mapear el cuerpo humano frente a un sensor de imagen, y detectar los movimientos de las manos. La presentación del Proyecto Natal tuvo lugar en el E3 de Las Vegas (la mayor feria de videojuegos del mundo), con la ayuda de Steven Spielberg. Resultó todo un éxito. Comercialmente el producto llegó al año siguiente, como accesorio para Xbox One. Microsoft se gastó más de 500 millones de euros en su lanzamiento, una cuantía similar al del lanzamiento de una nueva consola.

La historia de Kinect es la historia de una tecnología avanzada a su tiempo: tuvo hitos relevantes en el mercado de consumo, especialmente en los juegos, pero que encontró un nicho de vital importancia en el mercado profesional. De hecho, muchas compañías de publicidad digital en exteriores lo usaron para crear publicidad reactiva al usuario y también experiencias interactivas dentro las tiendas. PrimeSense terminó siendo adquirida por Apple en 2013, usando su tecnología como base de Face ID en dispositivos iOS.

Aunque Kinect terminó siendo cancelado para el mercado de consumo, sirvió para investigar nuevos mecanismos de acceso e inmersión a los juegos y, sobre todo, para explorar posibilidades en el mercado profesional, donde sí existía un nicho. Por eso, su tecnología terminó siendo integrada en Hololens, las gafas de realidad mixta de Microsoft.

Las Hololens vieron la luz por primera vez en 2016. Actualmente ya se han lanzado las Hololens 2. Poseen una unidad de medición inercial con acelerómetro, giroscopio y magnetómetro, que ayudan a comprender el entorno, junto a una cámara de profundidad de bajo consumo. Las gafas cuentan con una CPU y una GPU capaces de procesar la información de manera holográfica a una resolución 2K.

Los sectores sobre los que opera Microsoft son exclusivamente profesionales, para industrias como la de fabricación, ingeniería y construcción, salud o educación (véanse figuras 4.29 y 4.30).

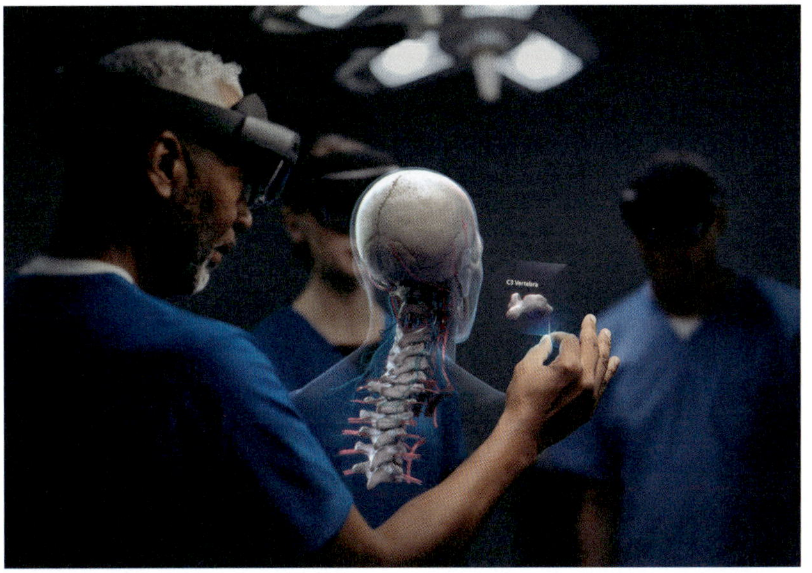

FIGURA 4.29.

LAS GAFAS DE REALIDAD MIXTA DE MICROSOFT, HOLOLENS, HAN ENCONTRADO UN POTENCIAL EN EL SECTOR DE LA SALUD, DONDE PERMITE A CIRUJANOS Y DOCTORES PREVISUALIZAR INFORMACIÓN EN TIEMPO REAL O REALIZAR SIMULACIONES DE INTERVENCIONES QUIRÚRGICAS. © MICROSOFT.

FIGURA 4.30.

LAS COMPAÑÍAS DE ARQUITECTURA Y DISEÑO DE INTERIORES TAMBIÉN HAN ABRAZADO LOS ENTORNOS DE REALIDAD VIRTUAL Y MIXTA, PERMITIENDO SUSTITUIR LAS MAQUETAS IMPRESAS POR SIMULACIONES PROYECTADAS SOBRE EL ENTORNO FÍSICO. © MICROSOFT.

Su plataforma de realidad mixta, Microsoft Mesh, está llamada a ser una de las tecnologías que impulsarán el metaverso de la compañía. De hecho, Mesh será integrada en 2022 dentro Microsoft Teams y, también, en Horizon Workrooms, facilitando el trabajo colaborativo mediante reuniones virtuales, híbridas o mixtas.

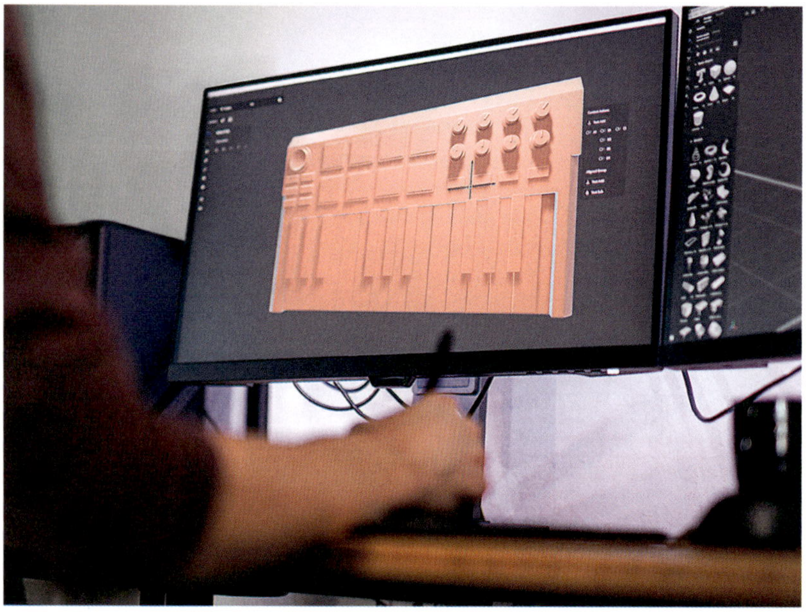

FIGURA 4.31.

ADOBE SUBSTANCE MODELER JUNTO AL RESTO DE APLICACIONES PENSADAS PARA ENTORNOS 3D Y AR REPRESENTAN LA PRIMERA LÍNEA DE SOLUCIONES PARA CREADORES ESPECIALIZADOS EN CREAR MUNDOS Y EXPERIENCIAS VIRTUALES. EN LOS PRÓXIMOS MESES ASISTIREMOS AL LANZAMIENTO DE NUEVAS HERRAMIENTAS QUE COMPLEMENTEN LA SUITE DE LA COMPAÑÍA. © 2021, ADOBE.

ADOBE

Si eres creador de contenido, probablemente hayas pasado horas y horas frente al ordenador haciendo uso de alguna de las herramientas de su larga lista. Adobe es, con propiedad, una de las compañías más importantes en la economía de la creación. Sus soluciones son utilizadas en una lista imbatible de industrias.

Entre su porfolio de aplicaciones también se encuentran las vinculadas a la creación de mundos y experiencias en 3D. Adobe Substance Modeler (véase figura 4.31), Adobe Substance Stager, Adobe Substance Painter y Adobe Substance Sampler, Mixamo, Adobe Dimension y Adobe Aero conforman el paquete global.

Es cierto que ha llegado tarde a los entornos 3D, por ser justos, pero también es cierto que trabaja en íntima colaboración con NVIDIA Omniverse, permitiendo que sus soluciones operen de manera colaborativa en entornos multidisciplinares integrados. En la actualidad, está poniendo toda la carne en el asador para acelerar su visión del futuro en el diseño de experiencias inmersivas. Adobe Substance Modeler es un ejemplo de ello. Una solución de modelado 3D natural con el que el usuario puede trabajar de manera combinada entre el escritorio y la realidad virtual.

Es probable que en los próximos años veamos nuevas adquisiciones de compañías vinculadas al metaverso, y se desarrollen un conjunto más amplio de soluciones integradas tanto con los metaversos conocidos como con los principales motores 3D. La nueva herramienta incorporada a Photoshop para agregar credenciales específicas para NFT, para que plataformas como Opensea puedan leer los metadatos, es un ejemplo del nuevo enfoque de la compañía.

MAXON

Siguiendo los pasos de Adobe, también hay que hablar de la compañía alemana Maxon. Esta empresa es muy conocida en el mundo de la animación y los gráficos 3D. Su origen se remonta 36 años atrás, en la época del Commodore AMIGA 500. Fue de hecho en 1991, en pleno apogeo de estos ordenadores, cuando Cinema 4D vio la luz. Las primeras tres versiones de la aplicación solo estuvieron disponibles para este ordenador. Sin embargo, a partir de la versión 4.0, Maxon comenzó a migrarlo a plataformas como Macintosh y Windows.

Los productos de Maxon han ocupado un lugar especial en el escritorio de muchos artistas, principalmente por la sencillez de uso de su interfaz. La industria publicitaria, el sector de la salud, los videojuegos e, incluso, la televisión y el cine le deben grandes creatividades y momentos a Cinema 4D. Películas como *Iron Man 3*, *Tron: El Legado*, *Guardianes de la Galaxia* o *Los Vengadores* incluyen secuencias elaboradas con este popular *software* de modelado, texturización y renderizado.

En 2019 la compañía engordó su catálogo de soluciones con la compra de Redshift (un paquete amplio de soluciones de postproducción), y a finales de 2021 reforzó su paquete de modelado con la adquisición de Pixologic, más conocido por el popular *software* de modelado *ZBrush* (véase figura 4.32).

El CEO de Maxon, David McGavran, cree que la unión de fuerzas entre Maxon y Pixologic sitúa a la compañía en la «construcción de herramientas para hacer que el futuro metaverso sea hermoso».

APPLE

En las oficinas de Cupertino siempre han sido comedidos a la hora de abordar públicamente avances en materia de realidad virtual y aumentada. Sin embargo, el éxito de esta última tecnología en su sistema iOS y el potencial creativo que despierta

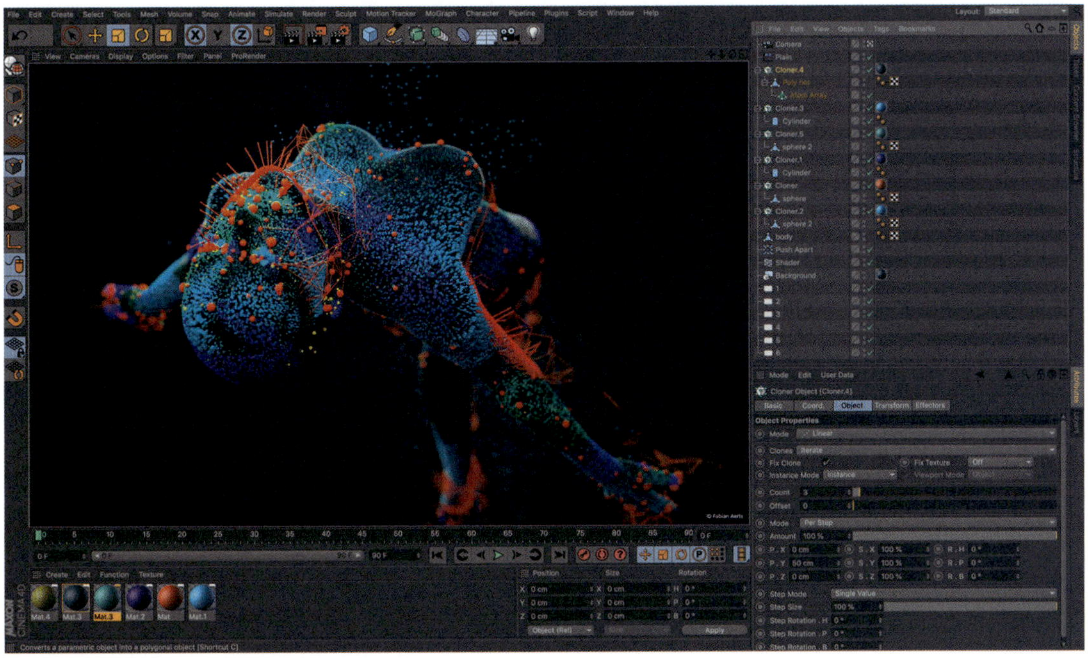

FIGURA 4.32.

MAXON TAMBIÉN QUIERE JUGAR UN ROL RELEVANTE EN LA CONSTRUCCIÓN DE MUNDOS PARA EL METAVERSO. PARA ELLO HA ADQUIRIDO PIXOLOGIC. EL PAQUETE DE SOLUCIONES DE LA COMPAÑÍA ALEMANA PERMITE A MODELADORES Y ARTISTAS MODELAR EL FUTURO TRIDIMENSIONAL DE LAS EXPERIENCIAS INMERSIVAS. PROBABLEMENTE VEREMOS EN LOS PRÓXIMOS AÑOS NUEVAS HERRAMIENTAS ENFOCADAS A LOS METAVERSOS. © MAXON.

han terminado por confirmar lo que todos estábamos esperando. Apple se suma al desarrollo futuro de los metaversos.

A principios de 2021 se hizo pública la solicitud desde Cupertino de una serie de patentes relacionadas con la realidad aumentada/mixta. De todas ellas destacaba una en particular: la de una unidad de pantalla montada en la cabeza con interfaz facial adaptativa.

El interés de Tim Cook, su CEO, por la realidad aumentada se remonta a 2016, en pleno apogeo del juego *Pokémon Go* de Niantic. Se dice que en una reunión de balance financiero a Cook se le escapó: «La AR puede ser realmente genial». El máximo responsable de la compañía era consciente del gran potencial comercial de la realidad aumentada, por lo que solicitó que sus productos —y más concretamente el iPhone— funcionasen bien para el perfil de desarrolladores que habían hecho posible que la gente fuera por la calle cazando *pokémons*.

Poco después, a finales de ese mismo año, en una entrevista en *Good Morning America*[8], Cook no dejó lugar a dudas de que esta tecnología ya estaba en el *roadmap* de desarrollo: «Existe la realidad virtual y la realidad aumentada; ambas son increíblemente interesantes. Pero mi propia opinión es que la realidad aumentada es la más grande de las dos, con diferencia».

En 2017 la realidad aumentada era integrada en la versión iOS 11, a través de su ARKit, lo que abrió la oportunidad a desarrolladores de todo el mundo de crear experiencias amplificadas. Una entrevista en *Bloomberg News*[9] en junio de 2017 emocionaba a la industria: «La realidad aumentada es un cambio profundo. Estoy tan emocionado por ello que solo quiero gritar y gritar. El primer paso para convertirlo en un tipo de experiencia a nivel de consumo es ponerlo en el sistema operativo (...). Hemos hablado con IKEA y tienen imágenes 3D de su línea de muebles. Hemos hablado de cambiar toda la experiencia de cómo comprar muebles u objetos del hogar».

En enero de 2020, durante un reconocimiento público a la figura de Tim Cook por la IDA Ireland (la agencia para el desarrollo industrial de Irlanda), el CEO de Apple aseveró que la «realidad aumentada es la próxima gran novedad. Impregnará toda nuestra vida».

La realidad aumentada y mixta formará una parte crucial del futuro de Apple. Es cierto que la única incursión de la compañía en la materia ha sido el lanzamiento de ARKit en 2017, pero Apple es conocida por cocinar a fuego lento sus tecnologías con el objetivo de ser los mejores en el mercado. Por eso no tiene que sorprendernos que tengamos

8. Blake, Paul y Polidoro, Ronnie: *Why Apple CEO Tim Cook prefers augmented reality over virtual reality*. En *ABC News*, 2016. Disponible en www.abcnews.go.com/Technology/exclusive-apple-ceo-tim-cook-prefers-augmented-reality/story?id=42064913.

9. 9. Murphy, Megan: *Tim Cook on Donald Trump, Homepod and the legacy of Steve Jobs*. En *Bloomberg*, 2017. Disponible en www.bloomberg.com/news/features/2017-06-15/apple-s-tim-cook-on-donald-trump-the-homepod-and-the-legacy-of-steve-jobs.

que esperar hasta 2023 para tener la primera versión de las gafas de realidad mixta, actualmente en laboratorio bajo en nombre en código de T288.

Según la información de algunos analistas, serán unas gafas autónomas, con dos procesadores, uno principal con una potencia similar a la del procesador M1, y otro de gama más baja pensado para procesar información relativa a los sensores.

FIGURA 4.33.

A PESAR DE SU RETIRADA DEL MERCADO DE CONSUMO EN 2015, LAS GOOGLE GLASS HAN CONTINUADO OPERANDO PARA EL MERCADO PROFESIONAL. COMPAÑÍAS LOGÍSTICAS, EMPRESAS DE SALUD, EMPRESAS DE TELECOMUNICACIONES Y ENERGÍA O FABRICANTES DE AUTOMOCIÓN SON ALGUNAS DE LAS INDUSTRIAS QUE AÚN CONTINÚAN UTILIZÁNDOLAS, SOBRE TODO EN SU NUEVA VERSIÓN. © GOOGLE.

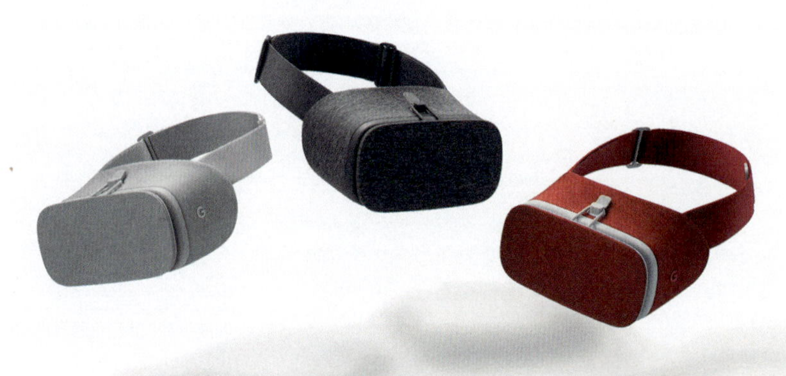

FIGURA 4.34.

EL PROYECTO DAYDREAM DE GOOGLE INTENTÓ LLEVAR UNA PLATAFORMA DE REALIDAD VIRTUAL DE BAJO PRESUPUESTO AL MAYOR NÚMERO DE PERSONAS. UN INTENTO QUE IBA POR EL BUEN CAMINO, PERO QUE APENAS DURÓ TRES AÑOS HASTA QUE LA COMPAÑÍA LO DESESTIMÓ. © GOOGLE.

GOOGLE

Podríamos considerar a Google como una de esas compañías de avanzadilla, que supo visualizar el futuro, pero que llegó demasiado pronto al mercado. No obstante, esos esfuerzos iniciales le han valido para tomarse las cosas con más calma y poner foco.

Las Google Glass (véase figura 4.33), presentadas en su congreso anual I/O de 2012, fueron un auténtico bombazo mediático. Llegaron al mercado de consumo en 2014, con un precio cercano a los mil dólares. Se podían adquirir en varios colores, y permitían mostrar información sobre el ojo derecho, junto a audio y órdenes de voz. Durante ese año, las calles se llenaron de usuarios con las Google Glass, incluido su presidente, Sergey Brin. Pero problemas con la privacidad y una excesiva dependencia del móvil, hicieron que desde Mountain View se discontinuase con el proyecto para el mercado de consumo, no el profesional.

El mismo año que la compañía decide dar por zanjado el proyecto, lanza al mercado su plataforma de realidad virtual Cardboard. Fue, también, presentada en el I/O de 2014. La idea era que cualquiera pudiera construir con cartón unas gafas en las que poder insertar el teléfono móvil y disfrutar de experiencias de VR. Se llegaron a enviar más de 20 millones de unidades de visores. En marzo de 2021 dejaron de venderlas, aunque hay proveedores que aún fabrican los visores compatibles.

Cardboard cedió el testigo al proyecto Daydream (véanse figuras 4.34 y 4.35), una plataforma de realidad virtual no de cartón, mucho más parecida a unas gafas inmersivas auténticas. El funcionamiento era similar al primero, introduciendo el móvil frente a los ojos. El objetivo era desarrollar una plataforma de bajo coste destinada a fomentar el interés por la realidad virtual.

En 2019, tras la eliminación del soporte nativo por parte de HBO y Hulu a la plataforma, Google anuncia que deja de vender el dispositivo. No obstante, la aplicación Daydream sigue funcionando como controlador.

A pesar de estos fracasos, Google no ha desistido. El CEO de Google, Sundar Pichai, tras el anuncio de Meta a finales de 2021, ha confirmado su interés por la realidad aumentada y mixta, siguiendo los pasos de Apple. En una entrevista en *Bloomberg* se le preguntó qué pensaba sobre los metaversos y sobre cuál era la estrategia de Google. Pichai obvió la respuesta a la segunda pregunta, pero contestó a la primera: «Siempre ha sido obvio para mí que la informática, con el tiempo, se adaptaría a las

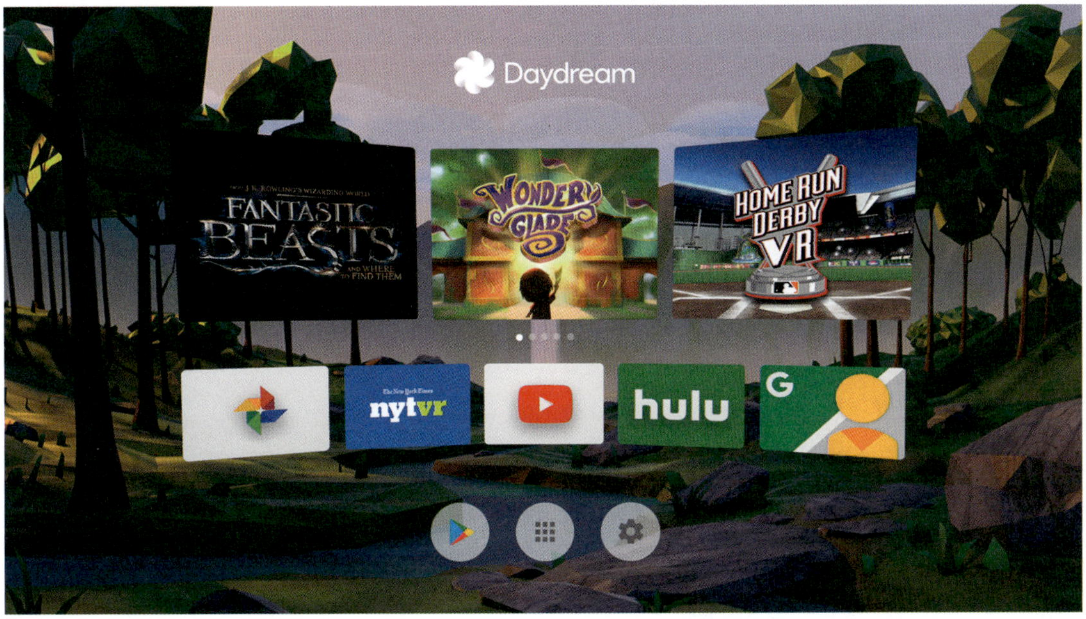

FIGURA 4.35.
INTERFAZ DE ACCESO DE LA PLATAFORMA DAYDREAM, DESDE LA QUE ERA POSIBLE ACCEDER AL ECOSISTEMA DE APLICACIONES DE GOOGLE PENSADAS PARA VR. © GOOGLE.

personas, y que estas se adaptarían a la informática. Del mismo modo que usted habla e interactúa con la gente, los ordenadores se volverán más inmersivos. Y estarán allí cuando los necesites. Siempre me ha entusiasmado el futuro de la informática inmersiva».

Sundar Pichai no respondió a la segunda pregunta porque en paralelo la compañía estaba reorganizando Google Labs, su laboratorio de experimentación. En secreto, la compañía ha montado un equipo de personas para desarrollar y supervisar proyectos a largo plazo de AR y VR —incluidas unas nuevas gafas—. De hecho, el ex director general de Oculus, Mark Luvovsky, está ahora trabajando en Mountain View, supervisando la unidad de realidad aumentada de la compañía.

PICO INTERACTIVE

Más conocido por Pico, es uno de los grandes fabricantes de visores de realidad virtual a nivel mundial. La compañía, de origen chino, se creó en 2016, cuando lanzó el Pico Neo DK, el primer visor de realidad virtual todo en uno basado en la plataforma Snapdragon 820 de Qualcomm, seguido de la serie Goblin VR en 2017, ofreciendo seis grados de libertad (6DOF). Pico es propietaria de más de mil patentes nacionales y extranjeras. La potencia de sus dispositivos ha atraído la mirada del sector industrial, para el que la compañía ha decidido enfocarse ofreciendo soluciones. Sectores como la educación o la industria automotriz ya trabajan con la compañía. De hecho, en 2021 Pico fue elegido por Audi como el primer proveedor de auriculares de VR para *Holoride*, su plataforma de experiencias 3D inmersivas en el automóvil. Una plataforma, basada en Unity, que permite el procesamiento de datos en movimiento y ubicación en tiempo real, y que facilita la creación de experiencias interactivas en movimiento, sincronizadas con el viaje del pasajero (véanse figuras 4.36 y 4.37).

FIGURA 4.36.
EL PROYECTO HOLORIDE, QUE CUENTA CON EL APOYO DE AUDI, REPRESENTA UNA REVOLUCIÓN EN LA MANERA DE ENTENDER EL ENTRETENIMIENTO: OFRECER EXPERIENCIAS INMERSIVAS A LOS PASAJEROS, BASADAS EN EL MOVIMIENTO, EL ENTORNO Y LA POSICIÓN DEL VEHÍCULO. ¿TE IMAGINAS PODER SUMERGIRTE POR EL OCÉANO MIENTRAS TU PAREJA CONDUCE? © HOLORIDE.

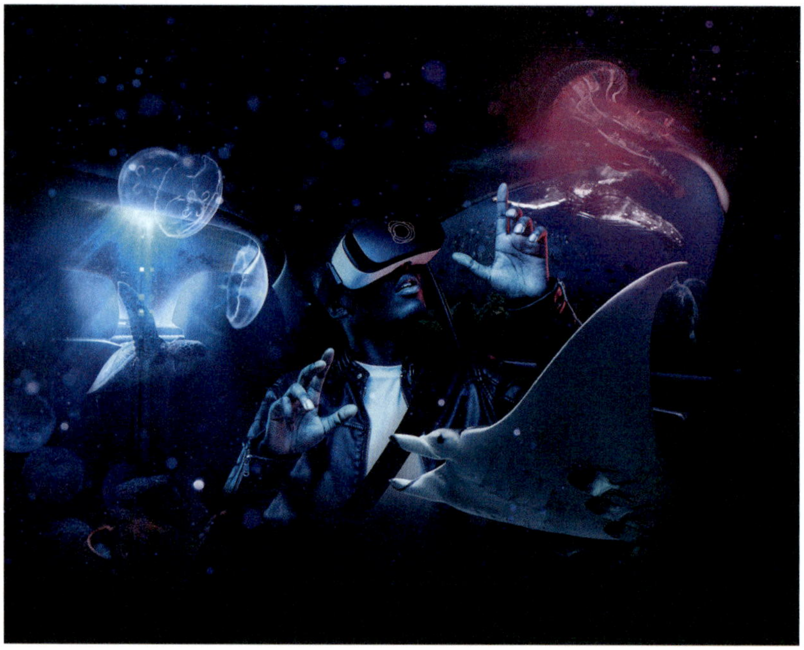

FIGURA 4.37.

EL PROYECTO ES SOPORTADO POR PICO INTERACTIVE, QUE HA SIDO ELEGIDO POR LA COMPAÑÍA ALEMANA COMO PRIMER PROVEEDOR DE GAFAS Y ACCESORIOS DE VR. © HOLORIDE.

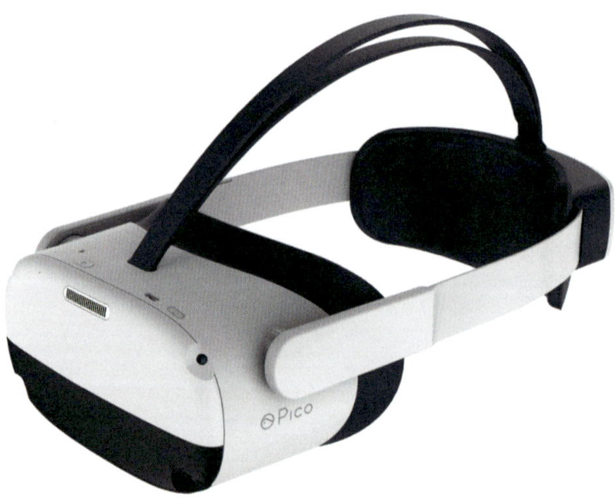

FIGURA 4.38.

EL PICO NEO 3 ES EL ÚLTIMO LANZAMIENTO DE LA COMPAÑÍA. SE TRATA DE UNO DE LOS HEADSETS MÁS AVANZADOS DEL MERCADO. CUENTA CON UN PROCESADOR QUALCOMM XR2, HASTA 8 GB DE RAM, Y UNA PANTALLA COMBINADA DE 3664 X 1920 PÍXELES CON UNA RESOLUCIÓN DE 773 PPI, UN REFRESCO DE 90 HZ, CONEXIÓN INALÁMBRICA CON EL PC Y SEIS GRADOS DE LIBERTAD. © PICO INTERACTIVE.

La compañía, con oficinas en Beijing, Quigdao, San Francisco, Tokio, Barcelona y otros tantos países, fue adquirida en agosto de 2021 por el gigante chino ByteDance, propietarios de TikTok. El objetivo es impulsar la economía de los creadores con soluciones específicas de VR, y un ecosistema abierto de soluciones para que los desarrolladores impulsen nuevos contenidos.

EL FUTURO DEL MARKETING: UN CAMBIO EN LAS REGLAS DEL JUEGO

Nos encontramos en el epicentro de cambio de paradigma. Para los especialistas en marketing las reglas del juego han vuelto a cambiar. Y lo hacen con más celeridad que antes.

Los metaversos son el futuro, más inmediato que lejano. No es ciencia ficción. Ya son una realidad y han venido para quedarse. Por eso, es importante que la industria del marketing entienda la naturaleza y el alcance de lo que está ocurriendo. Los metaversos representan una oportunidad de incalculable valor. Y pocas son las agencias especializadas hoy en día en aportar valor a las marcas dentro del metaverso. Pero hay que espabilar. Tenéis que agitaros desde los cimientos. Tenéis ante vuestros ojos la próxima «televisión», y ahora es inmersiva.

Existen muchos especialistas en marketing que están acudiendo en masa a ver qué es lo que ocurre en el metaverso. De hecho, el primer máster en nuestro país especializado en la materia, que se imparte por la Universidad Complutense de Madrid, ha recibido cuatro veces más solicitudes de su capacidad. Es el momento.

Las marcas ya han movido ficha. Gucci, Zara, Vans, BoohooMAN, Adidas, Nike, Ralph Lauren, Audi, Cupra, Vodafone, Orange... son solo las primeras en acercarse. Y hay muchas más. Han entendido que un metaverso va más allá de una valla virtual en 3D donde replicar banners de internet. Son un entorno abierto en donde es posible diseñar y construir cualquier tipo de experiencia inmersiva, conectarla con bienes coleccionables, e interactuar con nuevas comunidades fuertemente comprometidas. Y ahí es donde se abre un universo de posibilidades para las marcas.

Se trata de un nuevo espacio, hoy en día, de un alto componente creativo y técnico. Es probable, en los próximos años, que las herramientas WYSIWYG que democratizaron la creación de la web en la internet que conocemos se repliquen en el metaverso. Ya hay migajas de pan que apuntan en esa dirección.

Si estás pensando en métricas, olvídate. Estamos en el origen. Hay formas de medir la volumetría de una audiencia participando dentro de las actividades, pero no existe nada estandarizado. Has de dar un salto de fe. Será solo cuestión de tiempo que podamos medir el impacto y las acciones de campaña correctamente.

FIGURA 4.39.

EQUIPO DE MARKETING DE ADIDAS ORIGINALS JUNTO A LOS ARTISTAS BORED APES YATCH CLUB, PIXEL VAULT, GMONEY, Y SUS CREACIONES. © 2021, ADIDAS.

Nike y Adidas son dos ejemplos de cómo las marcas han de arriesgar. Y debería servir de lección a las agencias que orbitan a su alrededor.

En abril de 2021, Adidas decidió dar ese salto. Comenzó a investigar los principios que sostiene la web 3.0, y consideraron que iban alineados a sus propósitos de marca (abrazar lo nuevo, ir a la vanguardia y actuar con optimismo rebelde): «Nuestros propósitos y los principios de la web 3.0 van tan en paralelo que decidimos que tendríamos que organizar nuestros Originales [su línea de productos] alrededor de esta nueva generación de creadores. Aquí es donde las personas pasarán su tiempo, se expresarán y obligarán a las marcas a actuar», explica la vicepresidenta de comunicación de marca de Adidas Originals, Erika Wykes-Sneyd. El resultado: la primera colección de Originals en formato NFT.

Para hacerlo posible, la marca formó equipo con algunos de los principales creadores de NFT del momento: Bored Apes Yatch Club, Pixel Vault o GMoney. Su objetivo es el de acercarse al ecosistema de metaversos públicos descentralizados, haciendo de puente entre este nuevo mundo y su vasta comunidad, y dejando que creadores utilicen su marca para la creación de NFT.

El creador del popular icono GMoney tiene muy claro cómo Adidas está abordando este cambio de paradigma: «Hemos visto muchas manifestaciones en torno a lo que Adidas ha estado haciendo con respecto a la gente que crea sus propias versiones y *fan art*. Este es un cambio monumental en la estrategia de una marca importante que todo el mundo reconoce. Y, para mí, es genial, porque Adidas está allanando el camino para que otras marcas sigan su ejemplo».

FIGURA 4.40.

PIXEL VAULT HA CREADO UN CÓMIC EN EL QUE APARECEN LOS PERSONAJES JUNTO A LA COLECCIÓN DE ROPA DE ADIDAS. © 2021, ADIDAS.

EL RETO DE LA SOSTENIBILIDAD

A finales de 2021, apenas un mes después del anuncio de Mark Zuckerberg sobre el nuevo enfoque de la compañía, un compañero de fatigas, creativo de profesión y especialista en entornos digitales, me lanzó una pregunta de la que es imposible no hablar. Lo hizo en cuanto acabé una ponencia sobre metaversos en el SitgesNEXT 2021[10], el festival dedicado a impulsar la innovación en comunicación de marcas, agencias, empresas emergentes y creadores tecnológicos. La pregunta es muy relevante: ¿Cuál será el impacto medioambiental de los metaversos? Buena pregunta, sin duda.

Para que te hagas una idea, los actuales centros de datos a nivel mundial consumen la nada desdeñable cifra de entre 200 y 250 TWh (teravatios-hora)[11]. Traduciendo esto a algo más tangible: un teravatio es la cantidad de energía que consume una ciudad de unos 250 000 habitantes a lo largo de un año. A esta cifra hay que añadir las redes de transmisión de datos, con un consumo global de entre 260 a 340 TWh.

La IEA (Agencia Internacional de la Energía) calcula que, entre ambos, centros de datos y transmisión de datos por internet, se genera entre el 2 y el 3 % del consumo energético global. Pero esas cifras no incluyen el consumo vinculado a la minería de criptomonedas. La electricidad utilizada por los *bitcoins* y otras *criptos*, uno de los ejemplos críticos más destacados hoy en la infraestructura de tecnologías de la información —y también de los futuros metaversos—, consumió cerca de 70 TWh en 2020 y cerró con cerca de 100 TWh en 2021.

Algo parecido ocurre con el uso de la inteligencia artificial y el aprendizaje automático (*machine learning*). Se trata de otra área de fuerte crecimiento de la demanda. Y, aunque no hay cifras directas del consumo directo de energía sobre los incrementos de la cantidad de ciclos de computación, el ejemplo de Facebook puede ilustrar. Según la IEA, la compañía demanda un 150 % más de cálculos de computación cada año. Este extra generó en 2020 un consumo total de energía de sus centros de datos del 40 %.

La Agencia Internacional de la Energía lo tiene claro: «La demanda de servicios de centros de datos seguirá creciendo con fuerza, impulsada por la transmisión de medios y las tecnologías emergentes como la IA, la realidad virtual, el 5G o la *blockchain*. A medida que las ganancias de eficiencia de las tecnológicas actuales se desaceleren (o incluso se detengan) en los próximos años, se necesitarán nuevas tecnologías más eficientes para mantenerse al día con la creciente demanda de datos». Con esa desaceleración la agencia hace mención expresa a lo que está ocurriendo con la famosa Ley de Moore: a más potencia por la miniaturización de semiconductores, menor eficiencia energética. Una tendencia que parece dar un giro radical con la apuesta por los procesadores ARM (Apple y NVIDIA a la cabeza), mucho más sostenibles energéticamente.

No cabe duda de que la industria está embarcada en importantes retos. Impulsar el futuro de los metaversos y, al mismo tiempo, lograr que las nuevas necesidades y capacidades a nivel de infraestructura minimicen el impacto sobre el medioambiente. Queda trabajo por delante.

---

10. Peña de San Antonio, Óscar: *Metaversos. La próxima gran revolución es inmersiva*. SitgesNEXT, 2021. Disponible en www.youtube.com/watch?v=rWz26CCvCl0&t=2018s.

11. International Energy Agency: *Data Centres and data transmission networks report*. IEA, 2021. Disponible en www.iea.org/reports/data-centres-and-data-transmission-networks.

ENTREVISTA

EDGAR MARTÍN-BLAS

CEO & director creativo en Virtual Voyagers

FIGURA 4.41.
EDGAR MARTÍN-BLAS, CEO Y DIRECTOR CREATIVO DE VIRTUAL VOYAGERS.

FIGURA 4.42.
VIRTUAL VOYAGERS ES HOY UNA DE LAS COMPAÑÍAS MÁS IMPORTANTES DE NUESTRO PAÍS EN EL DESARROLLO DE METAVERSOS. DESDE 2014 HAN DESARROLLADO MÁS DE 220 PROYECTOS PARA MARCAS. LA CALIDAD DE SUS TRABAJOS LE HA REPORTADO MÁS DE 20 PREMIOS NACIONALES E INTERNACIONALES. © 2021, VIRTUAL VOYAGERS.

Virtual Voyagers es uno de esos equipos que representan la avanzadilla de las primeras empresas en entender y construir experiencias virtuales en nuestro país. Deberíamos catalogarlos de pioneros, verdaderos constructores de mundos. Llevan desde 2014 como una «banda de rock», dando vueltas por el mundo, siempre aprendiendo. Su CEO y también director creativo, Edgar Martín-Blas, estuvo ahí desde el principio de todo, desde que un artículo publicado en Reddit escrito por un jovencísimo Palmer Luckey, mencionaba un nuevo prototipo de gafas virtuales de bajo coste y gran calidad llamadas Oculus, y se lanzaban en Kickstarter.

El resto es historia. Edgar pagó cerca de 300 dólares en hacerse con uno de los primeros prototipos, que recibió en su piso de Alcobendas (Madrid), dentro de una flamante caja con una carta premonitoria de lo que iría a pasar en los siguientes años, una especie de introducción al metaverso para creadores. Edgar se las puso... Y «el mundo dio un vuelco».

Edgar era aún director creativo en Tuenti, el conocido operador virtual, pero esas gafas cambiaron su vida. Comenzó a investigar y a formarse de manera autodidacta, apoyado en foros en los que la gente colgaba sus experimentos. «Era la gran fiesta de los pioneros», reconoce Edgar.

La realidad virtual comenzó a ocuparle más tiempo, tanto que terminó por reducir su jornada de trabajo en Tuenti para dedicarse, a media jornada, a impulsar la creación de experiencias inmersivas para marcas. Aquello fue el embrión de Virtual Voyagers. Hoy tienen en su haber más de 220 proyectos XR y la satisfacción de haber trabajado para 88 marcas.

Aunque habéis desarrollado muchas experiencias virtuales para marcas, vuestro gran momento llegó con la plataforma de conciertos virtuales de Facebook, ahora Meta. ¿Cómo fue aquello? ¿Cómo surgió la oportunidad?

Todo vino a partir de una llamada de nuestros amigos de SuperSphere (Los Ángeles, EE. UU.), la empresa que hacía los vídeos 360 de conciertos para Facebook. Había sobre la mesa un posible proyecto de conciertos para el futuro metaverso de la marca (aún no tenía el nombre de Meta). Ellos tenían el conocimiento de grabación 360 y nosotros la de creación virtual 3D. Planteamos la idea de crear un editor de espectáculos totalmente tridimensional, que permitiera evolucionar los conciertos grabados en el mundo real —que eran poco interactivos al tratarse de vídeo 360—. Se quería pasar a una libertad creativa total dentro del metaverso más allá de lo real.

En apenas tres semanas hicimos el prototipo para Facebook, y creamos un «minimetaverso» de conciertos donde ellos entraron en forma de avatares para ver el resultado. Era un concierto con un escenario enorme, focos animados, músicos en directo y pantallas editadas en tiempo real. Su respuesta fue rápida: *Fucking awesome*. El proyecto se aprobó y teníamos apenas cuatro meses para terminarlo. Se estrenaría con un concierto de Jaden Smith (el hijo de Will Smith) en pleno evento de Oculus.

Juntamos un *dream team* increíble entre SuperSphere y Virtual Voyagers, con gente que ahora está en Meta, como Luca Mefisto y, por supuesto, Cristian Domínguez, a medio camino entre nuestro mundo virtual y el vídeo 360, que fue la pieza clave para que todo esto tomara forma.

FIGURA 4.43.

EL METAVERSO DE VODAFONE INCLUYE VARIAS SALAS DONDE ES POSIBLE INTERACTUAR CON MÁS PERSONAS, DISFRUTAR DEL MOMENTO Y ENTRETENERSE A LO GRANDE. ESTE ES EL CASO DE TIKI CONGAS, UNO DE LOS PRIMEROS JUEGOS INCLUIDOS EN LA SALA DE GAMING. © 2022, VIRTUAL VOYAGERS / VODAFONE.

FIGURA 4.44.

CON LA EXPERIENCIA ACUMULADA CON META EN EL DESARROLLO DE CONCIERTOS VIRTUALES DENTRO DEL METAVERSO, NO ES DE EXTRAÑAR QUE LA EXPERIENCIA DE VER A MARIO VAQUERIZO Y SU GRUPO DE LAS NANCY RUBIAS SEA MÁS QUE ENTRETENIDO. VENDRÁN MUCHOS MÁS CONCIERTOS EN EL FUTURO. © 2022, VIRTUAL VOYAGERS / VODAFONE.

La parte más compleja vino cuando los artistas pidieron que sus técnicos de iluminación pudieran controlar los focos virtuales del directo, además de los efectos especiales como humo o fuego. Ahí Jota (CTO de Virtual Voyagers) junto a Luca lograron lo impensable: que una mesa de mezclas del mundo físico modificara el metaverso en tiempo real controlando todo el escenario, pura magia.

El proyecto se terminó a tiempo. Logramos que el editor permitiera crear conciertos totalmente tridimensionales, agregar múltiples *streamings* con la ayuda de routers 5G, y todo en un escenario de libre movimiento donde cada artista puede configurar el atrezo. Luego vino Steve Aoki, Major Lazer, entre otros, y se convirtió en un estándar para músicos de Estados Unidos dentro del metaverso de Meta.

En un estrecho plazo de tiempo, y muy probablemente impulsado por los cambios en el comportamiento social de las personas con la pandemia, los astros se han alineado para hacer que la palabra «metaverso» sea la próxima gran revolución de internet. ¿Qué ha ocurrido desde tu punto de vista para que tecnologías como VR/AR/XR, que estaban evolucionando, pero no a la velocidad necesaria, nos permitan hablar hoy de una futura internet inmersiva?

Realmente el camino ha tomado unos ocho años para que los astros se alineen. Desde 2013, que fue el pistoletazo de salida de Oculus DK1, ha habido un ecosistema gigantesco de empresas de *hardware*, contenidos y *startups* de producto que han luchado como leones y donde tan solo el 10 % ha sobrevivido.

Se trata de darwinismo necesario, que ha logrado que en estos años se definieran todos los estándares que ahora se van a aplicar al metaverso, tanto en la realidad virtual como en la aumentada o la mixta. Empresas como HTC, Pico, Facebook, Apple, Magic Leap, Google, Samsung y cientos más han invertido billones para llegar al punto actual. Por mi parte se merecen el mayor de los respetos, ya que ha sido en tiempo récord. Hubo productos como las gafas y el sistema operativo *Daydream* de Google que apenas llegaron al año de vida.

La calidad fue mejorando por muchas vías, tanto del *hardware* como del contenido, hasta que en 2020 se llegó a un punto dulce con las Oculus Quest 2, que ya tenía un coste aceptable ($350), y nos permitía entrar en los primeros metaversos como *AltSpace* o *Venues* de Facebook, con una experiencia de usuario impecable.

Las ventas llegaron a los 10 millones de unidades en 2021, y la tendencia hizo ver a Facebook que tocaba mover ficha, era el momento. El año 2022 es el inicio oficial del metaverso.

Siendo conscientes de que estamos en los albores de este cambio de paradigma. Hagamos un ejercicio de anticipación. ¿Cómo te imaginas esa internet de aquí a 15 años? ¿Cómo crees que haremos uso de ella a nivel personal y profesional?

Será un mundo virtual que podremos ver de dos formas: una totalmente virtual e inmersiva y otra mezclada con el mundo real a escala 1:1. Ya no habrá diferenciación de *hardware* como ocurre ahora, todo será con la misma gafa. Cuando estás en el mundo 100 % virtual se volverán opacas y entrarás al metaverso y cuando quieres mezclarlo con el mundo real las gafas serán transparentes incluyendo elementos virtuales sobre el mundo que conocemos.

Todo esto está ya muy avanzado, más de lo que pensamos, y creo que en 15 años la calidad será tan asombrosa que miraremos al primer internet como miramos al teletexto cuando apareció la web.

Nuestras vidas girarán en torno al metaverso, ya que nos ofrecerá una cantidad ingente de actividades que el mundo real no puede ofrecer. No creo que sea nunca un sustituto, ya que son experiencias totalmente diferentes. Lo real se verá potenciado por las experiencias virtuales. Por ejemplo, viajar virtualmente en el tiempo a Egipto y luego ir a verlo en la realidad para completar la experiencia.

A nivel trabajo nos permitirá desengancharnos totalmente de la gran ciudad, y vivir en cualquier lugar del mundo. La experiencia de trabajo será tan real que una vez termines podrás irte a hacer surf en tu cabaña de la playa, no habrá límites en el teletrabajo.

Está claro que hablar de «metaversos» es hablar de una palabra de moda. Muchas marcas, como Nike, Adidas, Zara, BMW o SEAT Cupra, por solo poner unos ejemplos, ya han comenzado a desplegar posiciones en algunos metaversos conocidos como Decentraland, Roblox o The Sandbox. ¿Crees que los metaversos son realmente una oportunidad para las marcas?

Totalmente. De hecho, acabamos de lanzar el metaverso de Vodafone, una apuesta enorme que viene de hace un año y medio, cuando vieron la tendencia de este tipo de plataformas en Corea del Sur. Ganamos la cuenta a las grandes consultoras y productoras, y comenzamos a hacer uno de los proyectos más ambiciosos de Europa. Las marcas buscan en esto un lugar donde construir nuevos productos vinculados al 5G, llevar a sus clientes a experimentar nuevos territorios creativos. Y el metaverso es su mejor aliado.

FIGURA 4.45.

EN LA SALA DE AVENTURA ES POSIBLE CAMINAR ENTRE DINOSAURIOS EXPLORANDO ENTORNOS INMERSIVOS CON LOS QUE DISFRUTARÁS UN BUEN RATO. ADEMÁS, DISPONES DE MÁS DE 1500 AVATARES PARA IR COMO MÁS TE GUSTE. © 2022, VIRTUAL VOYAGERS / VODAFONE.

FIGURA 4.46.

OTRAS DE LAS SALAS ES UN ESCAPE ROOM, DONDE TE PERDERÁS EN EL INTERIOR DE UNA PIRÁMIDE. © 2022, VIRTUAL VOYAGERS / VODAFONE.

El proyecto de Vodafone contempla una isla/parque temático dividido en seis áreas (viajes, cine, espectáculos, relax, aventura, juegos) con un gran componente social, ya que puedes interactuar con tus amigos en salas y juegos tomando la forma de hasta 1500 combinaciones de avatares.

Los contenidos están siendo gestionados por una plataforma que hemos desarrollado junto a Optiva Media, con la que se acelera la creación de experiencias al tener una base de programación previa que acelera en un 80 % la publicación dentro del metaverso. Por ejemplo, una vez lo pusimos a prueba, varias empresas amigas nos ayudaron a crear 12 contenidos en apenas 2 meses, incluyendo juegos musicales, *escape room* o conciertos. Sería algo así como un Netflix del metaverso, que permite lanzar el contenido según ha sido terminado. El usuario simplemente entra en esa sala y el contenido en la nube se descarga a toda velocidad.

El lanzamiento al público será en el primer semestre de 2022, aunque ya hay usuarios seleccionados que lo están probando y dando el *feedback* para su puesta a punto *mainstream*.

Virtual Voyagers junto a la UCM, Vodafone y Empower Talent habéis desarrollado la primera oferta formativa en español sobre metaversos. ¿Qué habilidades demandará el mercado en los próximos años? ¿A qué áreas de actividad afectará? ¿Cuáles son las principales materias que abordaréis en el curso?

El curso está enfocado sobre todo a perfiles de negocio, directivos, diseñadores y gente de UX que quieran entender todo esto desde una perspectiva paraguas. Cómo se plantean los proyectos del metaverso, cómo se hace la consultoría, cómo se bajan a tierra entendiendo cada tecnología, entrando en el desarrollo, los tiempos, las entregas. ¡Vamos, como si fuera un proyecto real!

La aceptación ha sido tremenda, tanto que el número de solicitudes multiplica por 4 las plazas disponibles. Esto indica un gran interés en el metaverso y la necesidad de formarse con empresas que ya hayan estado en esto desde el inicio. En nuestro caso, hemos trabajado ya en 220 proyectos para 88 grandes marcas, lo cual ayuda para que la información que volcamos en las clases sea 100 % real de mercado. Nada de humo.

Una de las cosas que más nos gusta es que estas generaciones de alumnos serán los futuros creadores del metaverso. Perfiles totalmente nuevos que antes no existían y se van a ir definiendo en los próximos años, como, por ejemplo, experto en computación espacial, experto en IA aplicada a la realidad mixta o diseñador/arquitecto de metaversos. Todo está por crear y será esta generación la que lo defina.

Los suscritos van desde directores de innovación que quieren guiar a su empresa, pasando por gente de negocio que quiere entender lo que está pasando, diseñadores cansados del mundo plano que ven en todo esto un lienzo en blanco o programadores que quieren actualizarse en Unity o PlayCanvas para continuar su carrera en el metaverso. Es increíble la diversidad de perfiles que ven crucial actualizarse a esta nueva tendencia.

Los metaversos allanan el camino a los creadores de mundos, una generación de profesionales y particulares que idearán, modelarán, animarán y crearán experiencias inmersivas desde sus casas o puestos de trabajo que luego monetizarán en el metaverso.

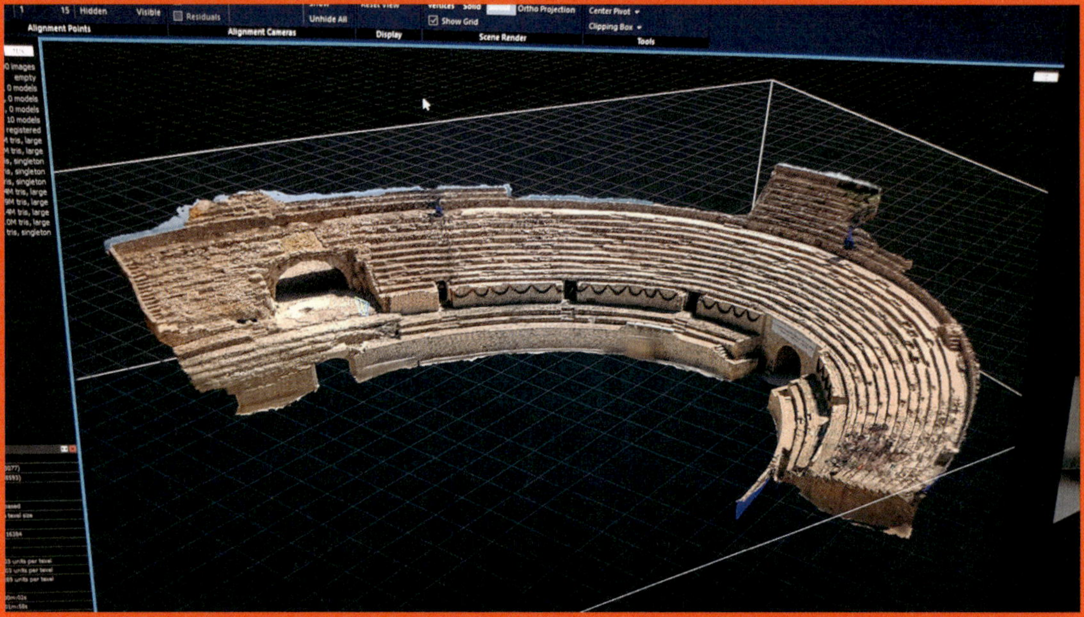

FIGURA 4.47.

LEGENDS OF CATALONIA ES UNO DE LOS PROYECTOS MÁS GRANDES DE VIRTUAL VOYAGERS Y UNO DE LOS MÁS IMPACTANTES POR SU FACTURA EN LA PRODUCCIÓN DE CONTENIDO. SE UTILIZARON TÉCNICAS DE FOTOGRAMETRÍA DE LUGARES EMBLEMÁTICOS, COMO EL ANFITEATRO ROMANO DE TARRACO. © 2022, VIRTUAL VOYAGERS / OFICINA DE TURISME DE CATALUNYA.

Con la experiencia que tú tienes, ¿cómo serán las herramientas para esa nueva generación de creadores?

Por ahora el rey indudable es Unity, por su adaptabilidad a todas las tecnologías, de forma sencilla y escalable (realidad virtual, aumentada, mixta, web3D). Luego le sigue Unreal, con el hiperrealismo que se puede lograr; pero tiene el *handicap* de la optimización, ya que es un motor muy complejo que requiere de mucha paciencia para hacerlo correr en todos los dispositivos del mercado, en especial los que se basan en chips de móvil como Meta Quest o Pico Neo 3.

Y no podemos olvidarnos de PlayCanvas, el nuevo líder de la web3, que nos permite llevar el metaverso a los móviles, *tablets* y PC de todo el mundo que no tengan aún *headsets* de calidad.

Aparte están las herramientas de creación 100 % del metaverso como los editores de Meta que en breve estarán disponibles para crear tus propios mundos sin saber programar. Al final todos los metaversos tendrán esa variable para que las marcas se acerquen, haciendo más *mainstream* el diseño de mundos virtuales.

En su carta fundacional tras presentar Meta, Mark Zuckerberg nos anticipó que «el vídeo no era el final del camino». Tú llevas muchos años innovando en nuevas narrativas, bajo nuevos formatos y tecnologías. ¿Cuáles son los tres proyectos más disruptivos en los que has trabajado?

Han sido muchos proyectos, más de 220 en 7 años y, la verdad, cada uno ha sido una auténtica aventura creativa y técnica. Uno de los más bestias que hicimos en la época «premetaversos» fue *Legends of Catalonia*. Se trataba de un videojuego para la oficina de turismo de Cataluña, que incluía una experiencia para PlayStation VR de una hora y media de duración en la que, mediante una aventura fantástica, recorrías lugares icónicos de Cataluña como la Seu Vella o Terraco, acompañado de personajes ilustres como Carles Puyol o los hermanos Roca.

La aventura mezclaba lo real (lugares turísticos escaneados con fotogrametría) con elementos fantásticos de la cultura catalana como dragones, elefantes de Dalí o lagartos del Parque Güell. Estaba enfocado a los mercados de Estados Unidos, Reino Unido y Japón, aunque se lanzó en 42 países con el apoyo de PlayStation, logrando 600 000 descargas del videojuego VR, y aumentado el tráfico de la web de turismo un 500 %.

FIGURA 4.48.

ENTRE LOS PERSONAJES SE ENCONTRABAN EL FUTBOLISTA CARLES PUYOL Y LOS PREMIADOS HERMANOS ROCA, CONVERTIDOS EN PROTAGONISTAS DE LA AVENTURA. SE UTILIZARON TÉCNICAS DE ESCANEADO 3D PARA ELEVAR EL GRADO DE REALISMO. © 2022, VIRTUAL VOYAGERS / OFICINA DE TURISME DE CATALUNYA.

FIGURA 4.49.

LOS PERSONAJES, MODELADOS Y TEXTURIZADOS COMPLETAMENTE EN 3D, SE PODÍAN DISFRUTAR EN PLAYSTATION VR. © 2022, VIRTUAL VOYAGERS / OFICINA DE TURISME DE CATALUNYA.

Aparte de la experiencia VR, creamos una aplicación de realidad aumentada donde lanzabas puertas mágicas que te llevaban a esos escenarios de Cataluña. Para ello se pintaron murales gigantes en el Soho de Nueva York, donde con un QR lanzabas estas experiencias con tu móvil. También hicimos, junto a la empresa de medios de la oficina de turismo, los formatos publicitarios que estuvieron varias semanas en Times Square o Picadilly Circus —algo inaudito para una campaña de publicidad virtual—.

Para nosotros fue todo un reto, porque el desarrollo completo se hizo en apenas 4 meses gestionando un equipo internacional de unas 50 personas en paralelo. No sé cómo salimos victoriosos de algo tan arriesgado, pero creo que haciendo proyectos así es como avanzamos en la historia de todo esto, sin miedo.

Antes de la pandemia el debate sobre las tecnologías inmersivas estaba entre la VR y la AR. Sin embargo, parece que la visión del metaverso al que vamos es un escenario de absoluta convivencia de tecnologías. Gemelos digitales, incluso del mundo entero, permitirán crear una capa amplificada de información que utilizaremos con tecnologías de AR. ¿Qué crees que será lo más innovador, avanzado o «loco» que veremos en los próximos años?

Creo que será lo referente a la realidad mixta. Aún es un formato muy nuevo que se está explorando todo su potencial. Pero pensemos que estamos hablando de una capa virtual que se mezcla con nuestra visión del mundo real a escala 1:1. La integración de esos elementos cada vez está siendo de más calidad, hasta tal punto que un personaje virtual puede sentarse en el sofá de tu casa, levantarse e ir por un pasillo a la cocina.

Esto lo ha visto Apple y, por eso, toda su apuesta va a esta tecnología. Es mucho más amplia que la realidad virtual. No nos aísla y permite que mantengamos ambos mundos interconectados, el real con el virtual. Ya se dice que, incluso, la realidad mixta podría sustituir al móvil en apenas diez años. Y creo que va a ser así. Sobre todo, porque el móvil ya no nos puede ofrecer mucho más debido a su formato de pantalla cuadrada. Es limitante, la realidad mixta hace que el marco se rompa y el contenido salga a nuestro alrededor jugando con nosotros de forma casi presencial, es pura magia.

Hoy los metaversos conocidos como Decentraland, IMVU, The Sandbox y demás son representaciones con una calidad gráfica de bajo nivel. Pero esto es temporal. ¿Tendremos experiencias similares a los juegos de Unreal Engine 5 a través de la web?

Creo que para eso aún queda. Los chips móviles de las gafas como Oculus Quest (Meta Quest ahora) pueden mover unos 300 000 polígonos con soltura. Pero eso es poco comparado con una PlayStation 5 por ejemplo.

Para solventar esto, los gigantes de la computación en la nube (Amazon, Microsoft o NVIDIA) junto a las operadoras de telefonía están planteando que todo lo procese la nube, tanto el renderizado del contenido 3D como tus movimientos en el espacio, y te envíe por 5G todo ya resuelto para que la gafa apenas procese nada.

FIGURA 4.50.
EL LANZAMIENTO CONTÓ, ADEMÁS, CON EL APOYO DE UNA CAMPAÑA INTERNACIONAL AMBICIOSA EN ESTADOS UNIDOS, REINO UNIDO Y JAPÓN. © 2022, VIRTUAL VOYAGERS / OFICINA DE TURISME DE CATALUNYA.

FIGURA 4.51.
CARLOS PUYOL, ELEGIDO POR SU HONESTIDAD, FORTALEZA Y LIDERAZGO ES EL PERSONAJE ELEGIDO PARA RECORRER LLEIDA Y TARRACO. AQUÍ EN EL PATIO CENTRAL DE LA SEU VELLA (LLEIDA), CON UN DRAGÓN AL FONDO. © 2022, VIRTUAL VOYAGERS / OFICINA DE TURISME DE CATALUNYA.

Esta tecnología está ya usándose en su fase prototipo y los resultados son espectaculares, permitiendo a gafas de apenas 300 € mover millones de polígonos con soltura. Para que todo esto se vuelva *mainstream* sería necesario que la red 5G esté más extendida y el coste de los servidores baje. Ahora mismo el MB procesado está a un coste prohibitivo. Pero esperemos unos años. A la velocidad que va todo esto veremos metaversos hiperrealistas procesados en la nube, operando sobre gafas muy ligeras que, tan pronto reciben la información en tiempo real, la proyectan.

¿Qué tecnologías consideras que serán críticas para que efectivamente los metaversos, como próxima evolución de la internet conocida, madure y represente ese cambio de paradigma que esperamos que sea?

Sobre todo, tenemos que llegar al punto en el que las gafas sean algo parecido a unas gafas de ver de toda la vida. Algo ligero que apenas percibas y que la calidad de proyección llegue a simular la vista de la retina. En esto estamos ya bastante cerca, pero cuando llegue ese punto de inflexión entre ergonomía y calidad de visión, estaremos en el punto dulce de los metaversos inmersivos.

La buena noticia es que estamos en una carrera, el pistoletazo lo dio Meta y, en tan solo un mes Disney, Google, Microsoft, Apple, Nike, NVIDIA, Epic y muchos gigantes más han anunciado que están invirtiendo billones de dólares para hacer el metaverso una realidad cuanto antes. Eso generará una competición nunca vista que nos acercará al futuro que vimos en las películas en menos de diez años. Ahora queda construirlo. Que sea un lugar divertido, creativo, no un mal sueño distópico. Y eso está en nuestras manos, la de los constructores de metaversos.

FIGURA 4.52.
EDURNE PASABAN, LA PRIMERA MUJER EN CORONAR LOS 14 OCHOMILES, ES LA ENCARGADA DE AYUDARTE CON LA RUTA POR MONTSERRAT Y CADAQUÉS. © 2022, VIRTUAL VOYAGERS / OFICINA DE TURISME DE CATALUNYA.

05

EL IMPACTO DE LOS METAVERSOS EN LA VIDA REAL

A dos meses del inicio de la pandemia en España, en 2020, publiqué un informe[1] para hablar de los cambios que estaban por venir. Cambios profundos, a velocidad de vértigo, con un denominador común: tecnologías que suenan a ciencia ficción. Nunca pensé que ese estudio, que tuvo un importante impacto en medios de comunicación, fuese tan apropiado. Para explicarlo de la manera más didáctica posible, y gracias a la buena mano del equipo de Bronco Studio, sometí a la audiencia a una inmersión dentro de tres historias ficticias, todas ellas ilustradas como si fuesen un cómic. Una de esas historias destaca sobre las demás, porque habla de lo que podría ser nuestra vida real en las próximas dos décadas. Su personaje, ficticio —podrías ser perfectamente tú dentro de pocos años—, nos ayuda a narrar una pequeña historia de costumbres sobre todo lo que está por venir. He querido compartirla contigo:

Está anocheciendo. A través del ventanal del salón pueden observarse las luces de la ciudad, como si fueran un mar de luciérnagas. Al fondo, el cielo se apaga como si en alguna esquina del mundo alguien hubiera hecho girar un regulador de luz.

El vidrio electrocrómico del ventanal se vuelve opaco, blanco. Se oye el movimiento sutil de los polímeros al reaccionar a la descarga eléctrica. La ciudad ha desaparecido en cuestión de milisegundos. Laura ha acabado de trabajar pronto. Se ha cambiado en su dormitorio y ha entrado en la estancia. Necesita rodearse de cuatro paredes para lo que está a punto de ocurrir.

Como una suave partitura, lineal en el tiempo, al ruido electrizante de los polímetros le sucede el zumbido de los muebles. Nuestra protagonista vive en un piso de reducidas dimensiones, diseñado para adoptar múltiples modos de vida. Espacios ubicados detrás de las paredes, en el techo y bajo el suelo abren sus puertas para recoger un mobiliario adaptativo. El proceso no es tan rápido como el de los polímeros. Es un vals lento y delicado. Hay muchos objetos en los armarios que tienen un peso emocional importante. La coreografía está bien estudiada por los ingenieros que la diseñaron (véase figura 5.1).

Laura ha activado el modo entretenimiento.

El salón se ha convertido en un espacio diáfano de 17 metros cuadrados. Salvo por el suelo, todo alrededor es blanco. Unos sensores ubicados en las esquinas comienzan a crepitar. Leds de color azul parpadean interrumpidamente, como despertando de un letargo.

Laura avanza hasta el centro de la estancia, mientras se ajusta su exoesqueleto de alta competición y unos guantes hápticos de boxeo. Su pasión son los deportes de contacto. Practica boxeo, kickboxing y taekwondo. Sin duda, la mejor profilaxis para combatir el estrés de un trabajo intenso como directora de cuentas de una agencia de publicidad. Los leds parpadean más fuerte; están intentando sincronizarse con el traje de inmersión virtual.

Los leds de las esquinas cambian a color verde. Acto seguido, una luz intensa lo abarca todo proyectándose en las paredes. El salón se ha convertido en un ring

1. Peña, Óscar: *Future Shock II*. 2020. Grey. Disponible en www.rtve.es/play/audios/tendencias/tendencias-informe-future-shock-2-17-12-19/5467644/.

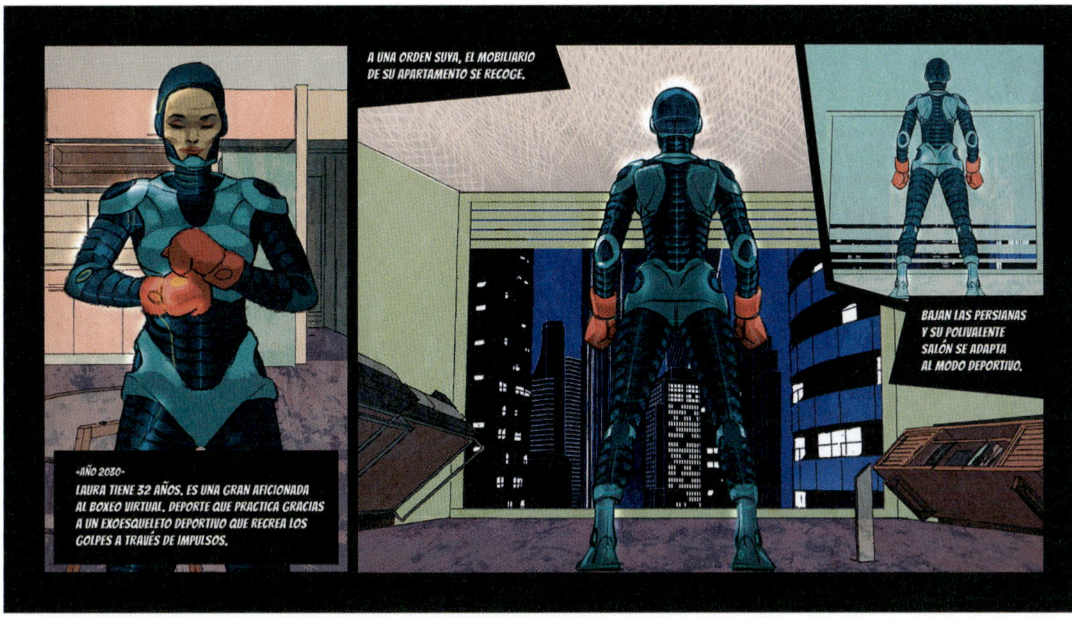

FIGURA 5.1.

© 2020, GREY ESPAÑA. ILUSTRACIONES REALIZADAS POR BRONCO STUDIO.

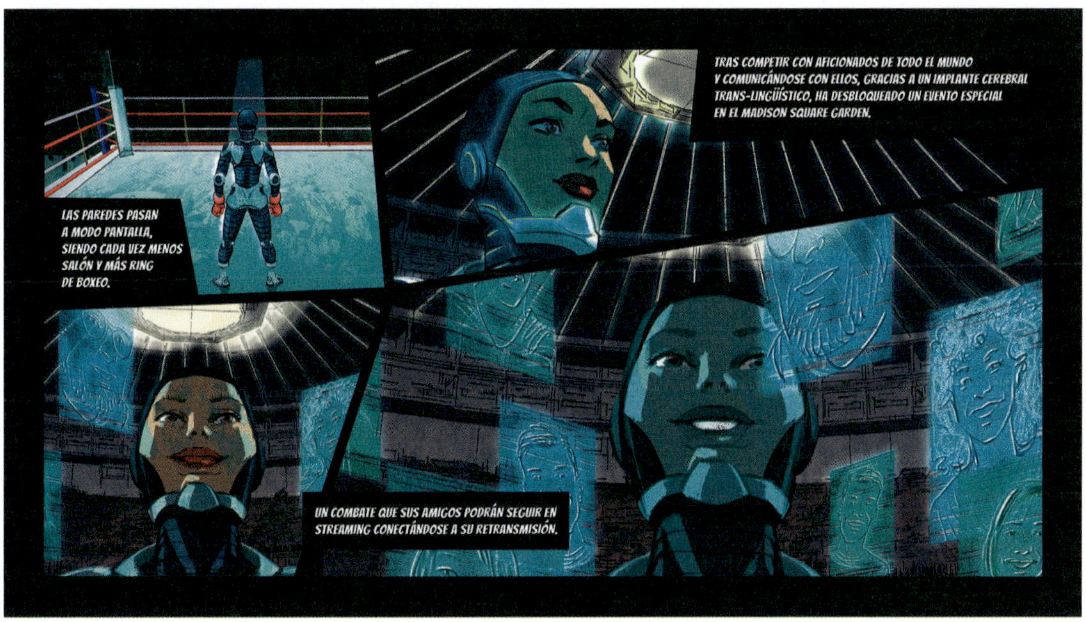

FIGURA 5.2.

© 2020, GREY ESPAÑA. ILUSTRACIONES REALIZADAS POR BRONCO STUDIO.

de boxeo. Miles de butacas cubren el segundo plano. Al fondo puede leerse con claridad Madison Square Garden. Laura se ha transportado al emblemático estadio norteamericano donde se han celebrado algunas de las competiciones que han pasado a la historia del boxeo, incluido el enfrentamiento final entre Rocky Balboa y Clubber Lang en Rocky III, allá en los inicios de los ochenta (véase figura 5.2).

Mediante comandos de voz, Laura navega por las opciones que le ofrece la aplicación de acceso al metaverso. Acaba de lanzar un comunicado a los cerca de cuatro millones de seguidores que posee dentro de la comunidad. Mientras el sistema da salida a la cola de envíos, un contador inicia una cuenta atrás flotante en el centro de la sala. Cientos de personas comienzan a aparecer con sus avatares al fondo del estadio. Ocupan asientos aleatoriamente o por grupos predefinidos. Allí está su hermana y su madre, que no se pierden ninguno. Les separan más de 3800 kilómetros de distancia. Nueva York queda muy cerca si accedes desde el metaverso.

Nuestra protagonista activa las gráficas de rendimiento de los últimos entrenamientos y competiciones. Mirarlas la motiva. Ha entrenado duro para llegar hoy aquí. No va a competir contra ningún jugador real al otro lado del mundo, conectado como ella a sensores de movimiento. Lo hará contra un NPC, un jugador virtual basado en inteligencia artificial. Laura

FIGURA 5.3.

© 2020, GREY ESPAÑA. ILUSTRACIONES REALIZADAS POR BRONCO STUDIO.

ha desbloqueado todos los niveles de boxeo dentro de su categoría. Hoy toca uno de los grandes de la historia, una especie de jefazo de final de nivel. La compañía desarrolladora de juegos deportivos para el metaverso creó gemelos digitales de los grandes boxeadores de la historia y sometió sus torneos y jugadas a aprendizaje profundo. Hoy, cualquier persona puede entrenar y competir con Floyd Mayweather, Mike Tyson, Baby Arizmendi o Henry Armstrong.

La cuenta atrás ha llegado a su fin. El estadio está hasta la bandera. Laura tiene 7 millones de usuarios en línea impacientes de que comience el torneo. Se escucha el griterío. Los avatares no paran de activar sonidos pregrabados para animarla.

Una voz grave de fondo acalla a la audiencia: —Bienvenidos a una nueva velada del campeonato mundial de boxeo virtual. En la esquina izquierda, la retadora de hoy: Laura Ramos. Ha superado con éxito los 25 niveles de juego. En la esquina derecha, con un récord de 61 peleas y 56 victorias, 37 de ellas por nocaut... el boxeador eterno... ¡Mohammad Ali!

La imagen de Ali aparece por detrás de Laura, gira en torno a ella a unos tres metros de distancia. La observa. Se dirige a los asistentes, levanta los brazos en señal de victoria. Es un ganador nato. Mohammad se coloca en su posición, se toca levemente el puente de la nariz.

Suena la campana que da inicio a la lucha. Ya no hay vuelta atrás (véase figura 5.3).

CRUZANDO EL ESPEJO. HACIA UN MUNDO DE REALIDADES MIXTAS

Los próximos 20 años van a ser fascinantes. Pero sobre todo van a ser mixtos. Mucha gente piensa, erróneamente, que los metaversos crearán un ejército de cuerpos conectados permanentemente a un mundo que se escapa a su razón. Suena a ciencia ficción. No ocurrirá.

Brian Chesky, CEO de Airbnb, lo tiene muy claro: «Una internet más tridimensional reemplazará a una internet bidimensional, pero no reemplazará la vida real»[2].

Durante los orígenes del ciberespacio —esa otra palabra que terminó en el diccionario de la Real Academia Española (RAE)—, la gente creía que nos íbamos a volver tarados por estar, todo el día, pegados a internet. Echa un vistazo a tu alrededor y dime cómo ha cambiado el mundo. No, no es «Matrix».

Pero sí podemos decir que las tareas que hacemos, la forma en que nos comunicamos, la manera en que gestionamos la información y la moldeamos, las oportunidades que tenemos para crear y para hacer llegar nuestras creaciones, esas cosas sí han transformado el planeta entero.

La gran herramienta de la globalización no fue ni la libre circulación de personas ni la Coca-Cola, fue internet.

2. Ali, Rafat: *Airbnb CEO Brian Chesky on the Future of Crypto & Metaverse in travel.* 2021, Skift. Disponible en www.skift.com/2021/12/28/airbnb-ceo-brian-chesky-on-the-future-of-crypto-metaverse-in-travel/.

Ese proceso de digitalización lo aceleró todo a su paso. Los centros comerciales se convirtieron en Amazon, el dinero de debajo de los colchones en criptomonedas, los hoteles en Airbnb y los cines en plataformas de *streaming* desde el hogar.

Los metaversos van a agitar la manera de hacer muchas cosas. Para empezar, deberás asumir que tu vida real, la física, será indisoluble de la artificial, la virtual. Lo que harás en tu vida cotidiana tendrá reflejos directos en lo que ocurra en el entorno virtual. Se verá amplificado. Alterarás de sitio las plantas de interior de tu salita de estar, y estas cambiarán de posición en tu gemelo digital de tu casa; estarás triste anímicamente porque no podrás salir a pasear debido a una tormenta; y cuando hables con tu familia por conferencia virtual, el maquillaje de tu avatar se verá modificado para que refleje alegría; conducirás en coche desde Madrid a San Sebastián para disfrutar de unas tapas, y tus hijos jugarán durante el camino por senderos que reflejarán la misma trayectoria del vehículo y la misma orografía del terreno, a pesar de que lucharán con naves espaciales o dinosaurios terroríficos; saldrás a correr por tu ciudad y, a lo largo de la ruta, unas marquesinas de realidad aumentada te mostrarán los indicadores de rendimiento directamente en tus lentillas; asistirás a una sesión de relax desde el salón de tu casa (e incluso simultáneamente con tus amigos en la distancia, en la misma habitación), y te verás sumergido en una experiencia por completo inmersiva, bien con cascos de realidad aumentada, virtual, mixta o, sencillamente, a través de proyectores holográficos ubicados estratégicamente en tu hogar (véanse figuras 5.4 y 5.5).

Tu mundo cambiará hacia un mundo de realidades mixtas.

FIGURA 5.4.

BROOMX ES UN PRODUCTO CREADO EN ESPAÑA POR UN GRUPO DE EMPRENDEDORES CATALANES. EL MODELO MK360+ PERMITE CREAR EXPERIENCIAS INMERSIVAS A PARTIR DE LA LUZ, PROYECTÁNDOLA ALREDEDOR DE LA AUDIENCIA. VARIAS APLICACIONES ELEVAN EL POTENCIAL DE ESTAS SOLUCIONES, COMO UNA CÁMARA 360 PARA GRABAR EXPERIENCIAS O MX MIRROR CAPAZ DE COMPARTIR LA PANTALLA DE UN ORDENADOR Y PROYECTARLA DE FORMA INMERSIVA (POR EJEMPLO, EN PARTIDAS DE VIDEOJUEGOS). © 2021, BROOMX.

FIGURA 5.5.

EL HOSPITAL D'OLOT, EN LA COMARCA DE LA GARROTXA (GIRONA), HA CREADO UNA SALA DE EXPERIENCIAS INMERSIVAS PARA SU PERSONAL MÉDICO. EL OBJETIVO ES MEJORAR EL BIENESTAR Y SALUD MENTAL DE SUS PROFESIONALES, REDUCIENDO LOS NIVELES DE ANSIEDAD GENERADOS POR LA ATENCIÓN SANITARIA DURANTE LA PANDEMIA. © 2021, BROOMX.

FIGURA 5.6.

THE FABRICANT HA RECIBIDO UNA AYUDA ECONÓMICA POR PARTE DE EPIC PARA CREAR UN ARMARIO DE PRENDAS EXCLUSIVAS PARA UTILIZAR EN EL METAVERSO. © THE FABRICANT.

FIGURA 5.7.

ACTUALMENTE LA COMPAÑÍA TRABAJA CON MARCAS DE RENOMBRE, COMO PUMA, DISEÑANDO PRENDAS DIGITALES. LA MISMA COMPAÑÍA CREE QUE, EN EL FUTURO INMEDIATO, ADQUIRIREMOS PRENDAS QUE TENDRÁN UN REFLEJO DIGITAL. © THE FABRICANT.

METAVIDAS

La realidad aumentada amplificará nuestras vidas en los próximos años. Por eso, no tiene por qué extrañarte que un día te levantes y que tu *outfit* se sincronice con el de tu avatar.

Las experiencias dentro de los metaversos actuales están muy vinculadas al entretenimiento. Pero eso no será siempre así. Tan pronto esas experiencias sean más funcionales, tanto en el campo de las relaciones sociales como en el del trabajo, desarrollaremos nuevas rutinas que tendrán como objetivo sentirnos bien con nuestro avatar o, dicho de otro modo, que nuestro avatar refleje quiénes somos y cómo nos sentimos en un momento dado.

No quedará mucho para que esto ocurra. Actualmente nos pasamos largas jornadas de trabajo frente al ordenador (otro tipo de inmersión menos profunda), conectados por videollamada con compañeros de trabajo, clientes y, también, amigos. Hemos comenzado con los fondos de pantalla, después controlando la emisión con la aplicación de efectos en tiempo real mediante el uso de cámaras virtuales (como la de Snap Camera o la de mmhmm), y el siguiente paso serán nuestros avatares personalizados en 3D con absoluto control de sus expresiones y una apariencia similar a la nuestra.

¿Cuánto estarías dispuesto a gastarte en un bolso virtual? Un reciente estudio de Wunderman Thompson Intelligence sabe que estarías dispuesto a gastarte hasta 3000 euros[3]. Por lo tanto, en el futuro ocurrirán varios escenarios. Que iremos a las tiendas físicas a comprarnos ropa para la siguiente temporada, y saldremos con la prenda y una réplica digital para nuestro avatar. También ocurrirá que compremos ropa exclusiva para nuestros avatares, diseñada por prestigiosas marcas.

En esta línea trabaja The Fabricant, una casa de moda digital que lidera la industria. Se trata de un equipo de diseñadores especializados en el diseño y animación de 3D fotorrealista para las grandes marcas, que ha decidido convertirse en la primera casa de moda y alta costura digital (véanse figuras 5.6, 5.7 y 5.8).

«La moda digital es un terreno vasto y sin explorar, donde lo que antes era físicamente imposible se hace posible. A través de nuestra ropa digital, The Fabricant está volviendo al corazón de lo que la moda siempre tuvo que ser: un escenario lúdico para explorar y expresar nuestras identidades e

---

3. Chiu, Emma: *Into the Metaverse*. 2021, Wunderman Thompson Intelligence. Disponible en www.wundermanthompson.com/insight/new-trend-report-into-the-metaverse.

FIGURA 5.8.

TODO EL PROCESO DE DISEÑO DE PRENDAS SE REALIZA MEDIANTE APLICACIONES 3D ESPECIALIZADAS EN EL DISEÑO DE ROPA. LA COMPAÑÍA, ADEMÁS, REALIZA SUS SIMULACIONES EN TIEMPO REAL SOBRE UNREAL ENGINE. EN ESTE CASO SE TRATA DE LA RECREACIÓN DE UNA PRENDA PARA LA DISEÑADORA SADIE CLAYTON, PERTENECIENTE A UNA COLECCIÓN ROBADA POR UN SUPUESTO EDITOR DE DAZED MEDIA, QUE SE LA SOLICITÓ PARA UNA SESIÓN FOTOGRÁFICA. © THE FABRICANT.

individualidad. El futuro de la moda que estamos construyendo es colaborativo, creativo, diverso e inclusivo», explica su fundadora Kerry Murphy, una directora creativa que ha trabajado para grandes marcas como Nike, Asics o Under Armour. La compañía acaba de recibir una ayuda económica de Epic Games para impulsar una curiosa iniciativa que nos da pistas de lo que está por venir: el armario del metaverso. Se trata de un paquete de activos digitales para utilizarse dentro del metaverso mediante Unreal Engine. Estas prendas únicas podrán ser adquiridas desde el *marketplace* de Unreal.

Gemelos digitales

Un gemelo digital es una representación digital e inmersiva de elementos del mundo real, como objetos (vehículos, prendas, artefactos), un sistema (una central eléctrica, una cadena logística, un aeropuerto) o procesos (robots de producción en una cadena de montaje, flujos de personas en una estación, condiciones meteorológicas, operaciones de cirugía). No lo confundamos con un avatar.

Compañías de todo el mundo están replicando muchas de las cosas que nos rodean y lo están trasladando a entornos inmersivos. El potencial es enorme. Si, además, conectamos un gemelo digital con un abanico de sensores bidireccionales que transmitan información en tiempo real (como dispositivos IoT), es posible sincronizar el entorno digital con el mundo físico.

Para muchas industrias los gemelos digitales no son un invento nuevo. La industria automotriz y aeroespacial llevan utilizándolos desde hace años para mejorar las operaciones de mantenimiento.

FIGURA 5.9.

EL FABRICANTE ALEMÁN BMW, JUNTO CON NVIDIA, ESTÁN CREANDO GEMELOS DIGITALES DE ALGUNAS DE SUS PLANTAS DE PRODUCCIÓN. ESTA IMAGEN QUE PARECE REAL NO LO ES. ES UN GEMELO DIGITAL. © BMW.

BMW tiene en la ciudad medieval de Ratisbona (Alemania) dos factorías. Una de ellas produce miles de vehículos al año, la otra es una réplica virtual en 3D a la que solo se accede mediante gafas de realidad virtual, y en la que cada material, superficie y maquinaria se ve exactamente igual que en la real (figura 5.9).

Podríamos considerar a los gemelos digitales uno de los pilares fundamentales de los futuros metaversos. Ya está ocurriendo. *NVIDIA Omniverse* es un ecosistema de aplicaciones que permiten conectar operaciones del mundo real con el mundo virtual. La compañía, de hecho, trabaja con muchas industrias ayudando a crear gemelos digitales.

De momento, los gemelos digitales se supeditan a objetivos, sistemas y procesos, pero a futuro será posible crear gemelos de una fuerza laboral completa para identificar oportunidades para el liderazgo empresarial. Por ejemplo, podrías recibir una palmadita en la espalda digital a partir de la proyección de tu rendimiento, consejos de capacitación para mejorar la comunicación en el trabajo o recomendaciones de trayectoria profesional basadas en los parámetros de tu gemelo digital. Algunas compañías ya están usando modelos de inteligencia artificial para alcanzar algunos de estos objetivos.

Otras industrias, como la de la salud, están empleando gemelos digitales para revolucionar la manera en que se trata y maneja el cáncer y otras enfermedades complejas.

> El primer gemelo digital de la historia fue la réplica que la NASA tenía del Apolo 13, un simulador exacto de la nave. La historia tiene hasta una película protagonizada por Tom Hanks.
> Hace algo más de 50 años, y a unos 330 000 kilómetros de distancia, los astronautas de la nave (Jim Lovell, Jack Swigert y Fred Haise) se estremecieron con una sacudida. Los tanques de oxígeno habían explotado.
> Para lograr que la tripulación regresase a casa, Control de Misión hizo uso del simulador del Apolo 13. Por sí solo un simulador no es un gemelo digital, pero sí lo fue la manera en que el personal técnico en la Tierra y los astronautas tuvieron que trabajar y modificar los controladores y las condiciones de vuelo para resolver el problema.

Posesiones y coleccionables digitales

A partir de la premisa de que los metaversos serán espacios de audiencias masivas (y algunos ya comienzan a superar los 100 o 200 millones de personas), es lógico pensar que la adquisición de bienes para su posesión o colección será unas de las fuentes de ingresos y uno de los modelos de negocio más importantes. Y no solo estamos hablando de la adquisición de terrenos o espacios virtuales, sino de todo tipo de objetos (bien para personalizar nuestros avatares, bien para crear o desarrollar espacios y actividades, bien para poseerlos por su autenticidad).

Los mismos mecanismos que han sido válidos en muchas de las plataformas de videojuegos desde hace años, donde los personajes podían adquirir objetos para mejorar sus capacidades en los torneos, jugarán aquí un rol importante. Y sí, en efecto, aquí entran los NFT.

El negocio de mercado de los *tokens* no fungibles alcanzó a cierre de 2021 un valor superior a los 23 000 millones de dólares[4]. La locura por obras como *Beeple's The First 5000 Days, Human One, Bored Ape Yatch Club, Covid Alien* o los *tokens* vinculados a la última entrega de la saga de *The Matrix* son responsables en parte de la fiebre por los NFT.

Marcas como Coca-Cola, Pepsi, Adidas, Nike, NBA, Gucci, Taco Bell, McDonald's, Dolce & Gabbana, Louis Vuitton, Bacardí, Campbell's (véase figura 5.10) o Budweiser son solo algunas que han lanzado sus propios *tokens* no fungibles. Nike, además, adquirió a principios de este año la compañía RTFKT, una pequeña empresa especializada en la creación de bienes no fungibles. Y es muy probable que sus creaciones acaben en Nikeland, el espacio que la marca ha creado dentro de Roblox.

FIGURA 5.10.

CAMPBELL'S SE ASOCIÓ CON SOPHIA CHANG, UNA ILUSTRADORA ENTUSIASTA DE LA SOPA DE LA MARCA PARA CREAR UNA PIEZA ÚNICA DE ESTILO POP, QUE FUESE UN TRIBUTO A LA EVOLUCIÓN DE LA COMPAÑÍA. EL NFT SE PUSO A LA VENTA EN OPENSEA, Y LA CUANTÍA OBTENIDA SERVIRÁ PARA IMPULSAR LA ACCIÓN SOCIAL DE FEEDING AMERICA. © 2021, CAMPBELL'S X SOPHIA CHANG.

Ubisoft, el gigante de los videojuegos, creó a finales de 2021 la plataforma Quartz, para vender objetos y bienes de la popular franquicia Ghost Recon. La marca tiene en el punto de mira otro título: Assassin's Creed. El caso de Pepsi también es destacable. Creó 1893 NFT (que coinciden con el año de su nacimiento como marca), generados aleatoriamente por un algoritmo de inteligencia artificial. La lista continúa.

---

4. DappRadar: *2021 Dapp Industry Report*. 2021, DappRadar. Disponible en www.dappradar.com/blog/2021-dapp-industry-report.

Los bienes y coleccionables digitales atraerán a usuarios a los metaversos. Muchos de esos bienes harán de puente entre el mundo físico y el virtual. Compraremos o nos subscribiremos a cosas necesarias en nuestra vida cotidiana, como prendas de vestir, maquillaje, bebidas, accesorios para el ordenador, vehículos, y estos vendrán con colecciones exclusivas que podremos activar en los metaversos. Algunas marcas ya lo están haciendo así. Bienes NFT que sirven de puerta de acceso a un universo de ventajas exclusivas, como los NFT de Warner Bros para la última aventura de Neo y Trinity.

Metaidentidad

En septiembre de 2021, Fox emitió en Estados Unidos un programa que rompió esquemas. Era la primera vez en la historia de la televisión en que un jurado votaba la actuación y la performance de unos avatares. El programa, que pudo verse en la franja de máxima audiencia, se llamó *Alter Ego*. Conducido por Rocsi Díaz, y con jueces de la talla de Grimes, Nick Lachey, Alanis Morissette o Will.i.am, más de 20 cantantes tuvieron que dar lo mejor de sí mismos sincronizados con sus avatares (véanse figuras 5.11, 5.12 y 5.13).

Más de 14 cámaras de captura de movimiento enviaban cada noche información en tiempo real a Unreal Engine. Desde allí, era posible simular toda la información obtenida, incluida la de la iluminación real del escenario, que también iba en sincronía con la del motor de *render*.

En el futuro, puede que nuestro DNI esté vinculado a la lista de identidades virtuales que tengamos en los distintos metaversos. Podremos tener una única identidad o múltiples. En el metaverso podremos ser quien queramos. Crearemos versiones digitales de nosotros mismos, o nos moldearemos

FIGURA 5.11.

CADA ACTUACIÓN EN EL PROGRAMA ERA CAPTURADA POR 14 CÁMARAS EN TIEMPO REAL. TRABAJARON MÁS DE 50 ARTISTAS EN CREAR A LOS PERSONAJES, ASÍ COMO SUS DIFERENTES OPCIONES DE VESTUARIO Y EFECTOS ESPECIALES INDIVIDUALES. © 2021, IMAGEN CORTESÍA DE FOX ENTERTAINMENT, ALTER EGO ™ Y FOX MEDIA LLC.

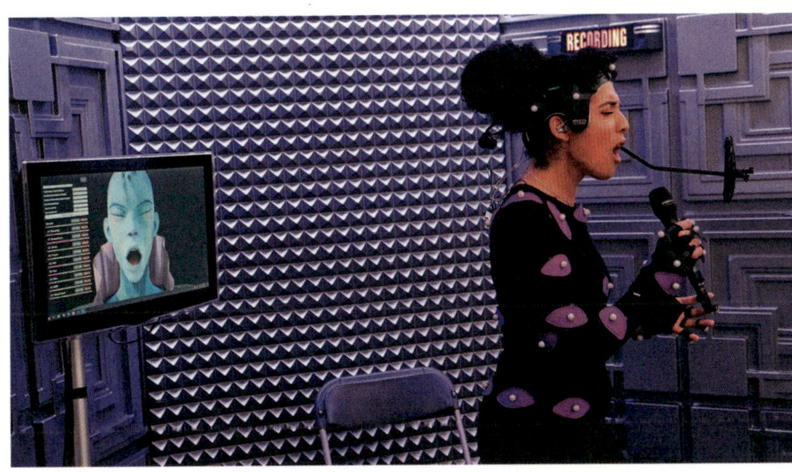

FIGURA 5.12.

SISTEMAS DE CAPTURA DE MOVIMIENTO Y EXPRESIÓN FACIAL PERMITIERON CAPTURAR TODOS LOS DETALLES DE LOS ARTISTAS REALES. LA ACTUACIÓN ERA CONVERTIDA EN DATOS EN TIEMPO REAL, QUE FUERON ENVIADOS A UNREAL ENGINE, DONDE ERA POSIBLE SIMULAR A LOS AVATARES Y TODO EL CONTROL DE ILUMINACIÓN VIRTUAL. © 2021, IMAGEN CORTESÍA DE FOX ENTERTAINMENT, ALTER EGO™ Y FOX MEDIA LLC.

FIGURA 5.13.

AL FINAL DE LA PRIMERA TEMPORADA SE GENERARON 80 ACTUACIONES QUE REPRESENTAN 12 HORAS DE CONTENIDO SIN NECESIDAD DE POSTPRODUCCIÓN. TODO EN TIEMPO REAL, INCLUIDA LA SIMULACIÓN DE CABELLO, EFECTOS ESPECIALES, PARTÍCULAS E ILUMINACIÓN. © 2021, IMAGEN CORTESÍA DE FOX ENTERTAINMENT, ALTER EGO ™ Y FOX MEDIA LLC.

una nueva a partir de rasgos que nosotros modificaremos a nuestro antojo. Podremos tener apariencia humana, robótica, animal o sin definir. Y configurar cuantos parámetros nos permitan los sistemas de creación de personajes, del mismo modo a como ocurre en los videojuegos.

Nuestra identidad en los metaversos será crucial. Para interactuar con los servicios que allí se ofrezcan, los usuarios necesitan una forma de verificar de manera segura su identidad y sus credenciales. Y dicha identidad deberá ser segura, inquebrantable y libre de clonación, copia o falsificación.

Ready Player Me es una plataforma de avatares muy popular. En la actualidad es usada por más de 200 proveedores de servicios, entre los que se encuentran algunos de los metaversos más populares, como Somnium Space, VR Chat o LIV, entre otros. Es posible crear un avatar a partir de una foto real y, a partir de ahí, crear un *alter ego* virtual de cuerpo completo que se personaliza mediante más de 300 opciones diferentes de personalización. Microsoft también tiene su propio sistema de personalización de avatares que implementará en Teams, y Meta ha hecho público también el suyo.

En los próximos años veremos nuevos mecanismos para reflejar la identidad física de los usuarios de manera sencilla y mucho más accesible. Metahumans Creator, desarrollado por Unreal, aspira a convertirse en un creador hiperrealista de personas y mascotas. Actualmente se usa para crear personajes dentro de experiencias inmersivas o de videojuegos, pero a futuro puede jugar un papel determinante para crear identidades fotorrealistas para metaversos. De hecho, en el informe sobre metaversos elaborado por Wunderman Thompson, el 88 % de los más de 3000 participantes reconoció que desean que sus identidades reflejen su apariencia de la manera más realista posible, así como su ética y sus valores.

METASOCIEDADES

Las redes sociales nos dieron la oportunidad de crear comunidades de interés o afinidad que han transformado la manera de entender las relaciones entre las personas. Globalmente. Es cierto, están llenas de virtudes y también de defectos. Muchos. Pero, a pesar de ellos, han modificado la forma en que la sociedad interactúa, crea, distribuye y participa.

Los metaversos irán mucho más allá. Serán entornos donde las personas sentirán que existen realmente dentro de él, y donde trabajarán, se divertirán, se relacionarán de tú a tú. Serán relaciones más auténticas, más inmersivas. También queremos que sean más inclusivas, y donde puedan amplificarse las voces de todas las comunidades que lo deseen.

Teletransportación

¿Cuándo es la última vez que te has conectado a una videoconferencia a través de Zoom, Meet, Webex o Teams? En dicha sesión la acción que has realizado es la de unirte a una conversación. En el metaverso irás más allá, te teletransportarás. La teletransportación será el acto de trasladarte a un espacio inmersivo, moverte virtualmente dentro de

FIGURA 5.14.
CUALQUIER USUARIO PODRÁ TELETRANSPORTARSE A UNA REUNIÓN DE AMIGOS O A UNA SESIÓN COLABORATIVA DE TRABAJO. ESTE CONCEPTO IMPLICA UN PROCESO DE INMERSIÓN EN UN ENTORNO VIRTUALIZADO CREADO EN 3D. © 2021, META.

sus límites e interactuar con el resto de las personas que, también, se hayan transportado virtualmente dentro de dicho espacio.

El concepto de conexión queda obsoleto. Desde el preciso momento en que una tercera dimensión entra en juego, la conexión deja paso a un ejercicio mucho más dinámico, más representativo de una acción en la que juega un rol esencial la presencia física y virtual de la persona.

Es cierto que no hará falta llamar a Scotty para teletransportarnos, pero sí que podremos hacerlo como en Star Trek, a cualquier escenario que se nos permita: una sala de reuniones, unas oficinas centrales, un parque de atracciones, un desierto, el lejano Oeste, una aventura en la selva. Los límites estarán impuestos por el número y cantidad de experiencias que se hayan creado previamente.

Mark Zuckerberg, en su carta fundacional del 28 de octubre de 2021, se expresó en estos términos: «La cualidad definitoria del metaverso será una sensación de presencia, como si estuvieras allí mismo con otra persona o en otro lugar (...). En este futuro, podrás teletransportarte instantáneamente como un holograma para estar en la oficina sin tener que desplazarte, en un concierto con amigos o en la sala de tus padres para ponerte al día».

METANEGOCIOS

Los metaversos son una oportunidad para los negocios. Del mismo modo a lo que ha ocurrido con internet, donde pequeñas, medianas y grandes compañías han terminado por asumir que el comercio electrónico es un canal de igual o más relevancia que el canal físico, así ocurrirá en el nuevo estadio de internet.

En los próximos años veremos cómo marcas de diferentes sectores dan el salto a algunos de los espacios inmersivos que mejor encajen con sus públicos objetivos. Pero será un reto. El nuevo mundo es 3D, y todas las empresas deberán aprender a operar en un nuevo entorno que reta la mente, y donde nacerán nuevos comportamientos de las personas que van más allá de interactuar en un espacio bidimensional como la internet que todos conocemos.

Es cierto que las marcas llevan algunos años experimentando con ejercicios de visualización de sus productos en 3D o 360º, y también, con la compra contextual dentro de redes sociales, que podría ser llamada como la antesala del siguiente gran salto. Pero la experiencia no será igual. Las marcas que quieran hacer negocio en el metaverso o los emprendedores que se atrevan a teletransportarse deberán ampliar los límites de la creatividad y ofrecer experiencias que sean irrepetibles en la vida real.

FIGURA 5.15.

LA MARCA DE ROPA FOREVER 21 HA DESARROLLADO UNA INNOVADORA PLATAFORMA DE ECOMMERCE EN ROBLOX QUE PERMITE A CUALQUIER USUARIO INFLUYENTE POSEER UNA TIENDA DE LA MARCA Y VENDER A TRAVÉS DE ELLA. © FOREVER 21, VIRTUAL BRAND GROUP.

La realidad aumentada aparece aquí como la gran aliada para las empresas. Asia tiene mucho camino ganado, y cuenta con ejemplos muy interesantes de grandes marcas. Pero la innovación debe ir más allá de un mero ejercicio estético de permitir probar zapatillas, maquillaje o relojes. Hay que pensar en nuevas dimensiones y capas de complejidad que aporten una experiencia en verdad integrada de lo que un metaverso representa. Quizá tú no te compres las zapatillas que te has probado en la tienda o en casa mediante realidad aumentada, pero sí las quieras para tu *alter ego*.

Comercio electrónico inmersivo

El comercio electrónico será uno de los pilares del metaverso. Las marcas tienen una gran oportunidad de explorar nuevas vías y fórmulas disruptivas de conectar sus plataformas de comercio electrónico, sus tiendas físicas y sus catálogos de producto con las experiencias dentro del metaverso.

Algunas ya lo están haciendo, como la Nikeland de Nike o la Forever 21 Shop City, ambas en Roblox. Esta última es realmente disruptiva. La marca de ropa, junto a Virtual Brand Group, ha creado una fórmula novedosa de venta minorista dentro del metaverso. Forever 21 Shop City permite que personas influyentes dentro de la moda y creadores de mundos posean y administren su propia tienda personal de la marca en el metaverso de Roblox. Los usuarios pueden comprar y vender productos de la marca, incluidos accesorios y ropa. Pueden también contratar a personajes virtuales (NPC) para que sean empleados de las tiendas. El objetivo, gamificado, es convertir cada tienda creada en la mejor del metaverso.

Las capacidades de esta iniciativa son enormes. Los jugadores podrán intercambiar ubicaciones de las tiendas, decidir qué tareas realizar dentro, personalizar el interior, elegir qué colecciones ofrecer (la marca lanzará todas sus colecciones futuras dentro de la plataforma), y acordar el aspecto exterior de las tiendas.

FIGURA 5.16.

AUDI ESTÁ USANDO LA REALIDAD MIXTA PARA INCREMENTAR LA EFICIENCIA DE SUS OPERACIONES DE PLANIFICACIÓN LOGÍSTICA, MEDIANTE EL USO DE LOS DISPOSITIVOS HOLOLENS 2 Y EL SISTEMA LAYAR, UNA APLICACIÓN QUE AYUDA A LOS PLANIFICADORES LOGÍSTICOS DE AUDI A INSTALAR NUEVAS ESTRUCTURAS LOGÍSTICAS EN NAVES DE PRODUCCIÓN. © AUDI AG.

Metaindustrias

No hay industria que no encuentre un campo de actividad susceptible de dar el salto al metaverso, desde la música, la moda, los deportes, la educación, la arquitectura, los bienes de consumo, la automoción, el turismo, el transporte, la salud. La lista es amplia.

Aunque el uso de realidad aumentada, mixta y virtual no es ajeno a muchas industrias, que han desarrollado mecanismos de mejora de la producción gracias al uso de estas tecnologías (véanse figuras 5.16 y 5.17), sí es nuevo hacerlo en un espacio nuevo de conectividad inmersiva, y donde el mundo físico y el virtual están conectados.

Solo el mercado de creación de gemelos digitales, que está revolucionando las operaciones de muchas compañías, ayudando a mejorar la productividad de los sistemas y la optimización en el consumo de recursos, prevé alcanzar en 2028 los 86 000 millones de dólares, según un informe de Gran View Research[5]. El 30 % de esa cifra se espera que se genere solo en Europa.

FIGURA 5.17.

LAS EMPRESAS CONSTRUCTORAS DEL FERROCARRIL DE ALTA VELOCIDAD DE REINO UNIDO, HS2, HA HECHO USO DE TECNOLOGÍA DE REALIDAD MIXTA PARA LA FORMACIÓN Y CAPACITACIÓN DEL PERSONAL INVOLUCRADO EN LAS OBRAS DE CONSTRUCCIÓN. © HS2 LTD.

5. Grand View Research: *Digital twin market size, share & trends analysis report by end-use*. 2021, Gran View Research. Disponible en www.grandviewresearch.com/industry-analysis/digital-twin-market.

FIGURA 5.18.

EL MODELO F-150 LIGHTNING ES EL PRIMER PICKUP COMPLETAMENTE ELÉCTRICO DE LA COMPAÑÍA. SE LANZARÁ EN LA PRIMAVERA DE 2022. PARA ATRAER A COMPRADORES QUE BUSCAN UN MODELO ELÉCTRICO DE ESTAS CARACTERÍSTICAS, LA MARCA SE HA ASOCIADO CON GOOGLE PARA CREAR UNA EXPERIENCIA DE REALIDAD AUMENTADA. © 2021, FORD.

Todas las industrias han comenzado a agitarse desde la base y están comenzando a explorar oportunidades. El ejemplo de compañías especializadas en diseño arquitectónico es notorio. Ya tuvieron su oportunidad con Second Life hace una década. Ahora han vuelto para aportar su conocimiento a la generación de entornos y espacios únicos. Pero también se generarán nuevas industrias que nazcan única y exclusivamente dentro del metaverso y solo tengan sentido dentro de él.

Otro ejemplo es el de automoción. Durante los últimos años y sobre todo desde el inicio de la pandemia, ha acelerado su incursión en la realidad virtual, aumentada y mixta. El ejemplo de Ford con el lanzamiento del modelo F-150 Lightning en Estados Unidos —la primera *pickup* totalmente eléctrica de la marca— es un caso de estudio. Para ofrecer una experiencia lo más inmersiva posible en la fase de exploración para los potenciales compradores del vehículo, Ford se asoció con Google para crear una experiencia de realidad aumentada con la que mostrar completamente el vehículo y sus diferentes configuraciones. Una estrategia de campaña que ayuda a reforzar el funnel de compra en la etapa de consideración.

FIGURA 5.19.

EL USUARIO, BIEN CON ANDROID O IOS, PUEDE ACCEDER A LA EXPERIENCIA INMERSIVA, EXPLORAR EL VEHÍCULO COMO SI LO TUVIERA DELANTE Y CONFIGURARLO CON TODAS LAS OPCIONES QUE PROPORCIONA LA MARCA. © 2021, FORD.

Metaempleo

Del mismo modo a como ocurrió con la informática primero y con internet después, los metaversos traen consigo un cambio en el panorama del empleo. Un cambio profundo.

FIGURA 5.20.

LA UNIVERSIDAD COMPLUTENSE DE MADRID, EN COLABORACIÓN CON VIRTUAL VOYAGERS Y EMPOWER TALENT, OFRECE DESDE 2022 EL PRIMER DIPLOMA Y CERTIFICADO EN FORMACIÓN ESPECIALIZADA EN EL METAVERSO. LOS TÍTULOS SE OFRECERÁN EN MODALIDAD NO PRESENCIAL. EL METAVERSE FULL MASTERY ES UNA PROPUESTA INTEGRAL QUE AMPLÍA LOS CONOCIMIENTOS DE NEGOCIO CON CONOCIMIENTOS DE DISEÑO Y DESARROLLO CON LOS QUE CONSTRUIR Y DAR ALAS A MODELOS DE NEGOCIO INMERSIVOS. SE TRATA DE UN ENFOQUE PARA EL QUE NO SE PRECISA TENER CONOCIMIENTOS DE PROGRAMACIÓN (ENFOQUE NO-CODE). EN LA IMAGEN EL DÍA DE SU PRESENTACIÓN OFICIAL. © 2021, UNIVERSIDAD COMPLUTENSE DE MADRID.

Los metaversos necesitan talento con habilidades únicas y exclusivas, pero también nuevas profesiones. Necesitan de personas con habilidades especiales en la visualización y diseño en entornos tridimensionales, pero también con amplios conocimientos de inteligencia artificial, computación en la nube, nuevos lenguajes y conocimientos de ingeniería.

Quizá sea un buen momento para hacer el *Metaverse Full Mastery*[6] de la Universidad Complutense de Madrid (véase figura 5.20), en colaboración con Virtual Voyagers y Empower Talent y coger músculo para entender el alcance y requisitos necesarios para abordar un proyecto empresarial en el metaverso. Y, dado que el medio es nuevo, surgirán paulatinamente nuevas descripciones de puestos de trabajo. Aquí algunas de ellas:

- Constructores de mundos. Los he mencionado mucho a lo largo de este libro. Ellos han de imaginar cómo serán esos espacios donde convivirá la gente. Necesitaremos que tengan las mismas habilidades que los actuales diseñadores de videojuegos, aunque con reglas

6. Universidad Complutense de Madrid: *La Complutense ofrece la primera propuesta formativa en español a nivel mundial en Metaversos*. 2021, UCM. Disponible en www.vgers.com/academy/.

diferentes. Deberían haber crecido con piezas de Lego o haber soltado su imaginación dentro de Minecraft.

- Narradores de historias dentro del metaverso. Tendrá que diseñar experiencias inmersivas para marcas que lleven a los usuarios a explorar, sentir, aprender, incluso llorar. Necesitaremos expertos en *copywriting* para marketing, pero con experiencia en videojuegos y en nuevas narrativas.
- Ingenieros de *hardware*. Los metaversos no solo se construyen de código y vóxeles. También se requerirán nuevos dispositivos para crear las mejores experiencias inmersivas. Dispositivos cada vez más sofisticados, más fáciles y atractivos de llevar encima, y con mejor conectividad. Lo hemos visto con Meta y su laboratorio, del que saldrán guantes capaces de sentir la presión de las manos, sistemas que mapean por completo tu hogar creando una réplica digital del mismo.
- Expertos en datos y ciberseguridad XR. Aunque sabemos que en los entornos digitales nunca existe una seguridad plena de la información, al menos, se ha de intentar garantizar que los datos (esa moneda de cambio de nuestro siglo) permanezcan lo más seguros posible. Las identidades, movimientos, interacciones, sentimientos de los usuarios serán en esta nueva internet inmersiva más valiosos que nunca. Además, los próximos años conllevarán esfuerzos en materia legislativa para proteger los derechos de las personas en el metaverso, por lo que serán precisos perfiles que adecuen constantemente esas nuevas normativas.
- Desarrollador de ecosistemas inmersivos. Su primera misión será garantizar la interoperabilidad de los dispositivos existentes y lograr que, del mismo modo que hoy hay acceso a internet de manera generalizada, los entornos de realidad mixta, aumentada y virtual sean de acceso mayoritario. Para conseguirlo, se requiere que haya perfiles con la visión necesaria para conectar los puntos y hacer que funcionen y sean de acceso mayoritario.
- Científicos del metaverso. Hará falta mucha masa gris y una gran cantidad de científicos especializados en diversos campos si queremos crear réplicas y gemelos digitales del mundo real. Personas cualificadas en fotografía computacional, mapeo y localización, computación distribuida y neuronal, odometría visual-inercial, etcétera. Han de construir la arquitectura que servirá de base a todos los casos de uso de los metaversos.
- *Chief Metaverse Officer*. Se requiere alguien que sea capaz de, bajo un prisma holístico, integrar todas las piezas para abordar de manera adecuada los proyectos relacionados con el metaverso. Muchas empresas están demandando esta figura. Su responsabilidad será la de gestionar la presencia de la marca en la futura internet, su visión y su misión. También la de alinearse con la mejor red de proveedores capaces de llevar a cabo las experiencias de marca en el metaverso.

FIGURA 5.21.

SENSORIUM GALAXY ES UNA PROPUESTA DE METAVERSO DE ALTA FIDELIDAD. LA PROPUESTA PARTE DE LA PREMISA DE UN VIAJE ESPACIAL A UNA GALAXÍA LEJANA, EN LA QUE ES POSIBLE VISITAR PLANETAS. UNO DE ELLOS, EL PRISMA, PERMITE HACER CONCIERTOS VIRTUALES DE RECONOCIDOS DJ, COMO STEVE AOKI O DAVID GUETTA. © 2021, SENSORIUM GALAXY

Entretenimiento

La primera misión de los metaversos será entretener. Sus orígenes en el entorno de los videojuegos facilitan esta labor. El entretenimiento es el mejor gancho con el que atraer audiencias. Permite, mientras se juega, enseñar y educar sobre un nuevo espacio de relaciones, un nuevo entorno para la colaboración empresarial y el trabajo, y una nueva arena sobre la que competir o disfrutar del ocio.

El catálogo de posibilidades para el entretenimiento está íntimamente relacionado con la capacidad de los creadores de mundos de diseñar y crear nuevas experiencias.

Hay muchos ejemplos del potencial y capacidad para el entretenimiento de los metaversos, como los de The Sandbox, Roblox, Axie Infinity, Avakin Life o RecRoom. Uno de ellos, y quizá el más llamativo, es el de Sensorium Galaxy (véase figura 5.21), un metaverso en el que puedes acceder mediante gafas de realidad virtual desde desktop y móvil. Dentro de él, es posible personalizar con altísimo grado de detalle tus avatares (véanse figuras 5.22 y 5.23), así como los complementos que forman parte de tu *outfit*. Una nave espacial te teletransporta a través del cosmos a la galaxia Sensorium, donde residen planetas con características únicas. Uno de ellos, llamado el Prisma, sirve de escenario para la organización de eventos en directo con los mejores DJ del panorama musical, como Steve Aoki, Nina Kraviz, Charlotte de Witte, Eirc Prydz o Jean-Michel Jarre, entre otros. Un mundo social, basado en experiencias exclusivas de entretenimiento.

Los eventos de música en plataformas inmersivas se han hecho excepcionalmente relevantes debido a la COVID-19. No hay ningún metaverso en la actualidad que desee excluir de su oferta este tipo de entretenimiento por la capacidad de atracción de usuarios, tal y como quedó demostrado con los eventos masivos de Fortnite.

El futuro de la industria musical también atraviesa un profundo proceso de transformación. De hecho, comienzan a aparecer nuevas figuras en el panorama musical por completo virtuales, como Polar (véase figura 5.24), una cantante virtual basada en inteligencia artificial que ya ha protagonizado vídeos musicales y conciertos. Su primera canción, *Close to you*, ya ha aparecido en las listas de éxitos en Spotify, Apple Music, YouTube Music, Deezer o Yandex Music, incluyendo la celebración de un concierto virtual en la plataforma de juegos móviles Avakin Life.

En el entorno más vinculado al juego, conceptos como *play-to-earn* están acaparando la atención, debido a que hacen obtener ingresos a las personas por los avances o logros que consiguen, bien en términos de criptomonedas o dinero real. Detrás de este concepto están propuestas como la de Gods Unchained, Illuvium o Axie Infinity, entre otros.

FIGURA 5.22.

DENTRO DE SENSORIUM GALAXY ES POSIBLE ADQUIRIR AVATARES DE ALTÍSIMA CALIDAD, COMO ESTE, NATISA SITAR, PARA EL QUE LA COMPAÑÍA INCLUSO HA CREADO UNA HISTORIA DE SU ORIGEN. © 2021, SENSORIUM GALAXY.

FIGURA 5.23.

LOS AVATARES SE CARACTERIZAN POR SER POLIMÓRFICOS. ALGUNOS TIENEN ASPECTO HUMANO Y OTROS UN AIRE EXTRATERRESTRE. EN AMBOS CASOS ES DESTACABLE LA CALIDAD DE LAS TEXTURAS Y LOS ROPAJES. © 2021, SENSORIUM GALAXY.

FIGURA 5.24.

LA CANTANTE VIRTUAL POLAR. ESTE PERSONAJE, CON ÉXITOS MUSICALES QUE HAN SIDO PUBLICADO EN SPOTIFY O YANDEX MUSIC, HA ACTUADO EN DIRECTO EN LA PLATAFORMA DE JUEGOS AVAKIN LIFE. © 2021, POLAR.

ENTREVISTA

RICHARD KERRIS

Vicepresidente de desarrollo de la plataforma Omniverse en NVIDIA

FIGURA 5.25.
RICHARD KERRIS.

La trayectoria de Richard Kerris es amplísima. Actualmente es el máximo responsable de la estrategia de negocio y de marketing de una de las plataformas más importantes de NVIDIA, Omniverse. Pero su carrera y conocimientos vienen de largo. Fue director de Maya, para Alias|Wavefront (la popular compañía de *software* que adquirió Silicon Graphics a mediados de los noventa), donde lideró a los equipos responsables de llevar la popular aplicación de modelado y animación 3D a los fabricantes de equipos y nuevas plataformas. Trabajó en Apple, en el equipo de Final Cut Pro, Logic y Aperture, y también en Lucasfilm, donde ejerció de *Chief Technology Officer*, liderando la división de investigación y desarrollo y la estrategia tecnológica de Industrias Light & Magic (ILM).

Richard ha participado en muchas ponencias a lo largo del mundo, como la NVIDIA GTC e, incluso, las conocidas *keynotes* de Apple junto a Steve Jobs.

Vivimos en una nueva economía de los creadores, con tecnologías a nuestro alrededor que exigen mucha más velocidad, capacidad de computación gráfica y agilidad. Y esta situación parece que se agravará mucho más en los próximos años. ¿Cuál crees que serán los principales retos en términos de infraestructura para conseguir metaversos verdaderamente inmersivos en los próximos 10-15 años, en los que se pueda combinar la información en tiempo real con el mundo real?

Simular mundos virtuales en alta fidelidad es un reto increíblemente complejo. En realidad, es un problema infinito. Siempre podemos dedicar más potencia de cálculo a hacer nuestros mundos virtuales más grandes, más complejos y ricos. Pero hay algo más que eso.

Hay dos grandes problemas en los que NVIDIA está centrada para los mundos virtuales de Omniverse. Uno, facilitar la participación de todos en la creación de estos mundos virtuales de alta fidelidad. El segundo, trasladar de la manera más fiel a la realidad la simulación dentro de los mundos virtuales, de forma eficiente a los ordenadores del centro de datos y a la nube.

La web se ha convertido en un éxito porque prácticamente cualquiera puede crear una página web, participar en su construcción, y la experiencia para cualquiera que la visite es consistente, independientemente de la plataforma o el dispositivo que esté utilizando. Esa coherencia subyacente se debe en gran parte al desarrollo de la industria y a la adopción del lenguaje HTML. Una internet 3D va a requerir este mismo tipo de tejido conectivo uniforme, pero es un problema mucho más difícil que el de las imágenes y los vídeos, ya que requiere que la complejidad de todos los elementos que componen una escena en 3D se adopte como un estándar para que las experiencias sean coherentes, independientemente del mundo virtual al que se teletransporte el usuario.

FIGURA 5.26.

NVIDIA REVELÓ DURANTE EL GTC 2021 QUE CONSTRUIRÁ UNA SUPERCOMPUTADORA DE INTELIGENCIA ARTIFICIAL DEDICADA A PREDECIR EL CAMBIO CLIMÁTICO. BAUTIZADA COMO EARTH-2, SU OBJETIVO SERÁ CREAR UN GEMELO DIGITAL DE LA TIERRA. © 2021, NVIDIA.

La creación de contenidos 3D para mundos virtuales es mucho más difícil que la de páginas 2D: requiere una gran experiencia que lleva años dominar, lo que da lugar a un grupo más reducido de artistas de élite frente a un mundo mucho más amplio de creadores 2D. Sin embargo, esto está a punto de cambiar drásticamente. Gracias a la computación avanzada, la simulación, la visión por ordenador y la inteligencia artificial, estamos creando las herramientas necesarias para que un número mucho mayor de personas participe en la construcción de mundos virtuales de alta fidelidad. Por ejemplo, nuestra tecnología GAN permite la creación de objetos 3D solo mediante una referencia a una fotografía 2D en la que el ordenador ha sido entrenado para saber que es representativa de un objeto 3D. O, mediante el uso de la IA, los creadores logran sofisticadas animaciones de personajes utilizando una pista de voz para el rostro o una cámara web para el cuerpo. Estos son solo algunos ejemplos de cómo la tecnología avanzada democratizará de manera significativa los retos de la creación de mundos virtuales en 3D.

El otro gran problema es la simulación de estos grandes y complejos mundos. En la actualidad, prácticamente todos los motores de juego se limitan a funcionar en un solo ordenador (consola de videojuegos, PC, dispositivo móvil, etcétera). Si quieres simular un mundo más grande con más fidelidad, no puedes lanzar más ordenadores para hacerlo más rápido. Con la nube, ahora tenemos esa potencia de cálculo disponible en el centro de datos, pero escalar la simulación de un mundo 3D más allá de un nodo es un problema no resuelto que NVIDIA pretende resolver.

¿Crees que los metaversos son la próxima gran revolución?

La simulación escalable, físicamente precisa y en tiempo real, es la próxima gran revolución. La simulación será aplicable a cualquier industria. Construir cosas virtualmente ayudará a las empresas a ganar eficiencia operativa. Los mundos virtuales son los que permiten esta escala de simulación. Creemos que todo lo que se construya será simulado. También creemos que en los mundos virtuales habrá muchos más tipos de cosas construidas que en el mundo físico. De la misma manera que la web se ha hecho mucho más grande de lo que soñábamos al inicio de internet, estos mundos virtuales irán mucho más allá de nuestra imaginación actual.

¿Qué industrias y actividades crees que se verán más afectadas por la llegada de los metaversos?

Al igual que internet, casi todas las industrias se beneficiarán de la participación y el alojamiento de mundos virtuales. Los creadores harán más cosas para los mundos virtuales que para el mundo físico. Las empresas construirán innumerables gemelos digitales de productos, entornos y espacios —desde una escala a nivel de objeto hasta escala planetaria—. De la misma manera que todas las empresas del mundo tienen presencia en la web, todas las industrias tendrán mundos virtuales como parte de sus flujos de trabajo.

El CEO de NVIDIA, Jensen Huang, se ha mostrado entusiasmado con la idea de crear un gemelo digital del mundo, algo así como una réplica que pueda utilizarse para simulaciones o entornos de prueba. ¿Qué progresos está haciendo la empresa en este sentido? ¿Cuál es el alcance —si lo hay— para el mercado de consumo y para las empresas?

En nuestra *GPU Technology Conference* (GTC) de noviembre de 2021, Jensen Huang reveló varias iniciativas de gemelos digitales que estamos apoyando activamente, como la fábrica del futuro de BMW Group, el generador de vapor de recuperación de calor de Siemens Energy, un gemelo de la Tierra llamado *Earth-2* (véase figura 5.26), y el gemelo digital a escala de ciudad de Ericsson para la propagación de la señal 5G. Estos son solo algunos de los ejemplos de lo que están haciendo nuestros clientes.

¿Podrán combinarse estos gemelos digitales con las interacciones del mundo real? ¿Podríamos amplificar el mundo real con la información de estas réplicas digitales?

Sí, la máxima expresión de un gemelo digital es la sincronización con el mundo real a través de sensores, y la constante reoptimización y ajuste (véase figura 5.27). El producto del mundo real o el entorno estarán perfectamente sincronizados con la réplica digital porque el gemelo digital es la versión más optimizada.

Háblame de Omniverse, el ecosistema de soluciones para creadores, y del papel que desempeñará en los próximos años en la construcción de metaversos. El mercado de

FIGURA 5.27.

CON DRIVE SIM OMNIVERSE LA COMPAÑÍA HA DADO UN PASO EN LA CREACIÓN DE UNA PLATAFORMA DE SIMULACIÓN DE VEHÍCULOS AUTÓNOMOS. EN ESTE ESCENARIO, EL ENTORNO DE SIMULACIÓN DEBE REPRESENTAR LOS DATOS DE LOS SENSORES DEL VEHÍCULO DE LA MISMA MANERA QUE LO HACEN EN EL MUNDO FÍSICO. © 2021, NVIDIA.

herramientas de *software* para mejorar la creatividad está muy fragmentado. Sin embargo, NVIDIA está haciendo un gran esfuerzo para conectar su Omniverse con estas soluciones. Blender, Cinema 4D, Adobe, Unreal Engine, Unity, Daz3D... La lista es extensa. ¿Cuál es la estrategia?

Omniverse es una plataforma de desarrollo de referencia abierta, que conecta los principales productos de diseño 3D del mundo para permitir un flujo de trabajo más fluido y colaborativo entre estas herramientas. Los creadores pueden pasar de cada uno de estos diferentes mundos de *software* a otro a través de Omniverse, gracias a nuestro apoyo a los estándares abiertos, como *Universal Scene Description* (USD). Estamos trabajando con más de 40 empresas de *software* para construir aún más conexiones en tiempo real, para que sea más fácil y rápido para los creadores construir mundos virtuales y el contenido dentro de ellos.

¿Qué herramientas de Omniverse crees que van a cambiar la forma de crear historias, diseñar personajes o avatares, darles vida, interactuar y, sobre todo, hacerlo con la máxima fidelidad posible?

Omniverse es una plataforma que mejora los ecosistemas de herramientas de diseño 3D existentes. Los creadores, diseñadores e ingenieros seguirán utilizando sus aplicaciones de diseño preferidas, mientras que Omniverse aporta más de 20 años de tecnología de simulación de NVIDIA —física, IA y renderizado acelerado por RTX— para complementar estos flujos de trabajo existentes.

Pensando que en los próximos años todo el mundo tendrá la capacidad y la posibilidad de crear contenidos en el metaverso, ¿es Omniverse una plataforma solo para profesionales o está pensada para que la aproveche cualquier particular?

Creemos que los mundos virtuales serán construidos tanto por empresas como por particulares, por lo que hemos diseñado la plataforma Omniverse para servir a múltiples audiencias. NVIDIA Omniverse Enterprise es una plataforma de colaboración y simulación de extremo a extremo, fácil de implementar, que transforma los complejos flujos de trabajo de diseño para compañías de cualquier escala. NVIDIA Omniverse para particulares es gratuita y está disponible para que los creadores individuales conecten sus herramientas y colaboren con otros artistas.

He mencionado los conectores entre Omniverse y otras marcas, pero hace poco vimos el sistema de eliminación de ruido y artefactos de la señal del micrófono de Logitech, donde se utiliza el potencial de la inteligencia artificial (los núcleos Tensor AI de las recientes GPU). ¿Veremos más aplicaciones similares, por ejemplo, en el campo de la RV/RA/XR, o con información procedente de datos de guantes hápticos o exoesqueletos?

Habrá muchas formas de interactuar con los mundos virtuales. La mayoría de nosotros entrará en los mundos virtuales basados en el Omniverse con los monitores 2D de nuestros ordenadores portátiles y estaciones de trabajo. Algunos se transportarán al Omniverse de forma inmersiva con la realidad virtual, o agentes basados en inteligencia artificial saldrán con realidad aumentada. La gente inventará muchas tecnologías para apoyar o mejorar estas interacciones. De la misma manera que hay muchas formas de experimentar la web, habrá muchas formas de interactuar con estos mundos virtuales.

06

ACCEDIENDO AL METAVERSO

El metaverso está diseñado para cambiar la forma en que consumimos contenido. Tras 30 años limitados por un espacio bidimensional, ha llegado la hora de romper esa frontera e introducir un nuevo eje de coordenadas. La futura internet será 3D, dinámica e inmersiva. Pero eso no significará que no podamos sentarnos frente a la pantalla de nuestro portátil y trabajar cómodamente, mantener videollamadas con nuestros compañeros de departamento o quedadas virtuales con nuestros amigos para jugar al último videojuego del momento. Significa que el metaverso se revelará en su plenitud cuando utilicemos tecnologías de inmersión para disfrutar del contenido. La realidad extendida será la forma de conseguir la mejor experiencia de usuario.

Jaron Lanier, fundador de VPL Research y uno de los gurús de la realidad virtual según *The New York Times*, llegó a definirla como aquella tecnología «capaz de revivir nuestra habilidad infantil para la fantasía»[1]. Eran los noventa, la década donde la realidad virtual entró en escena —una época de emociones contenidas por los primeros constructores de mundos—. Sin embargo, y aunque nos parezca poética, la definición de Lanier contiene un elemento esencial de los metaversos: la capacidad de liberar la imaginación y permitirnos crear experiencias reales o imaginarias sin limitaciones.

Cuando era pequeño —mientras viajaba de Móstoles al centro de Madrid acompañado de mi abuelo, en uno de esos inviernos fríos—, durante el trayecto en autobús solía sentarme junto a las ventanas. Me encantaba dibujar figuras con el dedo aprovechando el rocío. Dibujaba coches con alas, parecidos a un DeLorean, y batallas de robots que simulaban superponerse a las caravanas de coches típicas de la hora punta de entrada a la ciudad. Mi abuelo siempre me preguntaba qué eran aquellos trazos. Para mí eran coches voladores: ¡Imagínatelo, abuelo, viajando al futuro a través de esas nubes! Mi abuelo siempre me miraba con una sonrisa en la cara. Yo, sin saberlo, ya estaba experimentando con la realidad extendida.

1. Wolley, Benjamin: *El universo virtual*. Acento Editorial, 1992.

ES LA ERA DE LA REALIDAD EXTENDIDA.

La realidad extendida (XR) es una etiqueta, un concepto paraguas. Aglutina varias disciplinas y tecnologías. Como definió en el CES de 2019 Jim Malcolm, CEO de HumanEyes, creador de una de las primeras cámaras XR del mundo, «la realidad extendida es un cubo para todas las realidades».

El origen de la realidad extendida no es nuevo. La primera constancia que se tiene se la debemos a un fotógrafo americano llamado Carles Wales Wyckoff, especializado en fotoquímica, postgraduado en el MIT (Instituto Tecnológico de Massachusetts), inventor y experto en fotografía de alta velocidad. Wyckoff fue uno de los pocos expertos en analizar la película *Zapruder* tras el asesinato de Kennedy o de fotografiar a alta velocidad las primeras pruebas de la fusión nuclear que fueron publicadas por la revista *Life* en 1960. Un año más tarde de la publicación de esas imágenes, Wyckoff solicitó la patente de un proceso para el tratamiento de la imagen en celuloide con el objetivo de conseguir resultados que van más allá de la percepción humana, como las imágenes extremadamente brillantes. Bautizado dentro del documento de la patente[2] como XR (*Extended Exposure Response*), muchos lo han definido como el primer acercamiento, mediante el tratamiento de la imagen, a una primera experiencia de realidad extendida.

Sin embargo, la acepción que aquí nos ocupa tiene su origen en el invierno de 2016. Una reunión de trabajo de varios actores de la industria, Valve, Epic Games y Khronos —el consorcio encargado del desarrollo de estándares interoperables para los gráficos 3D, la realidad virtual y aumentada—, sirvió de embrión. Se puso sobre la mesa la idea de crear una única API para la industria que ayudase al desarrollo de tecnologías para la realidad aumentada y virtual. De esas conversaciones nació el llamado *The Exploratory Group*, al que se unieron más de 30 empresas del sector. Como resultado de los esfuerzos del grupo, las primeras especificaciones del estándar OpenXR 0.90 se hicieron públicas en la *Game Developers Conference* de 2019 en San Francisco, y la primera versión en SIGGRAPH del mismo año (la mayor feria de gráficos por ordenador del mundo, con 48 años a sus espaldas).

Bajo el concepto de realidad extendida se incluyen varias tecnologías que jugarán un papel destacado en el desarrollo y consolidación de los metaversos. XR engloba, hasta el momento, tres tecnologías: la realidad virtual (VR), la realidad aumentada (AR) y la realidad mixta (MR). Es muy probable que, en los próximos años, conforme avance el desarrollo de estas y otras tecnologías, incluyamos algún concepto nuevo, como la holografía.

A diferencia de en los ochenta y los noventa, en los últimos cinco años la adopción de tecnologías de realidad extendida ha crecido considerablemente. La prueba de fuego han sido las ventas durante la Navidad de 2021. Meta Quest logró que la aplicación de Oculus fuese la más descargada tanto de la Apple Store como de la Google Play. Para ver el ritmo de este proceso de adopción, los datos de Apptopia sirven para ilustrar la evolución[3]. Durante los días 24 a 26 de diciembre de 2018 la *app* de Oculus se descargó algo más de 54 000 veces. En ese mismo periodo en 2021 las cifras ascendieron a más de 640 000 descargas, en solo dos días. La misma compañía estima que Meta Quest superó los dos millones de unidades vendidas durante todo el periodo navideño.

Con estos datos —y a pesar de que es cierto que la realidad aumentada ha encontrado un hueco en el mercado de consumo más masivo, gracias a su inclusión dentro de las redes sociales como Snapchat, Instagram o Facebook—, se puede decir que la realidad extendida está abriéndose paso en el mercado de consumo a gran velocidad.

2. Wyckoff, Carles: *Silver halide photographic film having increased XR characteristics*. 1961. Disponible en patents.google.com/patent/US3450536.

3. Pérez, Sarah: *Meta's Oculus VR companion app gained near 2M downloads since Christmas*. En Techcrunch, 2022. Disponible en www.techcrunch.com/2022/01/06/meta-had-a-good-holiday-as-its-oculus-vr-companion-app-gained-2m-downloads-since-christmas.

REALIDAD VIRTUAL (VR)

En 1935, Stanley G. Weinbaum escribió *Las gafas de Pigmalión*[4], un libro provocador para su época, que nos narra el alcance de un curioso invento para los espectáculos del profesor Albert Ludwig, su protagonista: unas gafas que permiten a quien las usa experimentar el mundo con olor, gusto y tacto.

—¡Escuche! Soy Albert Ludwig, el profesor Ludwig —mientras Dan guardaba silencio, continuó: —No significa nada para ti, ¿eh? Pero escucha, una película que te da una vista y un sonido. Supongamos que ahora agrego gusto, olfato e incluso tacto, si la historia te interesa. Supongamos que lo hago para que estés en la historia, les hables a las sombras y las sombras te respondan, y en lugar de estar en una pantalla, la historia se trata de ti y tú estás en ella. ¿Sueño?

—¿Cómo diablos pudiste hacer eso?

—¿Cómo? Primero mi líquido de positivar, luego mis gafas mágicas. Fotografío la historia en un líquido con cromatos sensibles a la luz. Construyo una solución compleja, ¿ves? Añado sabor químicamente y sonido eléctricamente. Y cuando se graba la historia, pongo la solución en mi espectáculo, mi proyector de películas. Electrolizo la solución, la descompongo; los cromatos más antiguos van primero y sale la historia, la vista, el sonido, el olfato, el gusto, todo.

Detrás de este maravilloso fragmento del relato de Weinbaum se esconden algunos de los principios básicos de la realidad virtual: que es un intento de sustituir el estímulo que llega a nuestro cerebro procedente del mundo real —a través de los sentidos—, para convencer a la persona que se somete al experimento con un mensaje inventado de que el mundo que está percibiendo es el mundo real. En nuestro caso, ese mensaje es generado digitalmente.

4. Weinbaum, Stanley G: *Pygmalion's Spectacles*. Kessinger Publishing, 2010.

FIGURA 6.1.
UNAS GAFAS Y UNOS SENSORES COMO LOS DE PLAYSTATION VR SON SUFICIENTES PARA ACCEDER A EXPERIENCIAS INMERSIVAS DENTRO DEL HOGAR. © COTTONBRO / PEXELS.

Una buena definición de realidad virtual es la que nos ofrece la asociación española InmersivaXR, liderada por Lorena González y Vicky Vasán: «Realidad virtual es la tecnología que permite, a través de unas gafas (*Head Mountain Display*), situarnos dentro de un entorno virtual generado artificialmente a partir de escenas u objetos que pueden tener apariencia real, posibilitando la inmersión completa y la interacción con dicho entorno».

Tres son los elementos clave de la realidad virtual (véase figura 6.1): la generación simulada de un entorno (y es ahí donde entran en juego los motores en 3D que crean desde cero la experiencia), la inmersión completa (sumergirse en una experiencia de realidad virtual te desconecta —parcialmente— del mundo real) y la interacción (donde es posible tomar decisiones, modificar, alterar o crear desde cero la realidad simulada).

Si esta tecnología fuese una cebolla y desgajásemos sus capas una a una, identificaríamos los siguientes elementos básicos:

- Experiencia virtual simulada. Generada mediante técnicas de representación tridimensional, usando para ello motores de renderizado 3D en tiempo real. Esta experiencia puede adoptar cualquier forma hiperrealista o imaginaria. Puede crearse un gemelo digital de una fábrica robotizada de televisores, un gemelo digital de un buque de pasajeros destinado a cruceros transoceánicos o una aventura espacial a bordo de los escuadrones de *Star Wars*.
- Dispositivo de entrada. Los dispositivos de entrada son la larga lista de sensores capaces de trasladar los movimientos del usuario en el mundo real al mundo virtual. Sensores que escanean el entorno para identificar la ubicación del usuario y advertirle cuándo se sale de un área de seguridad, sensores para la cancelación de ruido ambiental, sensores de posición y rotación, sensores de rastreo del movimiento ocular, sensores para la conectividad, sensores IoT para replicar datos del mundo real —como unos robots de una cadena de montaje—, cámaras o micrófonos. También hay que añadir todos los sistemas de guantes hápticos, sensores de trazabilidad del movimiento usados en animación 3D y exoesqueletos.
- Dispositivo de salida. Los dispositivos de salida están representados por el propio casco o gafas de realidad virtual. El resultado de la experiencia inmersiva ha de mostrarse en la retina del usuario mediante unos paneles de alta resolución hasta 8K (en algunos modelos avanzados y para el sector profesional), y acompañados de lentes correctoras para una mejor visualización del usuario y un campo de visión de hasta 270º, dependiendo de los modelos.
- Dispositivo de representación y computación. Actualmente es posible experimentar la realidad virtual usando un ordenador (*desktop* o *laptop*), un teléfono inteligente o una consola de videojuegos. Conforme avancen las tecnologías de computación en la nube, es muy probable que con una sencilla conexión 5G o Wi-Fi 6 se pueda lograr una inmersión sin fisuras y sin depender de un procesador dedicado a las tareas más intensivas de representación tridimensional de los entornos.

FIGURA 6.2.

EXPERIENCIA INMERSIVA DURANTE LA OFRENDA DE FLORES A LA VIRGEN DEL PILAR, EN ZARAGOZA. MÁS DE CIEN MIL PERSONAS ACCEDIERON A LA PROPUESTA, CREADA POR LA COMPAÑÍA ESPAÑOLA IMASCONO. AÚN PUEDE DISFRUTARSE EN WWW.OFRENDADEFLORES.COM. © 2021, IMASCONO.

La importancia y el impacto de la realidad virtual comienza a verse en algunos éxitos recientes en la industria del entretenimiento. El caso de Sony y Guerrilla con el lanzamiento de su videojuego *New Horizon Forbidden West* es un claro ejemplo. Para complementar la experiencia de juego, la compañía lanzó para la PlayStation VR2 una experiencia única y exclusiva que hará uso de los nuevos controladores. Su título, *Horizon Call of the Mountain,* recuerda a los de las grandes experiencias inmersivas como las creadas por Douglas Trumbull para algunos parques temáticos. Se trata de una historia paralela, que ofrece un enfoque y una narrativa complementaria al juego.

Las experiencias virtuales e inmersivas de la compañía española Imascono también entran dentro de esta categoría. La pandemia lo ha cambiado todo, y la compañía lo sabe. Por eso, en 2021, la tradicional «Ofrenda de Flores del Pilar», que se lleva a cabo cada 12 de octubre en Zaragoza, fue inmersiva, virtual. Una experiencia innovadora que logró que más de 101 000 personas de 91 países realizasen 21 241 ofrendas de ramos de flores a la virgen (véase figura 6.2).

Las marcas han comenzado a entender cómo es posible combinar estrategias de marketing entre el mundo físico y el virtual. El caso de Samsung durante el CES de 2022 es un buen ejemplo. Mientras sus directivos presentaban sus nuevas líneas de producto y la visión de la compañía para los próximos años, una campaña táctica en el mayor metaverso del mundo asiático, Zepeto, permitiría a sus usuarios conocer de primera mano los nuevos electrodomésticos para el hogar de la marca. Además de acceder a información en el entorno virtual, era posible realizar combinaciones personalizadas de mobiliario y producto como si de un estudio de diseño de interiores se tratara (véanse figuras 6.3 y 6.4).

FIGURAS 6.3 Y 6.4.

APROVECHANDO EL CES 2022, SAMSUNG ACTIVÓ UNA INTERESANTE CAMPAÑA EN EL METAVERSO ZEPETO, POPULAR EN ASIA Y CON MÁS DE 250 MILLONES DE USUARIOS. LA ACTIVACIÓN DE LA COMPAÑÍA COREANA, LLAMADA MY HOUSE, INFORMA A LOS USUARIOS DEL METAVERSO LOS BENEFICIOS Y CARACTERÍSTICAS DE 18 ELECTRODOMÉSTICOS DE LA MARCA DESTINADOS AL HOGAR. ADEMÁS, PUEDEN HACERSE FOTOS, ADQUIRIR MERCHADISING Y DECORAR SUS CASAS CON DISPOSICIONES PERSONALIZADAS DE MUEBLES Y ELECTRODOMÉSTICOS DE LA MARCA. © 2022, SAMSUNG.

A futuro, y del mismo modo a como ocurre en el libro de Weinbaum, la VR se enfrenta a importantes desafíos. A medida que las interfaces de realidad virtual evolucionen, veremos accesorios y complementos que harán que la experiencia inmersiva sea aún más fácil y realista.

Actualmente el complejo ecosistema de compañías que están trabajando en VR tienen en el laboratorio innovaciones en las siguientes áreas:

- Eliminación de los controles manuales. Cámaras en los visores detectarán el movimiento de nuestras manos y no necesitaremos complementos para interactuar.
- Gafas de reducidas dimensiones, más ligeras, sin cables y con mayor autonomía, que harán más rápida y sencilla la experiencia.
- Accesorios hápticos que harán que el tacto sea tan realista que parecerá que estemos abrazando a un trol o acariciando a un lobo. ¿Te imaginas acariciar a los zorros de *Ghost of Tsushima* en los santuarios de animales? En este campo, el de las mejoras hápticas, trabaja Razer —conocida marca del mundo de los videojuegos—. Coincidiendo con el CES 2022 ha presentado la primera silla de *gaming*, el modelo Enki Pro HyperSense, pensada para experiencias inmersivas. La compañía ha trabajado codo con codo con D-Box, conocida por las butacas para los cines 4D. Las nuevas sillas poseen más de 65 000 variaciones hápticas y una inclinación mecánica de 1,5 pulgadas que replica movimientos de impacto (véanse figuras 6.5 y 6.6).
- Veremos las primeras aproximaciones al sentido del olfato en el mercado de consumo dentro de las experiencias inmersivas. ¿Oler la pólvora tras un disparo en un FPS u oler las recetas en un curso de cocina en el metaverso?

FIGURA 6.5.
LOS SENSORES HÁPTICOS LLEGAN A LOS PRODUCTOS DE ESCRITORIO Y DEL HOGAR. LAS NUEVAS SILLAS DE GAMING DE RAZER, EL MODELO ENKI PRO HYPERSENSE, POSEEN SENSORES QUE HACEN QUE LA SILLA SE MUEVA EN SINCRONÍA CON LA ACCIÓN QUE OCURRA EN LA EXPERIENCIA INMERSIVA, DEL MISMO MODO A COMO OCURRE CON LAS BUTACAS DE LOS CINES 4D. © 2022, RAZER.

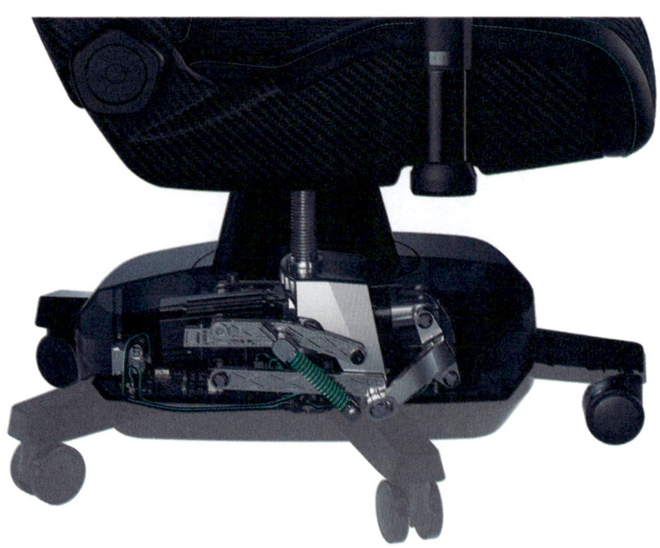

FIGURA 6.6.
LA SILLA INCORPORA MÁS DE 65 000 VARIACIONES HÁPTICAS PARA ADMITIR NUMEROSOS ENTORNOS Y ESCENARIOS, FUERZA G DE HASTA 1G, INCLINACIÓN VERTICAL Y HACIA ATRÁS DE 1,5 PULGADAS, Y SINCRONIZACIÓN EN TIEMPO REAL CON UNA RESPUESTA DE HASTA 5 MILISEGUNDOS. POR SUPUESTO, TAMBIÉN ES CÓMODA. © 2022, RAZER.

REALIDAD AUMENTADA (AR)

La realidad aumentada es el más conocido de todos los entornos XR disponibles en la actualidad. Lo es porque su tecnología se ha expandido por el mundo como la pólvora gracias a su incorporación a la experiencia de juego en los teléfonos móviles o su uso a modo de filtros en las principales redes sociales y aplicaciones de mensajería instantánea.

Según el último informe sobre realidad aumentada de Deloitte Digital para Snap[5], se espera que para 2025 el 75 % de la población entre 16 y 69 años haya utilizado AR en sus aplicaciones sociales. En la actualidad, 200 millones de usuarios la utilizan a diario solo en Snapchat. De esos, 100 millones la usan en el momento de compra. El motivo se debe a que el 56 % de las personas considera que le da más confianza la marca debido a que se ofrece más y mejor información sobre el producto.

Las cifras asustan. El potencial de los filtros basados en AR es tan poderoso que las redes sociales generan diariamente cerca de 4500 millones de

5. Deloitte Digital: *Snap consumer AR. Global report 2021.* Deloitte Digital and Snap Inc, 2021. Disponible en www2.deloitte.com/nl/nl/pages/customer-and-marketing/articles/deloitte-digital-snap-inc-report.html.

fotografías y vídeos en los que se incorporan filtros de realidad aumentada. Hoy los diez países que más uso de la AR hacen en redes sociales son México, India, Malasia, Arabia Saudí, Emiratos Árabes Unidos, Canadá, Australia, Estados Unidos, Holanda y Suecia.

De todas las experiencias XR, la realidad aumentada es la más próxima al mundo real. Lo es porque actúa como una capa superpuesta de información sobre el mundo físico, que convierte a los usuarios que la utilizan en personas con superpoderes.

La definición de InmersivaXR de nuevo es valiosa: «La realidad aumentada es la tecnología que permite la visualización de capas virtuales superpuestas sobre el mundo real, mediante un dispositivo móvil o unas gafas/lentes que dejan ver el mundo real y virtual al mismo tiempo. Estas capas están formadas por objetos digitales y/o información relativa a los objetos reales».

Aunque aún es pronto para confirmarlo, es muy probable que esta tecnología absorba la tecnología de los móviles en los próximos años y se convierta en su sustituto natural. Así se han expresado muchos expertos en el mercado, incluida Apple, Meta (recordemos que tras su proyecto Nazare se esconden las primeras gafas AR de la compañía), Qualcomm o Niantic, ambos embarcados en el desarrollo de gafas de realidad aumentada.

De lo que es innegable es de su penetración en el mercado: la industria de la televisión, el entretenimiento, la gastronomía, el turismo, la medicina, la arquitectura, la construcción, la ingeniería. La lista de campos e industrias donde ha impactado y continúa transformando la cultura empresarial de trabajo es amplísima. Y seguirá creciendo tan pronto las experiencias de realidad aumentada se integren en el metaverso, como está haciendo Perfect Corp, compañía especializada en tecnología AR para maquillaje, que acaba de crear un nuevo AR Kit para relojes de lujo, entrenado para detectar el color de la piel y el tamaño de la muñeca, para así adaptarse a todos los usuarios. La compañía quiere conectarlo con alguno de los metaversos existentes, como ocurre con los avatares.

Marcas como Gucci, Ikea, Gibson, Sephora, Hewlett Packard, Ducatti, Warner Bros, Black & Decker, Kinder, Ikea, Walmart, Asos, Burberry, Adidas, L'Oreal y Movistar han desarrollado sus propias aplicaciones conectadas con sus soluciones de comercio electrónico o acciones tácticas para campañas de lanzamiento. La lista es increíblemente larga y los casos de uso amplio.

Mencionaré algunos ejemplos destacados más recientes por su alcance, uso y combinación de tecnología.

FIGURA 6.7.
LOS APRENDICES DE LA FACTORÍA DE SEAT EN MARTORELL HACEN PRÁCTICAS CON SISTEMAS DE SOLDADURA BASADOS EN REALIDAD AUMENTADA. CON ELLO MEJORAN SUS CAPACIDADES EN ENTORNOS DE RIESGO NULO. © SEAT.

En 2022, la BBC junto al operador móvil británico de 5G British Telecom, la Royal Botanic Gardens y varios estudios de creación de contenido lanzaron una iniciativa que combina la realidad aumentada con la última tecnología de comunicaciones 5G. Coincidió con el programa de TV presentado por David Attenborough, *The Green Planet*. El objetivo es que la audiencia tenga acceso a una experiencia interactiva. A través de la aplicación los usuarios pueden acceder a imágenes botánicas 3D de alta precisión, cultivarlas, observar sus comportamientos y ver cómo crecen en entornos urbanos, mientras miran a los animales a su alrededor.

Otro ejemplo destacable es el de SEAT, el fabricante de vehículos con sede en Martorell (Barcelona). Allí, en la escuela de aprendices, los futuros trabajadores trabajan simulando soldaduras mediante realidad aumentada. Unos cascos similares a los usados para protegerse de las chispas posibilitan que el personal opere en un entorno de seguridad (véase figura 6.7).

Otra compañía de automoción, Volkswagen, anticipó el futuro del *software* inteligente durante la Innovation Talk de junio de 2021. Para la compañía el *software* es la clave del futuro del automóvil, hará que los vehículos sean más modernos y constituyan un factor de ventaja competitiva. Entre las tecnologías inteligentes que ya incluye el nuevo *software* de la compañía se encuentra el *head-up display* de realidad aumentada/mixta que está disponible en los modelos ID (véase figura 6.8).

FIGURA 6.8.

EL SOFTWARE INCORPORADO EN LOS VEHÍCULOS DE LA GAMA ID DE VOLKSWAGEN, INCLUYEN UNA INNOVADORA ESTRATEGIA DE SOFTWARE, DONDE SE INCLUYE UN SISTEMA DE HEAD-UP DISPLAY BASADO EN REALIDAD AUMENTADA/MIXTA. © VOLKSWAGEN AG.

El último ejemplo para destacar —de los múltiples que se desarrollan cada año por grandes y pequeñas compañías, y también por emprendedores con ideas brillantes— tiene que ver con las piezas de Lego, ese componente común con el que crecieron los constructores de mundos. En esta ocasión es una aplicación realmente útil, Brickit, creada por Leonid Alexandrov y Andrey Tatarinov, dos amantes de las piezas de Lego. La premisa de la aplicación es muy sencilla: ¿Qué puedes construir con las piezas que tengas en tus cajas? La aplicación, que hace uso de visión artificial y realidad aumentada, permite reconocer los patrones de las fichas, identificarlos correctamente de todo el conjunto y recomendarnos potenciales ideas para crear objetos con ellas. Incluye, también, los manuales para hacerlas (véase figura 6.9).

REALIDAD MIXTA (MR)

En enero de 2022, durante el CES de Las Vegas, Hyundai agitaba la industria. Si esta feria internacional se caracteriza por anticipar cómo será nuestra sociedad en los próximos años, la marca coreana ponía su granito de arena con la que será la fusión entre el mundo real y los metaversos más avanzada de cuantas se plantean. Bajo el concepto *Expanding Human Reach*, Hyundai nos anticipa la fusión del metaverso con el mundo real a través de la robótica y la realidad mixta. La reciente adquisición de Boston Dynamics, la compañía fabricante de robots más innovadora del mundo, coloca a la compañía en una posición privilegiada.

El planteamiento es apasionante. Imagínate que, en las próximas dos décadas, gran parte de las tareas rutinarias del hogar se deleguen en robots del hogar. Desde cuidar a las plantas, sacar a pasear a tu perro, dar de comer a tu gato, limpiar las habitaciones, cortar el césped o controlar a personas mayores. Hyundai va a desarrollar las tecnologías que conecten tu presencia en el metaverso con todos estos robots. Así, será posible que, si viajas a

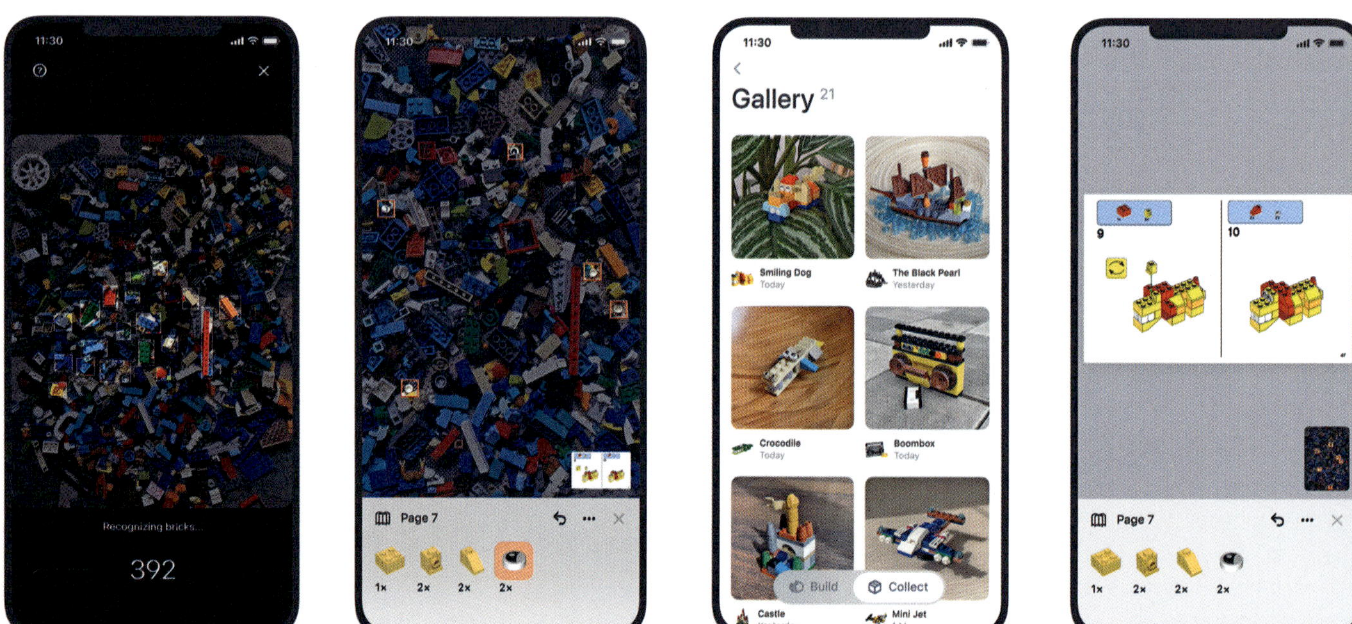

FIGURA 6.9.

BRICKIT ES UNA APLICACIÓN MÓVIL QUE HACE USO DE REALIDAD AUMENTADA, QUE PERMITE RECONOCER PATRONES DE IMAGEN DE LAS FICHAS, Y RECOMENDAR OBJETOS PARA CONSTRUIR. © BRICKIT.

FIGURA 6.10.

HYUNDAI MOTOR COMPARTIÓ EN EL CES 2022 CELEBRADO EN LAS VEGAS SU VISIÓN DE CÓMO LA ROBÓTICA EN EL MUNDO REAL Y LAS INTERACCIONES DENTRO DEL METAVERSO PUEDEN ABRIR UN NUEVO CAMPO DE POSIBILIDADES. BAJO EL TÍTULO EXPANDING HUMAN REACH, EL PRESIDENTE EJECUTIVO DE LA COMPAÑÍA, EUISUN CHUNG, NOS ANTICIPÓ CÓMO LA REALIDAD MIXTA Y EL METAVERSO SE CONECTAN SIN COSTURAS AL MUNDO REAL. © 2022, HYUNDAI MOTOR.

FIGURA 6.11.

HYUNDAI ANTICIPA CÓMO SERÁN LAS CIUDADES DEL MAÑANA, DONDE UNIDADES ROBOTIZADAS Y AUTÓNOMAS FACILITARÁN LA VIDA DE LAS PERSONAS. © 2022, HYUNDAI MOTOR.

Londres y has de dar de comer a tu mascota, puedas acceder desde el hotel al gemelo digital de tu casa, compruebes el estado del hogar y ordenes a un robot que le ponga de comer.

El mismo concepto lo aplicará a los entornos profesionales. Cualquier trabajador en cualquier parte del mundo podrá controlar una factoría remota usando gemelos digitales y realizar modificaciones en tiempo real sobre sus activos, como los robots que controlan la fábrica.

También quiere que las experiencias en movilidad integren el concepto de los metaversos, y el vehículo sea un espacio más de trabajo o entretenimiento. «Un automóvil que se conecta a espacios virtuales puede permitir a los usuarios disfrutar de diversas experiencias de realidad virtual o mixta en el coche. Dependiendo de las necesidades del usuario, un automóvil se puede transformar en un espacio de entretenimiento, una sala de reuniones para el trabajo o, incluso, una plataforma de videojuegos en 3D», explicaba el presidente ejecutivo de Hyundai Motor Group, Euisun Chung, en el CES 2022.

La realidad mixta es la más compleja de definir, sobre todo porque es una fusión de las dos anteriores, y la frontera es realmente difusa. De hecho, gran parte de los filtros AR de Instagram pueden considerarse realidad mixta, desde el preciso momento que reconocen el entorno para ubicar los objetos tridimensionales.

FIGURA 6.12.

OPERADORES EN REMOTO CON TECNOLOGÍAS DE REALIDAD MIXTA PODRÁN OPERAR DENTRO DE GEMELOS DIGITALES CUYOS DATOS ESTÁN SINCRONIZADOS CON LAS FACTORÍAS DEL MUNDO REAL. © 2022, HYUNDAI MOTOR.

La realidad mixta es una combinación del mundo físico y el virtual (véase figura 6.14). Lo diferencial es que mediante la realidad mixta se escanea o reconoce el entorno para poder posicionar los objetos virtuales dentro de dicho espacio, adaptándose perfectamente al entorno y permitiéndonos interactuar con él. También es posible integrar objetos y personas reales dentro de un espacio generado virtualmente, como ocurre en los platós de televisión cuando nos explican conceptos como los tornados, los volcanes en erupción o la evolución de los resultados del día de las elecciones electorales.

Tres son, pues, los factores que intervienen en la realidad mixta y son indisolubles:

- Personas. Que interactúan con el entorno físico, pero también con la realidad digital.
- Ordenadores o métodos de computación en la nube. Que reaccionan a la interacción de las personas, pero también recogen la información de nuestro entorno y la procesan.
- Entorno. Nuestra realidad, por donde nos movemos, que nos sirve de referencia para la ubicación y posicionamiento de experiencias virtuales superpuestas.

Parece sencillo de explicar, pero intervienen muchísimos factores para lograr experiencias mixtas en verdad impactantes. Para empezar, es necesario cartografiar con precisión el entorno, saber dónde están ubicados los objetos y personas en el mundo físico, reconocer superficies, sus límites, el sonido tridimensional a nuestro alrededor o la iluminación global que impacta en cada superficie. Por otro lado, es imprescindible posicionar correctamente al individuo, la persona que ha decidido sumergirse dentro de la experiencia inmersiva, conocer cómo mueve su cuerpo, sus manos, su cabeza, sus ojos y también su voz. A partir de esa información, la experiencia mixta puede recorrer cualquier posición dentro del «continuo de virtualidad», un espectro cuyos polos opuestos reflejan esa dualidad; en un lado se encuentra nuestra realidad física, en el otro la virtual. Habrá experiencias que sean más virtuales y superpongan elementos reales, y experiencias más reales que superpongan elementos virtuales.

Para entenderlo mejor, echa un vistazo a la gráfica que muestra el «continuo de virtualidad» (véase figura 6.13):

- Hacia la izquierda (cerca del mundo físico). Aquí los usuarios están presentes en su realidad física. En ningún momento tienen la sensación de haber abandonado esa realidad. Un usuario que usa su móvil para probar el último modelo de zapatillas en sus pies, si levanta la mirada del móvil choca frontalmente con su realidad. No tiene sensación de inmersión completa. Solo está solapando información sobre una imagen capturada en su terminal.
- En el medio (realidad por completo mixta). Aquí se combinan el mundo real y el virtual generado digitalmente. El usuario lleva unas gafas de realidad mixta con las que ve el entorno, pero al mismo tiempo el entorno puede verse alterado, modificado, amplificado por experiencias digitales perfectamente integradas dentro de él. Responden a sus interacciones, los objetos no reales son envueltos por la misma iluminación del mundo real, y comprenden la cartografía del

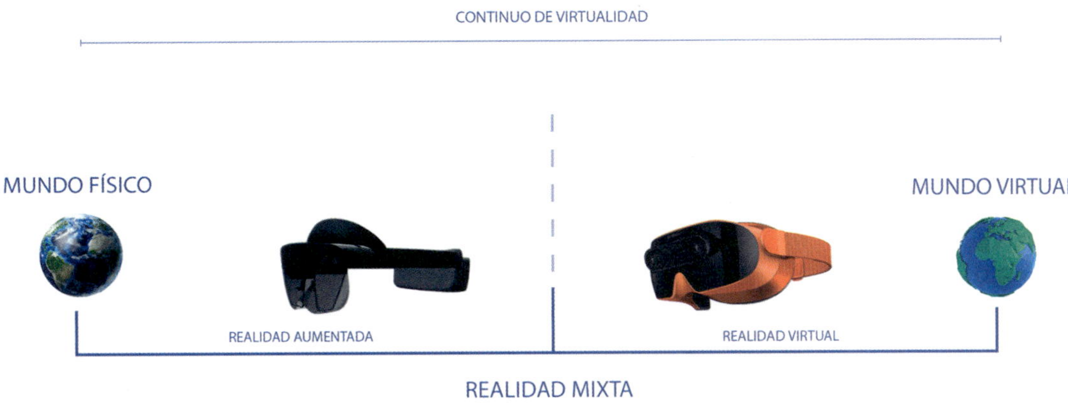

FIGURA 6.13.
EL CONTINUO DE VIRTUALIDAD SIRVE PARA ENTENDER EN QUÉ ESPACIO JUEGA CADA TECNOLOGÍA XR EN RELACIÓN CON EL ENTORNO.

espacio (objetos virtuales pueden esconderse detrás de un sofá real, dentro de una nevera o en el armario de casa). Un ejemplo claro de realidad mixta es la película *Jumanji*, cuando parte de la casa se convierte en una selva por la que comienzan a transitar animales salvajes. La casa es real, la selva es virtual. Pero ambos se superponen como si fuese una nueva realidad.

- Hacia la derecha (cerca del mundo virtual). Aquí la experiencia inmersiva es completa y absolutamente virtual. El usuario se coloca su casco y sus dispositivos de acceso, y pierde su noción de realidad. Se desconecta por completo de la realidad física que nos rodea. Los videojuegos VR de PlayStation entrarían dentro de esta categoría.

Muchas compañías alrededor del mundo han comenzado a implementar soluciones de realidad mixta a sus procesos de trabajo. Una de ellas es Cisco, que ha lanzado *Webex Hologram* (véase figura 6.15). Se trata de una solución que, mediante el uso de gafas como las Microsoft Hololens 2 o las Magic Leap, sumerge a las personas en entornos hiperrealistas de trabajo, las ayuda a conectarse con otros individuos y a verlos como si los tuvieran delante. Podrán incluso compartir espacios colaborativos y herramientas para una mayor productividad combinada. El sector médico, técnicos o equipos de ventas, que requieren mecanismos avanzados de entrenamiento con objetos, así como el diseño colaborativo, sería el principal cliente objetivo. McLaren, por ejemplo, ya lo utiliza en sus procesos de trabajo, ahorrando horas en tiempos de viaje.

Lo mismo ocurre con el *Cold Atom Lab*, el laboratorio de la NASA que opera en órbita terrestre, único en su tipo. Se trata de un laboratorio del tamaño de una mininevera, que alberga múltiples experimentos que exploran la naturaleza fundamental de los átomos enfriándolos hasta casi el cero absoluto (la temperatura más fría que puede alcanzar la materia).

FIGURA 6.14.
LAS APLICACIONES PRÁCTICAS DE LA REALIDAD MIXTA SON INFINITAS. LA INDUSTRIA DE LA FABRICACIÓN DE VEHÍCULOS ES UNA DE ELLAS. LES PERMITE FORMARSE EN PROCESOS COMPLEJOS O QUE REPRESENTEN UN RIESGO PARA LAS PERSONAS, Y ADEMÁS LES PROPORCIONA UNA INFORMACIÓN AMPLIFICADA DURANTE SU TRABAJO DE MANERA NATURAL. © MICROSOFT.

FIGURA 6.15.
EL SERVICIO DE CISCO WEBEX HOLOGRAM INCORPORA REALIDAD MIXTA A SU PLATAFORMA DE COLABORACIÓN EN LÍNEA Y ASÍ MUESTRA MODELOS HIPERREALISTAS DIRECTAMENTE EN LAS SESIONES DE TRABAJO. © 2021, CISCO.

FIGURA 6.16.

LA ASTRONAUTA MEGAN MCARTHUR DURANTE LAS OPERACIONES DE REEMPLAZO DE UNA PIEZA DE HARDWARE DEL LABORATORIO COLD ATOM LAB, DONDE SE LLEVAN A CABO MÚLTIPLES EXPERIMENTOS DE FÍSICA CUÁNTICA. LOS ASTRONAUTAS USAN VISORES HOLOLENS 2 DE REALIDAD MIXTA PARA REALIZAR LAS OPERACIONES, APOYADOS EN TIERRA POR LAS INDICACIONES EN TIEMPO REAL DEL CENTRO OPERATIVO. © 2021, NASA.

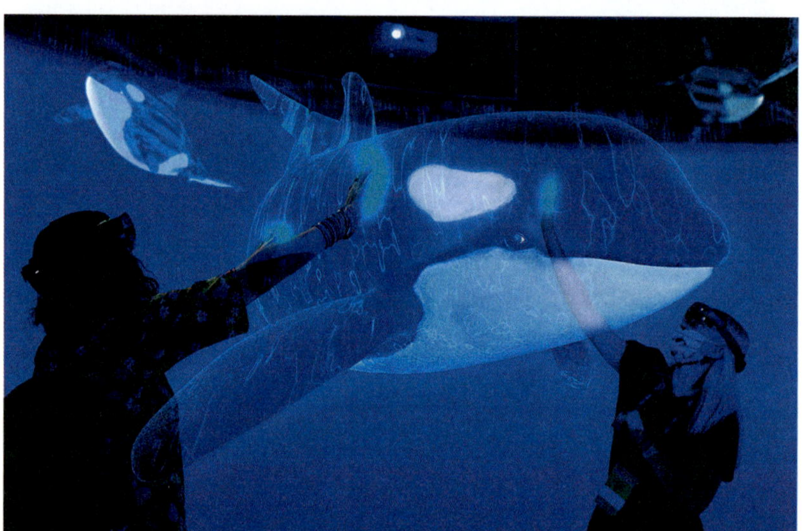

FIGURAS 6.17 Y 6.18.

DESDE SEPTIEMBRE DE 2021, EL SMITHSONIAN ALBERGA UNA EXPERIENCIA DE REALIDAD MIXTA QUE PONE ÉNFASIS EN LA CONEXIÓN INTRÍNSECA ENTRE LAS PERSONAS, LAS ORCAS Y LOS OCÉANOS. TITULADA «CRITICAL DISTANCE», LA EXPERIENCIA SUMERGE A LOS VISITANTES EN UNA MANADA DE ORCAS PARA QUE PRESENCIEN LOS OBSTÁCULOS DIARIOS DE ESTA ESPECIE EN PELIGRO DE EXTINCIÓN. © 2021, THE SMITHSONIAN'S NATIONAL MUSEUM OF NATURAL HISTORY.

Estos átomos ultrafríos proporcionan una ventana al reino cuántico. Allí, los astronautas como Megan McArthur (véase figura 6.16) utilizan desde 2021 visores de realidad mixta de Microsoft para reemplazar piezas de *hardware*: esto posibilita no solo una mayor precisión en las operaciones, sino también un exhaustivo seguimiento por el Centro de Operaciones de Misiones en Órbita de la Tierra, desde su centro operativo en el sur de California. Los astronautas ven simultáneamente la realidad, mientras el visor les muestra anotaciones gráficas y visuales, así como indicaciones que, en tiempo real, les marcan sus compañeros de la Tierra.

Otra reciente experiencia es la del Museo Nacional de Historia Natural Smithsonian (Washington, D.C.), titulada *Critical Distance*. En ella, y gracias al uso de unas Microsoft Hololens 2, los visitantes acarician manadas de orcas. La experiencia, creada por Vision3, Vulkan Productions y Microsoft, cuenta la historia de una manada de 24 orcas en peligro de extinción que luchan por sobrevivir en el mar de Salish, en el océano Pacífico. Gracias a la experiencia se observa cómo los cetáceos han de superar los problemas de la acústica marina provocados por las perturbaciones de los barcos para buscar comida y sobrevivir (véanse figuras 6.17 y 6.18).

WEB3D / WEBGPU

Para todos aquellos que quieran teletransportarse dentro de una experiencia 3D, un sencillo navegador web también lo hace posible. De hecho, a los principales metaversos es posible acceder a través de la web con dispositivos de realidad virtual, pero también sin la necesidad de ellos.

Entre los beneficios se encuentra su mayor penetración y alcance a nivel de audiencias (en especial en las etapas tempranas del nacimiento de los metaversos). Son mucho más masivos. Pero, en contraprestación, la experiencia es algo peor (no por la calidad, sino porque dicha experiencia está diseñada para un medio inmersivo). No obstante, disponer de web3D es un hito importante y necesario.

Desde 2009, cuando el estándar WebGL comenzó a contar con navegadores compatibles, permitió desarrollar experiencias tridimensionales dentro de las webs de marca e, incluso, primeros juegos desarrollados solo para la web. Fue un auténtico bombazo. Y aquellas webs que lo usan generan una mayor retención del usuario. Hoy, estas tecnologías 3D basadas en web se utilizan comercialmente en configuradores de vehículo en el sector de automoción, en procesos de compra para ofrecer una mejor experiencia de compra e, incluso, para probarnos virtualmente el producto (por ejemplo, unas gafas o unas zapatillas). También hay usos más avanzados de esta tecnología, como los que ubican información en tiempo real sobre un modelo 3D. Algunas campañas anuales de marcas, como las de Spotify que unen a dos personas del mundo que escuchan la misma canción en el mismo momento y puede verse el globo terráqueo en 3D, son un buen ejemplo de ello.

Hoy, gracias al apoyo de Khronos Group y del Web3D Consortium, la interoperabilidad de los estándares 3D comienza a extenderse. Es muy importante que la industria impulse el uso de estándares abiertos, como los promovidos por X3D, glTF o el *framework* para el intercambio de datos USD (*Universal Scene Description*) de Pixar. En ellos es posible incluir la malla modelada, las texturas, la animación o información sobre la escena, la iluminación, etcétera.

En 2021, Khronos Group y Web3D Consortium alcanzaron un acuerdo para promover estos estándares en la industria con el objetivo de hacer posible la interoperabilidad en el desarrollo de los metaversos. «Ampliar el uso del 3D en la web y dar vida al metaverso requerirá una constelación de estándares abiertos que trabajen juntos sin problemas. La interoperabilidad de los estándares X3D, glTF y PBR es un gran paso adelante para la publicación en 3D en la web», explicó Don Brutzman, copresidente del Web3D Consortium tras cerrar el acuerdo a principios de 2021. Gracias a este tipo de acuerdos, es posible que puedas crearte un avatar con una aplicación, y puedas compartir el diseño y todo su *outfit* personalizado con varios metaversos, sin importar quién los desarrolla o gestiona.

Hoy todos los navegadores del mercado, desde Edge, Firefox, Chrome, Safari, Opera, Baidu o KaiOS, son compatibles con el estándar OpenGL. Sin embargo, para proveer de la más moderna capacidad de computación gráfica sobre la web, aún hay un camino por delante. Aquí es donde entra la WebGPU, un futuro estándar basado en web y API basada en JavaScript para acelerar la computación gráfica usando la GPU (tarjetas gráficas dedicadas) y liberando a la CPU de este procesamiento.

A diferencia de WebGL, WebGPU no es una adaptación directa de ninguna API nativa existente. Se basa en las API proporcionadas por Vulkan, Metal y Direct3D 12, y está pensada para proporcionar un alto rendimiento en las plataformas móviles y de escritorio. Actualmente los navegadores Safari, Chrome y Firefox lo admiten, pero hay que activarlo porque no lo está por defecto. Dentro del W3C este nuevo estándar está aún en fase borrador.

FIGURAS 6.19 Y 6.20.

LA COMPAÑÍA ESPAÑOLA VIRTUAL VOYAGERS DESARROLLÓ UNA EXPERIENCIA COLABORATIVA COMPLETA VÍA WEB3D-VR CON VIDEOCONFERENCIA SIMULTÁNEA EN TIEMPO REAL PARA ACCIONA. LOS USUARIOS PODÍAN SUMERGIRSE BIEN CON GAFAS OCULUS QUEST 2 O VÍA NAVEGADOR WEB. TAMBIÉN DESARROLLÓ EN 2021 EL PROYECTO INFINITUM, UN PROYECTO INMOBILIARIO SOBRE UNREAL ENGINE. UNA EXPERIENCIA PC-VR-WEB3D EN UNA EXTENSIÓN DE TERRENO DE 370 HECTÁREAS, EN TIEMPO REAL, EN LA QUE PUEDES VIVIR DENTRO DEL PROYECTO. UN GEMELO DIGITAL A IMAGEN Y SEMEJANZA DEL REAL. © 2020, VIRTUAL VOYAGERS.

ENTREVISTA

LORENA GONZÁLEZ Y VICKY VASÁN

Cofundadoras de INMERSIVA XR

FIGURA 6.21.
LORENA GONZÁLEZ Y VICKY VASÁN.

Las conocí en plena pandemia, realizando un programa de entrevistas[6] a través de Skype (para entretener a una audiencia confinada en su hogar) sobre tendencias del sector tecnológico. Ya se empezaba a hablar de metaversos. Acababan de inaugurar la asociación, la primera de su tipo en España. Y dieron en el clavo.

Lorena González y Vicky Vasán son sus fundadoras, jóvenes y con mucha energía. Ambas poseen una amplia trayectoria en el mundo de las experiencias inmersivas. La misión de INMERSIVA XR, como asociación, es la de visibilizar la realidad extendida. También sus usos. Y entre los temas a divulgar están los metaversos.

La misión de la organización, tal y como explican sus fundadoras, es la de poner en contacto a todos los interesados en crear o disfrutar de estas experiencias, tanto profesionales y empresas como instituciones, centros formativos o aficionados. INMERSIVA XR es un punto de encuentro, un ágora para todos los agentes de la XR. Su objetivo es muy claro: fomentar el diálogo, las actividades de investigación, la formación y la divulgación.

¿Qué representa para una asociación como INMERSIVA XR un giro tan grande en los acontecimientos que ha llevado a situar el desarrollo de los metaversos en el epicentro de las estrategias de crecimiento de las grandes compañías?

El metaverso está en boca de todos. Y eso es una gran noticia para los que llevamos años en contacto con la realidad extendida (XR). No ha hecho falta ni que se muestre algo realmente tangible: solo el hecho de que una gran compañía como Meta lo haya escogido como parte de su nuevo nombre y lo haya anunciado como parte de su estrategia. Esto ha servido para que otras grandes empresas, instituciones, medios e, incluso el público general, pongan su atención en un concepto tecnológico aún en desarrollo, que refleja el gran potencial que presenta.

Desde INMERSIVA XR hemos notado cómo el interés ha subido en todos los ámbitos. Por parte de los grandes agentes, porque comienzan a incluir el metaverso dentro de sus estrategias y no han dudado en contar con empresas y profesionales XR que pertenecen a nuestra asociación (véanse figuras 6.22, 6.23, 6.24 y 6.25). Por parte de las instituciones, porque nos han consultado más a menudo sobre los conceptos de la realidad extendida y nos han preguntado por la repercusión que tendrá dentro de la industria XR. Por parte de los centros de formación, porque han aumentado su oferta formativa relacionada con la XR al detectar la nueva demanda. Y, finalmente, también por parte del gran público, que ha llegado hasta la realidad extendida —antes más usada por los aficionados a la tecnología y a los videojuegos—, gracias a las noticias del metaverso.

6. Peña, Óscar: *Remote by default. Conversaciones en remoto sobre creatividad, tecnología, futuro e innovación.* 2020. Disponible en www.youtube.com/watch?v=8DCqy8ldnVE.

FIGURAS 6.22.
ENCUENTRO VR DAY ORGANIZADO POR LA ASOCIACIÓN. © INMERSIVA XR.

FIGURAS 6.23.
FIESTA VIRTUAL DE NETWORKING CELEBRADA EN ALTSPACEVR. © INMERSIVA XR.

¿Qué tecnologías XR creéis que están llamadas a liderar la nueva internet inmersiva?

Todas las tecnologías XR tienen cabida en el metaverso. Su uso dependerá sobre todo del nivel de inmersión que busque el usuario. En los momentos iniciales es probable que accedamos a él desde los dos extremos: con la realidad virtual, que permite la inmersión completa y buscará crear el mayor impacto posible en el usuario; y, por otro lado, la web 3D y la realidad aumentada que, aunque sacrifican la inmersión, permiten que muchos más usuarios accedan a entornos 3D sin necesidad de contar con un dispositivo de realidad virtual.

Sin embargo, todas las predicciones nos llevan a pensar que será la realidad mixta la que acabará liderando en el metaverso. Nos permite fusionarlo con nuestra propia realidad mediante el uso de capas de información, gracias al reconocimiento y mapeo del espacio, y también a la inteligencia artificial.

Si os preguntasen por la calle qué es un metaverso, ¿cómo lo definiríais? La definición de INMERSIVA XR.

Se trata de una nueva forma de acceder al contenido de internet en tres dimensiones, a través de las tecnologías XR. Es decir, el metaverso es la infraestructura con la que crear un espacio tridimensional compuesto por mundos virtuales, en los que una misma identidad, mostrada en forma de avatar, puede viajar entre ellos para interactuar con otras identidades y con los propios entornos. Estos mundos son reactivos, persistentes, personalizables y sociales; y se disponen en forma de capas conectadas, a veces incluso con el mundo real.

El metaverso aspira a ser ilimitado y descentralizado, y cuenta con sistemas de seguridad y economía propios, tales como el *blockchain* y las criptomonedas.

¿Qué no consideraríais un metaverso?

El metaverso aún no es algo real, ya que no existe una manera de acceder a los mundos virtuales de forma interoperable o, lo que es lo mismo, aunque podemos disfrutar de mundos virtuales cerrados, como por ejemplo Fortnite o VRChat, tenemos una identidad (o usuario) diferente en cada uno.

La mayoría de los metaversos (que se denominan así hoy) no son otra cosa que videojuegos multijugador con carácter lúdico, especulativo o social. Sin embargo, el verdadero metaverso se dará cuando estos mundos virtuales estén conectados entre sí, de manera que un mismo usuario pueda saltar de uno a otro conservando su identidad y sus posesiones, aunque su avatar cambie.

A finales de octubre de 2021 tuvimos la oportunidad de ver con detalle la presentación de Mark Zuckerberg. Un tremendo vídeo lleno de pequeños detalles. ¿Qué destacaríais de esa presentación? ¿Qué os llamó más la atención?

Para Meta es una manera de sanar su reputación y de colocarse como referente en el futuro de la realidad extendida. Casi como si el metaverso lo hubieran inventado ellos, tomando la raíz del nombre. Sin embargo, al contrario de lo que se piensa comúnmente, no serán ellos quienes definan el metaverso, ya que este aspira a ser descentralizado. Aunque sí que ha servido como empujón para que muchas empresas e instituciones inviertan en las tecnologías que lo harán posible, y para ponerlo en el punto de mira del público más general.

Si intentamos predecir sus movimientos, lo más seguro es que Meta desarrolle *Horizon*, su mundo virtual, como una plataforma social más donde consumir entretenimiento, y por tanto publicidad, que es el verdadero negocio de esta gran corporación.

Creo, sinceramente, que los próximos cinco años van a ser de profunda transformación de los comportamientos sociales y de la manera en que las personas acceden e interactúan con la información. ¿Cuáles creéis vosotras que son los grandes cambios a nivel de comportamiento social que se avecinan?

Ya hemos podido entrever estos cambios con la pandemia. Este suceso ha acelerado muchas de las innovaciones que estaban en proceso desde hacía años, como el teletrabajo o las compras online. Durante unos meses se hicieron tan comunes que los integramos en nuestro día a día. Con la vuelta al trabajo presencial ha habido un efecto rebote: tanto tiempo sin vernos y sin tocarnos, que los actos presenciales se han revalorizado. Sin embargo, muchas personas y empresas han normalizado lo virtual y están encontrando un equilibrio entre sus actividades presenciales y online, de manera que puedan convivir juntas de forma orgánica y eficiente.

Por tanto, es cuestión de seguir la tendencia y ver cuáles serían los siguientes pasos. Ya tenemos el teletrabajo y las videollamadas, pero, por ejemplo, podríamos añadir una capa de realidad aumentada para tener reuniones con reproducciones de personas que están al otro lado del planeta. También tenemos las compras online, pero ¿y si pudiéramos visualizar todos los productos de su web como modelos 3D a tamaño real? Llegarán nuevas maneras de ocio y entretenimiento por completo experienciales para viajar a lugares o a través del tiempo, nuevas formas de economía... Un sinfín de novedades que supondrán grandes cambios sociales sobre los que por ahora solo podemos teorizar.

¿Qué ha supuesto a nivel empresarial en España el anuncio de que el próximo estadio de internet es el metaverso?

Como ante cualquier gran avance tecnológico, los movimientos de las empresas han sido bastante variados: desde los más precavidos, que optan

FIGURAS 6.24.
LA ASOCIACIÓN PARTICIPANDO EN LA PREMIER DE CUARTAPAREDVR EN LA PLATAFORMA VRCHAT. © INMERSIVA XR.

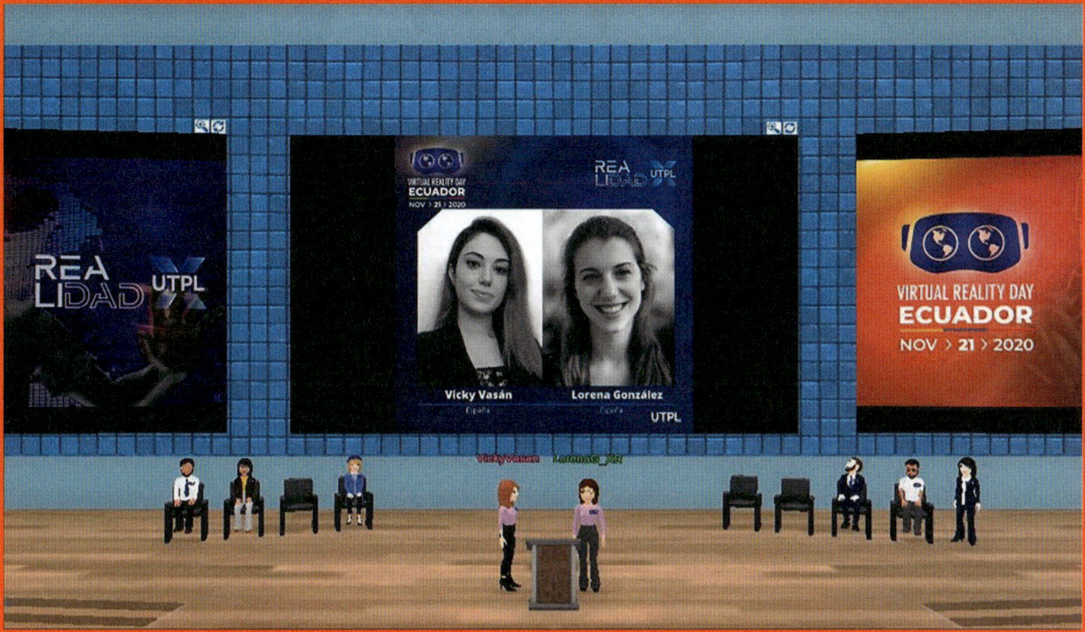

FIGURAS 6.25.
DANDO UNA CHARLA EN EL MUNDO VIRTUAL DE LA UTPL PARA LA VR DAY ECUADOR 2020. © INMERSIVA XR.

solo por informarse, hasta grandes empresas que han ido con todo y han hecho grandes inversiones al respecto. Algunas de ellas han querido crear su metaverso propio, lanzando mundos digitales sociales que sirven como gran reclamo publicitario.

Lo que está claro es que ha sido un momento importante para los profesionales y las empresas de la industria XR española, que en la actualidad están trabajando de forma confidencial en estos proyectos. Son proyectos que se irán lanzando próximamente.

Hay muchas tecnologías implicadas, y muchos avances que están por llegar, algunos asombrosos. Pero ¿por qué los metaversos siguen representándose con un estilo de representación que parece un videojuego? Me viene a la cabeza The Sandbox, Decentraland, Meta Horizons, Teams Mesh...

Es cierto que actualmente la gran mayoría de los mundos virtuales tienen aspecto de videojuego. En primer lugar, porque muchos de ellos lo son y están enfocados al entretenimiento. En segundo lugar, por las limitaciones tecnológicas que suponen los dispositivos XR actuales. Los más estandarizados son los dispositivos autónomos, tales como las Meta Quest 2, que no ofrecen la potencia suficiente como para soportar entornos hiperrealistas.

A pesar de ello, las empresas desarrolladoras están trabajando en soluciones capaces de sortear estos obstáculos de la tecnología, que seguramente se vea impulsada con la ayuda de otras como el 5G o la inteligencia artificial.

¿Llegaremos a ver en algún momento una calidad gráfica y de imagen similar al realismo del mundo real?

La verdadera pregunta es ¿en verdad lo necesitamos? Seguramente, con los futuros avances tecnológicos acabaremos teniendo esa posibilidad. Pero llegará un momento en el que tengamos tan integrado este tipo de gráficos de videojuego que nos preguntemos: ¿por qué queremos reproducir el mundo real si podemos inventarlo? Lo mismo pasó con el cine, en su momento, cuando se rodaban escenas de la vida cotidiana, historias muy cercanas a la realidad para que fuera comprensible, y sin duda ha acabado triunfando la ficción.

En algunos casos será por completo necesario, como el gemelo digital de tu próxima casa o la reproducción de un templo romano. Pero en otros casos, los espacios, los avatares, las interacciones y los sonidos podrán ser reinterpretaciones de la realidad, de forma que lo entendamos y nos entendamos de manera eficiente, sin necesidad de que sea realista.

Hay un gran debate. ¿Veremos un único metaverso o muchos metaversos impulsados por los gigantes de la tecnología?

El concepto de metaverso ya responde esta cuestión. El metaverso será una manera única de llegar a los diferentes mundos virtuales, así como en la *World Wide Web* saltamos de una web a otra.

ENTREVISTA

PEDRO LOZANO Y HÉCTOR PAZ

Cofundadores de Imascono

FIGURA 6.26.
PEDRO LOZANO Y HÉCTOR PAZ.

Hay mentes inquietas, imparables, creativas, agitadoras y con espíritu emprendedor. Cuando todos esos factores se dan la mano, saltan chispas. Así podría describirse a Pedro Lozano, cofundador de Imascono, una de las empresas de creación de experiencias inmersivas más importantes del panorama español. Su abuela ya se lo decía: «Con lo buscavidas que eres, nunca pasarás hambre».

Pedro es uno de esos constructores de mundos hecho a sí mismo. Por sus venas fluye la creatividad y la imaginación, cultivada sobre la base de libros de ciencia ficción, del rol fantástico y de las miniaturas de Warhammer 40k. Pero también disciplina, aprendida a base de entrenamientos en el fútbol de alto rendimiento junto a la generación de oro del Real Zaragoza. Luego llegó a la selección Sub16 (con César Azpilicueta, Sergio Asenjo o Jorge Miramón, entre otros) y, de allí, a un equipo profesional de Inglaterra. Hasta que se rompió el menisco en el primer entrenamiento, sin haber firmado el contrato.

Tenía 23 años. Como él mismo dice: «Las cosas pasan por algo y, si no, hay que hacer que pasen». Por esas casualidades de la vida y, gracias a un amigo, conoció a un ingeniero que hizo de la realidad aumentada en sus inicios su proyecto final de carrera. Este ingeniero es Héctor Paz. La simbiosis fue inmediata. De ahí nació una sinergia de fuerzas que permanece hasta el día de hoy. Hoy Imascono es un referente. Son cerca de 20 personas (véase figura 6.27), con un talento desmedido y un alto conocimiento sobre cómo crear experiencias inmersivas para marcas. Trabajan con los grandes: Disney, Adobe, Coca-Cola, Star Wars, Movistar, Lacasa, Ferran Adrià. La lista es amplia. Han desarrollado más de 260 proyectos en sus primeros diez años de vida.

Pedro, háblame de Imascono. ¿Cómo surge?

Nace en 2010 a raíz de un encuentro fortuito de dos mentes jóvenes, rebeldes y creativas de Zaragoza, Héctor Paz (ingeniero industrial) y yo mismo (diseñador). Es el resultado de unir dos proyectos personales.

En mi caso, con 18 años, y debido a cierta frustración en la escuela de diseño, me aventuré a crear Imascono como una marca de ropa que apoyara a jóvenes diseñadores, ofreciéndoles la oportunidad de proyectarse profesionalmente. En el caso de Héctor, había basado su proyecto final de carrera en la realidad aumentada, y buscaba nuevos soportes donde aplicar esta tecnología.

Tras conocernos, a través de un amigo en común, Imascono evoluciona fusionando diseño y tecnología. De ahí surge la primera colección de camisetas con realidad aumentada, lanzada en diciembre de 2011. Desde ahí, el resto es un camino hacia el futuro: láminas para colorear con AR destinadas a revolucionar la educación (*Chromville*), formación en realidad virtual, presentaciones en realidad mixta, avatares con inteligencia artificial, *blockchain*, NFT y, ya más recientemente, metaversos.

¿Cómo os habéis convertido en uno de los principales *players* en la creación de experiencias inmersivas XR?

No hay una fórmula secreta. La clave, me atrevería a decir que es nuestra cultura corporativa. Hemos convertido nuestro trabajo en nuestra pasión. Pero también porque hemos apostado por la excelencia personal y profesional desde el primer día. Para nosotros el cómo es tan importante como el qué. Esto se traduce en nuestra propia metodología de trabajo, denominada «imaginación aplicada», un superpoder que nos permite desarrollar experiencias interactivas utilizando la tecnología de vanguardia. Detrás de todo ello, hay infinidad de horas de trabajo y esfuerzo, jornadas en vela y momentos difíciles.

FIGURAS 6.27.

EQUIPO DE IMASCONO DURANTE EL EVENTO DE CELEBRACIÓN DE SUS 10 AÑOS DE EXISTENCIA. EN ÉL, PEDRO LOZANO Y HÉCTOR PAZ PRESENTARON SU METODOLOGÍA DE LA IMAGINACIÓN APLICADA. © IMASCONO.

FIGURAS 6.28.

CHROMVILLE ES UNO DE SUS PRIMEROS PROYECTOS. UNA APLICACIÓN ENFOCADA AL SECTOR EDUCATIVO, CON LA QUE LOS NIÑOS DAN VIDA MEDIANTE REALIDAD AUMENTADA A SUS CREACIONES. © IMASCONO.

FIGURAS 6.29.

RENDER DE TU CUENTO EN LA COCINA, UN PROYECTO REALIZADO JUNTO A ELBULLI FOUNDATION, TELEFÓNICA, DISNEY, CARREFOUR, OBRA SOCIAL LA CAIXA Y EL HOSPITAL UNIVERSITARIO LA PAZ. © IMASCONO.

Háblame de proyectos. Cuéntame los que consideras más emblemáticos. ¿Cómo surgieron y se desarrollaron?

Hemos desarrollado más de 260 proyectos en nuestros primeros 11 años de vida. Hay marcas reconocidas a nivel internacional: Telefónica, Rafa Nadal, Disney, Huawei, Siemens, Ibercaja. Hay muchas marcas de más de 150 países. Y también productos propios.

Chromville (2013) es nuestro «ojito» derecho (véase figura 6.28). Fue el segundo proyecto personal, después de las camisetas interactivas con realidad aumentada. Nuestro mayor aprendizaje: la importancia de basar el lanzamiento de cualquier producto en una metodología *lean startup*. Partiendo de una funcionalidad técnicamente innovadora que habíamos desarrollado (reconocer el color que pintábamos en un dibujo y proyectarlo en modelos 3D en realidad aumentada), fuimos capaces de trasladarla al mercado de una forma exitosa gracias a un *storytelling* muy cuidado y el lanzamiento de un Producto Mínimo Viable (MVP), que nos permitió recibir mucho más de lo que jamás podríamos haber imaginado: una comunidad educativa maravillosa con la que superamos el millón de descargas (75 % desde Estados Unidos), apariciones en algunos de los medios tecnológicos más importantes a nivel internacional como Gizmodo Japón, premios y reconocimientos sobre todo en España, o clientes en lugares remotos como Corea del Sur o Kazajistán. A partir de 2018 fuimos ralentizando poco a poco los desarrollos debido a la dificultad de monetizar el producto y, finalmente, con la terrible llegada del COVID-19, decidimos abrir la *app* de forma gratuita para todo el mundo.

Tu cuento en la cocina (2016) es un proyecto que nos ha permitido descubrir todo el potencial oculto que poseía nuestra «imaginación aplicada», y quitarnos el complejo de emprendedores, siendo capaces de ganar un concurso creativo frente a alguna de las agencias de publicidad más importantes de nuestro país. Detrás del proyecto un *dream team* extraño: Telefónica, Disney, elBulli Foundation, Carrefour, Obra Social la Caixa y el Hospital Universitario La Paz. Y si tu marca es lo que dicen de ti cuando no estás presente, comparto el emotivo mensaje que nos brindó la persona responsable del proyecto después de la presentación oficial: «Solamente unas palabras para agradeceros el esfuerzo que habéis realizado para que todo haya salido impecable. Han sido unos meses de mucho trabajo, pero el resultado final de la aplicación ha sido fantástico. Hemos quedado encantados con el resultado. Vuestra flexibilidad, compromiso, profesionalidad, visión, creatividad, innovación, simpatía, paciencia y juventud son algunos activos que hacen de Imascono y sus integrantes una empresa puntera en su sector». Trabajar codo con codo en el desarrollo del proyecto con una persona tan influyente y creativa como Ferran Adrià fue una oportunidad única en la vida.

Ofrenda de Flores Virtual (2020): Un éxito sin precedentes en todos los sentidos. El más importante: hacer felices a cientos de miles de personas en un momento muy complicado, confinados en octubre de 2020 por la terrible pandemia. Gracias al metaverso logramos que Zaragoza se convirtiera en la primera ciudad española en evitar la cancelación de su fiesta popular (véase figura 6.29). Sin duda, el mejor ejemplo de tecnología al servicio de la ciudadanía. Los datos fueron abrumadores y superaron todas

FIGURAS 6.30

PARA EL AYUNTAMIENTO DE ZARAGOZA LA COMPAÑÍA DESARROLLÓ EN 2021 LA OFRENDA DE FLORES VIRTUAL, UN ESPACIO DE MÁS DE 32 000 METROS CUADRADOS EN 3D CUYO OBJETIVO FUE EVITAR LA CANCELACIÓN DE SU FIESTA POPULAR GRACIAS A LA TECNOLOGÍA. © IMASCONO.

las expectativas: 239 106 usuarios únicos, 361 230 visitas virtuales, 147 495 flores digitales a la virgen del Pilar y más de 32 millones de personas alcanzadas, siendo noticia destacada en todas las cadenas televisivas y principales medios de comunicación. Además, se convirtió en todo un fenómeno viral gracias a la participación desinteresada de personas reconocidas como Ander Herrera, Tamara Falcó, Adriana Abenia, Tony Aguilar o Amaral. De nuevo, las palabras de un usuario en redes sociales son la mejor forma de describir este proyecto: «No quise hacer la ofrenda hasta el día de la Virgen. Que sepáis que está tan bien hecha que me he transportado a la Plaza del Pilar, he sentido la emoción, la música, el ruido... y me han saltado un par de lágrimas. Muchas gracias por hacerlo posible».

¿Qué tecnologías (AR, VR y XR) creéis que están llamadas a liderar el metaverso?

Entendiendo metaverso como ese universo paralelo y completamente digital, a nivel de *hardware* estará marcado sobre todo por la democratización de los dispositivos de realidad virtual —carrera que lidera claramente Oculus Quest 2—, pero también por el verdadero salto que dará la industria gracias al desarrollo de sistemas hápticos. Tener la posibilidad de sentir el metaverso, literalmente, es sin duda uno de los mayores atractivos para multiplicar el *engagement* y la emoción de los usuarios. A nivel de *software* e infraestructura se presenta un gran reto con la evolución hacia la web3, siendo de especial relevancia establecer un nuevo modelo de internet donde no todo debería de valer, aprovechando la seguridad, trazabilidad y descentralización que nos ofrece basar este ecosistema en tecnología *blockchain*.

En cuanto a la evolución de la realidad aumentada y mixta, el verdadero desafío pasa por ir reduciendo al máximo el tamaño del *hardware* necesario, hasta hacerlo prácticamente invisible. Habrá que ver cómo progresan las diferentes patentes que han realizado las grandes compañías tecnológicas en lentillas aumentadas.

¿Qué ha supuesto en España, desde vuestro punto de vista, la explosión e interés por los metaversos?

En cierto modo nos pone una vez más en evidencia dentro de la economía digital. Se necesita un cambio cultural, educativo y económico en nuestro país para ser competitivos en un mundo globalizado y tecnológico. No nos engañemos, el interés real en España por el metaverso surge por necesidad y por moda, no por una visión de anticipación y apuesta estratégica de nuestras grandes empresas. La primera explosión llegó provocada por la crisis sanitaria en marzo de 2020, donde todos nos vimos obligados a digitalizarnos a marchas forzadas. Y la segunda surgió en octubre de 2021, a raíz del anuncio estratégico de Mark Zuckerberg señalando que el futuro de la compañía pasaba por el metaverso. Si recordamos que Facebook compró Oculus por cerca de 2000 millones de dólares en 2014, nos llevan como poco 7 años de ventaja a toda la industria española del sector, compuesta sobre todo por pequeñas empresas.

Esta situación de desventaja pone una vez más de manifiesto la importancia del cambio cultural que necesitamos como país y la necesidad de desarrollar un ecosistema empresarial donde prevalezca la apuesta clara por la economía digital. Para ello —y en nuestra humilde opinión—, deberíamos de empezar por la base de cualquier sociedad: la educación. No podemos permitirnos dejar pasar más trenes, debemos de fomentar una cultura emprendedora y digital desde la escuela, poniendo énfasis en la metodología STEAM y en las competencias clave de esta nueva sociedad virtual: Ciencia, Tecnología, Ingeniería, Arte y Matemáticas.

Hablando del mundo real, existen esfuerzos por mapear todo a nuestro alrededor. Y hemos visto en los detalles del vídeo de Meta que el futuro pasa por construir un metaverso que ayude a amplificar la experiencia real. Una internet inmersiva y también contextual. ¿Cómo creéis que será nuestra vida diaria en los próximos 10-15 años?

Resulta curioso que siempre hablemos de transformación digital, cuando lo realmente importante es la transformación social que están provocando las nuevas tecnologías. Creemos que el futuro pasa por un modelo híbrido donde conviva lo mejor de la realidad con lo mejor de lo virtual. Y aquí es donde radica el principal reto al que nos enfrentamos como sociedad, siendo de vital importancia encontrar un equilibrio en el uso de la tecnología. En este sentido, no debemos de olvidar las numerosas lecciones que trajo consigo la aceleración bestial en materia de digitalización que supuso el coronavirus, con todos sus pros y sus contras. De la necesidad surgieron nuevas formas de relacionarnos y de trabajar que nos permitieron seguir conectados y, en muchas ocasiones, ser más eficientes. Pero también vivimos una sobresaturación digital que desembocó en un desgaste emocional de la ciudadanía y un aumento destacado de episodios de estrés. Los avances tecnológicos en todos los ámbitos son apasionantes, desde la robótica, los microchips cerebrales, la conducción autónoma y hasta los viajes espaciales. No cabe duda de que el futuro es fascinante, pero no hay que olvidar la esencia de nuestra vida: las personas físicas y nuestro planeta.

Con el objetivo de ser didácticos y dada vuestra experiencia, ¿cuáles son los 3-5 pasos que obligatoriamente seguís en Imascono a la hora de desarrollar una experiencia inmersiva para una marca?

Nuestro objetivo principal es diseñar experiencias que conecten la tecnología con las emociones humanas. Para ello contamos con nuestra propia metodología de trabajo: Imaginación Aplicada. Se caracteriza por tres elementos clave: experiencia de usuario, con un uso sencillo de la tecnología a través de la gamificación; calidad, apostando por la sensibilidad en el detalle y la diferenciación en el desarrollo; y metodología, con una organización sincronizada, trabajo en equipo y objetivos definidos para aumentar el porcentaje de éxito de los proyectos en los que participamos. En lo que respecta a la ejecución, esta metodología se divide en dos grandes bloques. En primer lugar, ideación y definición de proyecto, fases iniciales donde ayudamos creativamente a nuestros clientes para resolver sus problemas y necesidades a través de la tecnología. Una vez hemos determinado la mejor solución, comenzamos con el siguiente bloque, la fase de producción, compuesta en esencia por las áreas de diseño (UX, UI, 3D, animación...), programación, *testing* y lanzamiento final.

Además de desarrollar experiencias para marcas, habéis creado soluciones *ad hoc* para la industria, como el *Interactive Virtual Spaces*. Habladme de este producto enmarcado en el metaverso.

En un mundo que evoluciona a la velocidad de la luz, habilidades como la creatividad, la anticipación y la capacidad de adaptación son tan importantes como la propia estrategia, en especial en empresas pequeñas pero *premium*, como la nuestra. De hecho, ¡hemos estado trabajando en el metaverso durante cerca de 2 años sin ser conscientes de ello! El desarrollo de nuestros *Interactive Virtual Spaces* es un caso de estudio. Se inició en enero de 2020 motivado por la advertencia de un colaborador estratégico que tenemos en Italia, uno de los primeros países en Europa que sufrió el terrible impacto del coronavirus. La cancelación de los primeros eventos italianos nos llevó a construir con celeridad una plataforma de eventos virtuales que permitiera a las empresas seguir conectadas con sus usuarios. Un movimiento que significaría nuestra incursión en lo que Mark Zuckerberg denominó metaverso un año y medio más tarde. La Ofrenda de Flores Virtual es el mayor ejemplo, pero llevamos desarrollados más de 60 proyectos para otras empresas internacionales como Boehringer Ingelheim, Bosch o Royal Canin. El potencial de aplicación de estos metaversos para la web es ilimitado, contando con casos de éxito en eventos, presentaciones de producto, oficinas, tiendas, clases, ruedas de prensa y hasta centros comerciales.

FIGURAS 6.31.

PROCESO DE DESARROLLO DEL PROYECTO DE LA OFRENDA DE FLORES VIRTUAL, MODELADO Y TEXTURIZADO CON BLENDER. © IMASCONO.

07

DISPOSITIVOS Y APLICACIONES PARA INICIARSE EN EL METAVERSO

Existe algo mágico en hacer un *unboxing* de unas gafas de realidad virtual. Es cierto, son solo unas gafas, unos controladores y un cargador, pero hace ilusión el hecho de imaginar que son la lanzadera de acceso a un nuevo entorno lleno de posibilidades. Hace ilusión pensar que, una vez puestas y ajustadas, este dispositivo sea el instrumento para acceder a una nueva dimensión.

Es increíble pensar en su largo recorrido hasta llegar al mercado de consumo. Hace 30 años cascos similares los usaba la NASA en simulaciones calculadas. Hoy, está disponible por internet o en Mediamarkt a un precio no superior al de una PlayStation. Como todo, hay modelos, características y diferentes horquillas de precios. Actualmente existe una larga lista de dispositivos con los que teletransportarse a mundos virtuales y disfrutar de experiencias inmersivas. Esta lista no para de crecer, y es muy probable que se nos quede pequeña en un corto espacio de tiempo. Existen actualmente muchos fabricantes con nuevos dispositivos de acceso en la cocina, en los laboratorios. En los próximos años nuevas marcas convivirán entre nosotros para hacernos más fácil nuestra vida inmersiva, nuestra «metavida».

Y lo mismo ocurre con las aplicaciones. Listarlas todas daría para un libro en sí mismo. Pero he querido ofrecer una muestra de ellas con las que comenzar a explorar algunas de las promesas de los metaversos, desde la ideación hasta la creación, desde la colaboración abierta hasta la creación personalizada de avatares. Es cierto que para disfrutar de un metaverso no es necesario disponer de estos dispositivos, pero sí lo es si queremos tener una experiencia lo más completa posible haciendo uso de esa nueva dimensión de la futura internet.

DISPOSITIVOS

La lista de dispositivos de acceso a experiencias inmersivas XR es amplia. Abarcan gafas o cascos (tanto de realidad virtual, realidad aumentada y realidad mixta), controladores de movimiento y también exoesqueletos. La experiencia de ponerse uno de esos trajes y disfrutar de una inmersión completa de nuestro *alter ego* es indescriptible. Nos permite tener presencia completa dentro del espacio virtual. No obstante, son trajes que aún se parecen mucho a los usados por la industria del cine y la televisión para crear personajes con movimientos hiperrealistas. Llegará el momento en que esos trajes no se distingan mucho de los que habitualmente llevamos puestos en nuestra vida diaria.

Quest 2

Las Quest 2 son las gafas de realidad virtual desarrolladas en los laboratorios de Meta. Son unas gafas de transición —por llamarlo de alguna manera—, que viven en el mercado de consumo desde septiembre de 2020 mientras ve la luz el proyecto Cambria.

Son unas gafas que heredan la tecnología de Oculus. Gozan de 6 GB de memoria RAM, 128 o 256 GB de memoria de almacenamiento y un procesador Qualcomm XR2 ideado para experiencias inmersivas, y con una resolución de hasta 3 K por ojo a 90 frames por segundo. A pesar de ello, la calidad de las Quest 2 no es de las más altas del mercado. Alcanza 1832 x 1920 píxeles por ojo con una frecuencia de 90 Hz. También dispone de un sistema de audio tridimensional, que ayuda a ubicar objetos en el espacio.

Las gafas vienen acompañadas de unos controladores de movimiento que te permiten tomar las riendas de la experiencia. Son sensibles al tacto y siguen el movimiento de las manos del anfitrión (véanse figuras 7.1 y 7.2).

Las gafas conviven con un sistema guardián que nos previene de que nos demos un mamporro en pleno juego o en mitad de una sesión con nuestros compañeros de trabajo. Gracias a él, podemos definir un área de movimiento con los controladores, viendo con las cámaras exteriores el mundo real en el que nos encontramos (por ejemplo, la habitación). Esa será la zona en la que nos podremos mover con libertad. Si nos saliésemos (ya que es muy fácil emocionarse), el sistema guardián actuará y nos alertará cambiando la visualización virtual a la visualización del entorno real a través de sus cámaras.

Quest 2 funciona directamente desde nuestro móvil, pero, si queremos hacer uso de aplicaciones de mayor consumo de recursos, podremos conectarlas a nuestro ordenador mediante el conector Oculus Link de fibra óptica (de momento solo PC con Windows o un Mac con procesador Intel y Bootcamp con el sistema operativo Windows instalado y los respectivos controladores gráficos, ambos con un conector USB-C), que se vende por separado.

HTC Vive

HTC Vive es la marca de realidad virtual del gigante taiwanés HTC Corporation. El primer modelo, presentado en el *Mobile World Congress* de Barcelona en 2015, se desarrolló en colaboración con Valve. Hoy la compañía es conocida por sus más de 10 productos que abarcan tanto el mercado doméstico como el profesional, así como unos accesorios que permiten la inmersión completa en entornos virtuales.

Entre los más conocidos se encuentra el modelo Vive Focus 3, orientado al mercado de consumo. Comparte el mismo procesador Qualcomm Snapdragon XR2 de las Quest 2, pero le saca todo su rendimiento: cuenta con una resolución de 2,5 K en cada ojo a una frecuencia de refresco de 90 Hz con un campo de visión de 120º y un sonido espacial 3D. Otra de sus características es la incorporación de un mecanismo de optimización y refrigeración térmica para evitar el sobrecalentamiento del dispositivo.

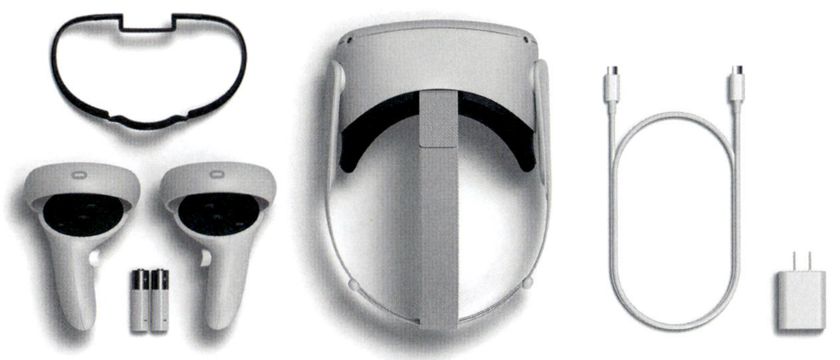

FIGURA 7.1.

LAS QUEST 2 VIENEN CON UNAS GAFAS, SUS CONTROLADORES, UN CARGADOR CON CABLE USB-C, UN PAR DE PILAS AA Y UN SEPARADOR QUE SE COLOCA EN LA VISERA PARA AQUELLOS USUARIOS QUE NECESITEN USAR LAS GAFAS DE RV CON SUS PROPIAS GAFAS GRADUADAS. TODO LO NECESARIO PARA INSTALAR Y TELETRANSPORTARSE. © META.

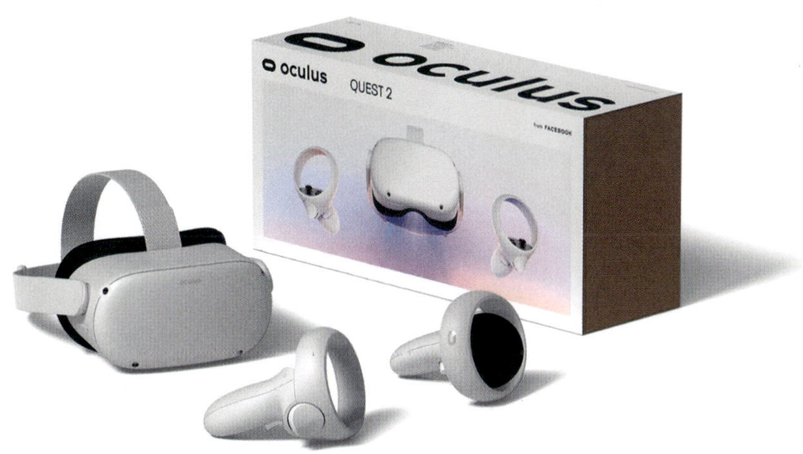

FIGURA 7.2.

EL PRODUCTO VIENE EN UNA CAJA DE CARTÓN CUYO UNBOXING ES MUY SENCILLO. EN SU TIENDA ONLINE ES POSIBLE ACCEDER A UN AMPLIO ABANICO DE ACCESORIOS: DESDE LENTES GRADUADAS PARA EVITAR TENER QUE ACCEDER CON GAFAS DE VER HASTA BASES DE CARGA PARA LAS GAFAS Y LOS CONTROLADORES. © META.

FIGURA 7.3.

HTC VIVE FOCUS 3 ES UN MODELO DESTINADO AL MERCADO DE CONSUMO, CON ESPECIFICACIONES DE DISPOSITIVO PROFESIONAL. SU RESOLUCIÓN 5 K COMBINADA CON LOS 90 HZ DE REFRESCO SIRVE PARA DISFRUTAR DE UNA EXCELENTE EXPERIENCIA INMERSIVA. © HTC VIVE.

FIGURA 7.4.

LAS GAFAS VIVE FOCUS 3 POSEEN UN DISEÑO CURVO QUE HACE QUE LA EXPERIENCIA SEA CÓMODA, A PESAR DE SUS 785 GRAMOS DE PESO. © HTC VIVE.

FIGURA 7.5.

LOS CONTROLADORES POSEEN SENSORES CAPACITIVOS EN EL GATILLO, EL JOYSTICK Y LA ZONA PARA EL REPOSO DE LOS PULGARES. DISPONE, ADEMÁS, DE SENSOR DE FUERZA G Y GIROSCOPIO. © HTC VIVE.

FIGURA 7.6.

EL MODELO VIVE PRO 2 ESTÁ DESTINADO AL MERCADO PROFESIONAL. SUS CARACTERÍSTICAS SON SIMILARES A LAS DE LAS VIVE FOCUS 3, PERO SE LE AÑADEN 120 HZ DE FRECUENCIA PARA GRÁFICOS DE ALTA INTENSIDAD, Y UNA AMPLIA LISTA DE ACCESORIOS CON LOS QUE DOTAR DE MAYOR GRADO DE INMERSIÓN Y REALISMO NUESTRA EXPERIENCIA EN EL METAVERSO. © HTC VIVE.

El dispositivo viene acompañado de controladores similares a los de Quest 2, que facilitan la navegación y los seis grados de libertad (véanse figuras 7.3, 7.4 y 7.5).

En el ámbito profesional tenemos el modelo Vive Pro 2. Comparte las mismas características que la versión Vive Focus 3, pero le añade una tasa de refresco de 120 Hz, ideal para las aplicaciones gráficas más intensivas. Este modelo se distingue, además, por incorporar un avanzado sistema de VR Tracking, con el que es posible instalar hasta cuatro estaciones base que permiten realizar un seguimiento de la posición de uno o más usuarios en una misma sala (véanse figuras 7.6 y 7.7).

Uno de los elementos destacados de la versión profesional es su amplia gama de accesorios de *tracking* de usuario. Entre ellos, el Vive Facial Tracking, con el que se capturan expresiones faciales y movimientos de la boca con precisión (ideal para dotar a tu avatar del mayor realismo posible), así como los VIVE Tracker, unos sensores que se pueden añadir a cualquier objeto del mundo real, como una cámara para ubicarlos en el mundo virtual (por ejemplo, colocarlos en una cámara real para utilizarla de referencia de movimiento en el espacio inmersivo, como hacen los estudios de producción cinematográfica avanzados).

El último modelo de la compañía son las gafas Vive Flow. Ya hemos hablado de ellas. Son unas gafas pensadas para mejorar nuestra salud mental. Poseen un diseño atractivo, su peso apenas llega a los 200 gramos, son manejables para llevar en una funda como si se tratase de unas gafas normales, funcionan directamente desde un móvil Android, y tienen una resolución combinada de 3,2 K con 100° de libertad y 75 Hz de frecuencia (véase figura 7.8).

La presidenta de HTC, Cher Wang, dejó muy clara la intención de este nuevo modelo, así como del esfuerzo a nivel de contenidos: «Con Vive Flow, HTC está llevando la tecnología a una nueva dirección, centrándose no en lo que hacemos, sino en cómo nos sentimos. Mantener nuestro bienestar ha pasado a primer plano en los últimos años, con tantos millones de personas que se sienten estresadas cada día, por lo que nunca ha sido tan importante tomarse un tiempo para calmar nuestra mente, y Vive Flow ofrece la oportunidad perfecta para escapar de nuestras cuatro paredes y sumergirnos en nuestro ambiente ideal». Las gafas vienen acompañadas de una suscripción mensual que ofrece acceso ilimitado a un amplio abanico de contenidos de salud, entrenamiento de la memoria y productividad.

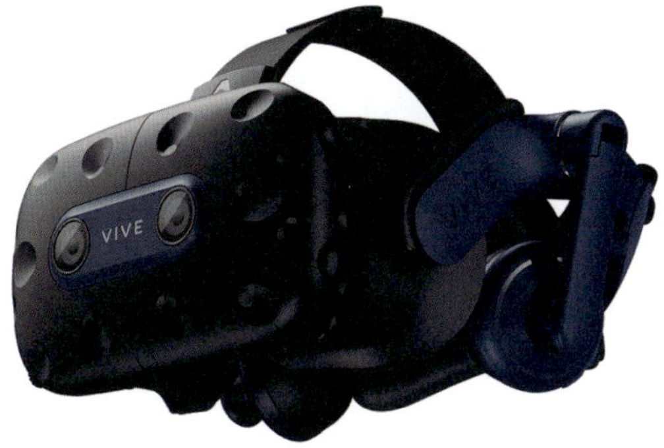

FIGURA 7.7.

LAS VIVE PRO 2 POSEEN UN NIVEL DE REALISMO GRÁFICO ELEVADO. HTC TRABAJA CODO CON CODO CON NVIDIA Y AMD PARA UTILIZAR UN SISTEMA DE COMPRESIÓN GRÁFICA DE ALTA CALIDAD, QUE AYUDA A ASEGURAR EL MÁXIMO GRADO DE FIDELIDAD Y REALISMO VISUAL. © HTC VIVE.

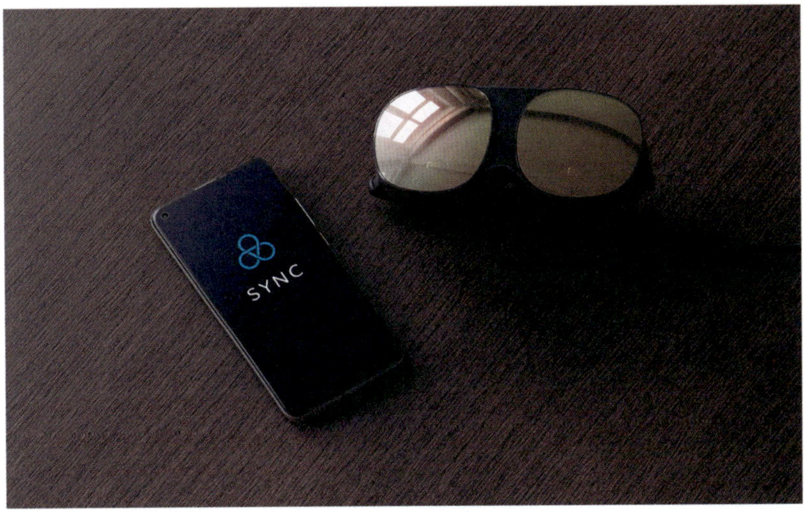

FIGURA 7.8.

EL MODELO VIVE FLOW, LA NUEVA INCORPORACIÓN A LA GAMA, SON UNAS GAFAS PENSADAS PARA MEJORAR EL BIENESTAR Y SALUD MENTAL DE LAS PERSONAS, SOMETIDAS DESDE HACE AÑOS A UN FUERTE ESTRÉS. © HTC VIVE.

Pico Neo 3

Pico Interactive es una compañía china propiedad de ByteDance, los propietarios de Douyin (conocido en nuestro mercado como TikTok). Es una compañía especializada en soluciones innovadoras para el mercado de la realidad virtual, así como proveedor de equipos para la industria. Posee acuerdos con muchas compañías, entre ellas Audi, y es el proveedor de equipos de VR para su experiencia Holoride.

Como ocurre con el resto de los compañeros de viaje, Pico Interactive posee soluciones tanto para el mercado de consumo como profesional.

Los modelos Neo 3 Pro y Neo 3 Pro Eye son los últimos en llegar al mercado. Ambos funcionan sobre un procesador Qualcomm Snapdragon XR2 y con versiones de 6 y 8 GB de RAM. Las gafas alcanzan una resolución de 3664 x 1920, 773 PPI y una frecuencia de 90 Hz (véanse figuras 7.9 y 7.10). Funcionan vía Bluetooth y Wi-Fi 6. Además, son compatibles con NVIDIA Direct Mode y NVIDIA CloudXR, que proporcionan una transmisión nativa a resolución 4 K e integración con los flujos de trabajo VR para la producción virtual.

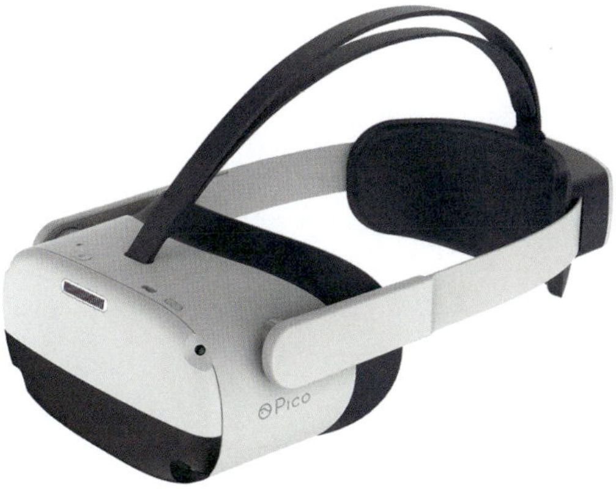

FIGURA 7.9.

LAS NUEVAS PICO NEO 3 PRO POSEEN LAS MISMAS CARACTERÍSTICAS QUE LAS QUEST 2, CON UNA MAYOR RESOLUCIÓN DE PANTALLA Y DENSIDAD DE PUNTOS POR PULGADA. © PICO INTERACTIVE.

FIGURA 7.10.

OFRECEN 98º DE CAMPO DE VISIÓN, LIBERTAD EN SEIS GRADOS, DISEÑO ERGONÓMICO, SONIDO ESPACIAL 3D Y CONECTIVIDAD BLUETOOTH Y WI-FI 6. © PICO INTERACTIVE.

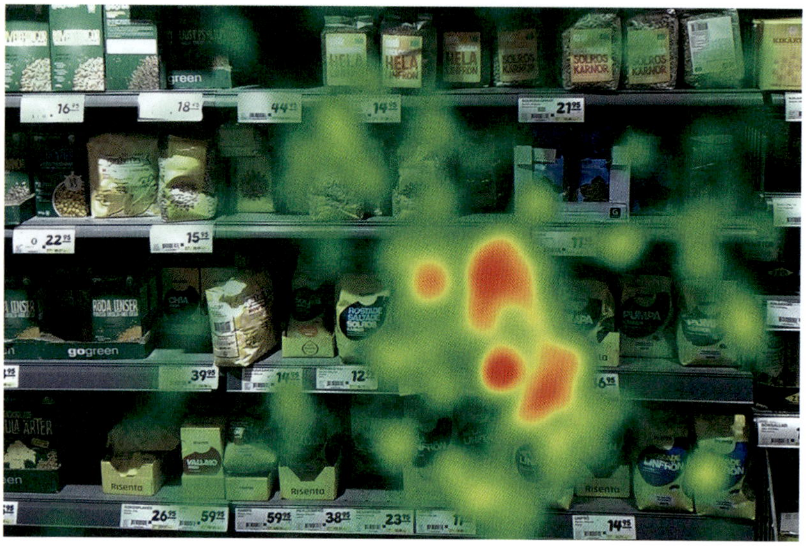

FIGURA 7.11.

EL MODELO NEO 3 PRO EYE INCLUYE UN SISTEMA DE TRACKING OCULAR, QUE APROVECHA LA TECNOLOGÍA DE TOBII, CUYO SOFTWARE TOBII PRO STUDIO REALIZA MAPAS DE CALOR EN PUNTO DE VENTA, ENTRE OTRAS COSAS. © TOBII AB.

Hay que destacar el Neo 3 Pro Eye, que incluye la tecnología *Tobii Eye Tracking*, lo que brinda un uso avanzado del *tracking* ocular con el objetivo de obtener una comprensión más profunda de la productividad o la capacitación. Es posible, por ejemplo, usar las soluciones empresariales de Tobii para el *tracking* de zonas de calor en el punto de venta (véase figura 7.11).

NReal Light

NReal es una compañía china de reciente creación. Inició su andadura en 2017, y dos años después mostró su conocimiento del mercado de la realidad mixta con los primeros prototipos. La compañía es conocida en varios mercados. Tiene el soporte de varias compañías de telecomunicaciones globales, como Verizon, T-Mobile, KDDI, U+ y Vodafone. De hecho, es Vodafone quien las distribuye en nuestro país a través de Vodafone 5G Reality, el metaverso de realidad mixta de la compañía.

Las gafas NReal Light solo pesan 106 gramos —bien podrían considerarse una versión mucho más sencilla y ágil para llevar puestas que las Hololens 2 o las Magic Leap—. Poseen varios micrófonos para hablar, sonido espacial, dos cámaras diseñadas para capturar el entorno, una cámara para grabar vídeos o hacer fotos, acelerómetro, giroscopio, sensor de luz ambiental y sensor de proximidad (véanse figuras 7.12, 7.13 y 7.14).

Las NReal Light vienen acompañadas de Nebula, una interfaz 3D diseñada para sacar el máximo provecho de las experiencias de realidad mixta. En ella, es posible proyectar contenido 2D en el espacio, crear un espejo de la pantalla del teléfono móvil para operar con sus aplicaciones y trabajar como si tuviéramos el escritorio frente a nuestros ojos.

FIGURAS 7.12 Y 7.13.

NREAL LIGHT SON UNAS GAFAS DE REALIDAD MIXTA QUE PESAN SOLO 106 GRAMOS. ACTUALMENTE EL METAVERSO DE VODAFONE ESPAÑA ES COMPATIBLE CON ESTE MODELO. © NREAL.

Actualmente en España es posible disfrutar de NReal Light solo si tienes un teléfono móvil Samsung de última generación (Samsung Galaxy S10 en adelante) o un Oppo Find X2 y X3 Pro.

Microsoft Hololens 2

Las Microsoft Hololens 2 son unas gafas con varios años de antigüedad. Están ideadas exclusivamente para el mercado profesional, de ahí su coste, que es elevadísimo si las comparamos con el resto de los dispositivos del mercado.

Son unas gafas de realidad mixta. Poseen una resolución 2 K, disponen de sensores para trackear y optimizar la posición ocular, sensor de profundidad Azure Kinect, acelerómetro, giroscopio, magnetómetro, sonido espacial y cinco micrófonos. El procesador con el que opera ya es antiguo, un Qualcomm Snapdragon 850, un procesador creado para ordenadores portátiles con Windows 10 y, también, teléfonos móviles. A nivel de conectividad dispone de Wi-Fi, Bluetooth y USB-C.

Este modelo, muy extendido en el sector profesional, fue presentado en el Mobile World Congress de 2019 por Alex Kipman, ingeniero brasileño responsable de su desarrollo y de la Xbox Kinect. Actualmente cuenta con cinco diseños exclusivos para el mercado profesional e industrial, incluida una versión para el trabajo en entornos peligrosos.

XRSpace Manova

XRSpace es una compañía fundada por el exconsejero delegado de HTC, Peter Chou. Su objetivo es desarrollar experiencias de realidad virtual sobre tecnología 5G para móviles. La compañía, presentada en sociedad a pocas semanas del inicio de confinamiento global de la COVID-19, colocó en el mercado su primer producto orientado al mercado de consumo, la XRSpace Manova, unas gafas que funcionan con un procesador Qualcomm

FIGURA 7.14.

LAS GAFAS SON MUY ATRACTIVAS. SE CONECTAN CON EL TELÉFONO MÓVIL Y POSEEN UNA INTERFAZ CON LA QUE SACAR PROVECHO DE LAS EXPERIENCIAS DE REALIDAD MIXTA SOBRE EL ENTORNO REAL. © NREAL.

FIGURA 7.15.

EL INGENIERO ALEX KIPMAN DURANTE LA PRESENTACIÓN DE LAS HOLOLENS 2 EN EL MOBILE WORLD CONGRESS CELEBRADO EN 2019 EN LA CIUDAD DE BARCELONA. © MICROSOFT.

FIGURA 7.16.

LAS HOLOLENS 2 FUNCIONAN SOBRE UN PROCESADOR QUALCOMM SNAPDRAGON 850 PENSADO PARA ORDENADORES PORTÁTILES. A NIVEL DE SENSORES POSEEN ALGUNOS QUE NO INCLUYEN EL RESTO DE LOS FABRICANTES, DE ESPECIAL UTILIDAD EN EL MERCADO INDUSTRIAL. © MICROSOFT.

Snapdragon 845, a una resolución de 2880 x 1440 píxeles, con 6 GB de memoria RAM, y un ángulo de visión de 100º (véanse figuras 7.17 y 7.18).

En Europa estas gafas han encontrado en el gigante de telecomunicaciones Deutsche Telekom su aliado, y las ofrece en dos versiones: una para gran consumo y otra para el mercado profesional.

El dispositivo viene acompañado de su propio entorno de sociabilización inmersivo, una experiencia llamada GOXR en la que celebrar reuniones de trabajo, *showrooms* virtuales, eventos y tours turísticos (véase figura 7.19).

FIGURAS 7.17 Y 7.18.

EL DISEÑO Y EL COLOR DE UNO DE LOS MODELOS ES MUY ATRACTIVO. SUS CARACTERÍSTICAS SIMILARES A LA TENDENCIA DEL RESTO DE ACTORES EN EL MERCADO DE CONSUMO. © XRSPACE.

Varjo

Fundada por ex ejecutivos de Nokia y Microsoft, Varjo no es para todos los públicos. Sus cascos de realidad virtual y mixta quitan el aliento, al igual que el nivel de los requisitos técnicos instalados en ellas. Para esta *startup* finlandesa, la calidad y fidelidad gráfica de la representación virtual es clave. Por eso, sus modelos están a la vanguardia y gozan de unas poderosas especificaciones.

Todos los productos están orientados al mercado profesional. Hay tres: Varjo VR-3, Varjo XR-3 y Varjo Aero. Los dos primeros comparten tecnología, aunque con propósitos diferentes. Disponen de dos paneles uLED para cada ojo con una resolución de 1920 x 1920 píxeles, que cubren en centro de nuestra visión, y dos paneles laterales de 2880 x 2720 píxeles que cubren el área periférica. La frecuencia es de 90 Hz. La nitidez de la imagen es asombrosa, tanto si miras de frente como hacia los lados. El campo de visión es de 115º.

En el caso concreto del modelo Varjo XR-3, dispone de cámaras de 12 megapíxeles con las que es posible ver el mundo real, así como un escáner

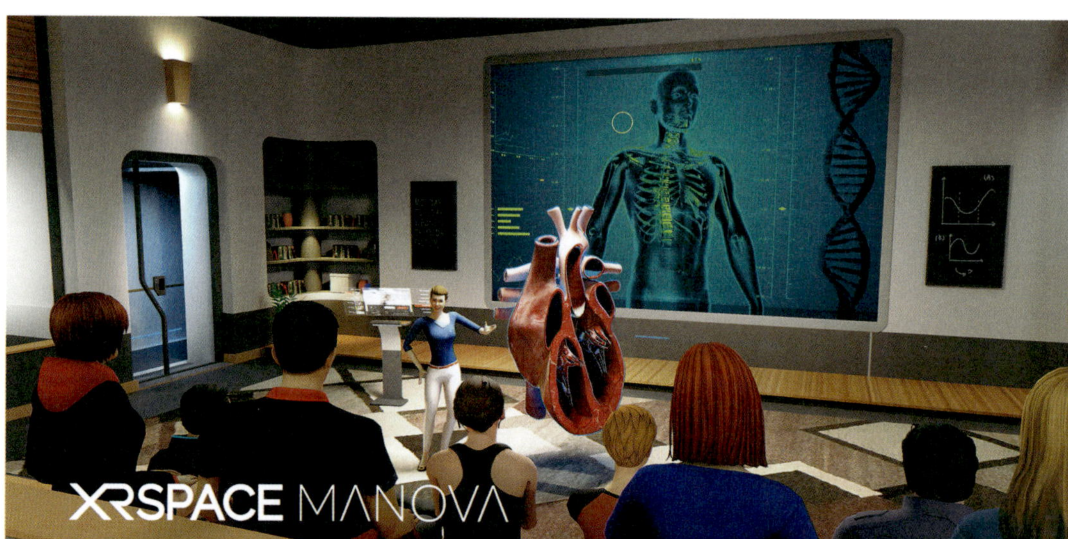

FIGURA 7.19.

GOXR ES EL MUNDO VIRTUAL DESARROLLADO POR XRSPACE, EN EL QUE ES POSIBLE CELEBRAR SESIONES DE TRABAJO, EVENTOS O VISITAS GUIADAS A MUSEOS. © XRSPACE.

LiDAR para una oclusión perfecta y en tiempo real, así como una reconstrucción de la volumetría real del entorno.

Las Varjo Aero son las últimas en llegar a la colección. Su tecnología de doble mini-LED LCD de 2880 x 2720 por ojo, con un brillo calibrado de 150 nits, colores con cobertura sRGB y DCI-P3, una claridad óptica de borde a borde sin reflejos ni rayos fantasma, la convierten en las gafas de realidad virtual más potentes de cuantas conocemos.

Son, además, las candidatas a liderar la futura plataforma Reality Cloud de Varjo, una plataforma que permitirá la teletransportación virtual, que cualquier persona escanee el entorno 3D y lo comparta con otra con un alto grado de fidelidad y realismo. Su director ejecutivo, Timo Toikkanen, lo tiene muy claro: «El mundo programable que una vez existió solo detrás de nuestras pantallas ahora puede fusionarse con nuestra realidad circundante, cambiando para siempre la coreografía de la vida cotidiana».

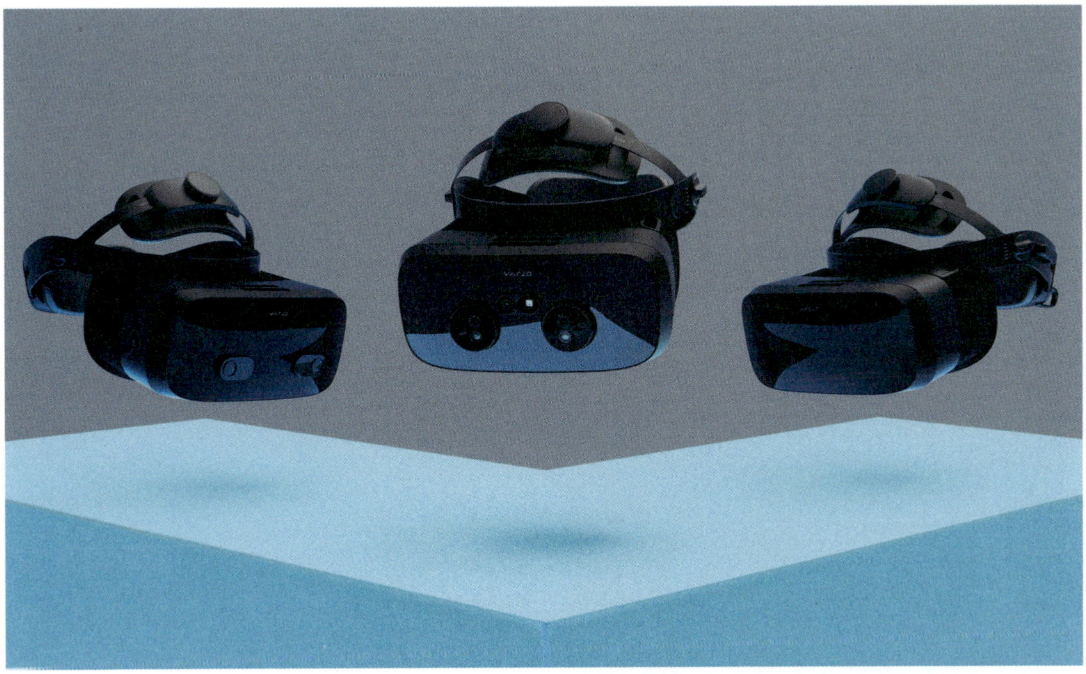

FIGURA 7.20.

FUNDADA POR EX INGENIEROS DE NOKIA Y MICROSOFT, VARJO FABRICA ALGUNAS DE LAS TECNOLOGÍAS DE INMERSIÓN MÁS POTENTES DEL MERCADO. EN LA IMAGEN LOS TRES RECIENTES PRODUCTOS DE LA COMPAÑÍA: VARJO VR-3, VARJO XR-3 Y VARJO AERO. © 2022, VARJO.

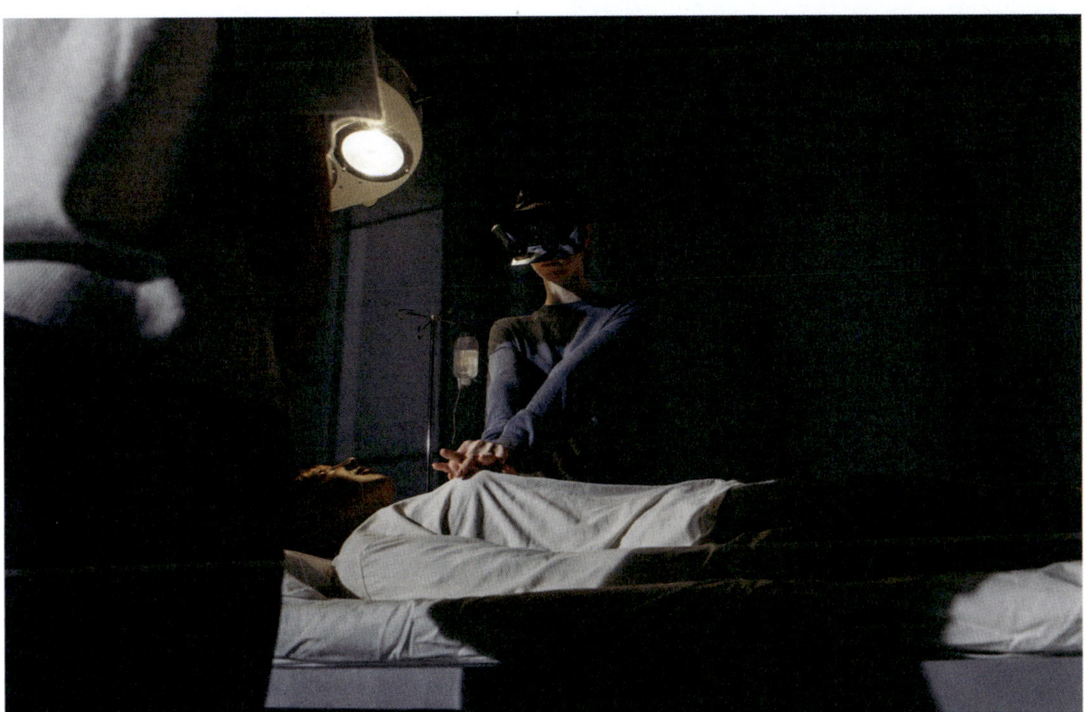

FIGURA 7.21.

CON VARJO XR-3, BASADO EN REALIDAD MIXTA, INDUSTRIA COMO LA DE LA SALUD ENTRENAN A SUS CIRUJANOS O DOCTORES CON MODELOS 3D. © 2022, VARJO.

FIGURAS 7.22 Y 7.23.
JIM RYAN, PRESIDENTE Y CEO DE SONY INTERACTIVE ENTERTAINMENT, DURANTE LA PRESENTACIÓN DE LA PRÓXIMA GENERACIÓN DE REALIDAD VIRTUAL PLAYSTATION VR2, ASÍ COMO LOS NUEVOS CONTROLADORES QUE PERMITIRÁN UNA EXPERIENCIA DE JUEGO SIN PRECEDENTES. © 2022, CES.

FIGURA 7.24.
DURANTE LA PRESENTACIÓN SE DIERON A CONOCER LOS NUEVOS CONTROLADORES DE REALIDAD VIRTUAL PARA LA PLAYSTATION 5. EL OBJETIVO DE LA COMPAÑÍA ES TRASLADAR LA EXPERIENCIA DE LOS CONTROLADORES INALÁMBRICOS DUALSENSE A LA REALIDAD INMERSIVA. POSEEN DISPARADORES ADAPTABLES, RETROALIMENTACIÓN HÁPTICA, DETECCIÓN DE TOQUE DE DEDO, SEGUIMIENTO Y BOTONES DE ACCIÓN. © 2022, SONY INTERACTIVE ENTERTAINMENT INC.

PlayStation VR2

El aterrizaje de Sony PlayStation a la realidad virtual viene de lejos, cerca de los años noventa. Sin embargo, su consolidación no se produjo hasta 2016. Desde entonces, el proyecto Morpheus (como lo habían bautizado internamente) no ha parado de crecer en títulos y experiencias. Y cuando parecía que la compañía había aparcado su desarrollo, la pandemia y el interés por el metaverso han añadido leña a la maquinaria.

El CES de Las Vegas de 2022 (véanse figuras 7.22 y 7.23) ha servido para confirmar que Sony quiere jugar un papel destacado en el metaverso. Y para hacerlo, necesita apostar por su propio *hardware*. La PlayStation VR2 (PSVR 2) será un dispositivo que necesitará de conexión por cable (por lo que olvidaos de poner fin al lío de cables de la consola que tenéis en el salón —al menos por el momento y en sus especificaciones iniciales—). Vendrá con resolución 4 K (2000 x 2040 píxeles por ojo) con unas pantallas OLED HDR y unas frecuencias de entre 90 a 120 Hz. El campo de visión será de 110º. La acompañarán seguimiento ocular y retroalimentación háptica. Como es lógico, esta nueva versión solo será compatible con PS5.

A la consola la acompañarán unos controladores de movimiento e interacción que se acercarán al diseño del resto de controladores del mercado, tipo Quest 2 o Pico Neo 3.

Oppo Air Glass

El fabricante de móviles y *wearables* Oppo presentó a finales de 2021 las Oppo Air Glass, una aproximación futurista de la compañía al mercado de la realidad aumentada que, de momento, solo verá la luz en el mercado chino. El dispositivo está equipado con un procesador Qualcomm Snapdradon Wear 4100, un microproyector Spark desarrollado por Oppo, un microLED de última generación y una pantalla de difracción. El dispositivo se parece más a un monóculo, aunque encaja a la perfección con la base de unas gafas. Su peso es minúsculo, tan solo 30 gramos (véanse figuras 7.25 y 7.26).

El dispositivo responde a cuatro interacciones de usuario: a través del tacto, la voz, el movimiento de la cabeza y el movimiento de la mano. Así, quienes lo llevan tienen un acceso más ágil a la información que necesitan.

El monóculo de Oppo proyecta la imagen delante de nuestra retina con una escala de hasta 256 grises y 1400 nits de brillo, que ayudan a visualizar la información en condiciones de alta iluminación.

FIGURAS 7.25 Y 7.26.

LAS OPPO AIR GLASS SON UNAS GAFAS DE REALIDAD AUMENTADA QUE PROYECTAN LA IMAGEN SOBRE EL OJO. ES LA PRIMERA APROXIMACIÓN A UNAS GAFAS CAPACES DE AMPLIFICAR NUESTRA VIDA COTIDIANA. POR EL MOMENTO, SOLO VERÁN LA LUZ EN EL MERCADO ASIÁTICO. © 2021, OPPO.

Entre las aplicaciones que pueden disfrutarse se encuentra la información climática, calendario, salud, traducción, navegación y un *teleprompter* —ideal para dar conferencias—.

Xiaomi AR Smart Glasses

Apenas una semana después de la presentación de Oppo, Xiaomi presentó su propia versión de gafas de realidad aumentada. Las Xiaomi Smart Glasses será un nuevo dispositivo portátil inteligente, que combina un diseño de gafas de vanguardia con la última tecnología microLED de guía de ondas ópticas (véase figura 7.27). Con un peso de 51 gramos, estas gafas son capaces de mostrar mensajes, notificaciones, hacer llamadas, navegar, capturar fotos, hacer de *teleprompter* o traducir textos, entre otras opciones.

Bajo un microscopio la pantalla mide solo 2,3 mm x 2,02 mm, casi el tamaño de un grano de arroz, gracias a lo que se integra en el marco de las gafas. Para lograr una emisión de la información frente al ojo, incluso bajo la luz del sol, se ha utilizado una pantalla monocromática ultraeficiente, que es capaz de aportar un brillo de 2 millones de nits. Para Xiaomi no es un sustituto del móvil, sino un nuevo dispositivo de interacción con una capacidad operativa independiente.

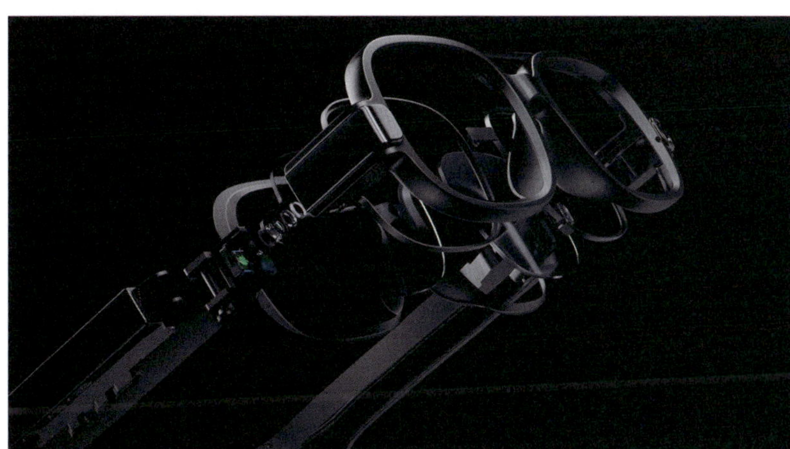

FIGURA 7.27.

CON UN CONCEPTO SIMILAR A LAS DE OPPO, LAS GAFAS DE REALIDAD AUMENTADA DE XIAOMI SON GAFAS COMPLETAS, NO SOLO UN MONÓCULO. LAS FUNCIONALIDADES SON SIMILARES. © 2021, XIAOMI CORPORATION.

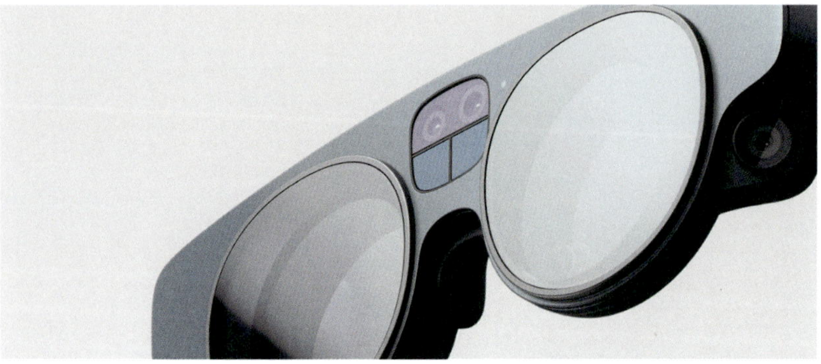

FIGURA 7.28.

AÚN NO SE CONOCEN LAS ESPECIFICACIONES FINALES, PERO SU CEO, PEGGY JOHNSON, YA HA ADELANTADO QUE SERÁN MÁS PEQUEÑAS, MÁS LIGERAS Y CON MEJORES PRESTACIONES TÉCNICAS. SOLO SE HA MOSTRADO UNA IMAGEN. © 2021, MAGIC LEAP.

FIGURA 7.29.

LAS MAGIC LEAP 1 FUERON UNA DE LAS INNOVACIONES CON EL SECRETO MEJOR GUARDADO. SU ÉXITO EN EL MERCADO PROFESIONAL ES DESTACADO, AUNQUE COMPITEN CON LA HOLOLENS 2 DE MICROSOFT. © 2021, MAGIC LEAP.

Magic Leap 2

La compañía estadounidense Magic Leap, tras la que se encuentra una de las tecnologías de realidad mixta más sorprendentes de todas las que se conocen, ha anunciado recientemente que algunos de sus clientes más selectos ya están probando la nueva versión de las gafas de realidad mixta. La comunicación la hizo oficialmente en noviembre de 2021 su CEO, Peggy Johnson, durante una entrevista a la CNBC en la que dejaba claro que «el metaverso será desbloqueado por la realidad aumentada». Allí, la invitada aprovechó para mostrar cómo sería el aspecto de las gafas (véase figura 7.28), mucho más livianas que sus predecesoras, y más cercanas a unas gafas reales. La compañía ha confirmado que serán un 50 % más pequeñas, un 20 % más ligeras y abarcarán el 100 % del campo de visión. Sus especificaciones continúan siendo un secreto.

Por el momento, hemos de conformarnos con las Magic Leap 1 que, con solo 316 gramos de peso, son capaces de proporcionarnos una experiencia de realidad mixta que ha sido muy bien acogida por el sector empresarial. A pesar de ello, solo poseen una pantalla RGB de 1280 x 960 píxeles por ojo, 8 GB de RAM, 128 GB de almacenamiento, auriculares de audio espacial y conectividad Bluetooth 4.2 (véase figura 7.29).

Rokoko Smartsuit Pro II

Crear una experiencia realista en el metaverso, una en la que nuestros amigos o compañeros de trabajo nos reconozcan, pasa porque nuestro avatar replique nuestros movimientos no solo corporales, sino también faciales. Aunque HTC Vive dispone de algunos sistemas de seguimiento que podemos implementar en manos y pies, lo más útil es un exoesqueleto. Estas prendas son conocidas y usadas en la industria cinematográfica, la televisión y la producción de videojuegos. Estos exoesqueletos permiten animar personajes con naturalidad, ayudando a los animadores a crear historias espectaculares.

¿Quién te dice que tú no puedes ponerte uno? El precio de estos dispositivos ha descendido enormemente en los últimos años. Hoy, por cerca de 2500 euros, aproximadamente, es posible que tengas uno en casa.

Rokoko es una compañía que ha apostado por abaratar la solución y ponerla al servicio de cualquier creativo. En un momento en el que se necesitan constructores de mundos, estas soluciones ayudan a democratizar una de las tareas más complejas de animar personajes 3D, la de que simulen los movimientos humanos.

Rokoko Smartsuit Pro II es un sistema de captura de movimiento basado en exoesqueleto con el que podrás dar vida a tus creaciones (véase figura 7.30). Su solución se integra a la perfección con herramientas habituales de la industria, como Unreal Engine, Unity, Cinema 4D, Maya, 3D Studio Max, Blender, MotionBuilder, iClone o Houdini, entre otros.

Woojer Vest Edge

Comienzan a aparecer en el mercado proyectos orientados a ayudar al usuario a tener una experiencia inmersiva completa. Junto a las gafas de realidad virtual, el siguiente paso es hacer que el usuario sienta en su cuerpo parte de la experiencia.

FIGURA 7.30.

SI QUIERES DOTAR DE VIDA A TUS AVATARES O A PERSONAJES QUE CREES EN EL METAVERSO, NECESITARES UNA SOLUCIÓN DE MOCAP COMO LA QUE PROPORCIONA ROKOKO, CUYO PRECIO YA PERMITE SER USADA POR CUALQUIERA. © ROKOKO.

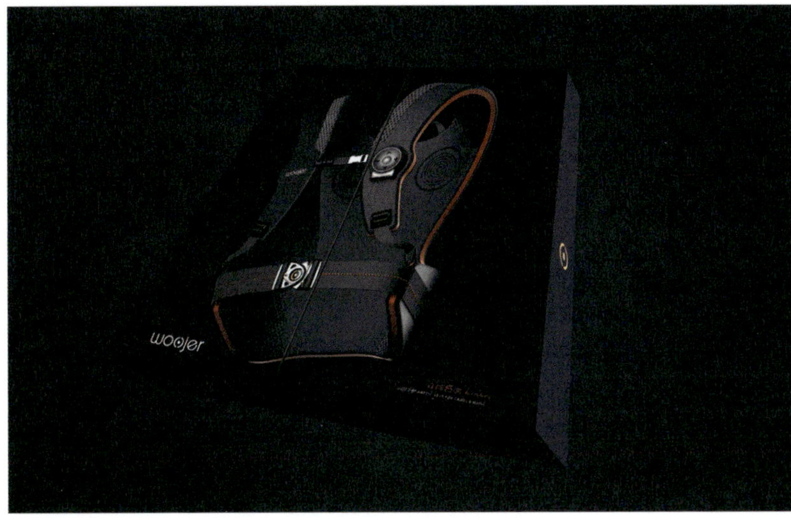

FIGURA 7.31.

WOOJER VEST EDGE ES UN CHALECO HÁPTICO PARA DISFRUTAR DE UNA EXPERIENCIA INMERSIVA. © WOOJER.

¿Te imaginas jugar a *Red Dead Redemption II* y sentir un disparo golpear tu cuerpo? ¿Y si pudieras sentir los golpes de una batalla espacial de *Star Wars*, las frenadas de un coche o las vibraciones de un terremoto mientras intentas salir de un edificio? Woojer Vest Edge es un chaleco que ofrece una experiencia inmersiva completa, mediante seis transductores con tecnología háptica (dos frontales, dos traseros y dos laterales). La tecnología de Woojer, basada en el sonido, hace que la experiencia inmersiva te coloque en el centro de la acción y sientas lo que ocurre (bien sea una película o una experiencia de realidad virtual).

HaritoraX

El CES de Las Vegas de 2022 ha abierto sus puertas a nuevos dispositivos de inmersión para el mercado de consumo. HaritoraX, de la subsidiaria japonesa de Panasonic, Shiftall, es un dispositivo de *tracking* de cuerpo completo que se venderá en Estados Unidos a partir de mediados de 2022, tras su éxito implacable en Japón. Lo hará por un precio inferior a los 300 dólares, lo que lo convierte en el primer dispositivo de su categoría en incorporarse al mercado de consumo.

Con HaritoraX se hace un seguimiento en tiempo real de cadera y piernas. Posee una batería recargable integrada que funciona durante más de 10 horas con una sola carga y que puede combinarse con cascos de realidad virtual como Meta Quest 2 y toda la gama de HTC Vive.

Con un preciso seguimiento de muslos, tobillos y pecho con una IMU (unidad de medición inercial) de 9 ejes de alto rendimiento, la compañía ha logrado una precisión cercana a la del *tracking* óptico.

El dispositivo posee conectividad por Bluetooth y un rango operativo cercano a los 10 metros.

FIGURA 7.32.

LA SUBSIDIARIA DE PANASONIC LANZARÁ A MEDIADOS DE 2022 UN PRODUCTO DE TRACKING DE CUERPO COMPLETO A UN PRECIO NO SUPERIOR A LOS 300 DÓLARES, QUE PERMITE SER USADO CON NUESTROS AVATARES EN META QUEST 2, HTC VIVE, HTC COSMOS Y HTC PRO. © 2022, SHIFTALL INC.

FIGURAS 7.33 Y 7.34.
EL SDK DE WOLF3D PERMITE DISPONER DE UNA APLICACIÓN DE CREACIÓN DE AVATARES BASADOS EN IMAGEN DEL USUARIO, FÁCIL DE USAR. © 2022, WOLF3D

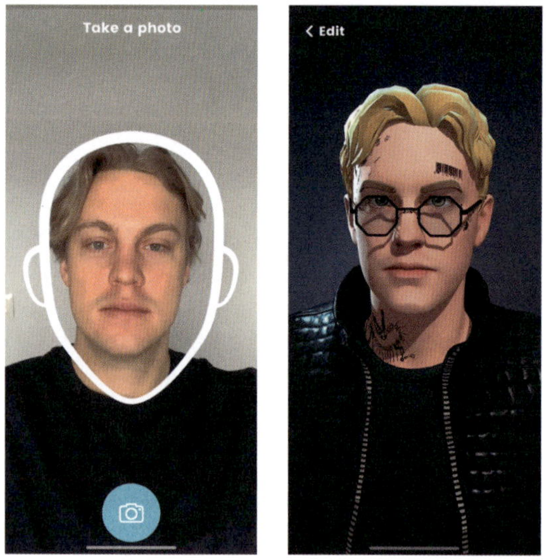

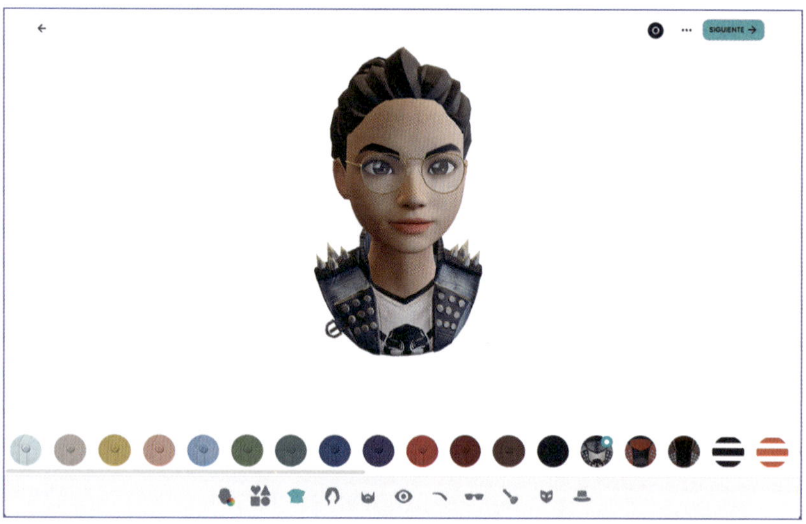

FIGURA 7.35.
CON UNA FOTOGRAFÍA DE MI HIJA Y EN TAN SOLO CINCO PASOS, ES POSIBLE OBTENER UNOS RESULTADOS EXTRAORDINARIOS, COMO PUEDE APRECIARSE EN LA IMAGEN.

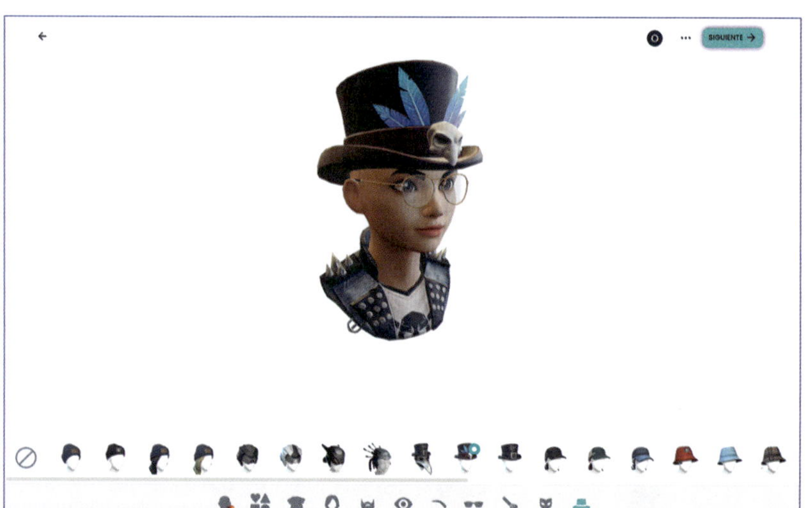

FIGURA 7.36.
ES POSIBLE AJUSTAR EL COLOR DE LA PIEL, LA FORMA DE LA CARA, COLOR DE OJOS, NARIZ, BOCA, OUTFIT, PELO, CEJAS, MAQUILLAJE Y ACCESORIOS.

APLICACIONES

Para todos los creadores de mundos como tú y como yo, existe una lista amplia y en constante evolución de herramientas para idear, crear y experimentar en el metaverso. Mencionarlas todas daría para otro libro. Aquí las hemos sintetizado. Son aplicaciones destinadas a abrirnos la mente para entender el alcance del metaverso. Por supuesto, existen muchas, de muchas compañías, también *startups*. Hay soluciones bajo modelos de suscripción y aplicaciones de acceso libre. Esta muestra es solo el comienzo. Hay muchas aplicaciones en fase de desarrollo para acelerar nuestro salto y teletransportación al metaverso: soluciones para la creación de avatares basados en imágenes, soluciones para animar avatares usando inteligencia artificial y vídeos caseros, soluciones de modelado, texturización, *baking* de texturas e integración en entornos XR, aplicaciones para colaborar en entornos inmersivos o, incluso, motores 3D donde juntar todos los elementos, programar mecánicas y crear experiencias para luego integrarlo todo en entornos inmersivos reales.

Wolf3D / Real Player Me

Esta compañía, impulsada bajo el modelo estonio de desarrollo de startups, cuenta con fondos europeos. Desde 2014, que desarrolló la primera cápsula para el escaneado 3D de cuerpo entero, ha centrado sus esfuerzos de I+D en la creación automatizada de avatares. Su SDK para aplicaciones móviles es conocido en la industria. Lo usan muchas aplicaciones y juegos para que los usuarios, con solo una fotografía de su rostro, creen un avatar propio que luego es personalizable (véanse figuras 7.33 y 7.34).

Gracias a esta trayectoria de más de siete años escaneando rostros (la base de datos supera los 20 000) y gracias al uso del aprendizaje profundo, su aplicación permite configurar un rostro tridimensional adaptado a un avatar 3D (no hiperrealista). Sin embargo, es Real Player Me el proyecto más interesante. Nace del espíritu de hacer que la creación de avatares sea lo más accesible posible. Y, por eso, con solo una foto y desde cualquier dispositivo y plataforma, un usuario puede crear su propio avatar tanto de medio cuerpo como de cuerpo entero, personalizarlo a su gusto con las más de 500 opciones de personalización y, lo que es más interesante, exportar el modelo junto a sus texturas y todo el *rigging* en formato estándar glTF. Así es posible importarlo en programas como Blender, para crear renders propios, animarlos manualmente o con la ayuda de un dispositivo como los de Rokoko (véanse figuras 7.35, 7.36 y 7.37).

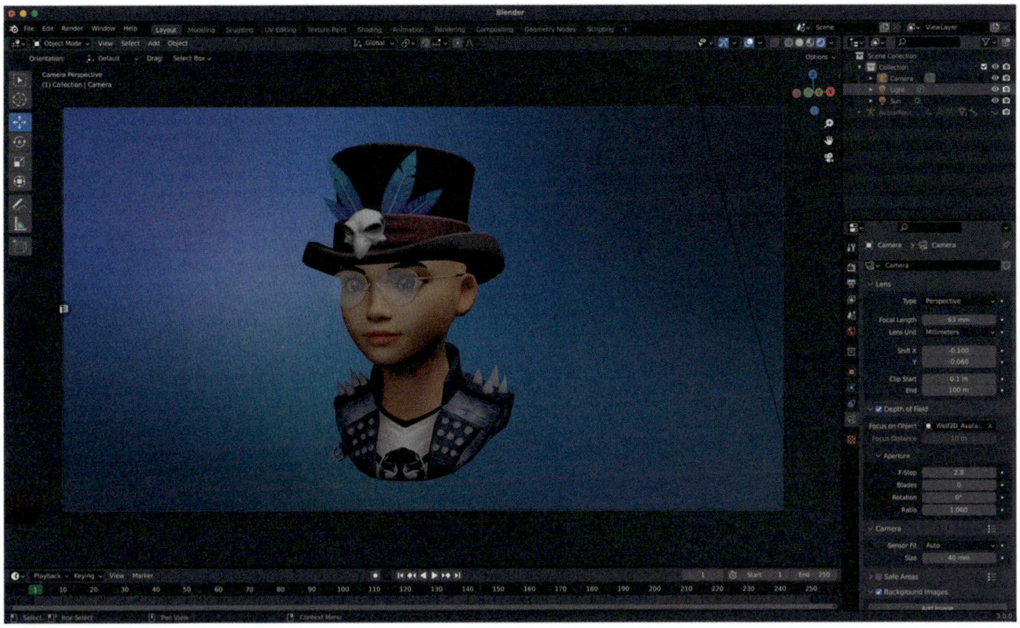

FIGURA 7.37.

UNA VEZ PERSONALIZADO Y CONFORME CON EL RESULTADO, EL ARCHIVO SE EXPORTA EN FORMATO .GLB, QUE SE IMPORTA EN UN PROGRAMA 3D COMO BLENDER. A PARTIR DE AHÍ PUEDES ANIMAR LAS EXPRESIONES GRACIAS A UN CORRECTO RIGGING DEL MODELO.

Actualmente más de 700 empresas relacionadas con el metaverso y la industria de los videojuegos se han sumado al proyecto de Real Player Me.

Hoy se encuentra en fase de desarrollo un sistema de monetización que permitirá que creadores de todo el mundo diseñen y vendan sus propios accesorios y complementos para los avatares.

Jahshaka

Jahshaka es un viejo superviviente del *software* libre. Nació a principios de 2000 como una aplicación de edición de vídeo, cuyo objetivo era convertirse en la alternativa gratuita a soluciones como Adobe After Effects, Autodesk Combustion o NewTek Video Toaster. Su creador, Karsten Becker, era un programador que inició su carrera vendiendo soluciones de computación gráfica. Fue popular en Linux, MacOS e IRIX. Sin embargo, la titánica tarea de desarrollarlo y no pocos quebraderos de cabeza de sus patrocinadores provocaron que, tras la última versión en 2009, el proyecto se aparcase.

Estuvo siete años dormido, hasta 2012, cuando sus creadores anunciaron una nueva y ambiciosa etapa. Jahshaka daba el salto a convertirse en una solución completa para la creación, distribución y monetización de activos, escenas y mundos virtuales. Su tecnología, basada en cadena de bloques, permite publicar y distribuir nuestras creaciones en cualquier dispositivo, desde cascos de realidad virtual hasta entornos *desktop* y *mobile*.

Actualmente la solución, gratuita, está disponible para Windows, MacOS y Linux (véase figura 7.38).

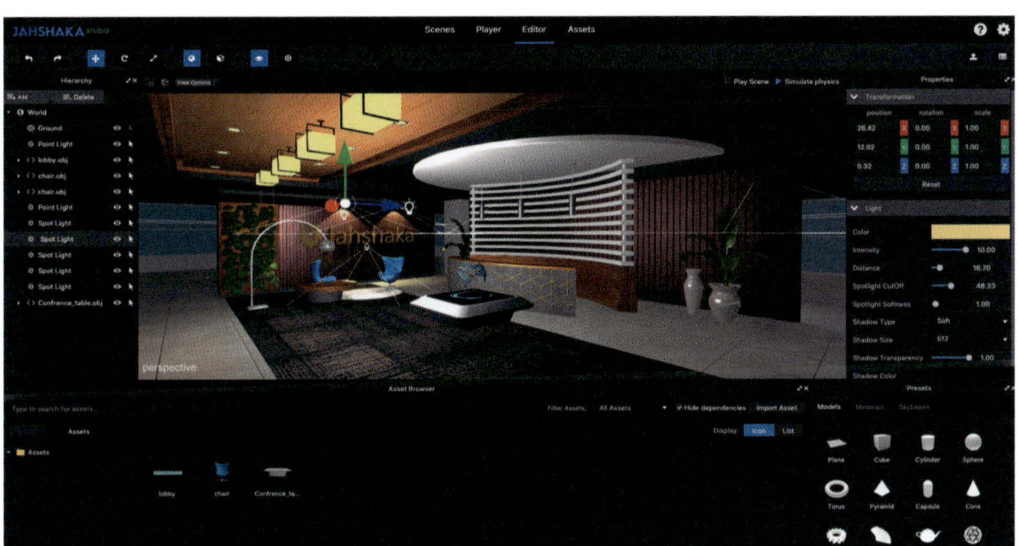

FIGURA 7.38.

CON JAHSHAKA STUDIO SE CREAN MUNDOS VIRTUALES PARA SER EXPLORADOS MEDIANTE REALIDAD VIRTUAL. © JAHSHAKA.

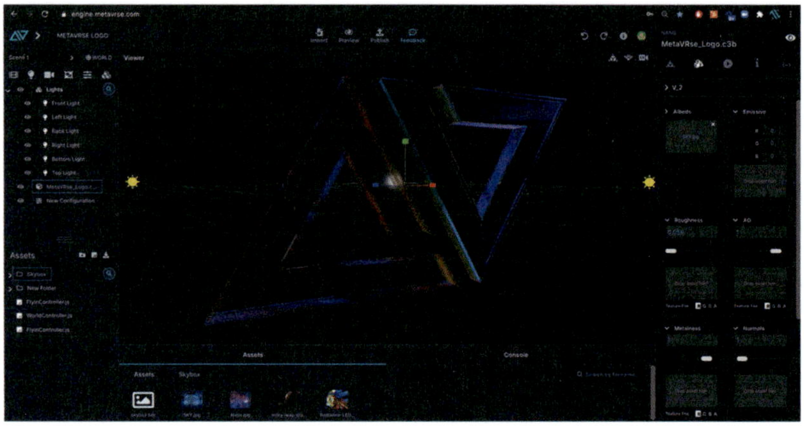

FIGURA 7.39.

CON LA HERRAMIENTA DE DESARROLLO DE METAVRSE SE CREAN DESDE CERO ENTORNOS VIRTUALES Y EXPERIENCIAS INMERSIVAS COMPATIBLES CON CUALQUIER NAVEGADOR Y DIRECTAMENTE DESDE LA WEB. © METAVRSE.

FIGURAS 7.40 Y 7.41.

UNA DE LAS HERRAMIENTAS DE EVENTOS VIRTUALES MÁS USADA EN EDUCACIÓN, ALTSPACE VR SIRVE PARA CONFIGURAR RÁPIDAMENTE UN EVENTO, SELECCIONAR UN ENTORNO Y COMENZAR A INVITAR A AMIGOS. UNO DE LOS ENTORNOS MÁS EXITOSOS DE LA APLICACIÓN ES EL CAMPAMENTO, DONDE LAS PERSONAS SE REÚNEN EN TORNO A UNA FOGATA. © ALTSPACE VR.

Metavrse

Metavrse es un motor de renderizado tridimensional pensado para la web3D. Su potencia le permite crear experiencias inmersivas interactivas directamente en la web, con una altísima calidad.

Con el soporte de compañías como Meta Quest, NVIDIA, Qualcomm y Autodesk, Metavrse incorpora herramientas para creadores de contenido. Es posible diseñar y desarrollar experiencias inmersivas XR (virtual, aumentada y mixta), cuyo resultado es compatible con todos los sistemas operativos del mercado, navegadores web y dispositivos. Es una solución agnóstica, que pone en manos de los creadores un abanico de soluciones sin necesidad de código (aunque es posible combinarlas con conocimientos de JavaScript).

El resultado creativo (véase figura 7.39) puede ser comercializado en la tienda propia que posee la marca, monetizando cualquier activo, modelo, animación o entorno creado. Compañías como Mediamonks, Samsung, Adidas, Bell, Comcast o Deutsche Telekom trabajan con este motor de desarrollo.

Altspace VR

Probablemente sea la plataforma para eventos virtuales en directo más conocida del mercado. Propiedad de Microsoft, Altspace VR es una herramienta multiplataforma. Funciona con Hololens 2, Meta Quest 2 y con las gafas de HTC Vive, pero también a través de la web o sobre la aplicación de escritorio tanto para MacOS como Windows.

A través de Altspace VR es posible crear eventos con escenarios genéricos utilizando plantillas, moderar el evento e interactuar con la audiencia. En modo creativo también es posible, gracias a sus plantillas de desarrollo, trabajar con un paquete específico dentro de Unity para modelar, texturizar, iluminar o animar el entorno, y luego volverlo a importar a Altspace VR para utilizarlo de espacio virtual en nuestras reuniones (véanse figuras 7.40 y 7.41).

Glue Work

Glue Work es una plataforma de colaboración para entornos de trabajo en 3D desarrollada en Finlandia. Permite reunir equipos ilimitados en entornos tridimensionales para colaborar en línea. Los usuarios acceden mediante avatares personalizados, que reflejan el movimiento y gestos de los usuarios, proporcionando comunicación no verbal. La plataforma dispone de audio espacial, que ayuda al usuario a identificar dentro del entorno la dirección de las conversaciones.

FIGURAS 7.42 Y 7.43.

LA SOLUCIÓN DE GLUE ESTÁ ENFOCADA A ENTORNOS DE TRABAJO Y COLABORACIÓN EN LÍNEA. POSEE AVANZADAS HERRAMIENTAS QUE AYUDAN A LOS ASISTENTES A MATERIALIZAR SUS IDEAS, CON LA VENTAJA DE QUE SU MUNDO PERSISTENTE GARANTIZA QUE LO QUE SE APUNTE O SE CREE PERMANEZCA PARA OTRAS SESIONES O GRUPOS DE TRABAJO. © 2022, GLUE.

Cualquier empresa puede utilizar los espacios predefinidos de Glue o crear los suyos propios (véanse figuras 7.42 y 7.43).

Dentro de las herramientas de colaboración, Glue incluye un kit de aplicaciones pensadas para el trabajo en equipo: pizarra virtual, *post-its*, dibujo a mano alzada, importación de modelos 3D y archivos de trabajo colaborativos.

Hay que destacar que el resultado de las sesiones de equipo, lo que se encuentre en la pizarra escrito, pegado con *post-it* o anotado, permanecerá para siguientes sesiones o para otros equipos. Es un mundo persistente.

The Wild

The Wild es otra solución inmersiva orientada a la colaboración en línea multiplataforma. Es compatible con todos los dispositivos conocidos: Meta Quest, HTC Vive, HP Reverb, Pico Neo, iOS, Mac y PC.

La aplicación, ideada para facilitar las presentaciones en equipo, los procesos de colaboración y la revisión de proyectos, se integra perfectamente con Revit, SketchUp o BIM 360, y posibilita la importación de todos los formatos de archivos 3D del mercado. Incorpora, además, herramientas de dibujo nativas o comentarios de forma asíncrona.

FIGURAS 7.44 Y 7.45.

CON THE WILD ES POSIBLE COLABORAR EN ESPACIOS DE TRABAJO VIRTUALES, SIN NECESIDAD DE OFICINAS FÍSICAS, COMPARTIR IDEAS Y PROYECTOS DE FORMA REMOTA. LOS AVATARES SON SUSTITUIDOS POR MODELOS LINEALES ABSTRACTOS, REFORZANDO SU ORIENTACIÓN MERAMENTE PROFESIONAL. © 2022, THE WILD.

The Wild está pensado para optimizar los procesos de colaboración en remoto de trabajadores del mundo de la arquitectura, el diseño o la ingeniería (véanse figuras 7.44 y 7.45).

Mozilla Hubs

Mozilla Hubs es un producto de laboratorio de la Fundación Mozilla desarrollado sobre estándares webVR y webXR con el que cualquier persona puede desarrollar experiencias inmersivas para eventos para ser exploradas directamente desde la web o bien usando gafas Oculus, HTC o Daydream (descontinuada por Google). Mozilla Hubs es, únicamente, un proyecto que facilita la creación de salas de chat inmersivas.

La ventaja que aporta es la de poder crear espacios 3D desde cero o usar las plantillas que vienen por defecto.

Nuestros invitados tienen la posibilidad de seleccionar un avatar para entrar, aunque no personalizarlo.

Nuestra sala la podemos compartir mediante un enlace o un número de sala para acceso privado.

Además, podemos embeber en una página web nuestro proyecto para crear una experiencia más personalizada, como ha hecho el Centre Blockchain de Catalunya con el proyecto Catvers, basado en la plantilla por defecto Hospitable Jealous Celebration (véase figura 7.46).

FIGURA 7.46.

LAS PLANTILLAS DE MOZILLA HUBS PERMITEN, RÁPIDAMENTE, CREAR UNA SALA INMERSIVA EN LA QUE CELEBRAR REUNIONES CON AMIGOS O INVITADOS.

FIGURA 7.47.
ENTORNO DE ALTA CALIDAD RENDERIZADO EN TIEMPO REAL A TRAVÉS DE LA WEB MEDIANTE SINEWAVE. EN ÉL SE OBSERVA MI AVATAR PERSONALIZADO. ESCENARIOS COMO ESTE SE CREAN DESDE CERO CON LAS HERRAMIENTAS DE CREADOR QUE INCORPORA.

Sinespace

¿Te apetece construir tu propio metaverso? Sinespace, la solución de Sine Wave Entertainment, te permitirá hacerlo. Se trata de una plataforma gratuita basada en el motor Unity 3D. Permite a cualquier persona crear experiencias inmersivas desde cero (véase figura 7.47).

Sinespace incorpora un conjunto de herramientas vinculadas con Unity Editor, que te ayudarán a construir cualquier mundo que se te ocurra. Podrás incorporar personajes 3D, objetos, ensamblarlos en Unity para luego incorporarlos al motor a través de un SDK. La aplicación cuenta, además, con cientos de componentes ya preparados para trabajar, ayudándote a crear cualquier cosa con más celeridad. Una vez creado el mundo, Sinespace dispone de servidores donde alojar la experiencia, además de la opción de monetizar cualquier objeto.

Odyssey

Odyssey es un proyecto web3 creado en los Países Bajos. Nació como una incubadora de negocios para el desarrollo de soluciones web3 e inteligencia artificial, lo que le ha permitido embarcarse en proyectos para empresas como VMWare, KLM Cargo, SAP o la Unión Europea, entre otros.

Su producto estrella, Momentum, es una plataforma para organizar eventos altamente personalizables en 3D inmersivo, que pueden disfrutarse mediante realidad virtual multidispositivo.

FIGURAS 7.48 Y 7.49.
WUNDERMAN THOMPSON INTELLIGENCE Y ODYSSEY SE ASOCIARON PARA CREAR EL MEJOR ENTORNO EN EL QUE PRESENTAR EL INFORME «INTO THE METAVERSE» DURANTE EL CES 2022. © WUNDERMAN THOMPSON.

Wunderman Thompson Intelligence se asoció con esta compañía durante 2021 para crear el mejor entorno en el que presentar virtualmente su informe *Into the Metaverse* durante el CES de Las Vegas de 2022 (véanse figuras 7.48 y 7.49). La experiencia incluía puntos de información con contenidos ilustrados del informe, una narración de marca orientada a explicar a los clientes cómo desarrollar experiencias digitales inmersivas que fortalezcan las relaciones con los clientes, una demostración del futuro del comercio minorista a través de un área de *retail* virtual y un espacio de aventuras y juegos para entretenerse.

FIGURA 7.50.

MOOTUP VIENE CON ALGUNOS ESCENARIOS PREDEFINIDOS, LOS CUALES SE PUEDEN PERSONALIZAR PARA QUE LA EMPRESA OFREZCA IMAGEN DE MARCA. ES POSIBLE INCLUIR BANDEROLAS COLGANTES, UNA PANTALLA GIGANTE DESDE LA QUE SE PUEDE COMPARTIR EL ESCRITORIO CON LA PRESENTACIÓN Y EL VÍDEO DEL STREAMING, E INCLUSO UNA MESA REDONDA PARA SITUAR A LOS PONENTES. © MOOTUP.

MootUp

MootUp es una plataforma para la celebración de eventos virtuales de gran impacto. Una de sus mejores características, que la diferencia de otras soluciones, es la posibilidad de integrar dentro del espacio virtual una transmisión en vídeo en directo a través de Zoom, Webex, Microsoft Teams, BlueJeans, YouTube Live o Adobe Connect, entre otras soluciones de videoconferencia. Gracias a esto, los asistentes al auditorio o espacio virtual pueden ver una sesión en *streaming*. MootUp también ofrece su propia solución de transmisión de vídeo de alta calidad por si no quieres depender de terceros.

La solución te permite programar conferencias magistrales, sesiones de trabajo, salas de exhibición o cualquier cosa que puedas imaginar, ya que también otorga libertad de creación a las empresas (véase figura 7.50). El acceso por parte de los invitados se realiza mediante un enlace compartido. No son necesarias descargas ni ningún tipo de instalación. Es compatible con todos los navegadores.

Virbela

Virbela es una plataforma que nace para redefinir el futuro de la educación a distancia. No obstante, también está enfocada al rediseño de los procesos de trabajo remoto, así como a la mejora de los flujos de trabajo entre personas.

Define su solución como un sistema operativo que permite a las organizaciones desarrollar mecánicas de cambio cultural basadas en experiencias inmersivas (véase figura 7.51). Tiene una dilatada experiencia que se retrotrae a 2012 en la creación de mundos inmersivos para el trabajo, el aprendizaje y la celebración de eventos virtuales.

FIGURA 7.51.

VIRBELA ES UN COMPLETO SISTEMA OPERATIVO PARA CENTROS Y CAMPUS EDUCATIVOS. NO OBSTANTE, PARTE DE SUS SOLUCIONES PUEDEN USARSE PARA LA CELEBRACIÓN DE EVENTOS VIRTUALES MASIVOS, ASÍ COMO PROCESOS DE COLABORACIÓN EMPRESARIAL. © VIRBELA.

Virbela es mucho más que un chatroom o un espacio virtual, es un completo mundo educativo socialmente conectado, ideal para escuelas y universidades, donde es posible diseñar por completo el campus virtual, involucrando a estudiantes y profesores.

VRChat

Es quizá una de las plataformas más conocidas. VRChat lleva desde 2015 ofreciendo a una extensa comunidad de creadores y amantes de las experiencias virtuales un punto de encuentro para hacer quedadas. Creada por Graham Gaylor y Jesse Joudrey —y con cierta semejanza a Second Life o Haboo Hotel—, la plataforma permite a los usuarios teletransportarse a mundos creados por su comunidad a través de avatares personalizados.

VRChat está diseñada para ser utilizada mediante dispositivos de realidad virtual (véanse figuras 7.52 y 7.53).

La plataforma clasifica a sus usuarios por niveles de confianza. Si accedes por primera vez entrarás con el rango de visitante, pero tu experiencia te llevará al rango de usuario nuevo, que es cuando podrás ejercer de creador y cargar tu propio contenido creado mediante el SDK de Unity.

Los avatares disponen de cuerpo completo, sincronización labial, seguimiento ocular y una lista amplia de movimientos.

Bigscreen VR

Bigscreen es una aplicación de realidad virtual con la que, dentro de un espacio virtual, se comparte la pantalla de escritorio de tu ordenador. Así nació la idea cuando Darshan Shankar, siendo alumno de Y Combinator, presentó su proyecto. Una especie de Skype dentro de un entorno VR.

Lo interesante es que cualquier usuario puede jugar a sus juegos favoritos o ver películas en una pantalla de escritorio virtual o bien en una pantalla gigante similar a las IMAX. De hecho, además de la solución para compartir la pantalla del ordenador (véase figura 7.54), BigscreenVR dispone de la posibilidad de asistir a eventos de cine y adquirir las películas en 3D para ser proyectadas. La sensación es como si estuvieras en el mejor de los cines (véase figura 7.55).

La aplicación consta de dos partes: una herramienta que se instala en el PC y que genera el escritorio remoto, y otra que se instala en el dispositivo de realidad virtual que tengas. Admite Meta Quest 2, SteamVR y HTC Vive.

FIGURA 7.52.

LA PLATAFORMA VRCHAT TIENE UN AIRE A SECOND LIFE. SOLO SE ACCEDE MEDIANTE DISPOSITIVOS DE REALIDAD VIRTUAL. ALGUNOS ESCENARIOS, COMO LAS HOGUERAS, SON LUGARES DE ENCUENTRO COMUNES EN LOS METAVERSOS. © VRCHAT.

FIGURA 7.53.

ALGUNOS USUARIOS SE HAN CREADO UN ENTORNO PARA ECHAR UNAS PARTIDAS A JUEGOS DE ROL. © VRCHAT.

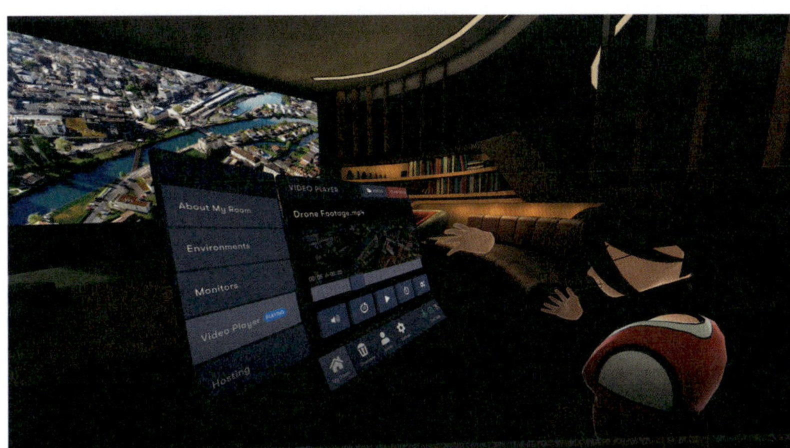

FIGURA 7.54.

CON EL ESCRITORIO REMOTO SE TRABAJA DIRECTAMENTE DESDE LA SALA VIRTUAL. MUCHOS JUGADORES JUEGAN A SUS JUEGOS FAVORITOS JUNTO A OTROS AMIGOS DESDE AQUÍ. © BIGSCREENVR.

FIGURA 7.55.

CON BIGSCREENVR SE DISFRUTA DE UNA PELÍCULA COMO SI ESTUVIERAS EN LA SALA DE UN CINE. © BIGSCREENVR.

Scaniverse

La utilización de un sensor LiDAR para capturar y editar contenido 3D es, probablemente, el hito más destacable de Apple y su mayor contribución a los creadores de contenido.

Existen muchas aplicaciones en el mercado que trabajan con LiDAR. Scaniverse es una de ellas. Sencilla de usar, muy barata, esta aplicación exclusiva para el iPhone ayuda a construir modelos 3D con alta fidelidad y un gran nivel de detalle. El resultado del escaneo mediante fotogrametría se exporta a formatos OBJ y FBX, compatibles con la mayor parte de aplicaciones 3D del mercado e, incluso, de motores de videojuegos como Unity y Unreal Engine. También es posible usar los modelos en aplicaciones de realidad aumentada, así como en aplicaciones de comercio electrónico que permitan modelos 3D de sus productos.

FIGURA 7.56.

CON LA APLICACIÓN PARA IPHONE DE SCANIVERSE ES POSIBLE CREAR UN MODELO 3D CON TEXTURA Y EXPORTARLO EN FORMATO OBJ Y FBX. LA APLICACIÓN HACE USO DEL SENSOR LIDAR. © SCANIVERSE.

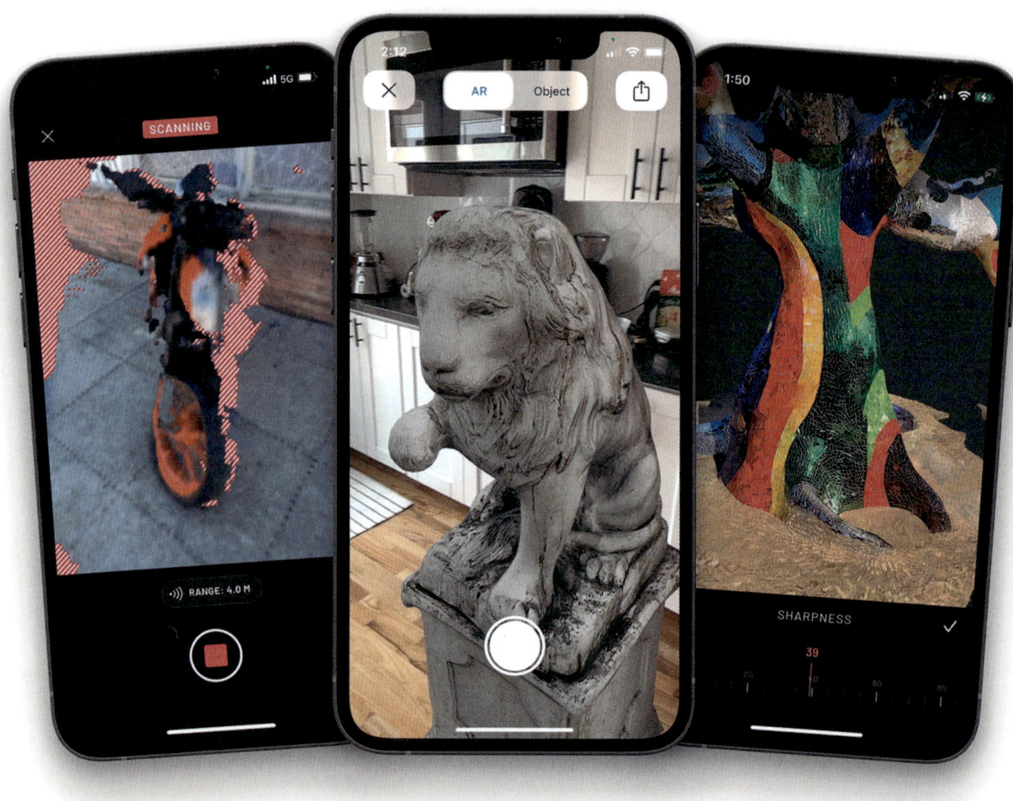

Character Creator 4 / iClone 8

Reallusion es uno de esos aliados estratégicos para los creadores de contenido en 3D. Su abanico de soluciones acelera el desarrollo y trabajo de diseñadores, animadores y creadores de experiencias. Posee un ejército de especialistas en la industria de la animación, el desarrollo de videojuegos, el cine y el diseño de personajes.

Con sede en Silicon Valley, y varios centros de desarrollo repartidos internacionalmente, Reallusion ha sido capaz de crear un ecosistema de soluciones que pueden adquirirse bien por grandes estudios bien por *freelancers*.

Entre las herramientas más conocidas está Character Creator 4, una solución completa de creación de personajes hiperrealistas, con la que es posible crear un gemelo digital nuestro a partir de una fotografía. Modelos perfectos que luego pueden ser exportados hacia las principales herramientas 3D del mercado, incluidos los motores de videojuegos. Combinado con la solución Motion Live es posible utilizar nuestro cuerpo y expresiones faciales para animar al personaje 3D creado, tanto desde la aplicación como desde Unreal Engine o Unity, a través de sus conectores (véanse figuras 7.57 y 7.58).

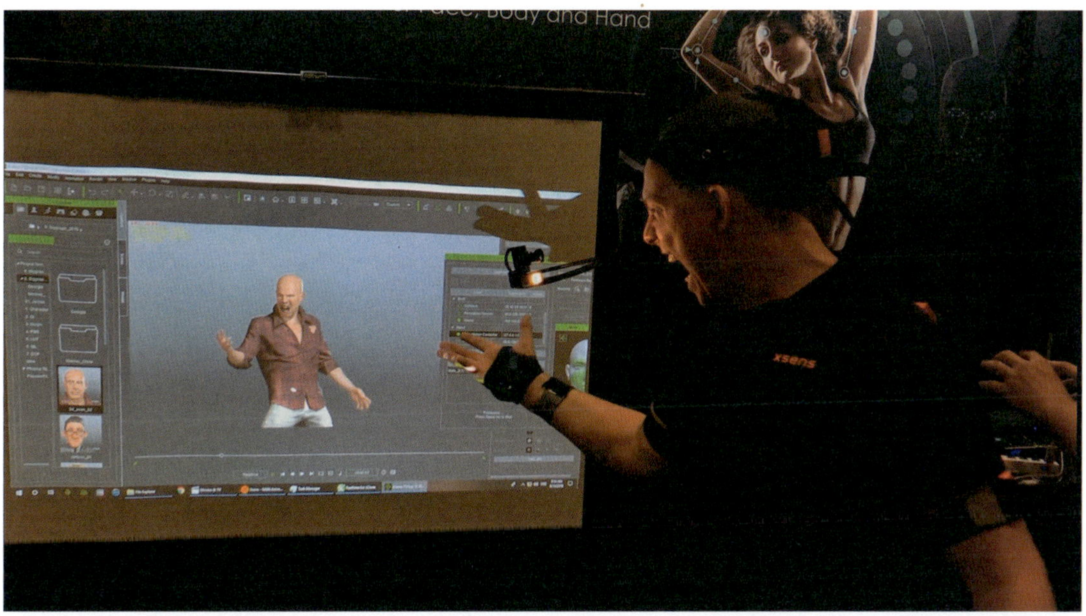

FIGURA 7.57.
LAS SOLUCIONES DE REALLUSION PERMITEN INTEGRARSE CON LA MAYOR PARTE DE DISPOSITIVOS MOCAP DEL MERCADO, PARA LOGRAR UNAS ANIMACIONES NATURALES. © REALLUSION.

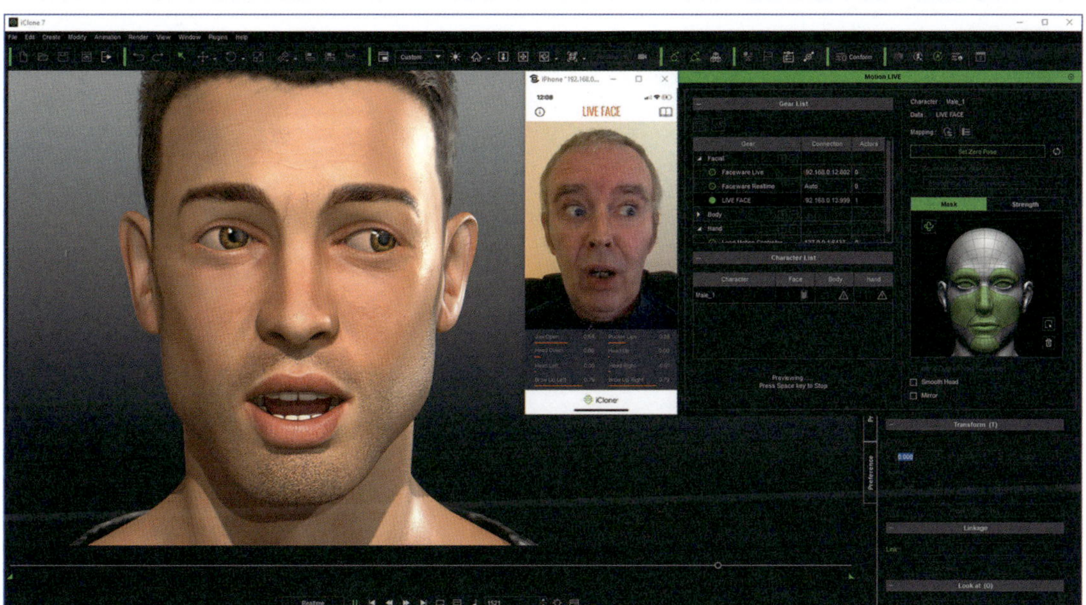

FIGURA 7.58.
CON UN IPHONE Y LA HERRAMIENTA LIVE FACE DE ICLONE PODREMOS ANIMAR LAS EXPRESIONES FACIALES DE NUESTRO PERSONAJE EN TIEMPO REAL. © REALLUSION.

iClone 8, por el contrario, es la herramienta para acelerar la animación de los personajes que seas capaz de crear (véase figura 7.59). Integrada con la mayor parte de dispositivos de captura de movimientos del mercado, así como con el sensor LiDAR del iPhone, esta solución impulsará a una nueva dimensión el trabajo que estés realizando con los personajes que quieras incluir en tu experiencia inmersiva.

Masterpiece Studio Pro

Esta compañía fundada en Ottawa (Canadá) es la responsable de una de las herramientas más innovadoras para diseño y creación sobre entornos de realidad virtual. Masterpiece Studio Pro lo componen dos soluciones.

Masterpiece Creator es la herramienta orientada al modelado 3D en tiempo real con gafas de realidad virtual. Se trata de una solución con la que esculpir cualquier objeto o modelarlo partiendo de primitivas. Los controladores de tus gafas de realidad virtual se convertirán en tus manos y te servirán para modelar cualquier idea (véanse figuras 7.60 y 7.61). Junto al modelado, la aplicación también te

FIGURA 7.59.
LA HERRAMIENTA ICLONE TE OFRECE MÚLTIPLES OPCIONES PARA ANIMAR PERSONAJES. PERMITE CREAR LIBRERÍAS DE MOVIMIENTO O IMPORTAR OTRAS NUEVAS CAPTURADAS DE MANERA PROFESIONAL. © REALLUSION.

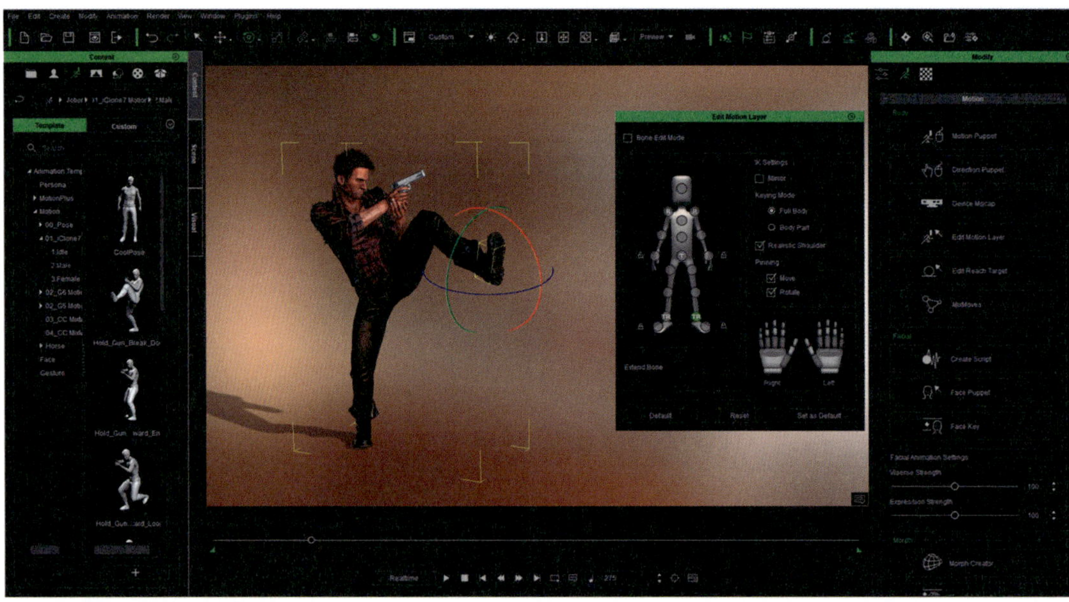

FIGURA 7.60.
CON MASTERPIECE CREATOR SE MODELAN Y TEXTURIZAN OBJETOS EN 3D DIRECTAMENTE EN UN ENTORNO VIRTUAL. © 2021, MASTERPIECE STUDIO.

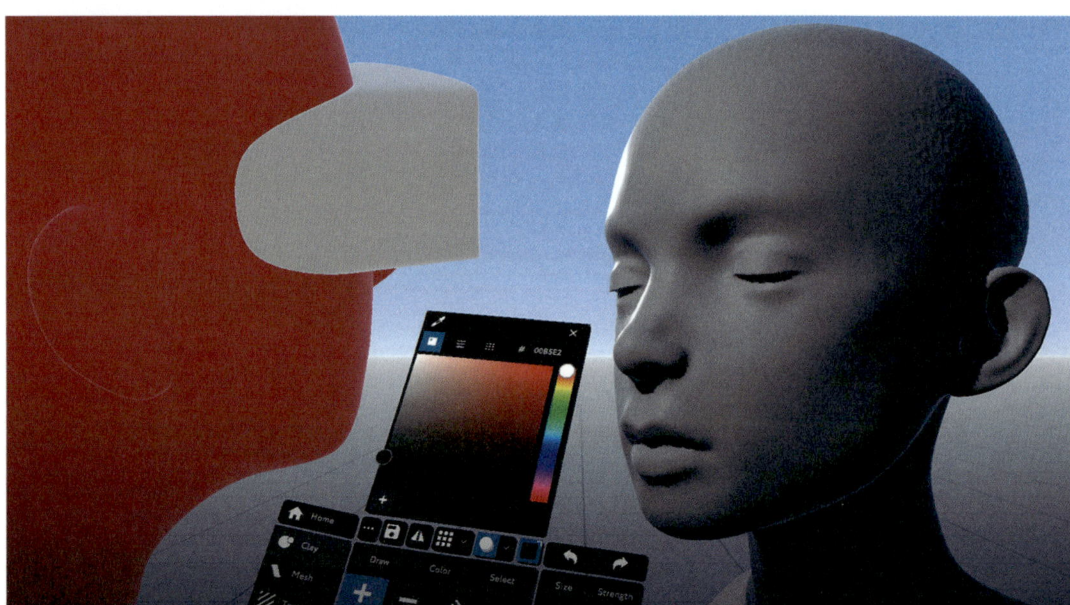

ayudará a crear *UV Maps* automáticos y aplicar textura a la malla del objeto. El resultado se exporta en formatos OBJ, FBX y STL.

Es compatible con las principales gafas del mercado, aunque en el caso de Meta Quest 2 se recomienda usar el cable directo al PC.

La otra herramienta es Masterpiece Motion, la primera solución de *rigging* de personajes basada en realidad virtual, que integra inteligencia artificial para acelerar el proceso de animación.

Pixcap

¿Tienes problemas para animar personajes? ¿Te gustaría acelerar el proceso utilizando vídeos grabados por ti, como se animaba tradicionalmente en la industria del cine y los videojuegos? Pixcap es una *startup* ubicada en Singapur que ha fusionado la inteligencia artificial con las necesidades de la industria de la animación.

La premisa no es nueva. La industria del cine y los videojuegos usaban tradicionalmente vídeos caseros que tenían como base los movimientos de sus personajes (una técnica anterior al advenimiento de las tecnologías de captura de movimientos).

La innovación introducida por Pixcap se basa en subir vídeos caseros para que un algoritmo de inteligencia artificial y reconocimiento de patrones genere un patrón de movimiento basado en el vídeo. Ese patrón se aplica luego al *rigging* del personaje y, *voilà*, tenemos un bucle animado perfecto.

La *startup* está aún desarrollando su aplicación (accesible desde la web), pero ya es posible registrarse y realizar las primeras pruebas. Un modelo en formato glTF exportado directamente desde la aplicación Real Player Me de Wolf3D puede animarse usando vídeos como patrón de imagen para el movimiento.

FIGURA 7.61.

MOTO FUTURISTA MODELADA CON MASTERPIECE CREATOR. RESULTADO DE USAR EL MODELO DE UN PROGRAMA DE RENDER. © 2021, MASTERPIECE STUDIO.

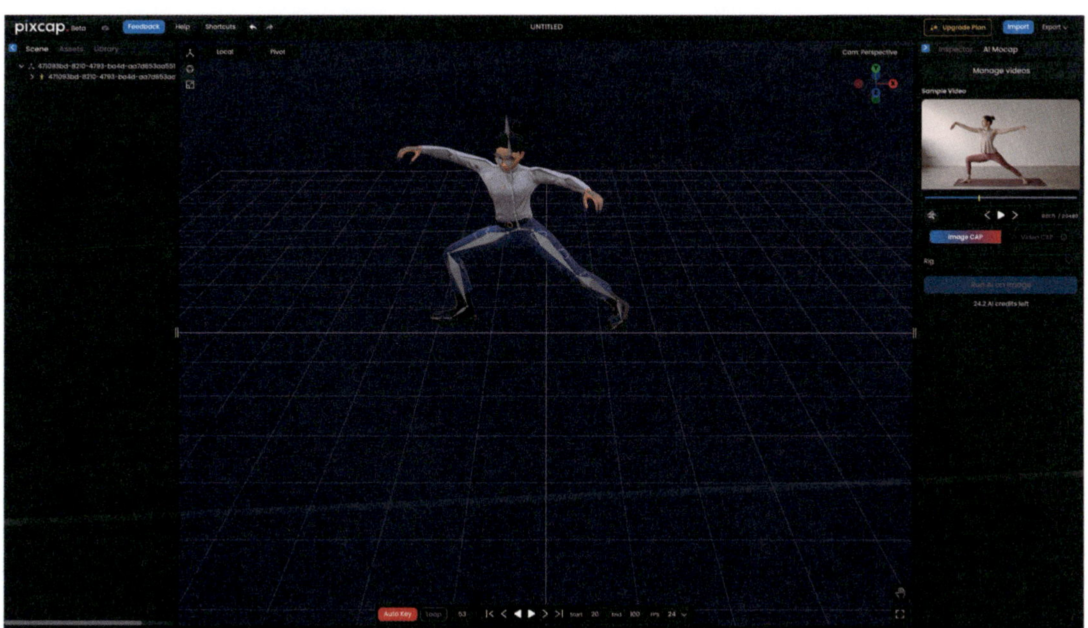

FIGURA 7.62.

EN LA IMAGEN UN MODELO DE AVATAR GENERADO CON REAL PLAYER ME, IMPORTADO A PIXCAP Y ANIMADO TRAS INICIAR EL ANÁLISIS DE UNA CÁPSULA DE VÍDEO CON SU IA DE CAPTURA DE MOVIMIENTO.

08

UN VIAJE POR LOS METAVERSOS ACTUALES

Dime quién eres y te diré qué metaverso necesitas. Hoy en día existen metaversos para todos los públicos y para todas las edades. Hay otros, muchos, pero aún están en fase de desarrollo. Es fácil advertir si encajas o no en uno de ellos.

De la lista, algunos son conocidos. Hay mucho *hype* en el mercado y mucha atención mediática. Por eso, han comenzado a atraer la atención de numerosas marcas. Algunos de estos metaversos gozan, además, de amplias audiencias, un público global comprometido, que ha aterrizado en estos espacios con varios propósitos: hacer dinero rápido, divertirse, crear, expresarse, sociabilizar, colaborar o, simplemente, curiosear.

Son los inicios, aún queda un largo camino por delante. También para los usuarios.

Estos metaversos son como las primeras páginas de la internet de los noventa, o como el lejano Oeste, inexplorado y con todo por hacer. Son laboratorios de experiencias en potencia. Y, para acelerar su exposición al mercado, han comenzado a recibir importantes rondas de inversión. Quienes han comenzado a comprar sus propias tierras en ellos o a desarrollar experiencias de juego, como ocurre en The Sandbox, saben de lo que hablo. Sus herramientas distan mucho de ser perfectas. Son toscas, primitivas, simples, con errores, en fase alfa o beta. El juego es así. Arrastran la experiencia de un mercado de desarrollo de *software* acostumbrado al mínimo producto viable y a entregables ágiles a base de *sprints*, mientras evalúan su idoneidad en el mercado. A pesar de ello, una legión de creadores, programadores y estrategas en el diseño de juegos colaboran en la sombra para llenar de sentido estos metaversos. Y engancha.

Los metaversos mejor posicionados son los que gozan del respaldo de marcas como Nike, Hyundai, Chipotle, Adidas, Under Armour, Warner Music o Ralph Lauren, entre otras. Y los hay en Oriente y Occidente.

Las marcas apuestan por estos metaversos para acelerar su vínculo con algo que es nuevo y que comienza a atraer a audiencias masivas. Se parecen a los videojuegos, pero van mucho más allá. Por eso, no descartan construir el suyo propio —algunas lo reconocen—, aunque aún es pronto. Hacerlo exige una cuantiosa inversión económica, y por ahora es un salto de fe. Es mejor estar donde otros ya están y aprender. Al fin y al cabo, nos hallamos en los orígenes de la nueva internet. Un extraordinario laboratorio para las marcas, y una oportunidad única para una nueva generación de creadores de mundos.

ROBLOX

Roblox ha sido una plataforma de juegos que lleva canalizando la atención mucho antes, incluso, que Minecraft. Fue creada en 2003 como prototipo, y vio la luz tres años después. Aunque ha ido incrementando su éxito entre la población más joven (por debajo de los 16 años), ha sido con la pandemia cuando ha adquirido reputación a nivel internacional.

Su fundador, David Baszucki (véase figura 8.1), nunca se imaginó que lo que fue una idea educativa surgida en los ochenta como herramienta de física interactiva llegaría a convertirse en la base de una plataforma, acrónimo entre robots y bloques.

FIGURA 8.1.
DAVID BASZUCKI, CEO DE ROBLOX (MÁS CONOCIDO COMO BUILDERMAN), DURANTE UNA DE LAS EDICIONES ANUALES DE DESARROLLADORES DE LA PLATAFORMA. © 2022, ROBLOX CORPORATION.

Pero 2006 fue su año, y comenzó a seducir a los más pequeños. Hoy cuenta con 199 millones de usuarios activos mensuales, 7 millones de desarrolladores y más de 18 millones de juegos creados por la comunidad. También hay que decir que su economía ha aportado cerca de 200 millones de dólares a la comunidad de desarrolladores. Las cifras asustan.

Su vínculo con las audiencias más jóvenes (aunque también hay usuarios por encima de los 16 años) ha atraído a numerosas marcas para desarrollar experiencias inmersivas y dar los primeros pasos en el metaverso. Compañías como Nike, Hyundai, Disney, Warner Bros, NASCAR y un largo etcétera ya están ahí. Algunos estudios de producción especializados en esta plataforma reconocen que, actualmente, Roblox está recibiendo muchas más consultas de marca de las que puede manejar. Algo que no dejará de crecer en los próximos años.

La estrategia de Roblox ha sido siempre la de conectar a las marcas con las unidades de desarrollo que trabajan dentro de la plataforma en una suerte de ecosistema cooperativo. No obstante, muchas marcas ya están canalizando sus peticiones directamente con proveedores de desarrollo externos, para que lleven sus creaciones a este conocido metaverso.

El éxito de Roblox entre las marcas viene de largo. Warner Bros lo descubrió mucho antes que el fenómeno Fortnite, donde colaboró con Roblox para promocionar algunas de sus películas más taquilleras, como *Real Player One*, *Aquaman* o *Animales Fantásticos: los crímenes de Grindelwald*. El objetivo era muy claro: atraer a una audiencia cualificada y darle las herramientas suficientes para llevarlos a ver la película. Por compartir unos pocos datos, solo la activación de la popular película de Steven Spielberg generó en Roblox 47,2 millones de horas de entretenimiento, de un total de 181 millones de sesiones de juego.

Otra marca, en este caso de automoción, Hyundai, lanzó en septiembre de 2021 la *Hyundai Mobility Adventure*, una experiencia innovadora (véanse figuras 8.2 y 8.3), formada por cinco espacios, donde los usuarios pueden conocer la oferta de movilidad de la compañía, así como jugar y asistir a eventos en *streaming*.

El activo más importante de Roblox, además de la larga lista de juegos creados por la comunidad, es su herramienta de desarrollo, que incorpora su propio lenguaje de programación orientado a objetos, Lua.

FIGURAS 8.2 Y 8.3.
HYUNDAI MOTOR COMPANY HA DESARROLLO SU PROPIO MUNDO DENTRO DE ROBLOX. UN ESPACIO, SIMILAR A UNA CIUDAD, EN EL QUE CONVIVEN UNA PLAZA PARA CONCIERTOS EN STREAMING, UN CAMPUS TECNOLÓGICO Y JUEGOS DE CARRERAS DE COCHES. © 2021, HYUNDAI MOTOR COMPANY.

Como metaverso, Roblox también goza de una economía basada en su propia moneda, los Robux. Con ella, se puede comprar y vender objetos y bienes virtuales que pueden usarse tanto para decorar avatares como para desarrollar entornos de juego. Hay desarrolladores que levantan más de 100 000 dólares anuales con sus creaciones.

THE SANDBOX

The Sandbox es un viejo conocido. Nació como juego allá por 2012 de la mano de Pixowl (véase figura 8.4), una compañía de San Francisco. Se creó exclusivamente para teléfonos móviles (Android e iOS), y más tarde lo hizo para la plataforma de Microsoft Windows. Su carrera fue meteórica, llegó a alcanzar los 40 millones de descargas. Seis años después, en 2019, Animoca Brands (compañía desarrolladora de videojuegos japonesa y también empresa de capital riesgo) adquirió Pixowl por una cifra superior a los 4800 millones de dólares. En su *roadmap* ya se encontraba el salto a la cadena de bloques, las criptomonedas y bienes no fungibles. Ed Fries, el cofundador de Xbox y responsable de Microsoft Games Studios, fue uno de los asesores de la operación.

Hoy Animoca Brands es una empresa enfocada en la construcción del metaverso: tanto es así que posee inversiones en más de 150 plataformas de NFT, incluyendo OpenSea, Axie Infinity o CryptoKitties, y acaba de recibir una inyección de capital nada más y nada menos que de Soros y los hermanos Winklevoss (conocidos por su enfrentamiento con Mark Zuckerberg por la propiedad de Facebook), sumándose así a la realizada por SoftBank.

Aunque aún está en fase de desarrollo, The Sandbox aspira a ser un juego *play-to-earn,* que combina la tecnología de *blockchain*, finanzas descentralizadas (DeFi) y los NFT en un mundo inmersivo 3D. Un espacio en el que sus usuarios —y cuenta con más de medio millón de usuarios registrados— puedan crear y personalizar desde sus avatares hasta sus activos digitales. Una plataforma para creadores con el objetivo de que moneticen sus creaciones dentro de su mercado. The Sandbox no posee un mundo predeterminado, sino solo el que es creado por sus usuarios.

La plataforma cuenta con tres herramientas integradas que permiten dar vida a los contenidos generados por su comunidad. VoxEdit es una herramienta de modelado y animación mediante vóxeles, y donde cualquier activo se puede minar y convertir en un NFT. GameMaker es la herramienta de creación de juegos, dentro de la que es posible importar cualquier activo creado con VoxEdit o de la biblioteca de la comunidad. Y, finalmente, el mercado NFT, para comercializar activos digitales.

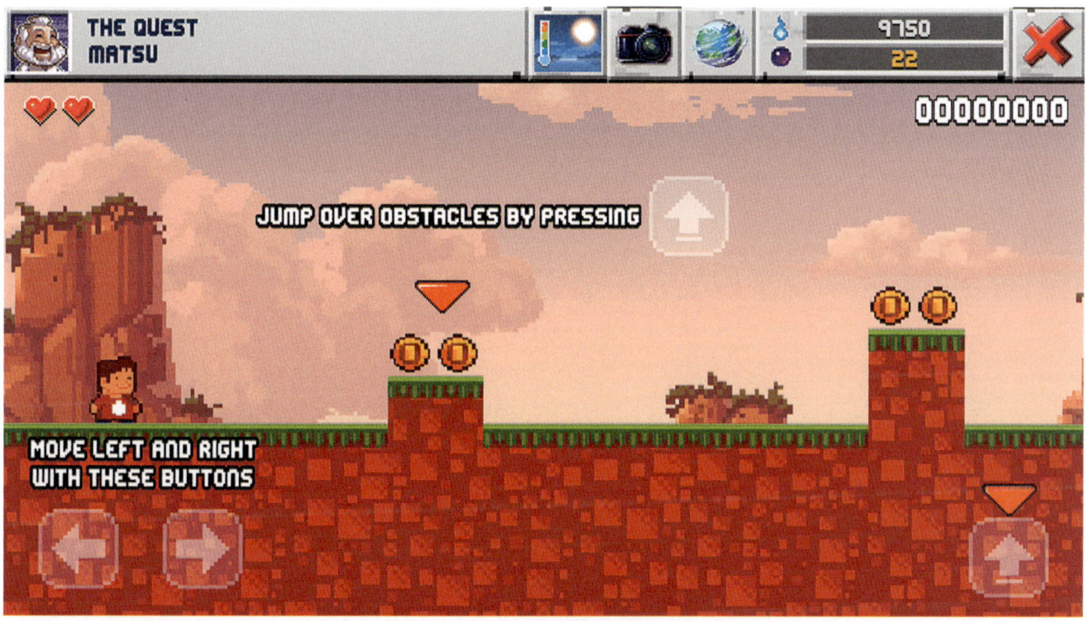

FIGURA 8.4.
PANTALLAZO DEL JUEGO ORIGINAL THE SANDBOX EVOLUTION, EN EL QUE SE APRECIA UN ENTORNO 2D, TAMBIÉN PIXELADO, CARACTERÍSTICO DE SUS AVENTURAS. © PIXOWL.

FIGURA 8.5.
THE SANDBOX AÚN ESTÁ EN DESARROLLO, PERO SU COMUNIDAD DE DESARROLLADORES YA HA CALENTADO MÁQUINAS Y ESTÁN SUBIENDO EXPERIENCIAS DE JUEGO EN LAS TIERRAS Y ESTADOS ADQUIRIDOS. © 2022, THE SANDBOX.

FASES DE CREACIÓN DE UN TÍTULO PARA THE SANDBOX

EL CASO DE *TRIALS OF RA*

Quienes conocen a Raúl Cruz, COO de Vysion, saben que su mente está construida sobre la base de niveles y mecánicas de juego. Creció con ellos, es de esa generación que tuvo la suerte de jugar y de crear al mismo tiempo. Quizá por eso su colección de consolas quita el aliento. Esta pasión lo ha llevado a trabajar y ocupar diferentes puestos en la industria, pero es desde Vysion (compañía propiedad del grupo Mediapro y una de esas empresas que ha liderado la exploración de experiencias inmersivas sobre múltiples soportes y tecnologías desde el inicio) desde donde da rienda suelta a su imaginación. La compañía trabaja para marcas como Nike, Tommy Hilfiger, Red Bull, NASA, Wall Street Journal, Grupo Damm, Iberdrola o SEAT Cupra, entre otras muchas.

FIGURAS 8.6 Y 8.7.
TRIALS OF RA ES UNO DE LOS PRIMEROS JUEGOS REALIZADO EN ESPAÑA PARA THE SANDBOX. SU AUTOR, RAÚL CRUZ, TRABAJA EN VYSION Y ES UN EXPERTO EN VIDEOJUEGOS. © 2022, TRIALS OF RA.

Podríamos decir, sin equivocarnos, que Raúl es uno de los primeros españoles en crear una experiencia completa dentro de The Sandbox, el metaverso al que se han adherido marcas como Warner Music o Atari. Y lo ha hecho desde cero, en un *sprint* no lineal cercano a las ocho jornadas de trabajo (ya os imagináis, cuando los niños duermen). El resultado, *Trials of Ra*, un juego con mecánicas de *gaming* muy tradicionales, heredadas de populares títulos como Zelda, Super Mario Bros y todos aquellos clásicos de plataformas (véanse figuras 8.6 y 8.7).

Raúl, amigo de fatigas y compañero de aventuras formativas, se ha sentado conmigo para realizar una operación a corazón abierto a su experiencia de crear un juego en The Sandbox (actualmente en estado de desarrollo alfa): cuáles son las fases que no deben faltar a la hora de crear una aventura, y qué funciona y qué no en el actual estadio de desarrollo de la plataforma.

En lo que sí está de acuerdo Raúl es en que «The Sandbox es un *learning by doing*: te has de tirar a la piscina y trastear las herramientas. Prueba y error. Puede ocurrirte que, tras hacer el *storytelling* del proyecto, idear cómo se llega al mundo, las pruebas y, si tiene o no sentido la jugabilidad, tengas que replantearlo». Esto le ocurrió a él, pero forma parte del proceso.

Raúl nos comparte las fases necesarias para crear un juego en The Sandbox. Son etapas clave, también compartidas con otras plataformas de diseño y desarrollo de videojuegos. Son las siguientes:

1. Idea de juego. Es imprescindible tener un concepto claro, un buen *storytelling* y unos buenos *copies*. Cuando el jugador se teletransporte al juego, ha de entender fácilmente en qué consiste, y hemos de conseguir engancharlo para que avance, para que no tire la toalla (véanse figuras 8.8 y 8.9).
2. Probar mecánicas para ver qué funciona y qué no. Las mecánicas de juego son la esencia de la jugabilidad. Permiten que un jugador modifique el estado de la partida, la posición y características de todos los objetos y entornos en un momento preciso. Por lo tanto, y dado que las mecánicas describen lo que puede hacer, cómo lo hace y las reglas de esas acciones, es importante definirlas bien y sin errores. De lo contrario, la jugabilidad se resiente (véase figura 8.10).
3. Plantear el diseño del juego a partir del concepto y el *storytelling*. Hay que validar que las mecánicas se ajusten a ambos y los refuercen. Es una fase tremendamente creativa y estratégica.
4. Diseño del entorno sin elementos programables. Videojuegos y metaversos comparten una característica común: la necesidad de diseñar la experiencia dentro de una dimensión espacial. Así que, en esta fase, es hora de comenzar a unir las piezas para ver si el esqueleto del proyecto es navegable (véase figura 8.11).

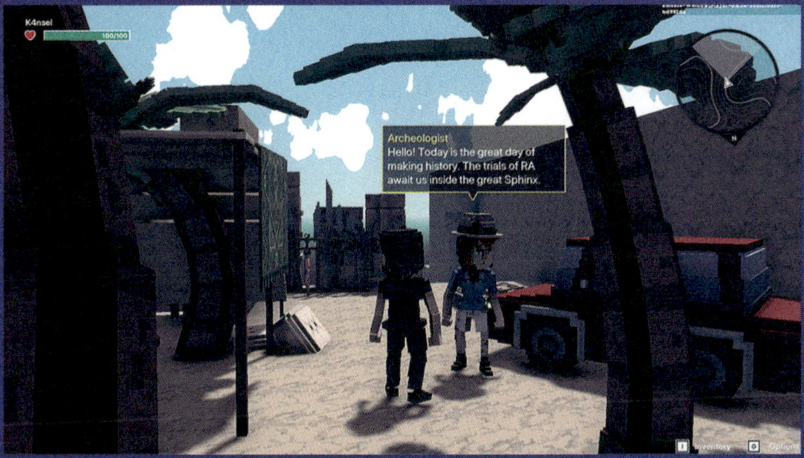

FIGURAS 8.8 Y 8.9.
ES NECESARIO INICIAR CUALQUIER PROYECTO PLANTEANDO CLARAMENTE EL CONCEPTO Y STORYTELLING DEL JUEGO, ASÍ COMO LOS COPIES QUE DARÁN CUERPO AL DIÁLOGO DE SUS PERSONAJES Y A LA COMPRENSIÓN DE LA HISTORIA. © 2022, TRIALS OF RA.

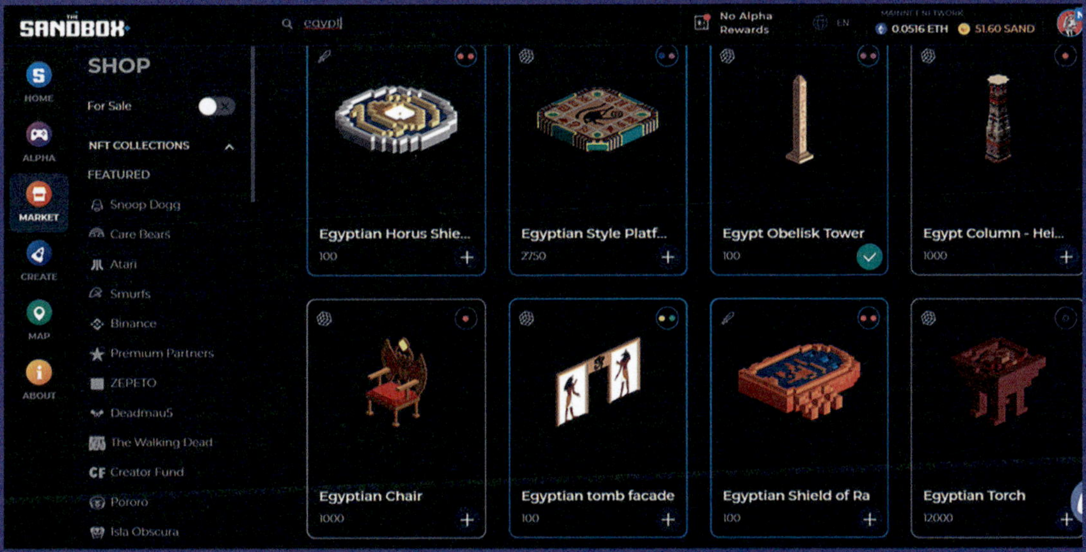

FIGURA 8.10.
LA PLATAFORMA PERMITE ADQUIRIR BIENES NFT PARA CONSTRUIR TU MUNDO, DESARROLLADOS POR OTROS CREADORES O SUBIR TÚ MISMO TUS ACTIVOS CREADOS CON VOXEDIT. © 2022, TRIALS OF RA.

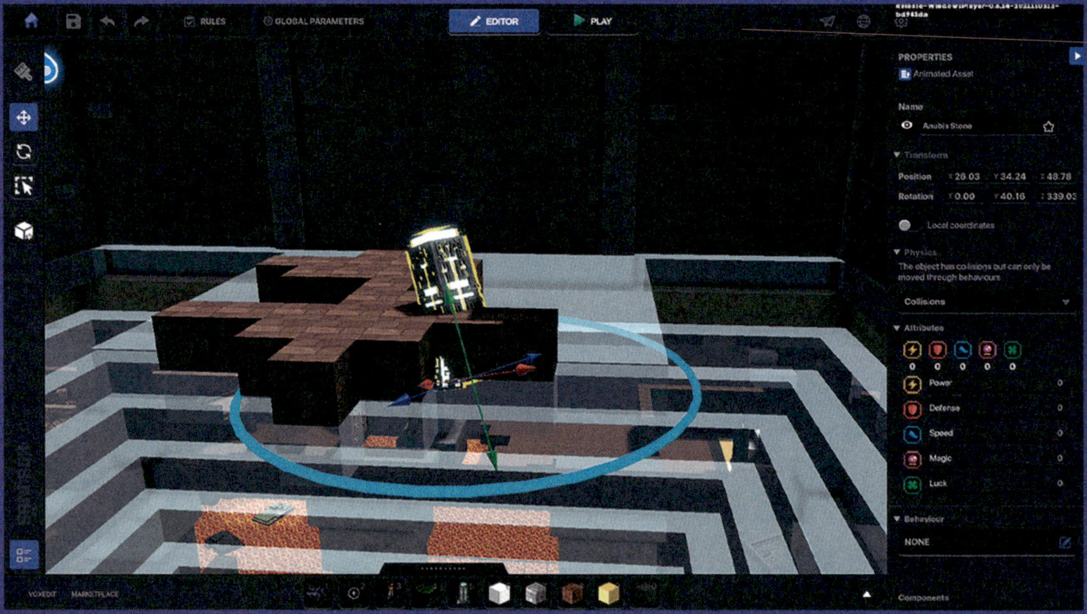

FIGURA 8.11.
ANTES DE PONERNOS A PROGRAMAR, ES IMPORTANTE DOTAR DE DIMENSIÓN ESPACIAL A NUESTRA EXPERIENCIA DE JUEGO. © 2022, TRIALS OF RA.

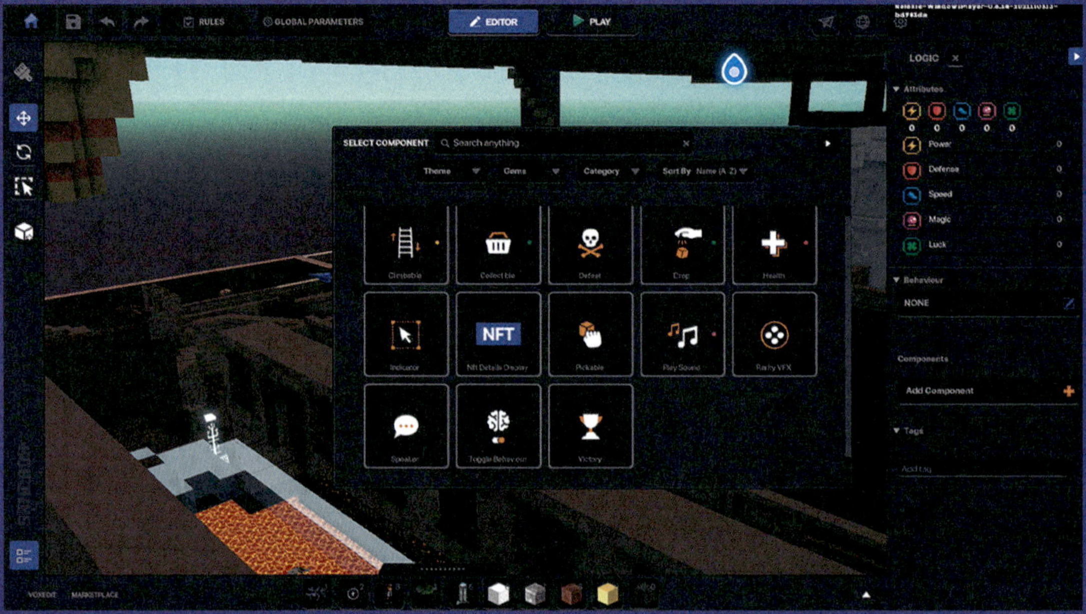

FIGURA 8.12.
DESPUÉS DE COLOCAR CADA OBJETO EN SU POSICIÓN Y DE DISEÑAR LA DIMENSIÓN ESPACIAL DEL JUEGO, LLEGA LA HORA DE PROGRAMAR. THE SANDBOX FUNCIONA CON COMPONENTES Y COMPORTAMIENTOS. © 2022, TRIALS OF RA.

5. Recorrer el espacio para testar. Una vez se diseña (y sin ningún elemento de programación e interacción), es importante recorrer con un personaje toda la dimensión espacial del proyecto. Esta navegación de prueba puede dar lugar a cambios importantes en su diseño. Siempre hay cosas que funcionan bien en el papel o en los bocetos, pero no en el entorno 3D.
6. Es la hora de incorporar los elementos programables. Hay que unir los puntos y dar vida a la aventura. En The Sandbox es la suma de componentes y comportamientos (véanse figuras 8.12, 8.13 y 8.14).
7. Cuando todo esté montado, se realizan las pruebas de jugabilidad. No hay límite. Seguro que deberás realizar ajustes.
8. Finalmente, y si todo está listo, toca la hora de publicarlo y promocionarlo.

Es importante saber que para publicar en The Sandbox es necesario tener una tierra. Es una condición imprescindible. Y hay que decir que, en estos momentos, sus precios están por las nubes. Además, solo se puede pagar en criptomonedas, bien Ethereum o bien SAND —la propia moneda del metaverso—.

Una vez con la tierra, necesitas adquirir conocimiento en el uso de las herramientas para creadores de The Sandbox, como son GameMaker y VoxEdit.

Con este último se diseñan y animan activos para el juego o para venderlos en la tienda de *assets*; el primero es el motor creativo que te permite construir el mundo e integrar las mecánicas de juego. Y Raúl advierte: «No es una tarea sencilla. La lógica de programación de The Sandbox no es programación, es un invento propio de la compañía. Lleva tiempo hacerse con ello. Por eso, recomiendo hacer el *Bootcamp* donde puedes aprender y entender mucho mejor cómo son las tripas de este metaverso».

El resultado de *Trials of Ra* es espectacular. Y más teniendo en cuenta en el tiempo que se ha hecho, y con el estado de situación de las herramientas, aún en fase temprana. Raúl echa en falta algunas cosas que cree que la compañía resolverá a futuro. «The Sandbox tiene cosas buenas y malas. Una buena es que hay dinámicas propias de juego, como las pantallas que te indican el reto al que te vas a enfrentar, con su propio movimiento. Dinámicas predefinidas que mejoran la experiencia y te ayudan a acelerar el proceso. Como contrapartida, echo en falta otras cosas. La más deseada es el desarrollo de cinemáticas que se puedan colocar entre las fases. Y eso, sin hablar de qué ocurrirá con los NFT creados para el juego. ¿Qué pasará con la espada única de mi juego cuando pase a ser propiedad de un avatar y lo arrastre a otro juego? ¿Cómo funcionará? ¿Qué propiedades arrastrará?».

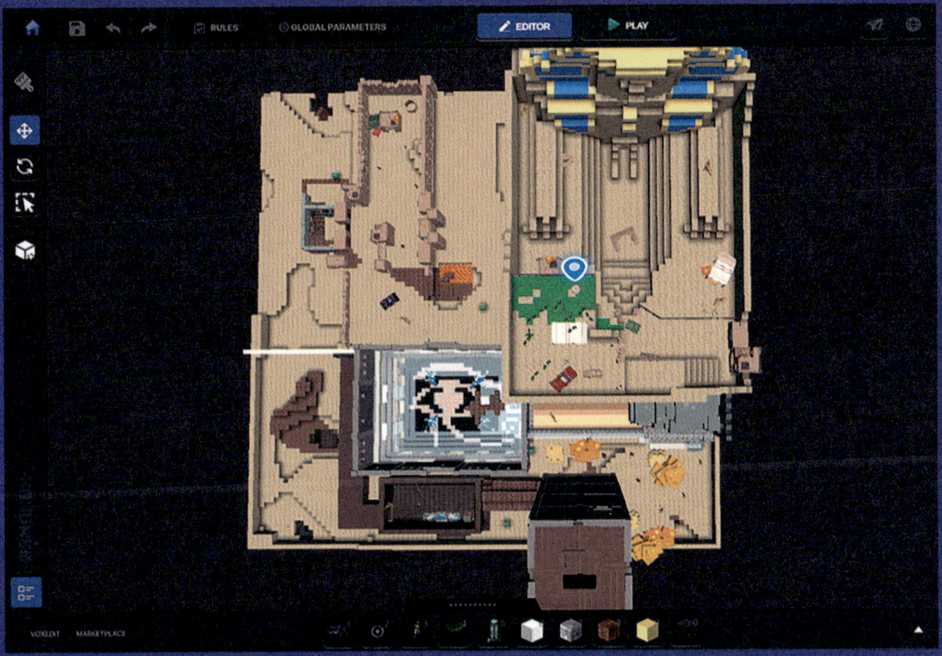

FIGURAS 8.13 Y 8.14.
EL RESULTADO ES UN ESPACIO VERTICAL DE JUEGO QUE CUALQUIER USUARIO PUEDE DISFRUTAR, PERO NO TE OLVIDES DE REALIZAR PRUEBAS DE JUGABILIDAD. © 2022, TRIALS OF RA.

DECENTRALAND

Las principales marcas de moda han celebrado en marzo de 2022 la Primera Semana de la Moda en Decentraland. Han asistido Balenciaga, Gucci, Ralph Lauren y Dolce & Gabbana, entre otras. Esto demuestra el interés de este sector por encontrar su nicho dentro del metaverso y comenzar a comercializar prendas virtuales para avatares.

Decentraland es un mundo virtual en 3D con cerca de un millón de usuarios. Su funcionamiento es similar a otros metaversos. Si eres poseedor de una tierra, podrás construir en ella cualquier experiencia que se te ocurra (véanse figuras 8.15 y 8.16).

Es una plataforma de realidad virtual inmersiva creada por dos emprendedores argentinos, Ariel Mailich y Esteban Ordano. Cuando se lanzó en 2017, los terrenos costaban 20 dólares. Hoy se venden por cifras que van desde los 6000 a los 100 000 dólares.

Muchos la comparan con Second Life. Y no se equivocan. Se parece mucho. Decentraland es un mundo en línea que brinda a los usuarios la posibilidad de crear avatares, interactuar con otros usuarios y participar en todo, desde conciertos y exposiciones de arte hasta pasarelas de moda y *raves*.

Todo en Decentraland son NFT, desde los terrenos hasta el arte de las paredes. De hecho, la casa de subastas Christie's llegó a crear en 2021 su gemelo digital en este metaverso. Aunque tiene su propia moneda, MANA, opera con Ethereum.

Como ocurre con el resto de los universos virtuales, Decentraland también pone en manos de los desarrolladores un constructor de mundos, The Builder. La herramienta nos permite crear la escena, importar objetos en 3D que incluso podemos modelar y texturizar con programas de 3D, como Blender o Cinema 4D (siempre que exportemos los activos en formato .glTF) o añadir NFT comprados en el mercado.

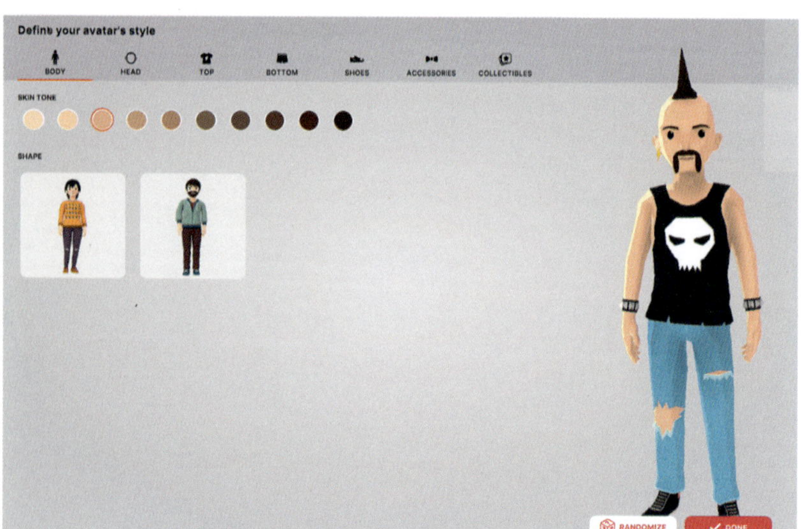

FIGURAS 8.15 Y 8.16.

NO SOLO ES POSIBLE PERSONALIZAR AVATARES EN DECENTRALAND, SINO TAMBIÉN ADQUIRIR UNA TIERRA PARA DARLE FORMA Y CONSTRUIR TU PROPIA EXPERIENCIA A LA QUE INVITAR A AMIGOS. © DECENTRALAND.

HORIZON WORLDS

Horizon Worlds es el primer metaverso persistente de realidad virtual creado por Meta. Desde principios de diciembre de 2021 se encuentra disponible en Estados Unidos y en Canadá para un número limitado de afortunados, mayores de 18 años. Se halla en fase beta.

Comparte con Roblox o RecRoom el hecho de que es un sistema pensado para la creación de juegos, con herramientas colaborativas para desarrolladores, pero también hereda el espíritu de sociabilización de las redes sociales. Se diferencia radicalmente de estas referencias desde el momento que apuesta únicamente por la VR y no por otro tipo de accesos multiplataforma. Por lo tanto, Horizon Worlds representa la aspiración de un metaverso totalmente inmersivo, similar a Oasis, el metaverso de la película *Real Player One*.

La plataforma es accesible desde las gafas Meta Quest 2 y las viejas Oculus Rift S. También lo será desde las nuevas Meta Quest 3 que se lanzarán a lo largo de 2022. Utiliza movimiento 3D a través del sistema de captura de movimiento del visor y los controladores, que son necesarios para interactuar con las herramientas y las experiencias virtuales creadas con ellas.

Horizon Worlds es un paso más allá en el desarrollo de herramientas inmersivas, mucho más avanzado que las aplicaciones Oculus Rooms, Oculus Venues y Facebook Spaces (véanse figuras 8.17 y 8.18). El hecho de permitir al usuario ser creador de mundos marca la diferencia, una vez más, en estos entornos pensados para potenciar la creatividad. Es más, las herramientas puestas al servicio de los creadores de contenido incluyen un sistema de programación y *scripting* sin código, similar a *Scratch*, como los que utilizan los niños en los colegios e institutos.

Desde el anuncio de Meta del fondo de apoyo a creadores, la comunidad ha dado rienda suelta a los primeros juegos dentro de Horizon Worlds. Los favoritos de la comunidad son *Wand & Broom*, un viaje en escoba mágica sobre el *skyline* de una ciudad; *Mark's Riverboat*, donde puedes juntarte con tus amigos y relajarte a bordo de un barco fluvial de tres pisos; y *Pixel Plummet*, un juego tipo *arcade* retro en el que tienes que desafiar a los vóxeles y no caerte.

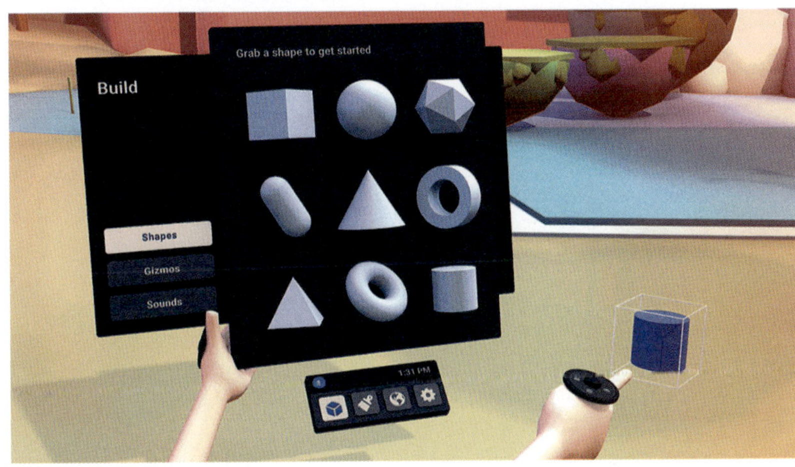

FIGURAS 8.17 Y 8.18.

HORIZON WORLDS ASPIRA A SER UN METAVERSO COMPLETAMENTE INMERSIVO, DESDE EL QUE LOS USUARIOS PODRÁN CREAR EXPERIENCIAS Y PROGRAMAR DIRECTAMENTE DESDE EL ENTORNO.

IMVU

Aunque su nombre es fruto de la casualidad y no significa absolutamente nada, IMVU es uno de los metaversos más conocidos por adolescentes mayores de 18 años y adultos. Como podrás imaginar, está construido para charlar con gente, hacer quedadas, jugar y, por supuesto, echarte pareja. De ahí que su sistema de creación de avatares sea tan hiperrealista y admita un amplio abanico de opciones con el objetivo de hacerlo lo más inclusivo posible.

FIGURAS 8.19 Y 8.20.

IMVU, METAVERSO PARA ADOLESCENTES MAYORES DE 18 AÑOS Y ADULTOS, ACAPARA MÁS DE 30 MILLONES DE USUARIOS ACTIVOS MENSUALES A NIVEL MUNDIAL, Y 1,2 MILLONES DIARIOS. © 2022, IMVU.

FIGURA 8.21.

ACTUALMENTE ES UNA DE LAS PLATAFORMAS CON MEJOR CALIDAD GRÁFICA Y CON EL MAYOR ABANICO DE ACCESORIOS PARA PERSONALIZAR A TU AVATAR. © 2022, IMVU.

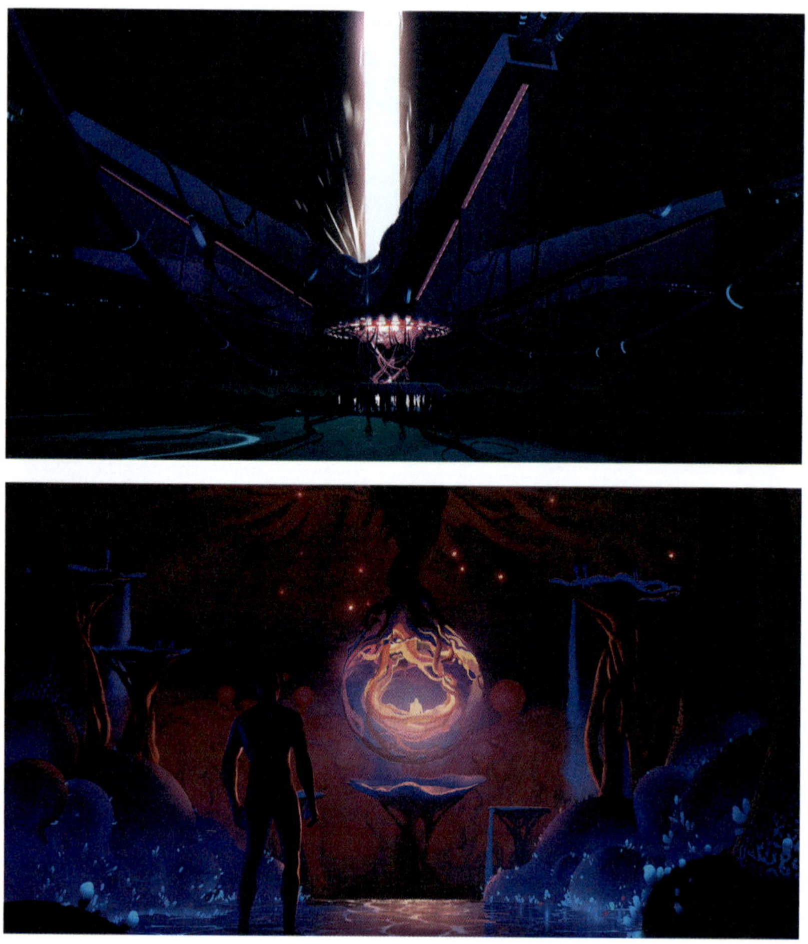

FIGURAS 8.22 Y 8.23.

BOCETOS ILUSTRADOS DE ALGUNOS DE LOS MUNDOS DE SENSORIUM GALAXY, COMO PRISM, EN EL QUE DJ DE TODO EL MUNDO OFRECERÁN SUS ESPECTÁCULOS EN DIRECTO. © 2022, SENSORIUM GALAXY.

Creado por la compañía Together Labs, con sede en Silicon Valley, IMVU no nació como metaverso, surgió en 2004 como una red social y un sistema de mensajería instantánea mediante avatares 3D, con la que conectar con personas de manera directa o aleatoria, emparejando a dos candidatos. Aún mantiene este espíritu a través de sus aplicaciones para móviles, desde las que es posible chatear con amigos de todo el mundo, hacer fiestas, organizar eventos o disfrazarte.

IMVU dispone de su propia economía, donde reina un sistema de monedas virtuales parecido a los créditos. Los desarrolladores, además, tienen otra moneda especial, llamada *tokens* de desarrollador, que obtienen cuando un usuario adquiere un activo digital previamente creado.

IMVU dispone, como metaverso, de su propia tecnología al servicio de los creadores. Esta tecnología consta de dos elementos: SSR, el *engine* 3D propietario de IMVU que permite renderizar rápidamente imágenes y animaciones de los usuarios por el lado del servidor antes de servirlo al usuario; y las *Creator Tools*, un conjunto de herramientas para construir activos dentro del metaverso (o para venderlos en su amplio catálogo de más de 50 millones de objetos). Cierra el círculo su propia plataforma publicitaria por si algún desarrollador quiere promocionar sus creaciones dentro de la comunidad.

SENSORIUM GALAXY

Me atrevería a decir que es la propuesta más espectacular que existe hasta el momento. Sensorium Galaxy es un metaverso de realidad virtual, inmersivo, de altísima calidad gracias al uso del motor Unreal Engine (véanse figuras 8.22 y 8.23). Los avatares de Sensorium Galaxy no tienen apariencia de cómic. Son hiperrealistas, al igual que los entornos (véase figura 8.24). Para rizar el rizo, se ha integrado una inteligencia artificial que en pocas semanas aprende de tus actividades dentro del metaverso y, de manera autónoma, busca personas similares en preferencias.

La compañía encargada de su desarrollo, Sensorium Corporation, cuenta con importantes socios de la industria, como Epic Games, y espera lanzar de manera abierta este metaverso a lo largo de 2022, para todas las plataformas, pero especialmente para VR.

FIGURA 8.24.

EL AVATAR AX421, UN PERSONAJE EXTRATERRESTRE SEMIHUMANO, NOS PERMITE OBSERVAR LA CALIDAD HIPERREALISTA DE LOS PERSONAJES CON LOS QUE PODREMOS PERSONALIZAR NUESTRA EXPERIENCIA. © 2022, SENSORIUM GALAXY.

El mundo de Sensorium Galaxy es icónico y extraterrestre (véanse figuras 8.25 y 8.26). Diferentes mundos conectados por un transbordador intergaláctico que hace, a la vez, de observatorio del universo.

Actualmente goza de dos mundos hiperrealistas: Prism, el epicentro del entretenimiento, y el lugar donde se celebrarán espectáculos masivos, tanto con músicos, *disc jockeys* y leyendas del baile; y Motion, un mundo subacuático reinado por alienígenas inmortales en el que podremos disfrutar de *performances* de reconocidos profesionales y, también, de sesiones de *mindfulness*.

Una lista inabarcable de músicos y DJ, como David Guetta, Armin van Buuren, Carl Cox o Steve Aoki, ya han sido invitados a conocer el alcance de este metaverso y se han sumado a su organización. Incluso bailarines de la talla de Sergei Polunin se han dejado digitalizar de cuerpo entero para crear, mediante el uso de un exoesqueleto y tecnologías *mocap*, experiencias únicas dentro de Sensorium Galaxy (véase figura 8.27).

El metaverso, además, incorpora su propia criptomoneda, SENSO, que va a redefinir cómo la gente experimentará las artes en entornos digitales.

FIGURAS 8.25 Y 8.26.

LA CALIDAD DE LOS ENTORNOS, EN LOS QUE SE USA EL MOTOR 3D UNREAL ENGINE, SERÁ SIMILAR A LA DE UN JUEGO TRIPLE A. © 2022, SENSORIUM GALAXY.

FIGURA 8.27.

EL BAILARÍN UCRANIANO, SERGEI PULONIN, DURANTE LA SESIÓN DE CAPTURA DE MOVIMIENTOS PARA UNA DE LAS ACTUACIONES DENTRO DEL METAVERSO. © 2022, SENSORIUM GALAXY.

SOMNIUM SPACE

Somnium Space es un metaverso de realidad virtual, social y persistente, basado en la cadena de bloques Ethereum que cuenta con el apoyo de Microsoft, Admix, Polygon, OpenSea, Gemini y la Blockchain Game Alliance. Fue creado en 2017 por el alemán Artur Sychov, quien también posee una inversión a título personal en Real Player Me, la herramienta de creación de avatares.

El mundo virtual de Sychov está construido sobre una plataforma *open source*, que es operativa desde múltiples plataformas, vía web, móviles y desde gafas de realidad virtual. Se trata de un mundo completamente programable y personalizable, abierto a creadores, con el que es posible conectar mundos y experiencias (véase figura 8.28). Como el resto de los compañeros de viaje, este metaverso también incluye herramientas de construcción para creadores de mundos, especialmente para modelar estructuras y entornos, así como dotar de reglas y dinámicas de comportamiento las experiencias. También incluye un SDK propio para la creación y personalización de avatares (véase figura 8.29). Al estar basado en *blockchain*, Somnium Space incluye un mercado desde el que se adquieren bienes no fungibles, en el que también es posible poner a la venta nuestras creaciones con el objetivo de monetizarlas.

Dentro de sus capacidades NFT, la plataforma permite crear accesorios *wearables*, para que los avatares los lleven encima; entradas, que dan a los usuarios acceso a zonas restringidas; vehículos, que servirán para desplazarte a mayor velocidad entre

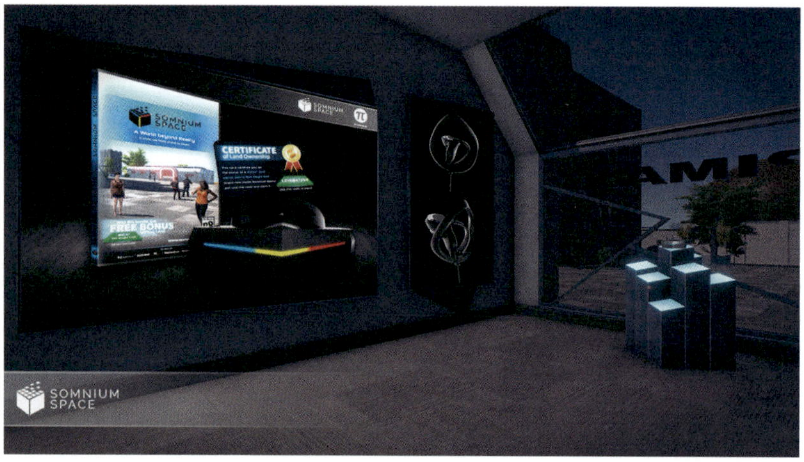

FIGURA 8.28.

SOMNIUM SPACE ES UN MUNDO OPEN SOURCE MULTIPLATAFORMA, EN EL QUE ES POSIBLE CONSTRUIR EXPERIENCIAS DESDE CERO. EL ENTORNO POSEE SU PROPIA ECONOMÍA Y ES OPERADO CON UNA ARQUITECTURA DE SERVIDOR ÚNICA, EVITANDO PANTALLAS DE CARGA. © SOMNIUM SPACE.

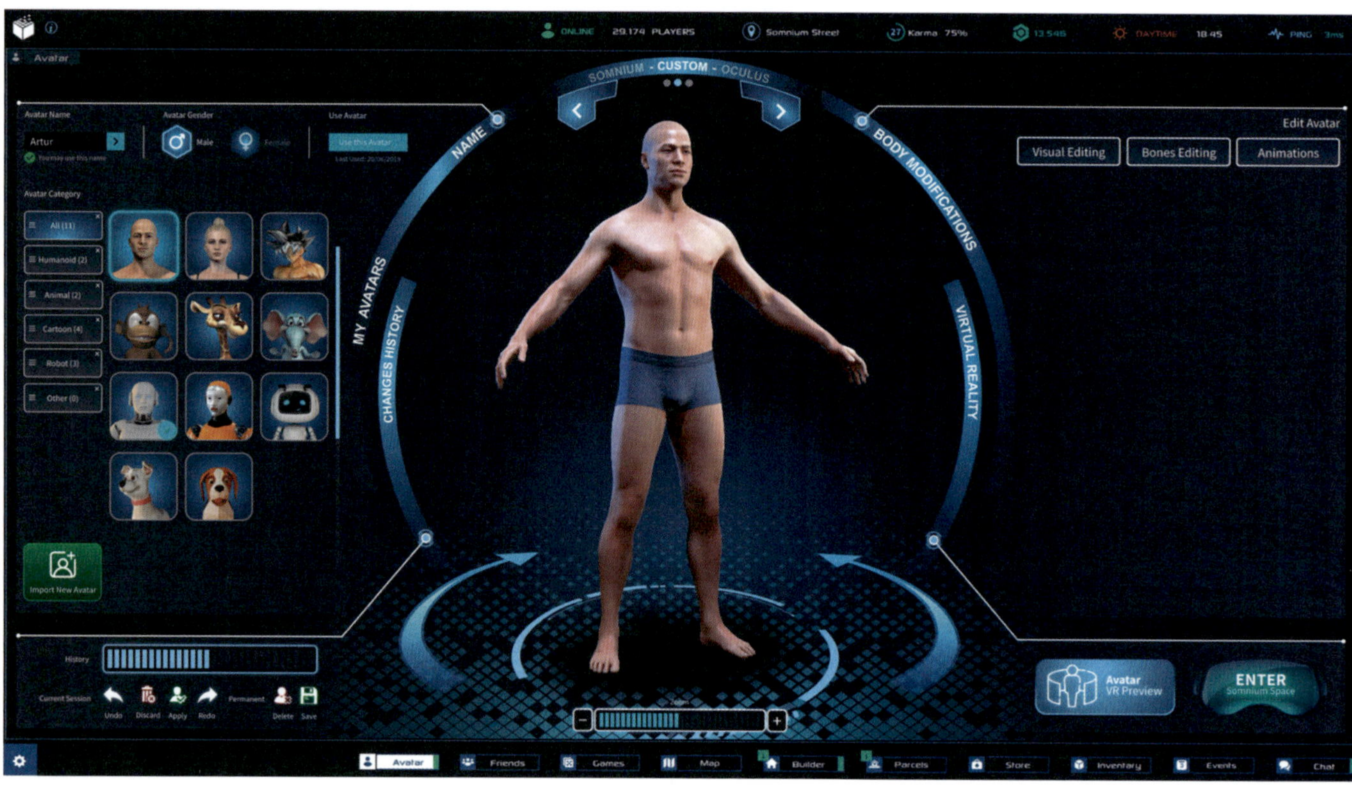

FIGURA 8.29.

COMO EL RESTO DE LOS METAVERSOS, SOMNIUM SPACE DISPONE DE SU PROPIO CREADOR DE AVATARES, CON LOS QUE ES POSIBLE PERSONALIZAR LA APARIENCIA DE TU ALTER EGO. ADEMÁS, EXISTE LA OPCIÓN DE CREARLOS EXTERNAMENTE Y USAR EL SDK PARA UNITY, AMPLIANDO LAS POSIBILIDADES CREATIVAS. © SOMNIUM SPACE.

los mundos; y *hubs* de teletransporte, que son propiedad de los usuarios y pueden colocarlos en sus parcelas, y por los que es posible cobrar una comisión de uso para aquellos avatares que deseen utilizarlos para moverse por Somnium Space, al igual que el metaverso de *Snow Crash*.

El mundo descentralizado de Somnium Space permite a los usuarios comprar terrenos digitales, casas, edificios y un sinfín de activos de valor dentro de la plataforma (véase figura 8.30).

Somnium Space ha desarrollado un SDK para Unity, que actúa de conector con el popular motor 3D. La idea es permitir a los usuarios más avanzados cargar avatares de cuerpo entero y escenas completas en sus parcelas dentro de Somnium Space. El avanzado SDK de la plataforma permite a los jugadores trabajar con escenas completas, *scripts* y animaciones para mejorar completamente su experiencia. El seguimiento de los dedos también es compatible con Somnium Space para una mayor inmersión. El seguimiento de todo el cuerpo, de los labios y de los ojos está disponible dentro de la plataforma. Actualmente la compañía tiene en su *roadmap* de desarrollo la admisión de funciones como el olor mediante el uso de *hardware*, así como máscaras multisensoriales o ventiladores para recrear el viento.

Gracias a su arquitectura de servidor única, desarrollada internamente, miles de jugadores están todos al mismo tiempo dentro del mundo de realidad virtual persistente sin dividir a los usuarios en subservidores o instancias duplicadas. Esto proporciona el máximo nivel de inmersión evitando pantallas de carga.

FIGURA 8.30.

LA PLATAFORMA DISPONE DE SU PROPIO MERCADO DE NFT CON EL QUE LOS USUARIOS PUEDEN ADQUIRIR ACTIVOS O MONETIZAR LOS SUYOS PROPIOS. © SOMNIUM SPACE.

SANSAR

Sansar es una plataforma social de realidad virtual creada por los mismos fundadores de Second Life, Linden Lab. Vio la luz en una beta para creadores en julio de 2017. El objetivo era ir más allá de lo alcanzado con Second Life, permitiendo a las personas crear y compartir experiencias sociales interactivas, como jugar a juegos, ver vídeos en grupo o tener conversaciones de realidad virtual. Era posible, incluso, incorporar *streamings* de video en tiempo real dentro de la plataforma, conectando actividades de la web 2.0 con actividades de la web 3.0 (véase figura 8.31).

FIGURA 8.31.

CUANDO SANSAR INICIÓ SU ANDADURA EN 2017, NACIÓ COMO UNA VERSIÓN AVANZADA DE SECOND LIFE, PERMITIENDO A LOS USUARIOS CELEBRAR EVENTOS Y RETRANSMISIONES EN STREAMING DENTRO DE LAS EXPERIENCIAS VIRTUALES. © LINDEN LAB.

Sin embargo, dos años después del lanzamiento, y tras asociar la plataforma de Sansar al sello discográfico Monstercat con el fin de llevar el entretenimiento en vivo a un entorno de realidad virtual, la plataforma fue vendida a Wookey Project Corp, que se centraría única y exclusivamente en llevar eventos musicales a entornos de realidad virtual inmersiva (véase figura 8.32). Linden Lab, por el contrario, continúa actualmente centrada en el desarrollo de Second Life y Tilia, un proveedor de servicios financieros para la economía virtual.

Hoy Sansar es una de las principales plataformas de eventos en directo mediante realidad virtual. Sus eventos incluyen la posibilidad de personalizar avatares, adquirir accesorios y complementos exclusivos, sociabilizar con otras personas, hacerse *selfies* con amigos e, incluso, celebrar *after parties*.

Algunas marcas organizan macroeventos en este metaverso, como lo hizo Casa Bacardí en agosto de 2021 que creó la isla de Casa Bacardí, con una iluminación y texturas que recuerdan los orígenes de la marca, y organizó actuaciones musicales de artistas como Divine y Gully Gang, Tesher, MC Altaf, Natasha Diggs, Gauriquien, Sango o MadStar Base, entre otros (véase figura 8.33).

ZEPETO

Zepeto es difícil de definir. Es una mezcla de aplicación social para *alter egos* (al más puro estilo de una red social) y un mundo persistente en 3D, inmersivo y con su propia economía. El concepto de partida de Zepeto está centrado en los avatares: *Another me*

FIGURA 8.32.

TRAS EL ÉXITO DEL EVENTO MUSICAL DE MONSTERCAT, WOOKEY TECHNOLOGIES ADQUIRIÓ LA PLATAFORMA PARA CENTRARSE EN LA ORGANIZACIÓN DE EVENTOS MUSICALES MASIVOS. © WOOKEY TECHNOLOGIES.

FIGURA 8.33.

ALGUNAS MARCAS, COMO CASA BACARDÍ, HAN CREADO SU PROPIO MUNDO PARA ORGANIZAR EVENTOS MUSICALES CON ARTISTAS, RAPEROS Y DJ. © CASA BACARDÍ.

in another universe. Sin embargo, su propuesta va mucho más allá, y conecta directamente a usuarios con creadores de contenido y experiencias.

Zepeto se lanzó al mercado en Corea del Sur en 2018. Aterrizó de la mano de Snow Corp, una subsidiaria del conglomerado tecnológico Naver Z Corp. Hoy, tan solo cuatro años después, posee más de 130 millones de usuarios de 200 países alrededor del mundo.

Snow Corp es una empresa especializada en aplicaciones móviles que hacen uso de filtros en 3D. De ahí que Zepeto, en su versión para móviles, fuese una revolución generacional, al posibilitar a los usuarios refugiarse tras modelos 3D personalizables con los que chatear con los amigos.

La propuesta era revolucionaria, lo mismo que su tecnología, ya que une realidad virtual y realidad aumentada. Los usuarios pueden utilizar sus avatares y realizar *streamings* en directo con fondos reales, allí donde se encuentren, mediante el uso de realidad aumentada. Pero también pueden explorar mundos persistentes en 3D usando realidad virtual.

La apuesta de Zepeto es la de ir más allá de los avatares y dar la posibilidad de crear tu propio mundo y tus propias experiencias inmersivas.

Ahora, cuatro años después, Zepeto es un metaverso con su propia economía, que ha atraído la atención de importantes marcas internacionales, como Zara, Ralph Lauren, Gucci e, incluso, a entidades financieras, como Hansa Bank (véanse figuras 8.34 y 8.35). El mercado de bienes coleccionables

FIGURA 8.34.

A PRINCIPIOS DE 2021 GUCCI SE ASOCIÓ CON ZEPETO PARA DESARROLLAR ACCESORIOS Y PRENDAS CON LAS QUE PERSONALIZAR AVATARES Y MUNDOS. © 2021, ZEPETO / GUCCI.

FIGURA 8.35.

TAMBIÉN EN 2021, OTRA MARCA COMO RALPH LAUREN SE ASOCIÓ CON ESTE METAVERSO PARA LA CREACIÓN DE UNA COLECCIÓN DE MODA DIGITAL EXCLUSIVA, UN MUNDO VIRTUAL TEMÁTICO CON UNA RÉPLICA DE SU TIENDA INSIGNIA EN MADISON AVENUE Y UN EVENTO MUSICAL EXCLUSIVO CON LA BANDA K-POP. © 2021, RALPH LAUREN.

FIGURA 8.36.

EL METAVERSO DE ZEPETO GIRA EN TORNO A SU ACTIVO MÁS IMPORTANTE: LA CREACIÓN Y PERSONALIZACIÓN DE AVATARES. EN LA ACTUALIDAD LA PLATAFORMA CUENTA CON MÁS DE 130 MILLONES DE USUARIOS ACTIVOS A NIVEL MUNDIAL. © ZEPETO.

de Zepeto es un mercado en sí mismo, de ahí que las marcas se centren en la creación de activos para avatares, posicionando a la marca en entornos de audiencias masivas (véase figura 8.36).

Zepeto Studio es la herramienta puesta a disposición de creadores de mundos. Funciona tanto para Windows como MacOS, y te ayudará a construir tu experiencia, importar objetos 3D o usar los de la librería, incluir luces, efectos, cambiar propiedades, añadir animaciones e, incluso, añadir propiedades físicas, como la gravedad o la masa de los objetos. Zepeto Studio viene reforzado por ZEPETOScript, un lenguaje propio con el que crear funciones y eventos mucho más elaborados, y con el que podrás también crear juegos únicos dentro de este metaverso.

STAGEVERSE

Stageverse es otro metaverso vinculado con el mundo de los eventos musicales en directo. Fundado en 2017 por Tim Ricker y Claire Seidler, vio la luz en septiembre de 2021 con un evento estelar: *Muse, enter the simulation* (véase figura 8.37). El concierto —de dos horas de duración— fue grabado en julio de 2019 en el Wanda Stadium de Madrid, mediante cámaras 360, y permitió a los usuarios de la plataforma disfrutar de un concierto multiplataforma en directo desde 16 posiciones diferentes. Para ese mismo acto, además, la plataforma habilitó varios *outfits* exclusivos con los que personalizar los avatares (véase figura 8.38).

Stageverse es accesible desde móvil como desde Meta Quest 2 y, próximamente, desde *desktop*.

El universo de Stageverse incluye una sala central, con un árbol al que se le caen las hojas, que actúa de núcleo de la plataforma, y desde donde da comienzo la aventura de todos y cada uno de los usuarios. Desde allí, será posible acceder a las distintas salas propuestas, los entrepisos y la azotea.

La sala central es complementada con un auditorio ideado para reuniones masivas y multitudinarias, con sonido espacial envolvente.

Stageverse incluye, también, su propia economía mediante NFT, donde es posible adquirir bienes interactivos o artículos coleccionables.

FIGURA 8.37.

LA INAUGURACIÓN DE STAGEVERSE EN SEPTIEMBRE DE 2021 CONTÓ CON UN EVENTO MUSICAL DE ALTURA, CON EL QUE LOS USUARIOS PODÍAN SUMERGIRSE DESDE 16 PUNTOS DIFERENTES. EL EVENTO FUE PREGRABADO EN EL WANDA STADIUM DE MADRID EN 2019. © 2021, STAGEVERSE.

El metaverso de Ricker y Seidler pretende ser un espacio de acogida para artistas, que podrán exponer y vender sus colecciones de arte directamente desde la plataforma. Para ello, la compañía ha habilitado un club cultural para que artistas, creadores y visionarios se congreguen y promuevan la cultura (véase figura 8.39).

FIGURA 8.38.

PARA EVENTOS EXCLUSIVOS, COMO EL DE MUSE, LA PLATAFORMA HABILITA OUTFITS ÚNICOS CON LOS QUE PERSONALIZAR TU AVATAR. © 2021, STAGEVERSE.

FIGURA 8.39.

LA PLATAFORMA CUENTA CON UN ESTADIO VIRTUAL PARA EVENTOS MULTITUDINARIOS, A LOS QUE ES POSIBLE ASISTIR. © 2021, STAGEVERSE.

ENTREVISTA

PATRICIA M. VAL Y ADRIÁN RW

Cofundadores de Futura Space

FIGURA 8.40.
ADRIAN RW Y PATRICIA M. VAL.

FIGURA 8.41.
EN LOS INICIOS, CREARON SU PROPIO RIG DE CÁMARAS GOPRO PARA CREAR EXPERIENCIAS INMERSIVAS 360. EL PRIMER REPORTAJE FUE EN CANARIAS. © FUTURA SPACE.

Las cosas ocurren muchas veces por casualidad. Unos estudios que no te terminan de encajar, unas cuantas fiestas y eventos musicales, un viaje a Los Ángeles para formarte en la Singularity University —la universidad fundada por Google y la NASA—, un par de coincidencias con el cofundador de Future Lighthouse y el cofundador de Virtual Voyagers, y estar en el sitio adecuado en el momento preciso. Un día cualquiera, cervezas de por medio, te ponen unos prototipos de gafas de realidad virtual (los primeros prototipos de Oculus) y, literalmente, te «estalla la cabeza». A su vuelta a España, Adrián agarra a su socio, dejan todo lo que tienen entre manos y deciden reenfocar su futuro. Comienzan con experiencias 360, imprimiendo sus propios *rigs* de cámaras GoPro (véase figura 8.41), se van a Canarias a grabar el primer documental inmersivo y, de ahí, junto a Greenpeace y *El País*, a rodar los restos, después de cinco años, del desastre nuclear de Fukushima (Japón) —un viaje atropellado con osos radioactivos y terremotos incluidos— (véase figura 8.42).

A su regreso, Adrián coincide con Patricia, que estudiaba el último año de carrera cinematográfica mientras trabajaba en la productora de Isabel Coixet. Lo que hacía Adrián le impactó. Ya conocía la realidad virtual de algunos viajes a Nueva York. Así que, lo dejó todo y se embarcó en un nuevo reto. Era un mundo sin reglas, sin estándares, sin grandes compañías... Un universo en el que estaba todo por hacer. Y eso ha marcado poderosamente a esta nueva generación de constructores de mundos.

FIGURA 8.42.
PARA EL PAÍS Y GREENPEACE, SE FUERON A RODAR A FUKUSHIMA. AÚN DESCONOCÍAN EL ALCANCE DE LO QUE ESTABAN HACIENDO, ERA COMO ELLOS (PATRICIA Y ADRIÁN) AFIRMAN: «PURO ROCK & ROLL». © FUTURA SPACE.

El resto es historia. Apuestan por *engines* en 3D, construyen las primeras experiencias VR, crean su propia solución para eventos virtuales (y ya han hecho más de 26), consiguen premios, y están entre las principales compañías de nuestro país, trabajando para grandes marcas (véanse figuras 8.43 y 8.44).

Se autodefinen como un espacio de innovación, un laboratorio de I+D+C, donde la última letra es la poderosa creatividad. Tecnología y creatividad van de la mano, no se separan. Desde 2016 su reto es integrar todas aquellas tecnologías que van surgiendo de la industria, del entretenimiento o la comunicación para crear soluciones a medida con las que contar historias. Da lo mismo si es en realidad virtual, aumentada, mixta o instalaciones inmersivas. Hablamos de nuevas narrativas.

¿Cuál es la situación del mercado VR/AR/XR vinculado a la creación de experiencias inmersivas? ¿Qué ha representado un anuncio como el de Meta para esta industria?

Hay mucho *hype*. La filosofía de Futura Space siempre ha sido crear valor para los clientes, crecer orgánicamente, entender bien la tecnología e integrarla con cabeza. No integrarla porque sea lo último que haya en el mercado, sino hacerlo con un fin. No es la primera vez que Facebook abre las puertas al *mainstream* en todo lo que son estas tecnologías inmersivas. Ya lo hizo con la realidad virtual (VR) comprando Oculus. Por mucho que te guste o no te guste Facebook, todas las empresas que nos dedicamos a esto estamos aquí gracias a que Facebook hizo ese movimiento estratégico y ahora lo está volviendo a hacer con Meta.

Meta es como el gran *player* dentro de las tecnologías inmersivas. Es quien marca el ritmo de cómo quiere que sea este futuro.

No esperábamos que fuese tan rápido. Creíamos que el estallido ocurriría más tarde. Pero, afortunadamente, para nosotros lo que está sucediendo ahora no es nada nuevo. Ya lo hemos vivido con la VR. Ahora van a salir un montón de soluciones, un montón de *startups*, un montón de empresas.

Estamos en un momento superinteresante, porque se están integrando diversas tecnologías, ya sea pantallas con resoluciones 8K, tecnologías 5G que den un ancho de banda brutal, microprocesadores para móviles muy potente, *edge computing* o inteligencia artificial, entre otras.

Es apasionante tanto para imaginar como para ponernos a crear.

¿Qué es para vosotros un metaverso? ¿Qué lo define y lo hace único?

El metaverso es la arquitectura que va a permitir unificar todos los metaversos, las plataformas virtuales, videojuegos multijugador y espacios inmersivos.

FIGURAS 8.43 Y 8.44.

A PARTIR DE AHÍ, Y TRAS CONOCERSE, COMIENZAN A DESARROLLAR PROYECTOS XR PARA MARCAS, COMO ADIDAS, Y TAMBIÉN PARA EL FESTIVAL DE LA LUZ DE BARCELONA (LLUM BCN 2020), DONDE HERE BE DRAGONS LOGRA LA ATENCIÓN DEL PÚBLICO Y UN PREMIO LAUS. © FUTURA SPACE.

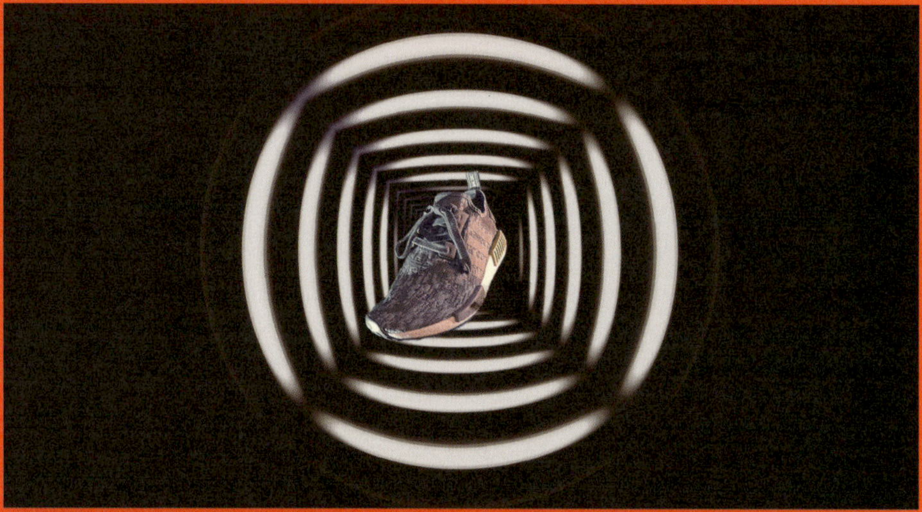

El metaverso es la arquitectura que permitirá unificar todos esos metaversos que hoy en día se están creando. El problema es que se está llamando metaverso a todo, a lo que es a corto plazo y a largo plazo. Es como llamar a cada web internet.

¿Qué no consideráis un metaverso?

No consideramos un metaverso el *hype*, la especulación, el corto plazo, los NFT, los terrenos virtuales, las *skins*, una plataforma virtual.

No consideramos metaverso todo lo que corresponde a lo que hoy en día se está haciendo con metaversos en el corto plazo. Todo lo que se relaciona con la especulación, es algo que nosotros nos distanciamos.

Vosotros que trabajáis con marcas, ¿qué recomendación daríais a las compañías a la hora de abordar una estrategia de posicionamiento de marca en algunos de los metaversos conocidos?

Gran pregunta. En primer lugar, les aconsejaría que se dejen asesorar, porque ya lo hemos vivido con el 360 y la VR, que muchas veces te vienen marcas que, por haber leído un titular, se creen que saben más que los auténticos profesionales.

En segundo lugar, que se dejen asesorar por los creadores y por los profesionales de estos mundos, y que no se dejen influenciar ni por el *hype* ni por los titulares. A veces se piensan que se puede crear un metaverso que involucre a un millón de personas, con un sistema de economía, en dos semanas.

Primero hay que preguntarse qué valor pueden aportar estas tecnologías a mi negocio actual.

Cuando realmente tengas claro el valor que aporta a tu negocio, tanto a corto, medio y largo plazo, cuál es la estrategia y cómo vas a interactuar con esa comunidad en el tiempo, entonces sí. Esto no deja de ser como una gran red social que tienes que alimentar constantemente.

También es importante que las empresas estén abiertas a experimentar, porque al final todos estos espacios virtuales inmersivos sean VR, sea una web, sea la plataforma que sea, son muy nuevos. Los creadores tenemos el privilegio de proponer y probar mecánicas, narrativas, diseños y cualquier fantasía que se nos ocurra, porque no existe un estándar certificado. Si lo haces así, va a funcionar. Tú, por ejemplo, cuando vas a una escuela de marketing, a una escuela de publicidad o de cine, te dicen «no, esto funciona así porque ya está testado y, haciendo esta fórmula funciona». Esa fórmula nos la tenemos que inventar, la tenemos que encontrar. Entonces ahí les pediría que arriesguen, que prueben, que jueguen y que midan todos los pasos que hagan.

¿Qué fases soléis abordar a la hora de poner en marcha un proyecto inmersivo para una marca? Esas etapas que sí o sí son imprescindibles y que hay que ir chequeando hasta tenerlo terminado y en línea.

- Preproducción (consultoría). Saber si hay un *brief* o referencias, conocer el presupuesto u horquilla para la parte creativa/desarrollo y técnica. Es la parte más importante. Y no va solo de presupuestos. Va de dar tiempo a buscar cuál es la mejor solución, a enfocarla con las necesidades del cliente, hacer conceptos de prueba y error para ver qué tecnología es mejor.

  Pocas veces, trabajando con clientes, hemos tenido esa preproducción. La diferencia es que todos nuestros proyectos propios, en los cuales sí hemos tenido esta parte de preproducción, todos han sido premiados. En cambio, en los proyectos en los que no hemos tenido la preproducción, son los que menos reconocimiento y premios se han obtenido, porque no nos han dado este plazo de más.
- Construir una propuesta de narrativa y experiencia de usuario en función de los puntos anteriores, entendiendo donde reside el valor para el cliente.
- *Feedback* semanal, implicar a cliente final (quien toma decisiones) durante el desarrollo. No necesitamos intermediarios que no conozcan el proceso y que intenten justificar su trabajo dinamitando la relación y el flujo del proyecto. Necesitamos tener *feedback* directo, siempre.

Muchos de nosotros os conocimos por crear las primeras experiencias inmersivas para eventos como el CdC, en el que incluso han participado compañías como Facebook. ¿Cómo surge este servicio?

Durante el confinamiento desarrollamos una beta para virtualizar eventos, que presentamos en el Sónar+D. El Club de Creativos (CdC) vio la demo, en la que entraron cerca de mil personas, y apostaron por nuestra plataforma para albergar el formato virtual. Fue una decisión valiente, porque fue nuestro primer evento oficial. Y no podía fallar. No era sencillo, la gran mayoría de los usuarios eran de grandes agencias y marcas.

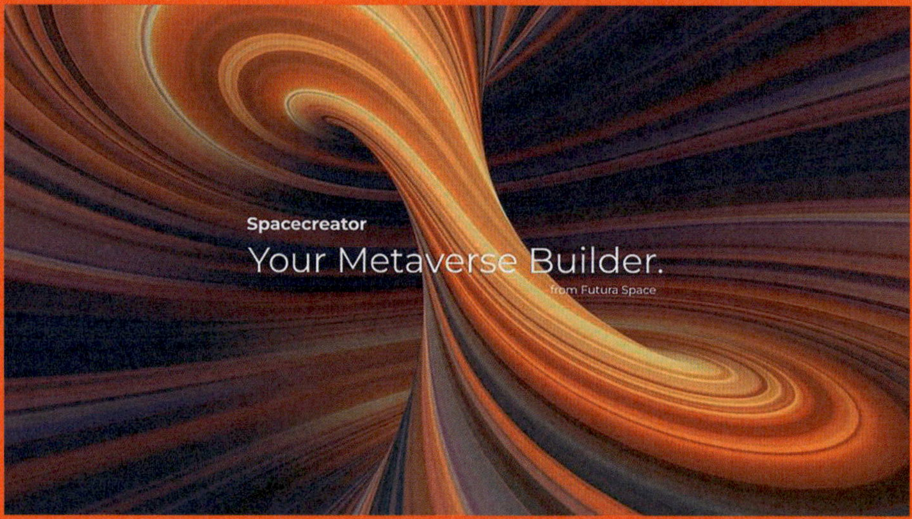

FIGURAS 8.45, 8.46, 8.47 Y 8.48.

SPACECREATOR ES UNA APLICACIÓN SAAS PARA QUE EMPRESAS Y AGENCIAS DISEÑEN SUS PROPIAS EXPERIENCIAS INMERSIVAS XR. LA COMPAÑÍA LO CONSIDERA EL WORDPRESS DE LOS MUNDOS VIRTUALES. ESTA HERRAMIENTA INICIÓ SU ANDADURA CON PROYECTOS COMO EL DEL CLUB DE CREATIVOS, QUE TUVO UN EXTRAORDINARIO ÉXITO, Y EN EL QUE FACEBOOK TUVO SU PROPIA SALA. DESPUÉS DE RECOGER APRENDIZAJES POR EL CAMINO DE LOS MÁS DE 26 EVENTOS CELEBRADOS, LA COMPAÑÍA HA INCORPORADO TODAS LAS FUNCIONALIDADES DENTRO DE UNA ÚNICA SOLUCIÓN. © FUTURA SPACE.

Desde el minuto uno pusimos el foco en la experiencia de usuario, ya que sabíamos que el cliente objetivo no estaba acostumbrado a usar interfaces virtuales o inmersivas. Fue un proyecto muy importante por las exigencias de las agencias y Facebook, y ambos salieron encantados (véanse figuras 8.45, 8.46, 8.47 y 8.48).

¿Qué novedades están por llegar?

La plataforma desde el primer momento de su creación ha estado en constante desarrollo. Se ha estado financiando con el trabajo realizado para los propios clientes, de manera orgánica. No ha habido una inversión específica.

Gracias a ello, hemos escuchado las necesidades de los clientes, con herramientas *ad hoc*. Y así hemos creado tres verticales de uso:

- Eventos corporativos que utilizan la plataforma para hacer eventos de recursos humanos o campañas de marketing para comunicaciones de producto.
- Eventos virtuales que han encontrado en la presencia virtual una nueva línea de negocio.
- Campus virtuales. Primero empiezan con alguna activación tipo puertas abiertas, luego van desarrollando un poco sus valores en una especie de campus virtual y, poco a poco, van integrando sus actividades del día a día, de los alumnos y de las salas de trabajo.

El hecho de poder entregarles ahora estas herramientas directamente a los clientes finales para que ellos mismos puedan crear, puedan gestionar y puedan publicar sus propios eventos es un hito importante. Nuestro modelo de negocio se parece muchísimo más a lo que puede ser un WordPress que a un Decentraland o Roblox.

analytics y KPI personalizables. Todo esto con un acceso directo desde navegador sin necesidad de descargar e instalar nada.

En nuestra estrategia a medio plazo está obviamente ir integrando aquellas herramientas que se vayan consolidando como estándares, como lo será la identidad digital, el *wallet*, etc.

Junto a Futura Space habéis apostado por soluciones holográficas volumétricas. Habladme de Holocam. ¿Cómo nace y con qué objetivo?

En primavera de 2019 descubrimos que Microsoft iba a sacar un nuevo sensor para *retail* y medicina (las Azure Kinect de Microsoft), y creemos que podría usarse para captación volumétrica en tiempo real. Nos hacemos con siete unidades el día de salida (verano 2019) pensando que en breve habría alguna solución disponible para calibrar y sincronizar varias unidades. No ocurrió. Así que, con el paso de las semanas comenzamos a desarrollar nuestro propio sistema para sincronizar y calibrar diversos sensores, y acabamos diseñando sistemas de compresión y *networking*. El resultado es que nos hemos encontramos con una solución propia para hacer llamadas holográficas presenciales entre las manos (véase figura 8.49).

Desde tu opinión, ¿qué es más idóneo de cara a una estrategia en el metaverso: crear un metaverso propio para una marca, único y exclusivo para sus clientes o sumar a la marca a un gran metaverso existente tipo Roblox, Decentraland o The Sandbox?

Cada cliente tiene que valorar sus necesidades. No obstante, entrar en un metaverso existente puede crear fricción tanto a la marca como a los usuarios.

En nuestro caso apostamos por ofrecer una herramienta para que las marcas y los creadores puedan crear sus mundos y gestionarlos ellos mismos sin necesidad de un equipo técnico detrás. Democratizamos la creación de espacios virtuales, aportándoles herramientas para que puedan *brandear* las experiencias a su gusto, albergar *streamings* o vídeos, alojar eventos tanto puntuales como gestionar comunidades persistentes. Y aportamos gran valor ofreciéndoles informes con *data*

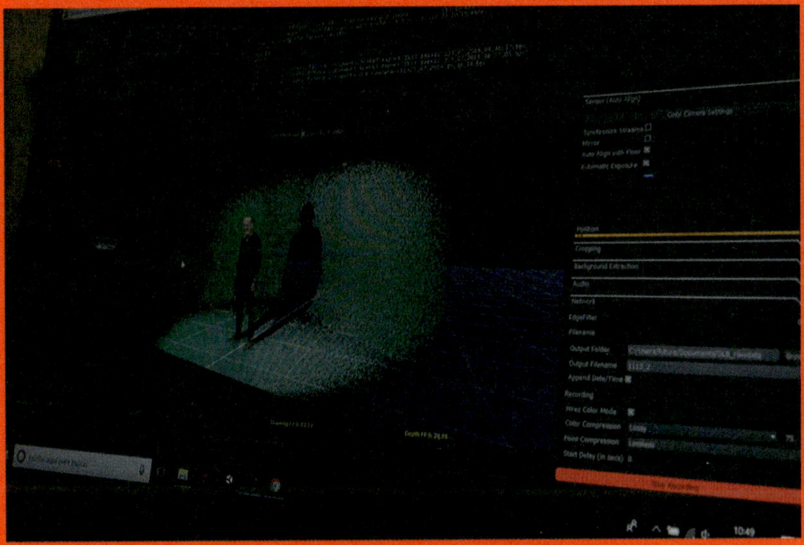

FIGURA 8.49.

EN LA ACTUALIDAD LA COMPAÑÍA TIENE EN EL LABORATORIO DE DESARROLLO UNA SOLUCIÓN PARA HACER LLAMADAS HOLOGRÁFICAS PRESENCIALES, UTILIZANDO SENSORES TIPO LIDAR, LO QUE PERMITIRÁ CREAR EVENTOS DE TELEPRESENCIA EN TIEMPO REAL DIRECTAMENTE EN EL METAVERSO. © FUTURA SPACE.

09

PANTONE TIENE SU PROPIO COLOR PARA EL METAVERSO

Dado que los metaversos representan un viento fresco para la comunidad de creadores, y una oportunidad histórica para el desarrollo creativo de nuevos espacios, experiencias y narrativas, hay que destacar que los metaversos también tienen un color oficial. Un color único, distintivo y lleno de matices, que refleja el universo ambivalente al que representa.

Fruto del *zeitgeist* global del momento, ese espíritu que marca una época de cambios y transformaciones profundas como las que vivimos, la conocida autoridad mundial en materia de color, y proveedor de los estándares profesionales de colores para toda la comunidad del diseño, ha decidido que el *PANTONE® 17-3938 Very Peri* es el color Pantone del año 2022.

Para los amantes del diseño, este color pasará a la historia. Se trata de un color dinámico, mezcla de azul bígaro con un vivo subtono rojo violáceo, que transmiten energía, alegría y fuerza. Un color, como toda la gama de colores violetas aplicados en marketing, asociado habitualmente a la magia y la creatividad.

Como me explica Leatrice Eiseman, directora ejecutiva del Pantone Color Institute, «*PANTONE® 17-3938 Very Peri* es un símbolo del momento y de la transición global que estamos atravesando. A medida que salimos de un intenso período de aislamiento, nuestras nociones y normas están cambiando, y nuestras vidas físicas y digitales se han fusionado de nuevas maneras».

Para Eiseman, el hito que mejor representa el *zeitgeist* son los metaversos, una confluencia de fuerzas que va a cambiar todo cuanto hacemos en nuestra vida cotidiana y profesional. Un cambio tecnológico que avanza bajo una enorme presión, liberando una fuerza creativa sin precedentes, capaz de fusionar nuestra vida digital y nuestra vida física.

«El diseño digital nos ayuda a ampliar los límites de la realidad, abriendo la puerta a un mundo virtual dinámico donde podemos explorar y crear nuevas posibilidades de color. Con las últimas tendencias en videojuegos, la popularidad expansiva del metaverso y la creciente comunidad artística en el espacio digital *PANTONE® 17-3938 Very Peri* ilustra la fusión de la vida moderna y cómo las tendencias de color en el mundo digital se manifiestan en el mundo físico y viceversa», explica Eiseman.

PANTONE® 17-3938 Very Peri representa para el Pantone Color Institute el primer ejercicio en su historia de crear un color que refleje la innovación y la transformación que se está produciendo en la sociedad y en el mundo de la empresa. «A medida que la sociedad sigue reconociendo el color como una forma crítica de comunicación, y como forma de expresar y afectar a las ideas y emociones, y también de involucrar y conectar, la complejidad de este nuevo tono azul, con una infusión de rojo y violeta, pone de relieve las amplias posibilidades que tenemos antes nosotros», explican desde la entidad.

La selección del Color del Año de Pantone no es un proceso baladí. Exige una cuidadosa consideración y un profundo análisis de tendencias antes de llegar a la selección de color del año. Allí, expertos en color de Pantone recorren el mundo buscando influencias cromáticas. Llevan haciéndolo desde hace 23 años. Esa búsqueda incluye la industria del entretenimiento, las películas en producción, las colecciones de arte itinerante, nuevos artistas, la moda emergente, los destinos turísticos más populares, los nuevos estilos de vida, los videojuegos, las redes sociales o las condiciones y fuerzas socioeconómicas que impulsan el cambio. Su resultado ha influido a lo largo de las últimas décadas en el desarrollo de productos, en las decisiones de compra de múltiples industrias, como la moda, el sector inmobiliario doméstico, el diseño industrial, el diseño de *packaging* o el diseño gráfico.

La presentación de *PANTONE® 17-3938 Very Peri* se realizó a finales de 2021 (véase figura 9.1a). Fue en el Artechouse de Nueva York, un espacio emblemático de Gotham, situado en una sala de calderas de 100 años de antigüedad, que sirvió de telón de fondo a una exposición innovadora, con un fuerte componente inmersivo y tecnológico, a la que acudieron las personas más influyentes de la industria creativa y del diseño.

Durante el encuentro —tal y como se muestra en la figura 9.1b—, el equipo de Artechouse, conocido por sus experiencias inmersivas en las que se mezcla arte, ciencia y tecnología, produjo una experiencia digital inmersiva centrada en el impacto visual y auditivo. La línea argumental tuvo como protagonista al nuevo color del año y, también, las primeras aplicaciones prácticas del color tras el acuerdo con varios socios estratégicos.

Pantone ha estado trabajando en una amplísima gama de aplicaciones a materiales, texturas y acabados para demostrar la amplia trayectoria que se le puede dar a este color, tanto en el mundo real como el virtual (véase figura 9.2). La marca, de hecho, es consciente de que será el primer color en ser utilizado expresamente en la confección de

FIGURA 9.1A.

LA PRESENTACIÓN DEL PANTONE® 17-3938 VERY PERI SE REALIZÓ EN EL ARTECHOUSE DE NUEVA YORK A FINALES DE 2021. ALLÍ SE DIO CITA LA INDUSTRIA CREATIVA Y DEL DISEÑO. EL NUEVO COLOR SELECCIONADO PARA REPRESENTAR EL AÑO 2022 PASARÁ A LA HISTORIA COMO EL COLOR DEL METAVERSO. © 2021, PANTONE.

FIGURA 9.1B.

LA PRESENTACIÓN DEL COLOR DEL AÑO TUVO LUGAR EN EL ARTECHOUSE DE GOTHAM. UN ESPACIO INMERSIVO EN EL QUE SE EXPUSIERON LAS POSIBILIDADES CREATIVAS DEL NUEVO COLOR MEZCLA DE AZUL, ROJO Y VIOLETA. © 2021, PANTONE.

FIGURA 9.2.

EL NUEVO COLOR BUSCA TRASPASAR LO FÍSICO, CONECTANDO CON UN MUNDO DIGITAL INMERSIVO QUE AYUDE A CREATIVOS Y CONSTRUCTORES DE MUNDOS A DOTAR DE COLOR BIENES VIRTUALES, NFT O PRENDAS PARA AVATARES. UN COLOR QUE, ADEMÁS, AYUDARÁ A CREAR UN REFLEJO FÍSICO EN PRODUCTOS A LA VENTA EN EL MUNDO FÍSICO. © 2021, PANTONE.

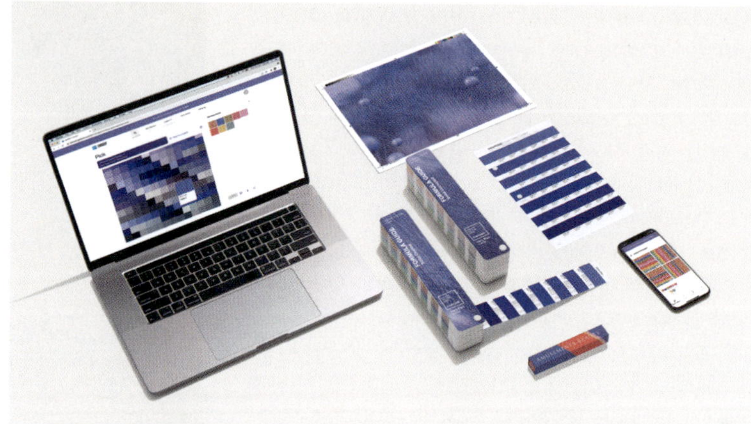

FIGURAS 9.3, 9.4 Y 9.5.

EL ACUERDO ENTRE PANTONE Y MICROSOFT PERMITIRÁ QUE LA COMPAÑÍA DE REDMOND DESARROLLE ACTIVOS GRATUITOS PARA SUS APLICACIONES MÁS EMBLEMÁTICAS, COMO EL NAVEGADOR EDGE, PLANTILLAS PARA POWERPOINT, FONDOS DE ESCRITORIO PARA WINDOWS 11 O FONDOS DE PANTALLA PARA LAS SESIONES COLABORATIVAS CON TEAMS. © 2021, PANTONE.

prendas para avatares en los distintos metaversos, la texturización de objetos decorativos para ser vendidos como bienes fungibles o no, y el diseño de productos digitales que, incluso, tengan un reflejo en el mundo real.

Algunos de los primeros acuerdos de Pantone han tenido como protagonistas a *pure players* digitales como Microsoft, Tezos o el artista Polygon1993.

Microsoft, que siempre ha estado comprometida con el poder del color en el diseño digital, ha llegado a un acuerdo con Pantone que abarca a todos sus productos, pero especialmente a Teams, la popular aplicación de comunicación y colaboración en línea que, anecdóticamente, tiene en el violeta su color corporativo.

El acuerdo tiene sentido, y más si *PANTONE® 17-3938 Very Peri* es el color de referencia para ilustrar el metaverso, puesto que la propia Microsoft ha fusionado sus soluciones Teams y Mesh para convertirlo en el metaverso para empresas de la compañía de Redmond.

El acuerdo con Pantone ha comenzado a dar sus frutos: fondos personalizados para Teams (véanse figuras 9.3, 9.4 y 9.5), fondos de pantalla para Windows 11, un nuevo tema para el navegador Edge y una plantilla para PowerPoint con el color Very Peri.

Por su parte Tezos, una red *blockchain* de bajo consumo y sin minería vinculada al *token* Tez, cerró también un acuerdo con Pantone para explorar el mundo del color en el arte digital NFT. Para el primer ejercicio (véanse figuras 9.6, 9.7 y 9.8), Tezos se alió con el artista Polygon1993, desarrollando seis NFT exclusivos inspirados en el Pantone Very Peri. En estos trabajos, el artista ha buscado representar el color con una reflexión creativa sobre nuevas formas de abordar el color.

Las obras de arte digitales, todas animadas, fueron expuestas durante la presentación del nuevo color en la Artechouse de Nueva York.

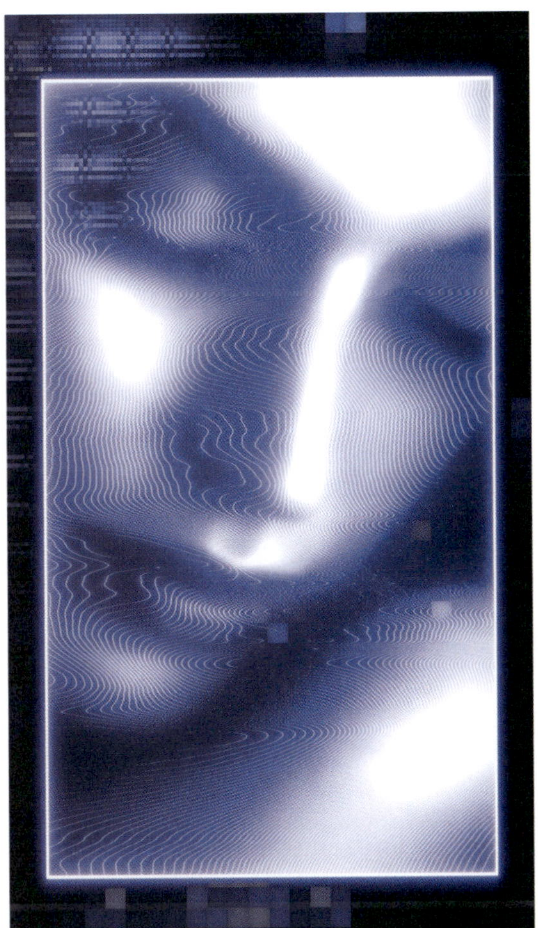

FIGURAS 9.6, 9.7 Y 9.8.

LA RED BLOCKCHAIN TEZOS AYUDÓ A PANTONE CON EL EVENTO DE PRESENTACIÓN DEL COLOR DEL AÑO 2022. LA COMPAÑÍA, QUE POSEE SU PROPIA CRIPTOMONEDA, TEZ, ES CONSCIENTE DE LA IMPORTANCIA DE AYUDAR EL EJERCICIO CREATIVO DE LOS ARTISTAS DE NFT. POR ESO, JUNTO AL ARTISTA POLYGON1993, CREARON SEIS PIEZAS NFT EXCLUSIVAS, QUE ABORDAN NUEVAS FORMAS DE VISUALIZAR EL COLOR VERY PERI. LAS PIEZAS FUERON EXPUESTAS A TRAVÉS DE PANTALLAS DIGITALES. © 2021, PANTONE.

ÍNDICE ALFABÉTICO

A

Accenture, 64
Adidas, 107
Admix, 89, 190
Adrián Rw, 196
Adobe, 102
Alvin Toffler, 34, 62
Altspace VR, 168
amplificado, 60, 65
Apple, 102
Arthur C. Clarke, 20
Audi, 126
Axie Infinity, 87, 181

B

bienes coleccionables, 59, 122
bienes artísticos, 59
bienes útiles, 59
bienes de vanidad, 59
Big data, 72
BigscreenVR, 38, 173
blockchain, 60, 84, 205
BMW, 47, 121
Broomx, 119

C

CES de Las Vegas, 36
Character Creator 4, 175
ciberespacio, 15, 36
Cisco Webex Hologram, 143
Cold Atom Lab, 143
comunidades sociales, 69
computación gráfica, 85
continua de virtualidad, 143
creativo, 58
criptomonedas, 74, 189

D

Daren Tsui, 53
Daydream, 104, 110
David Baszucki, 178
Decentraland, 43, 186
Deloitte, 138
Desafío Total, 28
descentralizado, 60, 84
desorientación, 35
Douglas Coupland, 16
Douglas Engelbart, 83

E

Earth-2, 131
Edgar Martín-Blas, 80, 109
Emma Chiu, 44
Epic Games, 52, 56, 188
Ernest Cline, 26

F

Fortnite, 32
Free Guy, 28, 30
Futura Space, 196

G

gemelo digital, 47, 86, 92, 121, 131
Glue Work, 168
Google, 104
Google Glass, 80
guantes hápticos, 63

H

HaritoraX, 165
Héctor Paz, 150
hiperpersonalización, 74
holocam, 201
Horizon Worlds, 186
HTC Vive, 95, 155
Hyundai, 141

I

iClone 8, 175
interoperable, 57
inmersiva XR, 146
Imascono, 137, 150
inteligencia artificial, 72, 92
IMVU, 48, 58, 187-188

J

Jahshaka, 167
Jaron Lanier, 19, 134
Jensen Huang, 47, 74, 91
John Carmack, 17
John Hanke, 51
Johnny Mnemonic, 22, 65

K

Kinect, 101

L

Legends of Catalonia, 112
LiDAR, 70, 161
Linden Lab, 32, 191
Linden Dollars, 31
Lorena González, 146
Lumen, 85

M

machine learning, 72
Magic Leap 2, 164

Mark Zuckerberg, 38, 50, 62-63, 81, 93
marketing, 106
Masterpiece Studio Pro, 176
Matthew Ball, 50
Maxon, 102
Mesh Teams, 41
Meta, 38, 50, 56, 62, 84, 93
metaempresas, 63, 125
metaidentidad, 123
metaindustrias, 126
metasociedades, 63, 124
Metaverse, 26, 94
Metaverso, 46, 48, 50, 54, 61, 80, 82, 115, 134, 178
Metaverse Seoul, 43
Meta Quest, 95, 154
Michio Maku, 80
Microsoft, 52, 87, 101
Microsoft Hololens 2, 159
Mike Winkelman, 71
MMORPG, 19, 31, 61
MootUp, 172
Mozilla Hubs, 170

N

Nazare, 35
Neal Stephenson, 26, 46
Neuralink, 67
NFT, 46, 61, 70, 72, 87-88, 107, 122, 181
Niantic Lightship, 89, 99
Nikeland, 42-43
Nike Metaverse Studio, 42
niveles de construcción del metaverso, 82
NPC, 30
NReal Light, 158
NVIDIA, 91, 130
NVIDIA Omniverse, 47, 73, 81, 86

O

Oasis, 31, 59
Oculus, 94, 110, 154
Odyssey, 171
OpenAI, 73
OpenXR, 79, 135
Oppo Air Glasses, 162
Oura, 65

P

pandemia, 36
Pantone, 54, 202
Patricia M. Val, 196
Pedro Lozano, 150
persistente, 56
Pico Interactive, 105
Pico Neo 3, 157
Pixcap, 177
PlayStation VR2, 137, 162
Pokémon Go, 89
Progeria, 36

R

Raine Maida, 51
Raja M. Koduri, 83
Raúl Cruz, 53, 182
Ray-Ban Stories, 66
Razer, 138
reactivo, 57
Ready Player One, 26, 27
Ready Player Me, 59, 166
realidad aumentada, 126, 138
realidad extendida, 134
realidad mixta, 118, 140
realidad virtual, 135
RecRoom, 58
redes 5G/6G, 48, 74, 76, 82
Richard Kerris, 130
Roblox, 178
Rokoko, 67, 164

S

Sansar, 191
Satya Nadella, 52
Seat, 32, 139
Sebastian Buckup, 20
Second Life, 31, 191
Sensorium Galaxy, 128, 188
Scaniverse, 174
shock del futuro, 34, 62
Sinespace, 171
Snow Crash, 26, 44, 46
Social, 58
Somnium Space, 190
sostenibilidad, 108
Spacecreator, 200
Spectacles, 66
Stageverse, 194

T

teletransportarse, 41, 124
The Fabricant, 120
The Future 100, 44
The Link, 67
The Matrix, 28-29, 98
The Sandbox, 59, 180
The Trials of Ra, 182
The Vessel, 35
The Wild, 169
Tim Cook, 103
Tim Sweeney, 52, 97
Timoty West, 51
Together Labs, 48, 53, 188

U

Unity, 37, 86, 98
Universidad Complutense de Madrid, 127
Unreal Engine, 37, 57, 85, 97
Urho Konttori, 52

V

Varjo, 160
velocidad tecnológica, 34
Very Peri, 202
Vicky Vasán, 146
Virbela, 172
Virtual Voyagers, 80, 127
Vision AVTR, 24
Vodafone, 75-76, 110
Vodafone 5G Lab, 77
Vodafone 5G Reality, 75, 77
Volkswagen, 140
VPL Research, 19, 134
VRChat, 173
Vysion, 52

W

Wayray, 35, 49, 64
Web3D/WebGPU, 144
Wenew, 71
Weta Digital, 99
William Gibson, 15
Wired, 36, 49
Wolfenstein 3D, 17
Wolf3D, 166
Woojer Vest Edge, 164
Wookey Technologies, 32, 192

X

Xiaomi AR Smart Glasses, 163
XRSpace, 57, 64, 159

Z

Zed Run, 71
Zepeto, 137, 192